HINDI TEACHER FOR HINDU CHILDREN

A-Z Plus

*with my novel scientific way of **making 'your own'** Hindi sentences.*

Primary to Intermediate

Prof. Ratnakar Narale
Sunita Narale

Ratnakar
Pustak-Bharati
Books-India

Author :

Dr. Ratnakar Narale

B.Sc. (Nagpur Univ.), M.Sc. (Pune Univ.), Ph.D. (IIT), Ph.D. (Kalidas Sanskrit Univ.)

Prof. Hindi. Ryerson University, Toronto

web : www.books-india.com email : books.inidia.books@gmail.com

Sunita Narale

B.A. Hindi, Punjab University

Book Title : ***Hindi Teacher for Hindu Children***

Endorsed by great men, this book is methodically **Colour** Coded and incorporated with a **Students English-Hindi Transliterated Dictionary.** Language is the path way to the culture. Children are our precious wealth and our future. They need to be taught our lofty Hindu Values in a fun filled manner. While teaching the Hindi language, our children must be enlightened in the glorious **Hindu Dharma**, our beloved **India**, its holy **Rivers** and great **Mountains**, the interesting Indian **Flora and Fauna**, the glorious **Hindu History**, the righteous **Hindu Ethics**, the sacred **Hindu scriptures**, the holy **Hindu Gods**, the noble **Hindu Forefathers**, the illustrious **Hindu Heroes**, the venerable **Hindu Saints**, the blissful **Hindu Prayers**, the grand **Hindu Festivals**, the peaceful **Hindu People**, the divine **Hindu Worship**, the celestial **Hindu Temples**, the classical **Hindu music**, the towering **Hindu Discoveries** in Science and Arts, the unique **Hindu Philosophies** of Yoga, Vegetarianism, Non-violence, and Universal brotherhood (वसुधैव कुटुम्बकम्). Every Hindu child, learning Hindi language, must **also** be taught Hindu Sanskriti, Deva-Vani Sanskrit and the immortal Sanskrit shlokas. This the sincere Dharmic Objective of this book.

This book is based on extensive Field Testing and **R&D**, Effective Techniques and Improved Ways beneficial to the Readers to give them success and proper return for their investment of Time and Money. The intelligent colour coding makes this book easy to use and effective in results. This fully illustrated and aim oriented book is available at Ingram, www.amazon.com and many other international book distributors.

Wholesale and Retail Enquiry Contact :

Ingram, Amazon, Barnes and Noble, Books-India or any other International Book Distributor.

Published by :

PUSTAK BHARATI (Books-India)

Division of PC Plus Ltd.,

FOR :

Sanskrit Hindi Research Institute, Toronto

ISBN 978-1-897416-75-4

90000

9 781897 416754

ISBN 978-1-897416-75-4

Dedicated to

Our Loving Grandchildren
Samay, Sahas, Saanjh and Saaya Narale

April 14, 2014

शतानां जन्मनामन्ते नरयोनिं स प्राप्यते ।
शतानां नरजन्मान्ते हिन्दुजन्म च लभ्यते ।।
संस्कुर्वन्ति नरान्येषु धर्मास्ते कृत्रिमाः खलु ।
हिन्दुर्भगवता दत्तो धर्मो नैसर्गिको हि सः ।।

चौरासी लख भग फिरे, नर योनि का योग ।
लाखों नर योनि फिरे, हिन्दु जन्म का भोग ।।
कृत्रिम दीक्षा को लिये, अन्य धर्म में स्थान ।
हिन्दु धर्म ईश्वर दिया, जन्म जात है दान ।। ...रत्नाकर

श्री
सत्य नारायण
व्रत-कथा
RAJANI N. PHANSALKAR

ॐ

Rashtriya Swayamsevak Sangh

राष्ट्रीय स्वयंसेवक संघ

Head office:- Dr. Hedgewar Bhawan, Mahal, Nagpur-440120

Tel:- (0712) 2723003, 2720150 Fax: 2721589

e-mail :hedgewarbhavan@rediffmail.com

Sarsanghachalak:- Mohan M. Bhagwat Sar karyavaha:- Suresh (Bhayya) Joshi

Date- 18 May, 2015

Atmiya Prof Ratnakar ji

Sasneha Namaskar.

It is heartening note that you have published a book 'Hindi teacher for Hindu Children' , for the use of primary school children.

You have rightly stated in the preface that 'language is the key to Dharma'. It is a powerful medium to express and communicate one's rich cultural heritage. Growing up in a different country and culture, a Hindu pupil will rarely get a chance to learn Hindi or for that matter any Bharatiya language. Language is the carrier of cultural values and learning it will help him/her better understand our traditions and imbibe the samskaras.

I am sure this book will be an ideal source material for teaching Hindi in Canada as well as other countries. Its lucid teaching methodology and pleasant pictorial presentation makes it attractive for both teachers and students.

I heartily congratulate you for painstakingly working for the cause of Bhartiya languages and culture. I wish you all success in this endeavour. I pray that may Sri Parmeshwar bestow you with a long healthy life to continue in this pursuit.

Yours

Mohan Bhagwat

Book Review by John McLeod, Professor of History, University of Louisville, U.S.A.

One of the greatest challenges facing immigrant parents is the task of ensuring that their children grow up to be proud citizens of their new country, while simultaneously retaining the language, culture, and religion of their ancestors. In *Hindi Teacher for Hindu Children*, my friends Professor Ratnakar Narale and his wife Sunita Narale have provided Hindu parents around the world with a tool to accomplish just that task.

The book is scientifically structured and lavishly illustrated. The tone is set at the very beginning with a prayer to Sarasvati, composed by Professor Narale: on the linguistic level, the prayer is in Hindi (given in both Devnagri and English transliteration), which exposes the student to the language from the outset; on the cultural level, it is in a traditional musical form of an arti raag; and on the religious level, it teaches students something about the goddess of learning. Illustrated maps then introduce such diverse topics as the states of the Republic of India, "animal and bird life of India," and India's national heroes. In each case, the names are given in both English and Hindi.

Often, Hindi classes begin by requiring students to learn the entire Devnagri script, and then move on to grammar. Professor Narale's novel method, which he has perfected over many years of teaching Hindi in Canada, groups the letters into small bunches in which the characters are formed similarly (for example, va, ba, and ka). Directions are given on both the pronunciation and the formation of each letter , and then students practice words that use the characters they have just learned, many of them depicted in illustrations. Once the script has been mastered, more complex grammatical concepts are gradually introduced.

Throughout, examples from Indian history and culture, as well as from Hinduism and Sikhism, are used for practice and illustration. For example, in one exercise, students are given the opportunity to write paragraphs on a number of deities and people whose pictures appear, including such luminaries as Hedgewar and Golwalkar. The book's other features include a lengthy pictorial dictionary, and short rhyming children's songs in Hindi composed by Professor Narale, which tell something about animals and everyday objects, as well as Canada's symbol the maple leaf and the dangers of tobacco.

This book may be used by a student who is learning by himself or herself, by parents who are teaching their own children or grandchildren, or in a formal classroom setting. Along the way, there are frequent suggestions of individual and group activities that enhance the learning experience. Once again, Professor Narale has written a book that meets a need. He has performed an invaluable service for anyone who loves Hindi, India, or Hinduism, and particularly for parents who want their children to learn about such matters.

John McLeod
Professor of History, University of Louisville
Louisville, Kentucky 40292 (U.S.A.)
Telephone (502) 852-3702, Fax (502) 852-0770
Email john.mcleod@louisville.edu, Website louisville.edu/history/faculty/mcleod/mcleod

---

John McLeod is a tenured full Professor of History at the University of Louisville, Kentucky, USA. He has a PhD in Indian history from the University of Toronto. He has visited India many times, and has led two student tours of the country. He lived in New Delhi in 1993-1994 as a Postdoctoral Fellow of the Shastri Indo-Canadian Institute, and in Mumbai in 2004 as a Senior Research Fellow of the American Institute of Indian Studies He has published three books and numerous articles on the history of India. His research on the Royal Families of India was recognized when he was appointed Honorary Rajvanshi Genealogist of the Rajvara Heritage Institution at Rajkumar College, Rajkot, by His late Highness the Maharaja Sriraj of Dhrangadhra, the President of the College. In 2012, the Government of Canada recognized his contributions to scholarship when it awarded him the Queen Elizabeth II Diamond Jubilee Medal.

सौ. माधवी मधुकर

HINDI
TEACHER
FOR
HINDU
CHILDREN
Prof. Ratnakar Narale
Sunita Narale

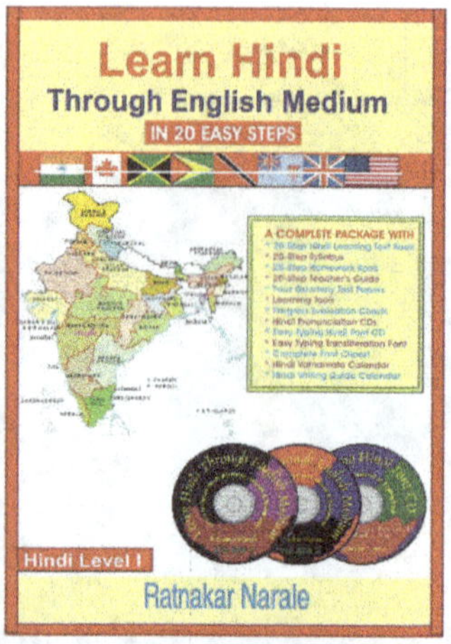
Learn Hindi
Through English Medium
IN 20 EASY STEPS
Hindi Level I
Ratnakar Narale

SANSKRIT
PRIMER
Primary to Intermediate
Prof. Ratnakar Narale

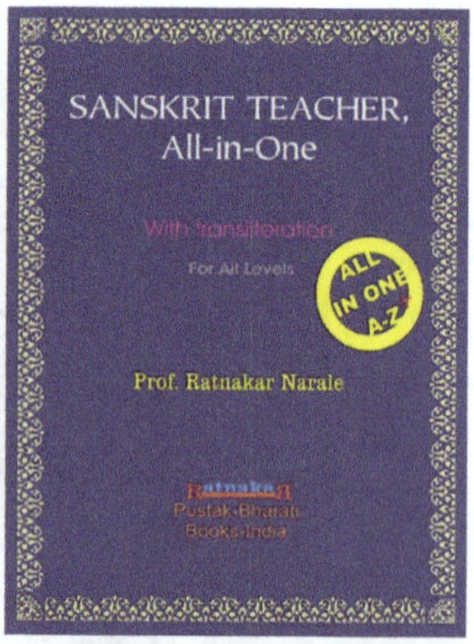
SANSKRIT TEACHER,
All-in-One
With Transliteration
For All Levels
ALL IN ONE A-Z
Prof. Ratnakar Narale
Pustak-Bharati
Books-India

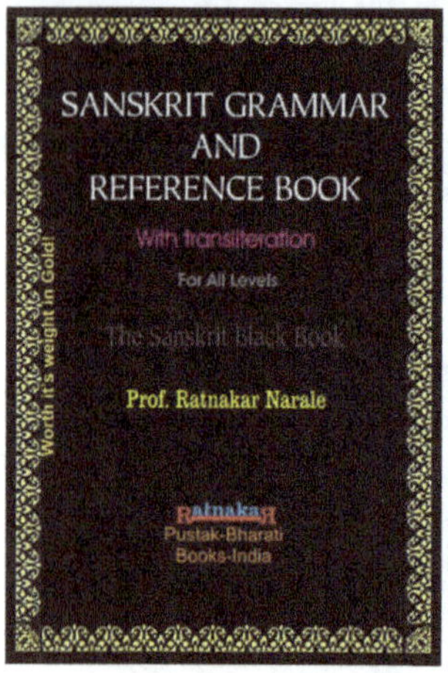
SANSKRIT GRAMMAR
AND
REFERENCE BOOK
With transliteration
For All Levels
The Sanskrit Black Book
Prof. Ratnakar Narale
Worth it's weight in Gold!
Pustak-Bharati
Books-India

TAMIL
TEACHER
With Transliteration & Devanagari
Primary to Intermediate
Self-Tutor
Prof. Ratnakar Narale

URDU
TEACHER
With Transliteration & Devanagari
Primary to Intermediate
Self-Tutor
Prof. Ratnakar Narale

Learn Sanskrit
Through English Medium
Without Transliteration
Ratnakar Narale
SANSKRIT HINDI RESEARCH INSTITUTE

Learn Bengali
Through English / Hindi
With Transliteration & Devanagari
Ratnakar Narale
Self-Tutor

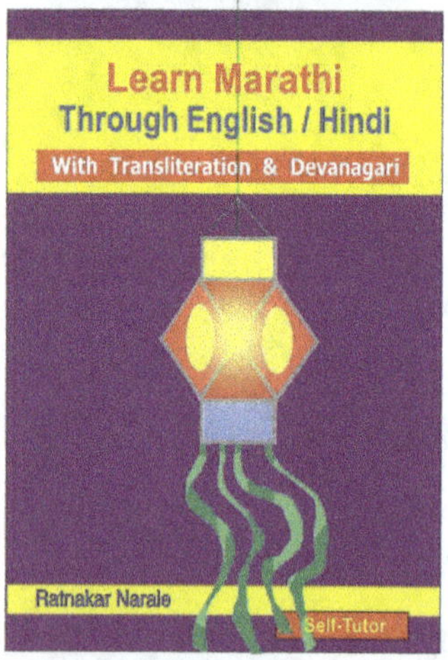
Learn Marathi
Through English / Hindi
With Transliteration & Devanagari
Ratnakar Narale
Self-Tutor

Learn Punjabi
Through English / Hindi
With Transliteration & Devanagari
Ratnakar Narale
Self-Tutor

Learn Gujrati
Through English / Hindi
With Transliteration & Devanagari
Ratnakar Narale
Self-Tutor

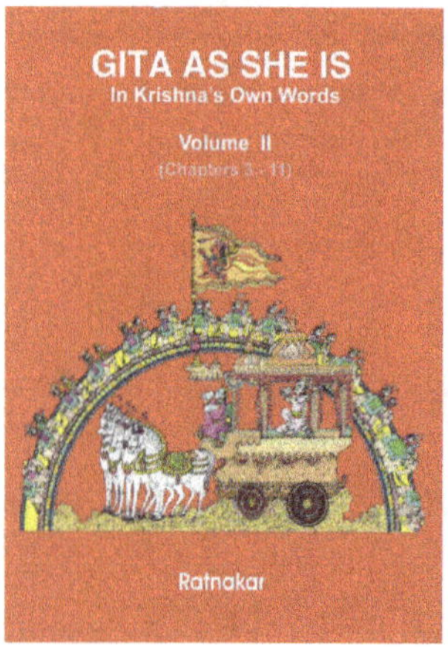
GITA AS SHE IS
In Krishna's Own Words
Volume II
(Chapters 3 - 11)
Ratnakar

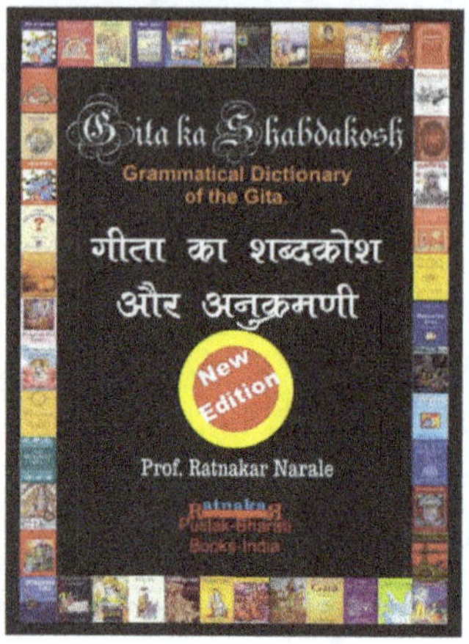
Gita ka Shabdakosh
Grammatical Dictionary
of the Gita
गीता का शब्दकोश
और अनुक्रमणी
New Edition
Prof. Ratnakar Narale
Pustak-Bharati
Books-India

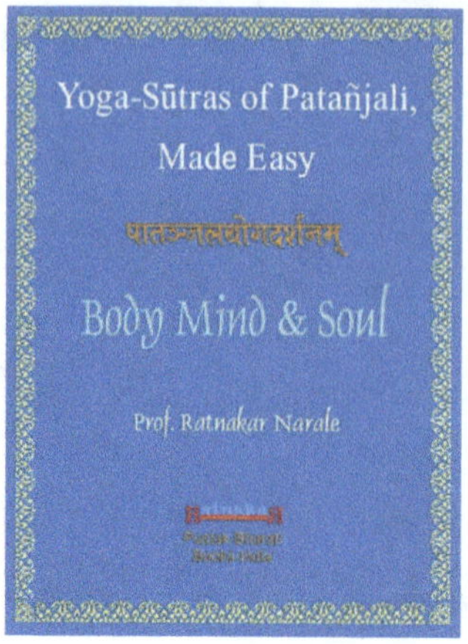
Yoga-Sūtras of Patañjali,
Made Easy
Body Mind & Soul
Prof. Ratnakar Narale

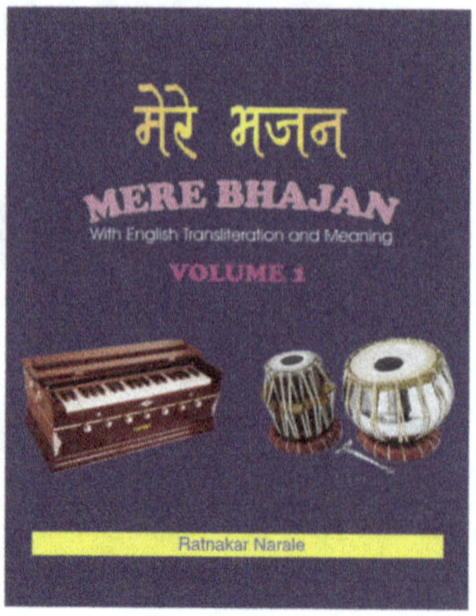
मेरे भजन
MERE BHAJAN
With English Transliteration and Meaning
VOLUME 1
Ratnakar Narale

INDEX

	Vidya Devi Vandana (Hindi and English)	i
	India, at the center of the earth (World Hindu Population)	ix
	The Indian States and Hindu Population	x
	The holy Rivers and Mountains of India	xi
	Animal and Bird life of India	xii
	Holy places of India	xiii
	Our Holy Forefathers	xv
	Our Great Heros	xvi
Lesson 1	The Hindī Alphabet	5
Lesson 2	Common Hindī Consonants	9
Lesson 3	Speaking Hindī Characters-1	11
Lesson 4	Speaking Hindī Characters-2	24
Lesson 5	Speaking Hindī Characters-3	33
Lesson 6	Compound Consonants	46
	Ratnakar's Children songs	53
Lesson 7	Introduction to *Sandhi*	61
Lesson 8	Introduction to Hindī Numerals	62
Lesson 9	Making your own Hindī sentences	67
Lesson 10	The Pictorial Hindī Dictionary	74
Lesson 11	Using Action Words	88
Lesson 12	Making Sentences for Completed Actions	108
	Brain Surgery of the Hindī Grammar	121
	X-Ray Vision through the Hindī Syntax	123
Lesson 13	The Irregular Hindi Verbs	124
	Summary of Tenses	127
Lesson 14	Prepositions	144
Lesson 15	Pronouns	153
Lesson 16	Adjectives and Adverbs	173
Lesson 17	Conjunctions and Expressions	179
Lesson 18	General Knowledge	185
Lesson 19	General Dialogues	188
Lesson 20	HINGLISH for English Speaking People	205
	Ratnakar's Devotional Songs	207
	Old Popular Devotioal Songs	210
	The Diwali Festival	217
	Transliterated Hindi-English Dictionary	219-274

सौ. माधवी

INTRODUCTION

Language is the key to teach DHARMA to the children. Hindi, or any other Indian languages, has Hindu culture integrated in it. The author of the Hindi learning book must be an *acharya* who can use each step of his teaching to incorporate Hindu expressions and vocabulary in the lessons, exercises and examples.

Language is the path way to the culture. Children are our precious wealth and our future. They need to be taught our lofty Hindu Values in a fun filled manner. While teaching the Hindi language, our children must be enlightened in the glorious **Hindu Dharma**, our beloved **India**, its holy **Rivers** and great **Mountains**, the interesting Indian **Flora and Fauna**, the glorious **Hindu History**, the righteous **Hindu Ethics**, the sacred **Hindu scriptures**, the holy **Hindu Gods**, the noble **Hindu Forefathers**, the illustrious **Hindu Heroes**, the venerable **Hindu Saints**, the blissful **Hindu Prayers**, the grand **Hindu Festivals**, the peaceful **Hindu People**, the divine **Hindu Worship**, the celestial **Hindu Temples**, the classical **Hindu music**, the towering **Hindu Discoveries** in Science and Arts, the unique **Hindu Philosophies** of Yoga, Vegetarianism, Non-violence, and Universal brotherhood (वसुधैव कुटुम्बकम्). Every Hindu child, learning Hindi language, must **also** be taught Hindu Sanskriti, Deva-Vani Sanskrit and the immortal Sanskrit shlokas. This the sincere Dharmic Objective of this book. This edition has **Colour** Coded **Students English-Hindi Transliterated Dictionary**.

You are about to discover in this book a wholly novel methodology of learning and teaching Hindi, which you have never seen before, even if you already know or teach Hindi. Please give it a try. Please carefully follow the GUIDE TO USE THIS BOOK, to ensure your success.

Even if you JUST READ EVERY WORD of this book thoughtfully, you will understand how to make your own Hindi sentences and speak Hindi with confidence and at the same time you will know the Hindu Dharma.

Hari Om

माधवी बोरीकर

विद्या देवी वंदना

राग : खमाज, कहरवा ताल, 8 मात्रा

(रत्नाकर रचित आरती)

स्थायी : मऽमऽ मममऽ गमपऽ । पधनीसां सांसारिंसां नीधरेऽ ।
पधपध नीनीनीध पधपध । पधपध नीनीनीध पधमम । पपपऽ धपमग रेऽ ।
पऽपप ऽपधप मगमऽ ।
जै जै स्वरदा माता । देवी! स्मरण तेरा भाता ।
चरणन तुमरे मंगल । दरशन तुमरे सुंदर । चाहे सब ध्याता ।
ॐ जै सरस्वती माता ।।

अंतरा : 1. पममग पममग पममऽ । सारिंसांनी धधपम पऽ । सांसांसारिं सांनीधध पमपऽ ।
पधपध नीनीनीध पधमऽ । पधपध नीनीनीध पधमऽ । पऽपप धपमग रेऽ ।
पऽपप ऽपधप मगमऽ ।
जो आवे गुण पाने । ध्यान लगाने का । देवी! ज्ञान बढ़ाने का ।
तेरे दर वर पावे । झोली भर कर जावे । ध्येय सफल उसका । ॐ जै ...

2. जो आवे सुर पाने । गान बजाने का । देवी! तान सजाने का ।
संगित नृत्य सिखाने । नाट्य कला को दिखाने । मार्ग सरल उसका । ॐ जै ...

3. जो प्यासा है कला का । चित्राकारी का । देवी! शिल्पाकारी का ।
चौंसठ सारी कलाएँ । विद्या अष्ट लीलाएँ । साध्य सकल उसका । ॐ जै ...

4. जो कवि गायक लेखक । वाङ्मय विरचेता । देवी! सरगम रचयेता ।
साहित्य साधन पावे। बुद्धि का धन आवे । हेतु सबल उसका । ॐ जै ...

5. शुभ्र वसन नथ माला । काजल का तिल काला । देवी! हाथ कमल नीला ।
केयुर कंठी छल्ला । गजरा कुंदन ड़ाला । मुकुट है नग वाला । ॐ जै ...

6. नारद किन्नर शंकर । तुमरे गुण गाते । देवी! तुमरे ऋण ध्याते ।
भगत जो शरण में आता । भजन ये तुमरे गाता । मोक्ष अटल उसका । ॐ जै ...

A Prayer to Sarasvati
the Goddess of Learning

Raaga : Khamaj,
Kaharva Taal, 8 Matra
(Aarti Composed by : Ratnakar Narale)

Sthayi : Ma--Ma-- MaMaMa-- GaMaPa-- I PaDhaNiSa SaSaRaSa NiDhaRe-- I
PaDhaPaDha NiNiNiDha PaDhaPaDha I PaDhaPaDha NiNiNiDha PaDhaMaMa I
PaPaPa-- DhaPaMaGa Re-- I Pa--PaPa --PaDhaPa MaGaMa-- I

Jai Jai Svaradā Mātā, Devī! smaraṇa terā bhātā ,
Charaṇan tumare maṅgal, Daraṣhan tumare sundar,
Chāhe sab dhyātā, Om Jai Sarasvatī Mātā.

Antara : 1. PaMaMaGa PaMaMaGa PaMaMa-- I SaReSaNi DhaDhaPaMa Pa-- I
SaSaSaRe SaNiDhaDha PaMaPa-- I PaDhaPaDha NiNiNiDha PaDhaMa-- I
Pa--PaPa DhaPaMaGa Re-- I Pa--PaPa --PaDhaPa MaGaMa-- I

Jo āve guṇa pāne, Dhyān lagāne kā, Devī! gyān baḍhāne kā,
Tere dar var paavae, Jholī bhar kar jāve, Dhyeya safal us kā, Om Jai..

2. Jo āve sur pāne, gāna bajāne ka, Devī! tān sajāne kā ,
Sangīta nritya sikhāne, Naṭya kalā ko dikhāne, Mārga saral us kā, Om ...

3. Jo pyāsā hai kalā kā, Chitrākārī kā, Devī! Shilpākārī kā,
Chaũsaṭha sārī kalāẽ, Vidyā aṣhṭa līlāẽ, Sādhya sakal us kā I Om ...

4. Jo kavi gāyak lekhak, vāṅgmaya virachetā, Devaī saragama rachayetā,
Sāhitya sādhan pāve, Buddhi kā dhan āve, Hetu sabal us kā, Om ...

5. Shubhra Vasan Nath Māla, Kajal kā til kālā, Devī! haath Kamal neelā,
Keyūr Kaṇṭhī Chhallā, Gajarā, Kundan dāla, Mukuṭa hai nag vālā, Om ...

6. Nārad Kinnar Shaṅkar, Tumare guṇ gāte, Devī! tumare riṇ Dhyāte,
Bhagat jo sharaṇ me ātā, Bhajan ye tumarā gātā, Moksha ataa Us ka, Om.

हिंदु भूमि वंदना

नमस्ते सदा वत्सले मातृ भूमे! त्वया हिंदुभूमे! सुखं वर्धितोऽहम् ।
महामंगले पुण्यभूमे! त्वदर्थे, पतत्वेष कायो, नमस्ते! नमस्ते! ।। 1

प्रभो शक्तिमान् हिंदुराष्ट्रांगभूता, इमे सादरं त्वां नमामो वयम् ।
त्वदीयाय कार्याय बद्धा कटीयम्, शुभाशिषं देहि तत्पूर्तये ।।

अजय्यां च विश्वस्य देहीश शक्तिम्, सुशीलं जगद् येन नम्रं भवेत् ।
श्रुतं चैव यत् कण्टकाकीर्णमार्गम्, स्वयं स्वीकृतं नः सुगंकारयेत् ।। 2

समुत्कर्ष निःश्रेयसस्यैकमुग्रम्, परं साधनं नाम वीरव्रतम् ।
तदन्तः स्फुरत्वक्षया ध्येयनिष्ठा, हृदन्तः प्रजागर्तु तीव्राऽनिशम् ।।

विजेत्री च नः संहता कार्यशक्तिर्, विधायास्य धर्मस्य संरक्षणम् ।
परं वैभवं नेतुमेतत् स्वराष्ट्रम्, समर्था भवत्वाशिषा ते भृशम् ।। 3

भारत माता की जय । हिंदु भूमि की जय ।
हिंदु धर्म की जय ।।

भारत राष्ट्र गौरव गीत

(Composed by : Ratnakar Narale)

स्थायी

कर्मभूमि ये भारत हमारा, सारी दुनिया में हमको है प्यारा ।
इसका इतिहास सुंदर नियारा, दिव्य भारत हमारा जियारा ।।

♫ म-गम-म म प-म- गम-प-, मप धधध- नि सां-नि- ध प-म- ।
म-प धधध-ध नि-ध- पम-प-, म-प ध-ध- सांनि-ध- धप-म- ।।

अंतरा-1

इसकी धरती है सोने की माटी, इसके सिर पर हिमालय की चोटी ।
इसकी नदियाँ हैं अमृत की धारा, इसके पग में समुंदर किनारा ।।

♫ सां-सां नि-सां- नि ध-नि- ध प-म-, सां-सां नि- सां- निध-नि- ध प-म-।
मग ममम- म ध-प- ग म-प-, ग-म पप प- पधनि- धप-म-।।

अंतरा-2

इसकी आभा है अंबर की ज्योति, चाँद सूरज हैं कुंडल के मोती ।
रम्य अनुपम है इसका दीदारा, विश्व का है ये उज्ज्वल सितारा ।।

अंतरा-3

इसकी वायु में सौरभ घनेरा, इसका मंगल है साँझ और सवेरा ।
इसमें आनंद है अद्‌भुत अपारा, ये है कुदरत का मनहर नज़ारा ।।

अंतरा-4

मोर कोयल पपीहे हैं गाते, टेर कुहू हैं मंजुल सुनाते ।
संग सावन का शीतल फुहारा, सारे वतनों में ये है दुलारा ।।

अंतरा-5

पर नारी यहाँ पर है माता, भाईचारे का सबमें है नाता ।
यहाँ इंसानियत का बसेरा, शुभ शांति अहिंसा का नारा ।।

अंतरा-6

इसकी संतानें हैं वीर ज्ञानी, संत योगी कलाकार दानी ।
स्नेह सेवा शराफत का डेरा, स्वर्ग से प्रिय है देश मेरा ।।
स्वर्ग से प्रिय है देश हमारा ।।

(कोरस)

जय हो जय हो तेरी जय हो जय हो, जय हो जय हो सदा जय हो जय हो ।
जय हो जय हो तेरी जय हो जय हो, जय हो जय हो सदा जय हो जय हो ।।

♫ सां- सां नि- सां- निध- नि- ध प- ध-, सां- सां नि- सां- निध- नि- ध प- म-।
म- ग म- म- मप- म- ग म- प-, ध- ध नि- नि- निसां- नि- ध प- म-।।

वेद वाणी

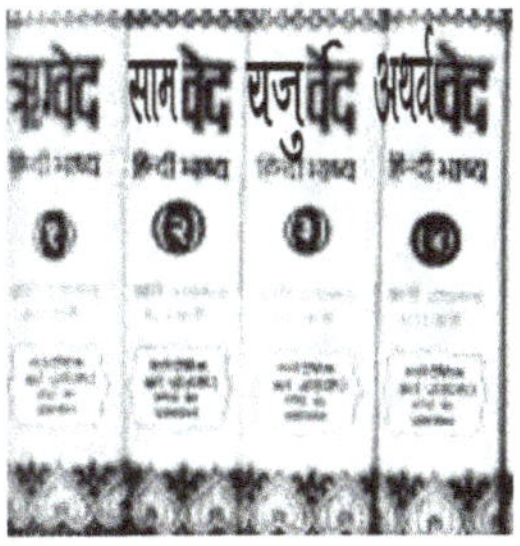

वसुधैव कुटुंबकम् ।

(composed by Ratnakar Narale)

ॐ श्लोकः

सहचलेम सम्मिल्यागच्छत शांतिप्रेमिणः ।
सहजीवेम सर्वे च वर्धेमहि च वै वयम् ।।

♫ ममममम–म ग–प–म–प–मग रे–गम–पम– ।
धधप–म–ग रे–ग म–, ध–प–मग– रे ग– रेसा– ।।

स्थायी

सब लोग जहाँ के भाई हैं, सब एक ही पथ के राही हैं,
"वसुधैव कुटुंब" सचाई है ।
सब एक जगत के वासी हैं, सब की ये वसुधा माई है,
सब एक ही कुल के सगाई हैं ।।

♫ सानि सा–ग रेसा– नि– सा–रेम ग–, गम मगप म गग रेसा सा–रेम ग –,
गग गरेसासा सारे–ग म गरेसानि सा– ।
सानि सा–ग रेसासानिसा सा–रेगसारे ग–, गम मग प मग–रेसा सा–रेम ग–,
गग गरेसासा सा सारे ग म गरेसानिसा– ।।

अंतरा–1

सब वेदों की ये वाणी है, सब शुभ वचनों की ये राणी है ।
बस एक हमारी भूमि है, अरु एक हमारा स्वामी है ।
बस एक सभी का साँई है ।।

♫ पप मरेम– प– पम पनिधप प–, पप मग गसासाग म प गरेसानि सा– ।
सानि सा–ग रेसा–नि– सा–रेम ग–, गम मग पमग–रेसा सा–रेम ग– ।
गग गरेसासा सारे–गम गरेसानि सा– ।।

अंतरा–2

सब जगत का एक ही ज्ञानी है, और एक ही अंतर्यामी है ।
बस एक हमारा दाता है, अरु एक हमारा विधाता है ।
बस एक सभी का सहाई है ।।

अंतरा–3

ऋषि मुनियों की ये बखानी है, और सबसे परम कहानी है ।
बस एक हमारा कर्ता है, जिसने जग रीत बनाई है ।
उसने भव प्रीत बसाई है ।।

वेद वाणी

वसुधैव कुटुंबकम् ।

(composed by Ratnakar Narale)

स्थायी

इस दुनिया में सारे हैं भाई, वसुधैव कुटुंबऽ की नाई ।
ये वसुधा सभी की है माई, एक कुल के सभी हैं सगाई ।।

♫ रेग ममम- म प-म- ग रे-ग-, सारेग-ग- गप-म- ग रे-सा- ।
ग मप-प- पनि- ध- प म-प-, निध पप प- मग- प- मग-रे- ।।

अंतरा-1

सब वेदों की अमृत की वाणी, शुभ वचनों की जानी है राणी ।
सारी भूमि का है एक स्वामी, सारी दुनिया का है एक साईं।।

♫ रेग म-म- म ध-पप म ग-प-, गम पपप- प ध-प- म ग-रे- ।
सा-रे ग-ग- ग ध- प-म रे-ग-, म-प धधध- नि ध- प-म ग-रे- ।।

अंतरा-2

एक सबका हमारा है दाता, एक सबका हमारा विधाता ।
इस संसार का एक ज्ञाता, एक जानो सभी का सहाई ।।

अंतरा-3

ऋषि मुनियों की ये है बखानी, सबसे पावन यही है कहानी ।
रीत दुनिया की जिसने बनाई, प्रीत भव में उसी ने बसाई ।।

◎ **The world is one family :** ***Sthayi :*** *All people in the world are brothers. The world is one family. This earth is everyone's mother, everyone is related to one another.* ***Antara : 1.*** *This is divine declaration of all the Vedas. This is the queen of all righteous sayings. There is only one Lord of the whole world. There is only one God.* ***2.*** *There is only one Giver for all people. There is only one Master. There is only one Knower of the world, only one Supporter.* ***3.*** *This has been said by the saints and sages. This is the Supreme story. He who understands this fact of the world, he understands the loving way of the world.*

शांति पाठ

(composed by Ratnakar Narale)

श्लोकः

सर्वत्र सर्वदा शान्तिः स्नेहः सत्त्वं सुखं भवेत् ।
अहिंसा न्यायनीतिश्च सर्वभूतेषु सन्ततम् ।।

♫ ग–गग ग–गरे– म–ग–, म–म– प–प– ध–प– मप– ।
गरे–ग– म–मध–प–म–, गगग–म–प म–रे–ग– ।।

स्थायी

सब विश्व में सब विध शांति हो, सबके मुख में नित शांति ओम् ।
सब विश्व में सब विध शांति ओम् ।।

♫ सानि़ सा–ग रे सासा नि़नि़ सा–रेम ग–, गम मगप म गग रेसा सा–रेम ग– ।
गग गरेसासा सा सारे गम गरेसानि़ सा– ।।

अंतरा–1

सबके दिल में सद्भाव बसे, सबके लब पर सत्नाम रहे ।
सबको सब भूत से प्रीति हो, सब जगत में अमन की क्रांति हो ।।

♫ पप मरे मम प– पमपनिध पप–, पपमग गसा साग मपगरेसानि़सा– ।
गममग पम ग–रेसा सा–रेम ग–, गग गरेसा सा सारेग म गरेसानि़ सा– ।।

अंतरा–2

सब पुत्र सुपुत्र निरोगी हों, सब कन्या सुशीला धन्या हों ।
सबको धन धान्य निवास मिले, सबके मुख पर सुख की कांति हो ।।

अंतरा–3

कहीं ऊँच नीच का नाम न हो, अन्याय अधर्म से काम न हो ।
सब जग में कोई न दुखिया हो, सब त्रिभुवन स्वर्ग की भाँति हो ।।

◎ **A Prayer for Peace :** ***Shloka :*** *May there be peace, everywhere all the time. May there be non-violence, love, happiness, understanding, ethics and affection in all beings.* ***Sthayi :*** *May there be peace in the Universe. May there be Shanti-Om in every mouth, day and night.* ***Antara : 1.*** *May there be virtuous disposition in every heart and holy name on every lip. May all beings be loving beings. May there be a revolution of tranquility in the world.* ***2.*** *May all children be well behaved and healthy. May all people have place to live and ample food to eat. May every face be glowing with happiness.* ***3.*** *May nobody be higher or lower. May nobody act with adharma (unrighteousness) and injustice. May nobody be distressed. May the three worlds be like heaven.*

INDIA, THE CENTER OF THE EARTH

विश्वमध्य भारत

वामे च दक्षिणे यस्या रत्नाकरोऽस्ति पादयोः ।
हिमाद्रिर्मुकुटो शुभ्रो वन्दे भारतमातरम् ।।
शरणोऽस्मि गिरे तुभ्यं नतशीर्षः कृताञ्जलिः ।
त्वत्तः प्राप्तुं दिशं मार्गं रत्नाकरः पदे पदे ।।

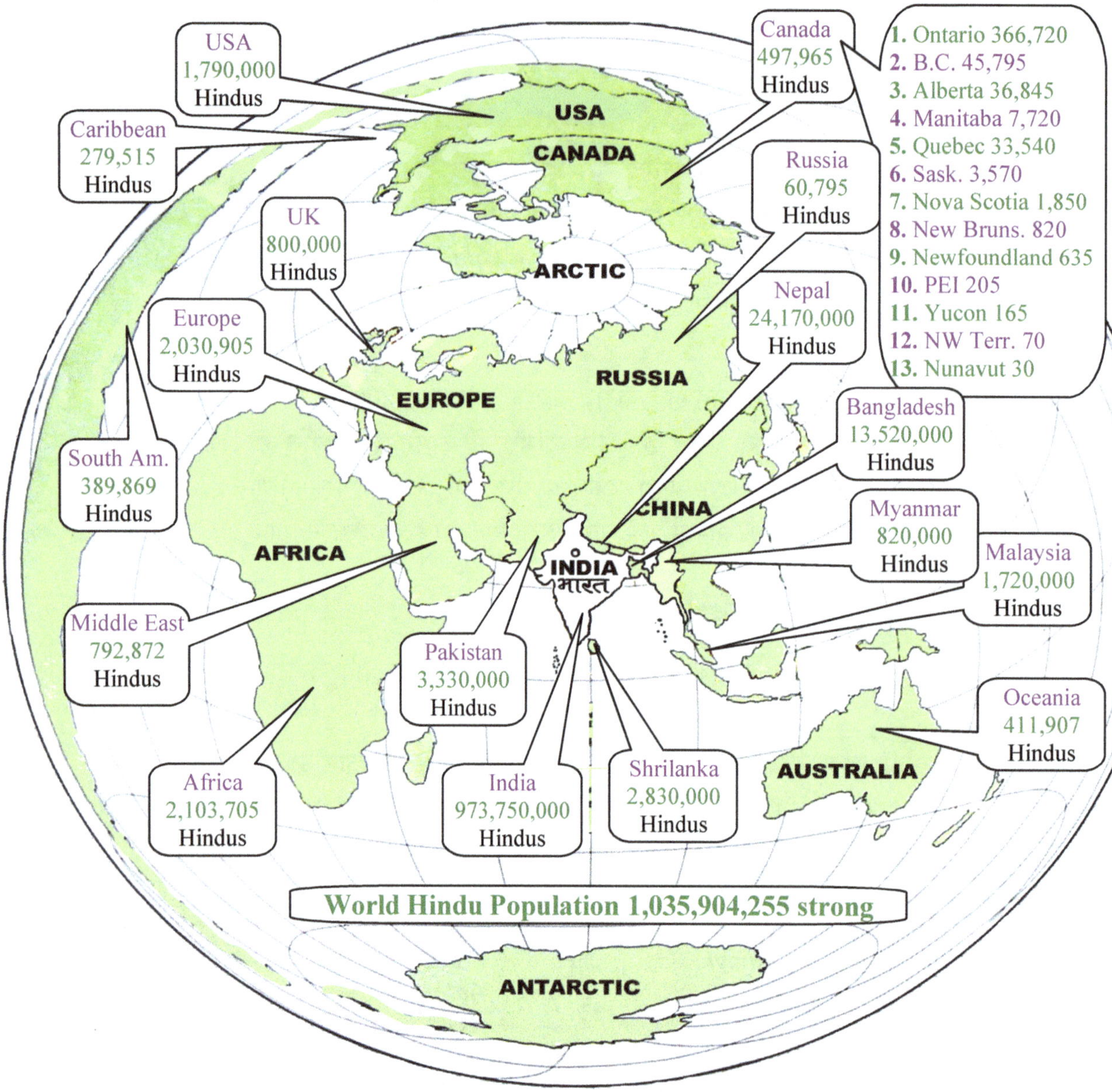

On the left and the right side, As well as at your feet,
There is an ocean and the Himalaya is your crown,
I pray to you at every step, With my folded hands,
I bow my head humbly at your feet, O Mother India!

The Indian States and Hindu their Population

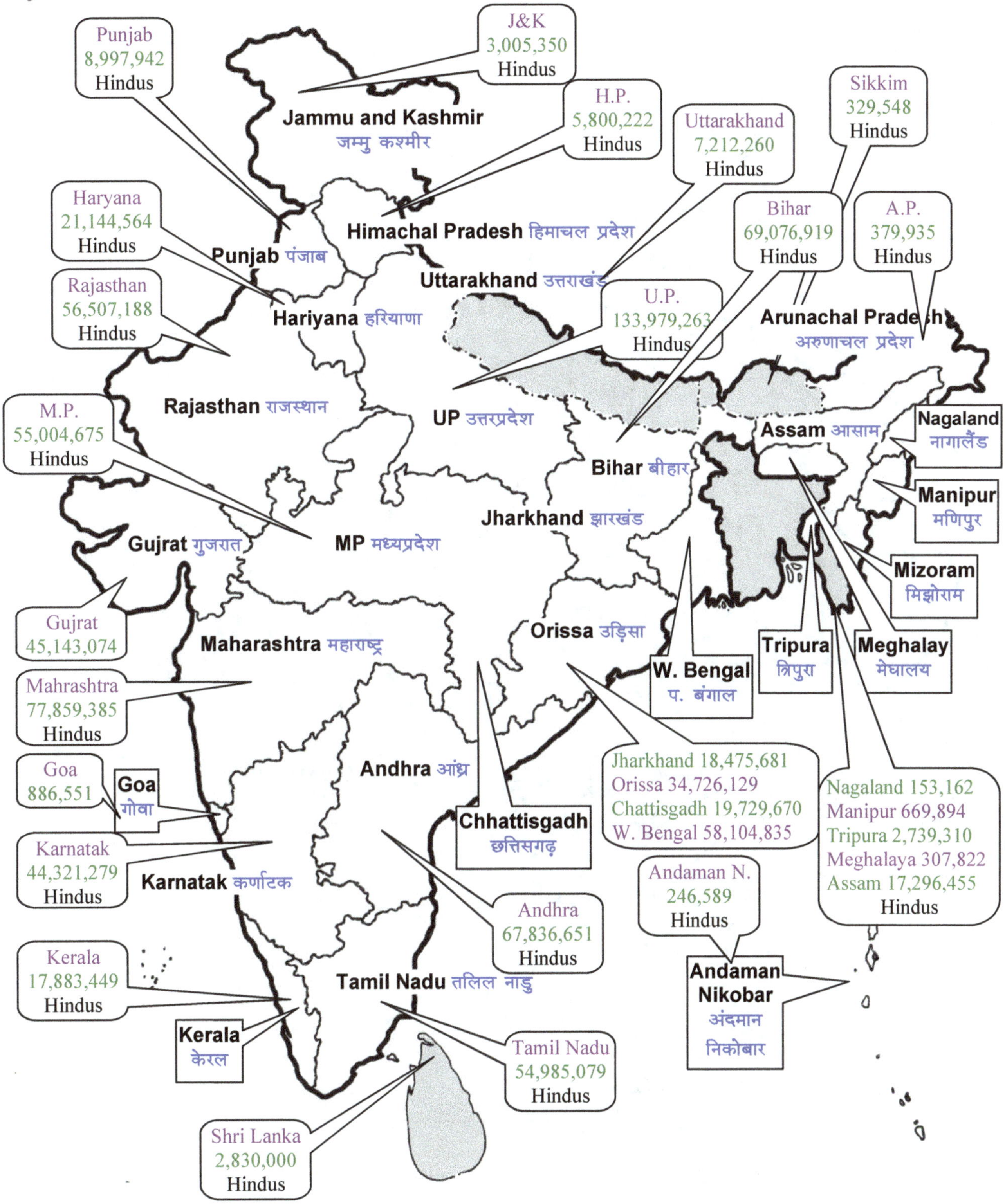

India's Hindu Population 973,750,000 peaceful

The Holy Rivers and Mountains of India भारत की पवित्र नदियाँ और पर्बत

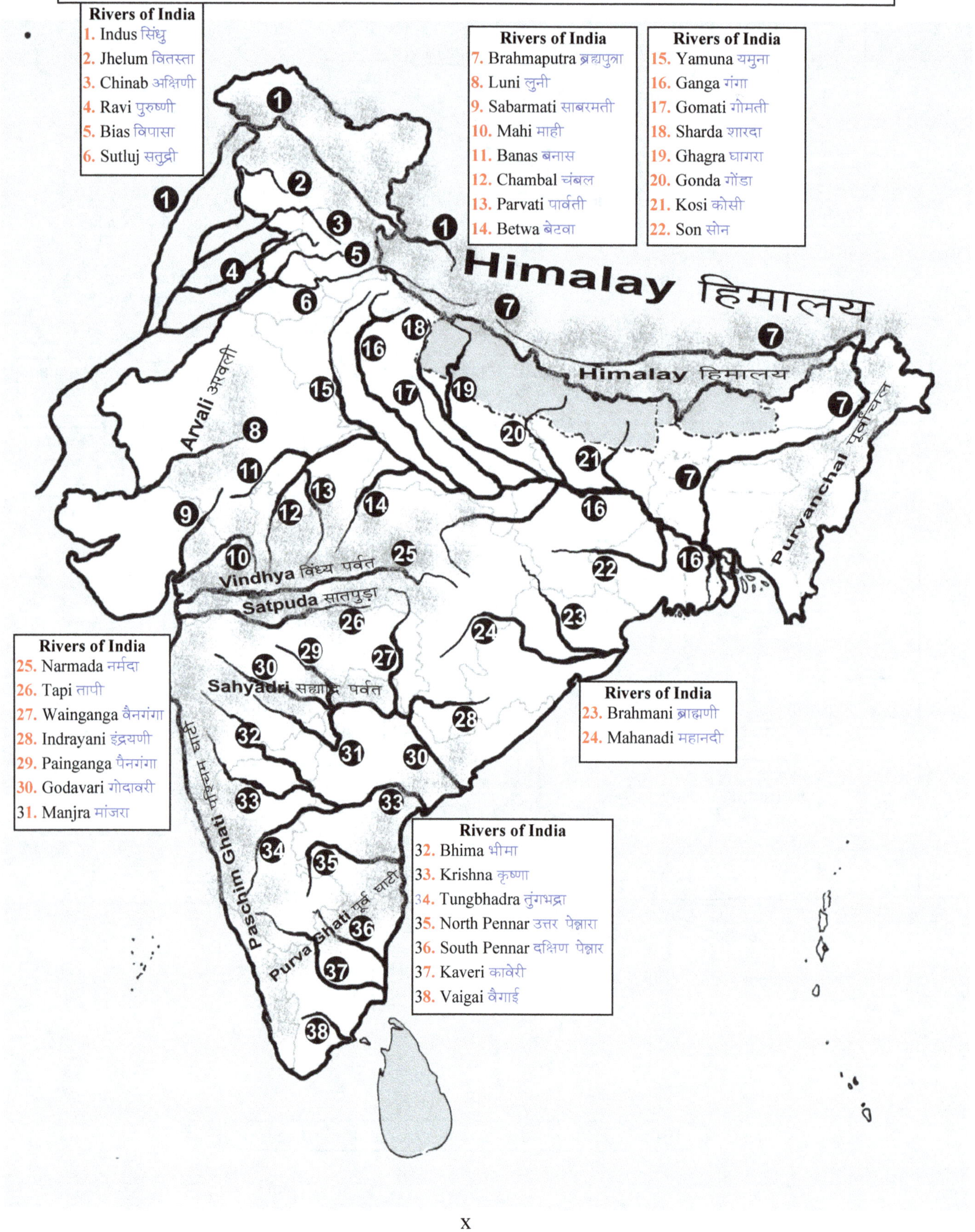

Animal and Bird Life of India भारत के पशुपक्षी

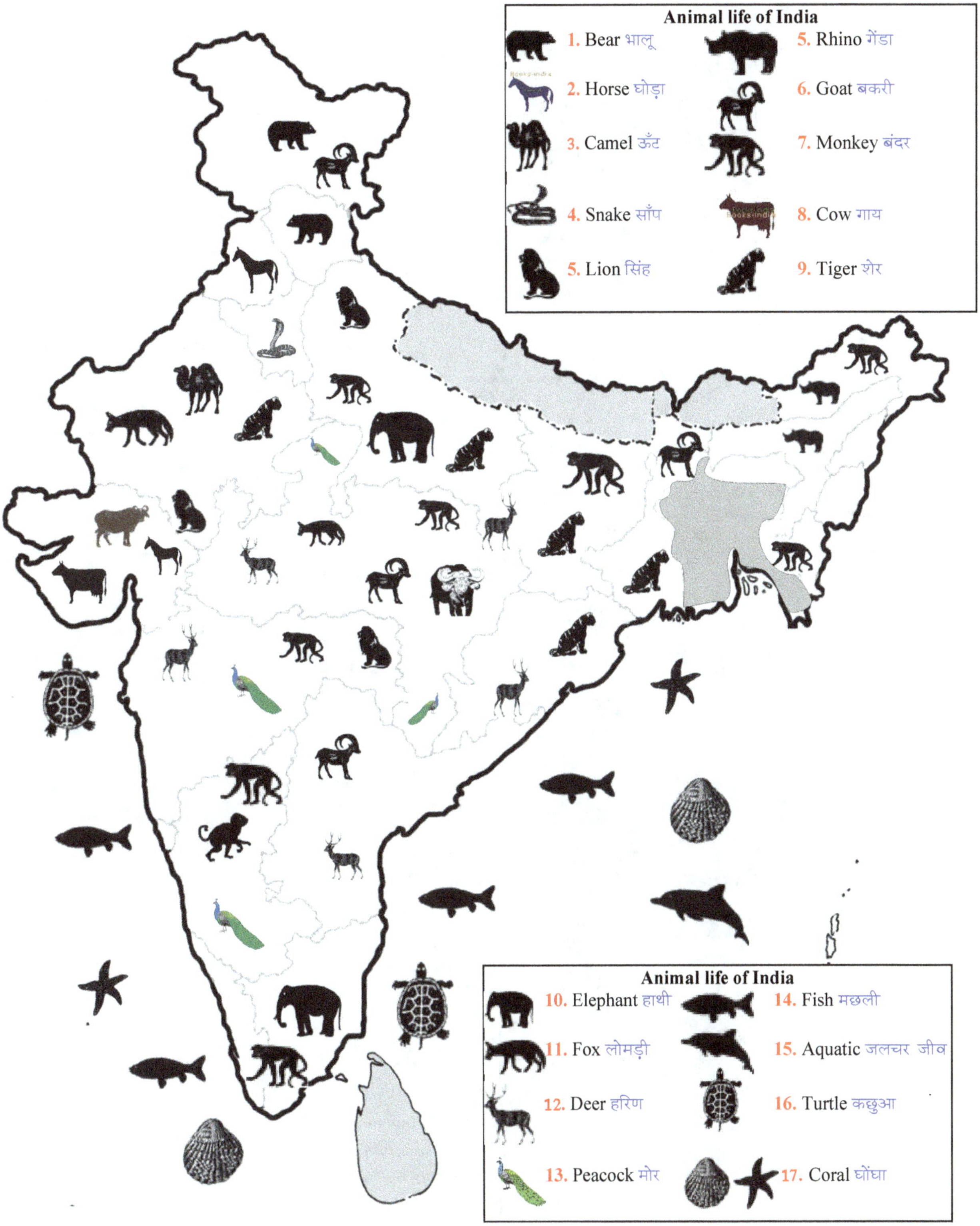

THE HOLY PLACES OF INDIA भारत के पवित्र धाम

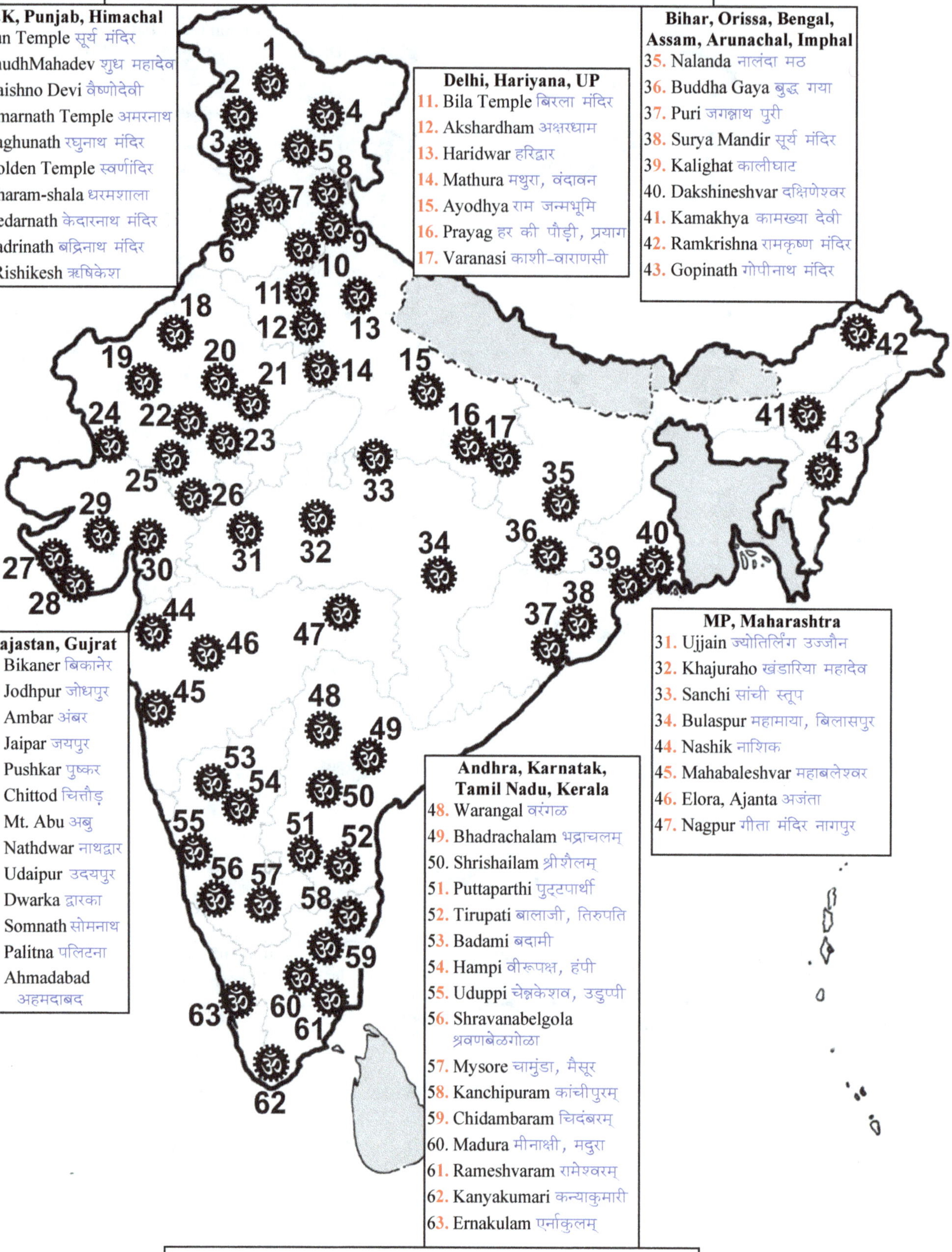

J&K, Punjab, Himachal
1. Sun Temple सूर्य मंदिर
2. ShudhMahadev शुध महादेव
3. Vaishno Devi वैष्णोदेवी
4. Amarnath Temple अमरनाथ
5. Raghunath रघुनाथ मंदिर
6. Golden Temple स्वर्णादिर
7. Dharam-shala धरमशाला
8. Kedarnath केदारनाथ मंदिर
9. Badrinath बद्रिनाथ मंदिर
10. Rishikesh ऋषिकेश

Delhi, Hariyana, UP
11. Bila Temple बिरला मंदिर
12. Akshardham अक्षरधाम
13. Haridwar हरिद्वार
14. Mathura मथुरा, वंदावन
15. Ayodhya राम जन्मभूमि
16. Prayag हर की पौड़ी, प्रयाग
17. Varanasi काशी–वाराणसी

Bihar, Orissa, Bengal, Assam, Arunachal, Imphal
35. Nalanda नालंदा मठ
36. Buddha Gaya बुद्ध गया
37. Puri जगन्नाथ पुरी
38. Surya Mandir सूर्य मंदिर
39. Kalighat कालीघाट
40. Dakshineshvar दक्षिणेश्वर
41. Kamakhya कामख्या देवी
42. Ramkrishna रामकृष्ण मंदिर
43. Gopinath गोपीनाथ मंदिर

Rajastan, Gujrat
18. Bikaner बिकानेर
19. Jodhpur जोधपुर
20. Ambar अंबर
21. Jaipar जयपुर
22. Pushkar पुष्कर
23. Chittod चित्तौड़
24. Mt. Abu अबु
25. Nathdwar नाथद्वार
26. Udaipur उदयपुर
27. Dwarka द्वारका
28. Somnath सोमनाथ
29. Palitna पलिटना
30. Ahmadabad अहमदाबद

MP, Maharashtra
31. Ujjain ज्योतिर्लिंग उज्जैन
32. Khajuraho खंडारिया महादेव
33. Sanchi सांची स्तूप
34. Bulaspur महामाया, बिलासपुर
44. Nashik नाशिक
45. Mahabaleshvar महाबलेश्वर
46. Elora, Ajanta अजंता
47. Nagpur गीता मंदिर नागपुर

Andhra, Karnatak, Tamil Nadu, Kerala
48. Warangal वरंगळ
49. Bhadrachalam भद्राचलम्
50. Shrishailam श्रीशैलम्
51. Puttaparthi पुट्टपार्थी
52. Tirupati बालाजी, तिरुपति
53. Badami बदामी
54. Hampi वीरूपक्ष, हंपी
55. Uduppi चेन्नकेशव, उडुप्पी
56. Shravanabelgola श्रवणबेळगोळा
57. Mysore चामुंडा, मैसूर
58. Kanchipuram कांचीपुरम्
59. Chidambaram चिदंबरम्
60. Madura मीनाक्षी, मदुरा
61. Rameshvaram रामेश्वरम्
62. Kanyakumari कन्याकुमारी
63. Ernakulam एर्नाकुलम्

Places of Pilgrimage भारत के तीर्थक्षेत्र

HINDU FESTIVALS OF INDIA भारत के हिंदु त्यौहार

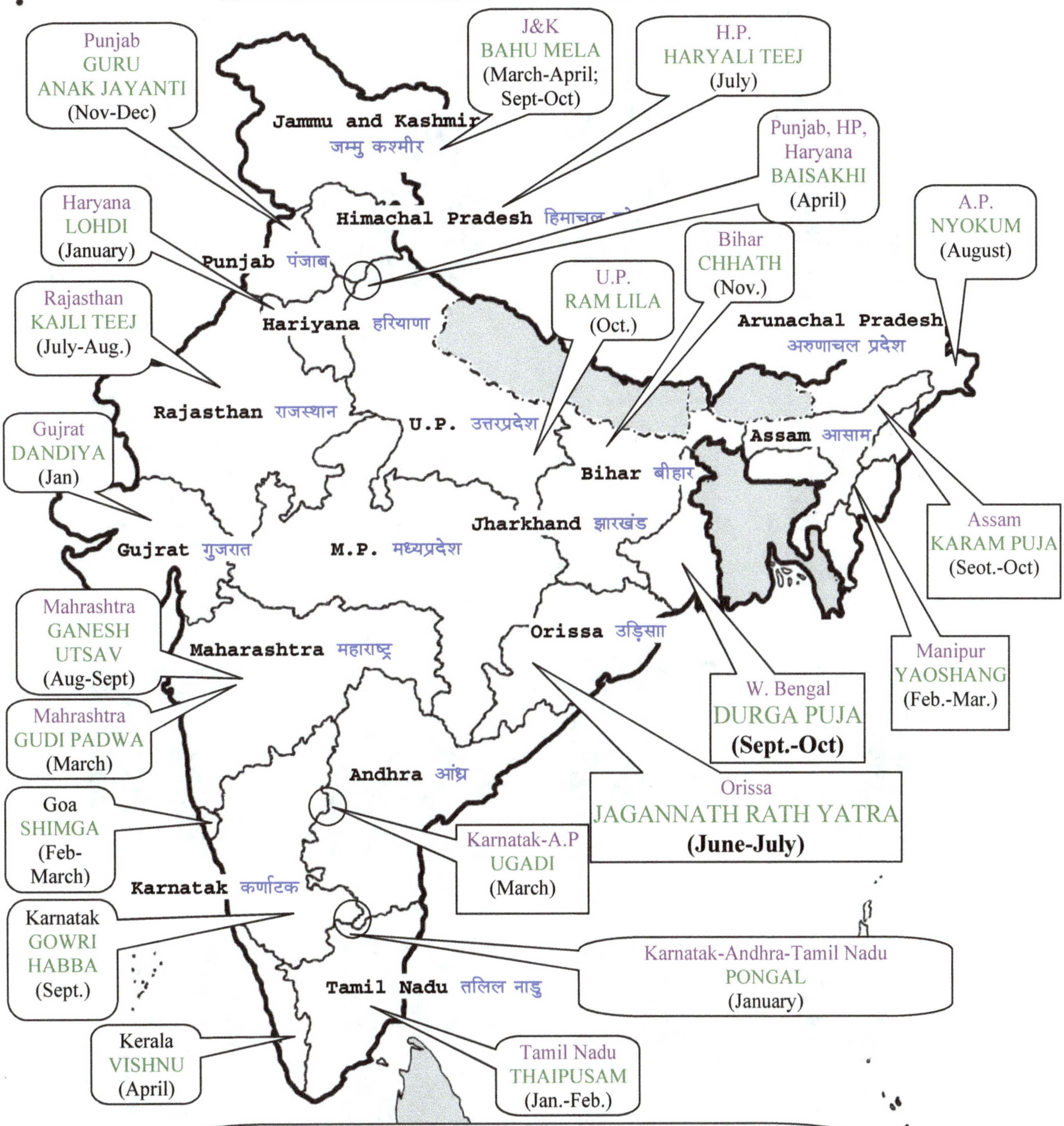

All India

1. VASANT PANCHAMI : (January)
2. HOLI : (March)
3. MAHA SHIV-RATRI : (March)
4. RANG PANCHAMI : (March)
5. HANUMAN JAYANTI : (March)
6. GURU PURNIMA : (July)
7. NAAG PANCHAMI (July)
8. RAKSHA BANDHAN (August)
9. RAKSHA BANDHAN : (August)
10. KRISHNA JANMASHTAMI : (Sept.) 11. VIJAYA DASHMI (October)
12. NAVARATRI (October)
13. DIWALI (October)
14. BHAIYA DOOJ : (Oct-Nov)

OUR HOLY FOREFATHERS हमारे पवित्र पुरखे

Vālmīki वाल्मीकि

Ved Vyās
वेद व्यास

Pāṇini पाणिनि

Patañjali पतञ्जलि

Kālidāsa कालिदास

Shankaracharya
शंकराचार्य

Rāmānujacharya
रामानुजाचार्य

Kaṇāda कणाद

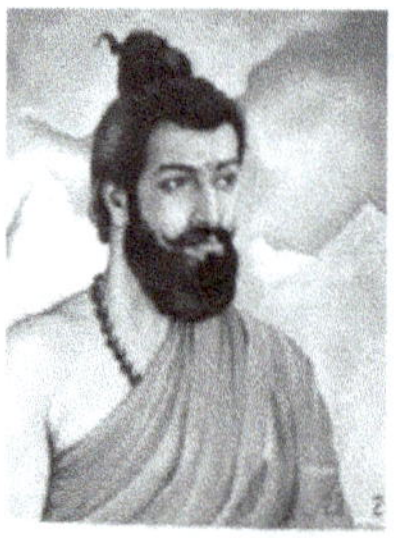

Kapila Muni
कपिल मुनि

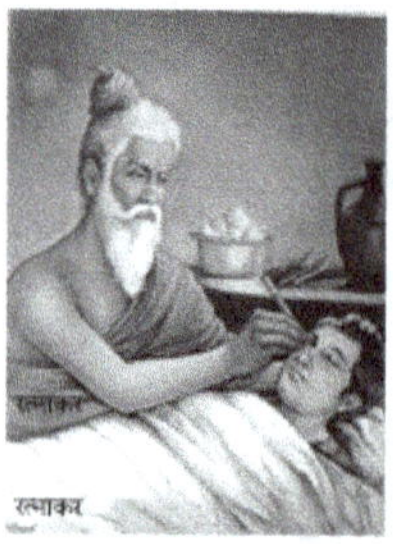

Sushruta सुश्रुत

Bhāskaracharya
भास्कराचार्य

Charaka चरक

Varāhamihira
वराहमिहिर

Nāgarjuna
नागार्जुन

Bharadwāja muni
भरद्वाज मुनि

Aryabhatta आर्यभट्ट:

स्वाभिमानी मनुष जो कहता, हिंदु अपने आपको है ।
कृतकृत्य वो सफलमनोरथ, करता अपने बाप को है ।।

... रत्नाकर

OUR GREAT HEROES हमारे वीर महापुरुष

(Honoured by Govt. of India. In chronological order)

Kabir संत कबीर 1440-1518 | Mira मीराबाई 1450-1547 | Rana Pratap राणा प्रताप 1540-1597 | Tulsidasar तुलसीदास 1533-1624 | Shivaji शिवाजी 1627-1680 | Ranjit Singh रणजीत सिंह 1780-1839 | Paramasamsa रामकृष्ण परमहंस 1836-1866

Bharatendu भारतेंदु 1850-1885 | Vivekanand विवेकानंद 1803-1902 | Tilak तिलक 1856-1920 | Ramabai रमाबाई रानडे 1862-1924 | Asutosh Mookherji असुतोष मुकर्जी 1864-1924 | C. Das चित्तरंजन दास 1870-1925 | Lajpatrai लजपतराय 1866-1928

Bhagat Singh भगत सिंह 1907-1931 | Mahavir Prasad Dwivedii महावीर प्रसाद द्विवेदी 1864-1938 | Dr. Hedgewar डा. हेडगेवार 1889-1940 | Subhash Chandra Bose सुभाष चंद्र बोस 1897-1945 | M.M. Malviya मदन मोहन मालवीय 1861-1946

Gandhiji गांधीजी 1869-1948 | Aurobindo अरविंद घोष 1872-1950 | Sardar Patel सरदार पटेल 1875-1950 | Shyamaprasad श्यामाप्रसाद मुकर्जी 1901-1953 | Vir Savarkar वीर वि. दा. सावरकर 1883-1960 | Dr. Prasad राजेंद्र प्रसाद 1884-1962 | Maithili Gupta मैथिलीशरण गुप्त 1886-1964

Jawaharlal Nehru जवाहर लाल नेहरु 1889-1964 | Ambedkar आंबेडकर 1891-1966 | Shastriji लाल बहादुर शास्त्री 1904-1966 | Chaturvedi मा. चतुर्वेदी 1889-1968 | Radhakrishnan राधाकृष्णन 1888-1975 | Indira Gandhi इंदिरा गांधी 1917-1984

UNDERSTAND and REMEMBER THIS BEFORE YOU BEGIN

A unique, but important, aspect of this book is the upgraded and innovative Transliteration, which will produce the most authentic Hindi sounds through modified English letters. Study the comparative examples given below and learn our improved method for your benefit.

TABLE 1 : Use of letters a, ā, e, ī, u and ū

Letter	Sound	Hindi	In other books	In this book
a	A in Ahead	हम, तुम, सब, दस	hum, tum, sub, dus	ham, tum, sab, das
ā	Aa	मेरा, काका, गाना कल, काल, कला, काला	mera, kaka, gana kal, kal, kala, kala	merā, kākā, gānā kal, kāl, kalā, kālā
e	E, Ay	ले, दे, गाने	lay, dey, gane	le, de, gāne
ū	oo	दूर	dur, door	dūr
ī	ee	मीरा, मीना, वीणा	Meera, Mina, vina	mīrā, mīnā, vīṇā

TABLE 2 : Writing the **NASAL SOUND** with ̐ sign, in Hindi and English

Rule : The ̐ sign gives a NASAL SOUND to the letter under that ̐ sign.

(e.g. आँ = ā̐, ईं = ī̐, ऊँ = ū̐, एँ = e̐, ओं = o̐)

Hindi	In other books	In this book
माँ, कहाँ? काँटा, कांता	maan, kahan? kanta, kanta	mā̐, kahā̐? kā̐ṭā, kāntā
ईंट, नहीं, कहीं, सिंह	int, nahin, kahin, sinha	ī̐t, nahī̐, kahī̐, si̐ha
हूँ, लूँ, दूँ, करूँ	hun, lun, dun, karun	hū̐, lū̐, dū̐, karū̐
रातें, दें, किताबें	raten, den, kitaben	rāte̐, de̐, kitābe̐
मैं, हैं, कैंची	Main, hain, kainchi	mai̐, hai̐, kai̐chī
बातों में	baton men	bāto̐ me̐
कल, काल, कला, काला	kal, kal, kala, kala	kal, kāl,kalā, kālā

Another unconventional but very effective way of learning to read write Hindi is by grouping the alphabet according to their shapes, such as वबक, पषफ, तन, गमभण, चजल, घधछ, रसखश, यथ, टठढद, डझह, etc. With this innovative technique, I have been teaching reading-writing 100% full Hindi in just 5 lessons, without exception, for last 20 years. Students are amazed and joyful with my simple technique. Same is true for my novel methodology of learning to make your own Hindi sentences. See it happening in my class or in your own class.

Let's learn Hindi now

आओ अब हिंदी सीखें

HINDI ALPHABET हिंदी वर्णमाला

अ a	आ ा aa	इ ि i	ई ी ee	उ ु u	ऊ ू oo	ऋ ृ ri
ए े e	ऐ ै ai	ओ ो o	औ ौ au	अं ं m̃	अँ ँ m̐	अः ः ḥ
	क ka	ख kha	ग ga	घ gha	ङ nga	
	च cha	छ chha	ज ja	झ jha	ञ nya	
	ट ṭa	ठ ṭha	ड ḍa	ढ ḍha	ण ṇa	
	त ta	थ tha	द da	ध dha	न na	
	प pa	फ pha	ब ba	भ bha	म ma	
	य ya	र ra	ल la	व va	श sha	
		ष ṣha	स sa	ह ha		
		क्ष kṣa	त्र tra	ज्ञ gya		

Designed by : Ratnakar Narale

PRONOUNCING HINDI CHARACTERS

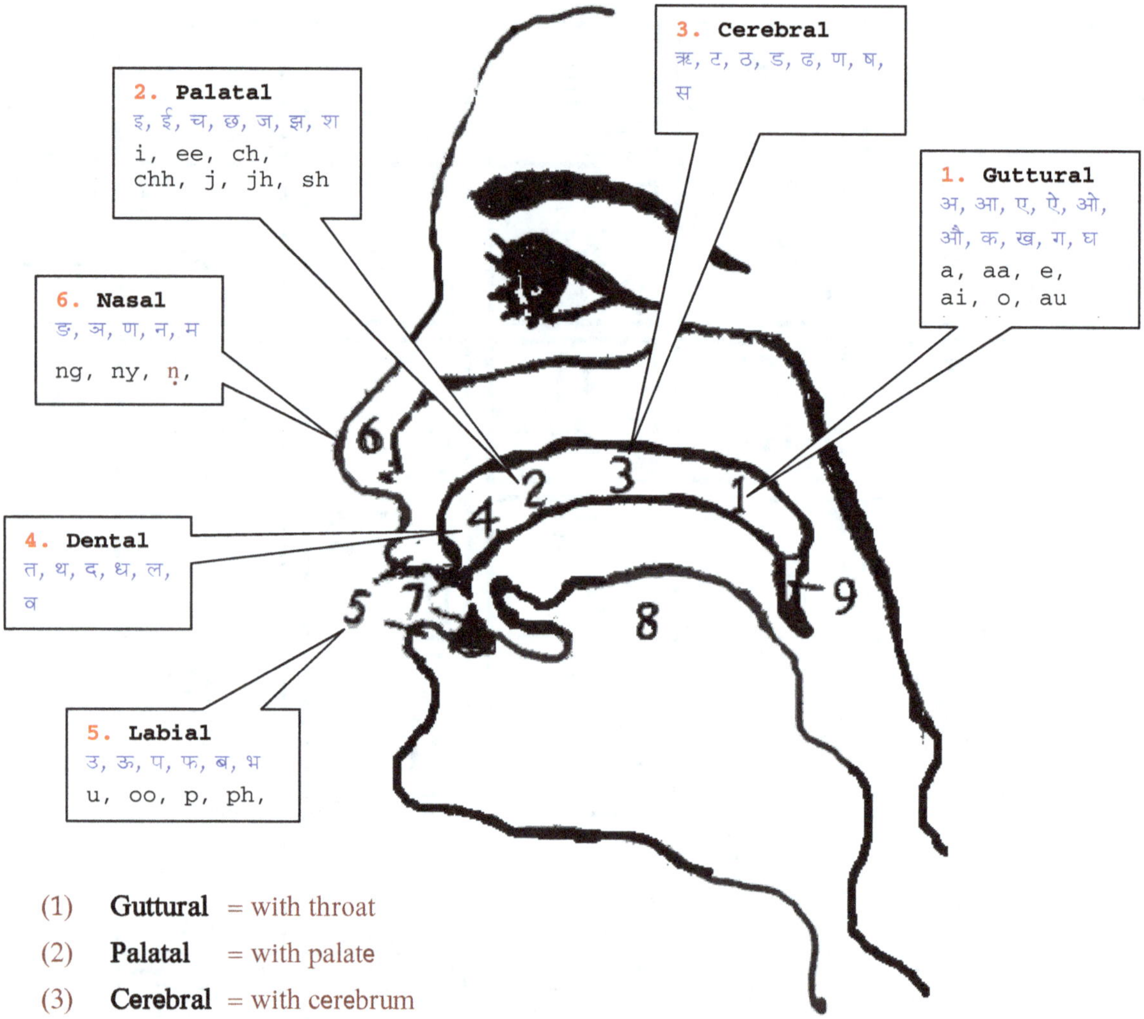

(1) **Guttural** = with throat

(2) **Palatal** = with palate

(3) **Cerebral** = with cerebrum

(4) **Dental** = with teeth

(5) **Labial** = with lips

(6) **Nasal** = with nose

(7) **Teeth,** (8) **Tongue** (9) **Uvula**

PLEASE NOTE : In any Hindi word, when written in English script, **the sound of letter 'e'** (ए) **is 'ay' as in Bay**, not like 'i' or 'ee' (इ, ई) as in English words Be or Bee. Therefore, the Hindi word 'meraa' (मेरा) sounds like '**mayraa**,' not miraa or meeraa. (e = ए). Also, please note that letters "aa" indicate long sound of letter "a" for example : Raam or Raama = राम not Raamaa रामा, here "Raa" has long "aa" sound and "ma" has short "a" sound.

āo Hindī sīkhẽ

Learning Hindi through PRE-MADE Pet Sentences,
The Conventional way
The Ineffective and Improper way

1. Hello!
   नमस्ते!
   namaste.

2. How are you?
   आप कैसे हैं । (तुम कैसे हो?)
   āp kaise haĩ? (tum kaise ho)

3. I am alright.
   मैं ठीक हूँ ।
   maĩ ṭhīk hũ.

4. What is your name?
   आप का नाम क्या है?
   āp kā nām kyā hai?

5. My name is Krishṇa.
   मेरा नाम कृष्ण है ।
   merā nām krishṇa hai.

6. They call me Kanha.
   वे मुझे कान्हा कहते हैं ।
   ve mujhe Kānhā kahate haĩ.

7. What is your name?
   आप का नाम क्या है?
   āp kā nām kyā hai?

8. My name is Rama.
   मेरा नाम राम है ।
   merā nām Rām hai.

9. Where were you born?
   तुम्हारा जनम कहाँ हुआ था ?
   tumhārā janam kahā̃ huā thā.

10. I was born in Mathura.
    मेरा जनम मथुरा में हुआ था ।
    merā janam Mathurā mẽ huā thā.

11. Where do you live?
    तुम कहाँ रहते हो?
    tum kahā̃ rahate ho?

12. I lived five years in Gokul.
    मैं पाँच साल गोकुल में रहा था ।
    maĩ pā̃cha sāl Gokul mẽ rahā thā.
    Now I live in Vrindavan.
    अब मैं वृंदावन में रहता हूँ ।
    ab maĩ vrindāvan mẽ rahatā hũ.

13. How old are you?
    आप कितने बड़े हो?
    āpa kitne baḍe ho?

14. I am ten years old.
    मैं दस साल का हूँ ।
    maĩ das sāl kā hũ.

15. Who is she?
    वो कौन है?
    vo kaun hai?

16. She is my friend Radha.
    वो मेरी सखी राधा है ।
    Vo meri sakhī Rādhā hai.

17. Who is he?
    वो कौन है?
    vo kaun hai?

18. **He is my friend Sudama.**
वो मेरा दोस्त सुदामा है ।
vo merā dost Sudāmā hai.

19. **What are you eating?**
आप क्या खा रहे हो?
āp kyā khā rahe ho?

20. **We are eating butter and roti.**
हम माखन और रोटी खा रहे हैं ।
ham mākhan aur roṭī khā rahe haĩ.

21. **What are you drinking?**
तू क्या पी रहा है?
tū kyā pī rahā hai?

22. **I am drinking milk.**
मैं दूध पी रहा हूँ ।
maĩ dūdh pī rahā hũ.

23. **What are you playing?**
तुम क्या बजा रहे हो?
tum kyā bajā rahe ho?

24. **I am playing a flute.**
मैं मुरली बजा रहा हूँ ।
maĩ murlī bajā rahā hũ.

25. **What is on you head?**
तुम्हारे सिर पर क्या है?
tumhāre sir par kyā hai?

26. **Peacock-feather crown is on my head.**
मेरे सिर पर मोर मुकुट है ।
mere sir par mor mukuṭ hai.

27. **What is your address?**
तुम्हारा पता क्या है?
tumhārā patā kyā hai?

28. **My address is : 108 Anand Marg, Svarg bhumi, Vrindavan, India.**
मेरा पता है : 108 आनंद मार्ग, स्वर्ग भूमि, वृंदावन, भारत ।
merā patā hai : 108 Anand mārg, svarg bhūmi, Vrindāvan, bhārat.

29. **What was your address in Gokul?**
तुम्हारा गोकुल का पता क्या था?
tumhārā Gokul kā patā kyā thā?

30. **My address was :**
1 Shanti Path, Nand Bhavan, Gokul.
मेरा पता था : 1 शांति पथ, नंद भवन, गोकुल ।
merā patā thā :
1 Shanti path, Nand Bhavan, Gokul.

31. **Who are in your house?**
आपके घर में कौन कौन हैं?
āp ke ghar mẽ kaun kaun haĩ?

32. **In my house my mother Yashoda is there,**
मेरे घर में यशोदा मैया है,
mere ghar mẽ Yashodā maiyā hai,
my father Nana Baba,
मेरे पिताजी नंद बाबा,
mere pitājī Nand Bābā haĩ,
and my brother Balram is there.
और मेरा भाई बलराम है ।
Aur mera bhāī Balrām hai.
I have cows and calves also, at my house.
मेरे घर पर गायें और बछड़े भी हैं ।
mere ghar par gāyẽ aur bhaisẽ bī haĩ.

33. **Where are you all going?**
आप सब कहाँ जा रहे हो?
āp sab kahā̃ jā rahe ho?

34. **We are going to Shivaji's temple.**
हम शिवजी मंदिर जा रहे हैं ।
ham Shivajī mandir jā rahe haĩ.

35. Whose beautiful statue is this?
ये किसकी सुंदर मूर्ति है?
ye kiskī sundar mūrti hai?

36. This is Shiv ji's image.
यह शिवजी की मूर्ति है ।
yah Shivaji kī mūrti hai.

37. What is in Shivji's hand?
शिवजी के हाथ में क्या है?
Shivajī ke hāth mẽ kyā hai?

38. Shivji has a trident in his hand.
शिवजी के हाथ में त्रिशूल है ।
Shivaji ke hāth mẽ trishūl hai.

39. What is hanging on the trident?
त्रिशुल पर क्या लटक रहा है?
trishul par kyā laṭak rahā hai?

40. It is Shivji's drum.
यह शिवजी का डमरू है ।
yah Shivajī kā damdrī hai.

41. What is around Shivji's neck?
शिवजी के गले में क्या है?
Shivajī ke gale mẽ kyā hai?

42. There is a snake around Shivji's neck.
शिवजी के गले में साँप है ।
Shivajī ke gale mẽ sā̃pa hai.

43. What is on Shivaji's head?
शिवजी के शीष पर क्या है?
Shivajī ke shhiṣh par kyā hai?

44. Ganga is flowing from Shivji's head.
शिवजी के शिष से गंगा बह रही है ।
Shivajī ke shhiṣ se Gangā bah rahī hai.

45. What is on Shivji's forehead?
शिवजी के माथे पर क्या है?
Shivajī ke māthe par kyā hai?

46. Moon is on Shivji's forehead.
शिवजी के माथे पर चंदा है ।
Shivajī ke māthe par chandā hai.

47. Who ia sitting next to Shivji?
शिवजी के साथ कौन बैठी है?
Shivajī ke sāth kaun baiṭhī hai?

48. She is Parvati ji.
वह पार्वती जी है ।
vah Pārvatī jī hai.

49. Who is in the lap of Parvati ji?
पार्वती जी की गोद में कौन है?
Pārvatī jī kī god mẽ kaun hai?

50. Ganesha ji is in the lap of Shivji?
पार्वती जी की गोद में गणेश जी है?
Pārvatī jī kī god mẽ Gaṇesh jī hai?

51. Why a bull is standing there?
वहाँ बैल क्यों खड़ा है?
vahā̃ *bail kyõ khaḍā hai?*

52. The Nandi bull is Shivji's vehicle.
नंदी बैल शिवजी का वाहन है ।
Nandī bail Shivajī kā vāhan hai?

53. Who are these people?
ये लोग कौन हैं?
ye log kaun haĩ?

54. These people are Shivji's devotees.
ये लोग शिवजी के भगत हैं ।
ye log Shivajī ke bhagat haĩ.

55. What are they singing?
ये क्या गा रहे हैं?
ye kyā gā rahe haĩ?

56. They are singing Shivji's prayers.

ये शिवजी के भजन गा रहे हैं ।
ye shivahī ke bhajan gā rahe hai̐.

57. Who is doing the worship?
पूजा कौन कर रहा है?
pūjā kaun kar rahā hai?
58. The priest is doing the worship.
पूजा पंडित जी कर रहे हैं ।
pūjā paandit ji kar rahe hai̐.

59. What the priest is holding in his hands?
पंडित जी के हाथ में क्या है?
pandit ji ke hāth me̐ kyā hai?
60. In one hand of the priest is the Puja-plate,
पंडित जी के एक हाथ में पूजा थाली है,
pandit ji ke ek hāth me̐ pūjā thālī hai,
And in the other hand is a bell.
और दूसरे हाथ में घंटी है ।
aur dūsre hāth me̐ ghanṭī hai.

61. What that girl is giving out?
वह लड़की क्या दे रही है?
vah laḍkī kyā de rahi hai?
62. That girl is giving Prasad.
वह लड़की प्रसाद दे रही है ।
vah laḍkī prasād de rahi hai.

63. What will we do after the worship?
पूजा के बाद हम क्या करेंगे?
pūjā ke bād ham kyā kare̐ge?
64. We will go downstairs.
हम नीचे जाएँगे ।
ham nīche jāe̐ge?
And we will eat food.
और हम खाना खाएँगे ।
aur ham khāna khāe̐ge.
It is called Priti Bhoj.
इसको प्रीति भोज कहते हैं ।
is ko priti bhoj kahate hai̐.

65. The temple is very beautiful.
मंदिर बहुत सुंदर है ।
mandir bahut sundar hai.

66. This place is peaceful.
यहाँ शांति है ।
yahā̐ shānti hai.

67. I enjoyed it very much.
मुझे बहुत आनंद आया ।
mujhe bahut ānand āyā.

68. Thank you very much.
बहुत धन्यवाद !
bahut dhanyavād!

69. See you later.
फिर मिलेंगे ।
fit mile̐ge.

70. Bye!
नमस्ते!
namaste.

But, now, learning Hindi by <u>Making Your Own Hindi Sentences</u>, with my novel method↓
The easy way.

सरस्वती वंदना

(Composed by : Ratnakar Narale)
(चाल और संगीत स्वर लिपि के लिये देखिये हमारी "*नयी संगीत रोशनी*" का गीत 74)

रुपक ताल 7 मात्रा

आलाप

सां – रें सां – निध पम प – म ग –
गप निप रे – रे रे – ग प प – म म –

स्थायी

देवी सरस्वती ज्ञान दो, हमको परम स्वर गान दो ।
हमरा अमर अभिधान हो, माँ शारदे वरदान दो ।।

आलाप

मग सा.ग म म म म – धप मप नि नि नि नि – .
रें.गं सांनि ध – नि गं रें सां

अंतरा–1

तेरी करें हम आरती, तेरे ही सुत हम भारती ।
सब विश्व का कल्याण हो, माँ शारदे वरदान दो ।।

अंतरा–2

तुम ही हो बुद्धि दायिनी, तुम ही महा सुख कारिणी ।
तुम ही गुणों की खान हो, माँ शारदे वरदान दो ।।

अंतरा–3

तेरी कृपा से काम हो, जग में न हम नाकाम हों ।
हमको न कभी अभिमान हो, माँ शारदे वरदान दो ।।

अंतरा–4

तुम हो कला की देवता, देवी हमें दो योग्यता ।
हमको हुनर परिधान हो, माँ शारदे वरदान दो ।।
** माँ शारदे वरदान दो, माँ शारदे वरदान दो, माँ शारदे वरदान दो ।।

**** This line comes at the end of the last Antara only.**

Teachers' and Self-Learners'
Guide
to Learn Hindi from this Book

PLEASE FOLLOW THIS GUIDE TO MAKE BEST USE OF THIS UNIQUE BOOK

Make sure you complete Each Step properly, with its Examples and Exercises,
Before Moving to the Next Step. Do not skip any page.
Please follow this guide to assure your success.

STEP 1 :

i. Study of letters v b k, p ṣh ph, t n g, m bh ṇ (व ब क, प ष फ, त न ग, म भ ण) :
   Lesson 1, 2 & 3.1-3.3

ii. Study of letters a, ā, i, ī (अ, आ, इ ई) : Lesson 3.4

STEP 2 :

Making your own sentences for Simple PRESENT and PAST Events (Lessons 9.1-, 9.3)

STEP 3 :

i. Study of letters ch j l, gh dh chh, r, s, kh, sh (च ज ल, घ ध छ, र स ख श) : Lesson 4.1-4.3

ii. Study of letters u, ū, ri (उ, ऊ, ऋ) : Lesson 4.4

STEP 4 :

i. Making your own sentences for SIMPLE Present and Past Actions (Lesson 11.1)

i. Making your own sentences for CONTINUOUS Present and Past Actions (Lesson 11.2-11.3)

i. Making your own sentences for ALREADY COMPLETED Present Actions (Lesson 11.3)

STEP 5 :

i. Study of letters y, th, ṭ, ṭh, ḍd, d, ḍ, jh, h (य थ, ट ठ ढ द, ड झ ह) : Lesson 5.1-5.3

ii. Study of letters a, i, o, au (ए, ऐ, ओ, औ) : Lesson 5.4

STEP 6 :

i. Making your own sentences for Simple FUTURE Actions (Lesson 11.6)

i. Making your own sentences for Making a REQUEST (Lesson 11.7)

i. Study of Hindi NUMERALS (Lesson 8)

STEP 7 :

i. Study of letters ksh, tr, Gy (क्ष त्र ज्ञ) and Review of Hindi Vowels : Lesson 5.5-5.9

STEP 8 :

Making your own sentences for COMPLETED ACTIONS (Lesson 12)

Irregular verbs and Review of Tenses (Lesson 13)

STEP 9 :

Study of COMPOUND LETTERS : Lesson 6

STEP 10 :

i. REVIEW of Step 8 : Lesson 13

ii. Review of Step 9 : Lesson 6

STEP 11 :

Making your own sentences with PREPOSITIONS : Lesson 14

STEP 12 :

Making your own sentences with PRONOUNS : Lesson 15

STEP 13 :

Making your own sentences with ADJECTIVES AND ADVERBS : Lesson 16

STEP 14 :

Making your own sentences using CONJUNCTIONS : Lesson 17

STEP 15 :

i. Hindi General knowledge : Lesson 18

ii. Study of INTRODUCTORY PAGES from the Maps of India to Our Great Heros.

STEP 16 :

Practicing the Hindi CONVERSATIONAL GENERAL DIALOGUES : Lesson 19

STEP 17 :

HINGLISH for English Speaking People : Lesson 18

STEP 18 :

Hindi MUSIC : Lesson 18

i. CHILDRENS SONGS : Lesson 6

ii. Hindi BHAJANS and Popular Songs at the End of the Book.

STEP 19 :

Study of the OPTIONAL WORDS : Lessons 1-5

STEP 20 :

i. Study of the PICTURES shown in the various pages of the book.

ii. Study the Picture Dictionary : Lesson 10.

LESSON 1

THE HINDI ALPHABET

Hindī Vowels

अ	आ	इ	ई	उ	ऊ	ऋ	ए	ऐ	ओ	औ	अं	अः
a	ā	i	ī	u	ū	ṛ	e	ai	o	au	ṁ	ḥ

Hindī Consonants

क	ख	ग	घ	ङ
k	kh	g	gh	ṅ
च	छ	ज	झ	ञ
ch	chh	j	jh, z	ñ
ट	ठ	ड	ढ	ण
ṭ	ṭh	ḍ	ḍh	ṇ
त	थ	द	ध	न
t	th	d	dh	n
प	फ	ब	भ	म
p	ph, f	b	bh	m
य	र	ल	व	
y	r	l	v, w	
श	ष	स	ह	
ś, sh	ṣ, ṣh	s	h	

Special Compound Characterss :

क्ष	त्र	ज्ञ
kṣa	tra	gya, jña

(*gya* is popular in Hindī, Sanskrit pronounciation is *jña*)

HINDI ALPHABET हिंदी वर्णमाला

अ a	आ aa ा	इ i ि	ई ee ी	उ u ु	ऊ oo ू	ऋ ri ृ
ए e े	ऐ ai ै	ओ o ो	औ au ौ	अं m̃ ं	अँ m̐ ँ	अः ḥ ः

क ka	ख kha	ग ga	घ gha	ङ nga
च cha	छ chha	ज ja	झ jha	ञ nya
ट ṭa	ठ ṭha	ड ḍa	ढ ḍha	ण ṇa
त ta	थ tha	द da	ध dha	न na
प pa	फ pha	ब ba	भ bha	म ma
य ya	र ra	ल la	व va	श sha
ष ṣha	स sa	ह ha		
क्ष kṣa	त्र tra	ज्ञ gya		

Designed by : Ratnakar Narale

THE HINDI ALPHABET
हिंदी वर्ण माला
अ a
आ ā
इ i
ई ī
उ u
ऊ ū
ऋ ṛ
ए e
ऐ ai
ओ o
औ au
अं ṁ
अँ m̐
अः ḥ
क ka
ख kha
ग ga
घ gha
ङ ṅa
च ća
छ ćha
ज ja
झ jha
ञ ña
ट ṭa
ठ ṭha
ड ḍa
ढ ḍha
ण ṇa
त ta
थ tha
द da
ध dha
न na
प pa
फ pha
ब ba
भ bha
म ma
य ya
र ra
ल la
व va
श śa
ष ṣa
स sa
ह ha
क्ष kṣa
त्र tra
ज्ञ gya
www.books-india.com
Chart Designed by Ratnakar Narale
ISBN 978-0-9732257-7-8
Half Character
Full Character
Shape Colour
Attribute Colour
Transliteration
Character Attribute Colour Index
Vowels
Hard Consonants
Soft Consonants
Nasal Consonants
Semi Consonants
Aspirate Warm Consonant
Class Consonants
Compound Consonants
Deaigned by : Ratnakar Narale
० 0 shūnya
१ 1 ek
२ 2 do
३ 3 tīn
४ 4 chār
५ 5 pāñch
६ 6 chhah
७ 7 sāt
८ 8 āṭha
९ 9 nau

PRONOUNCING HINDI CHARACTERS

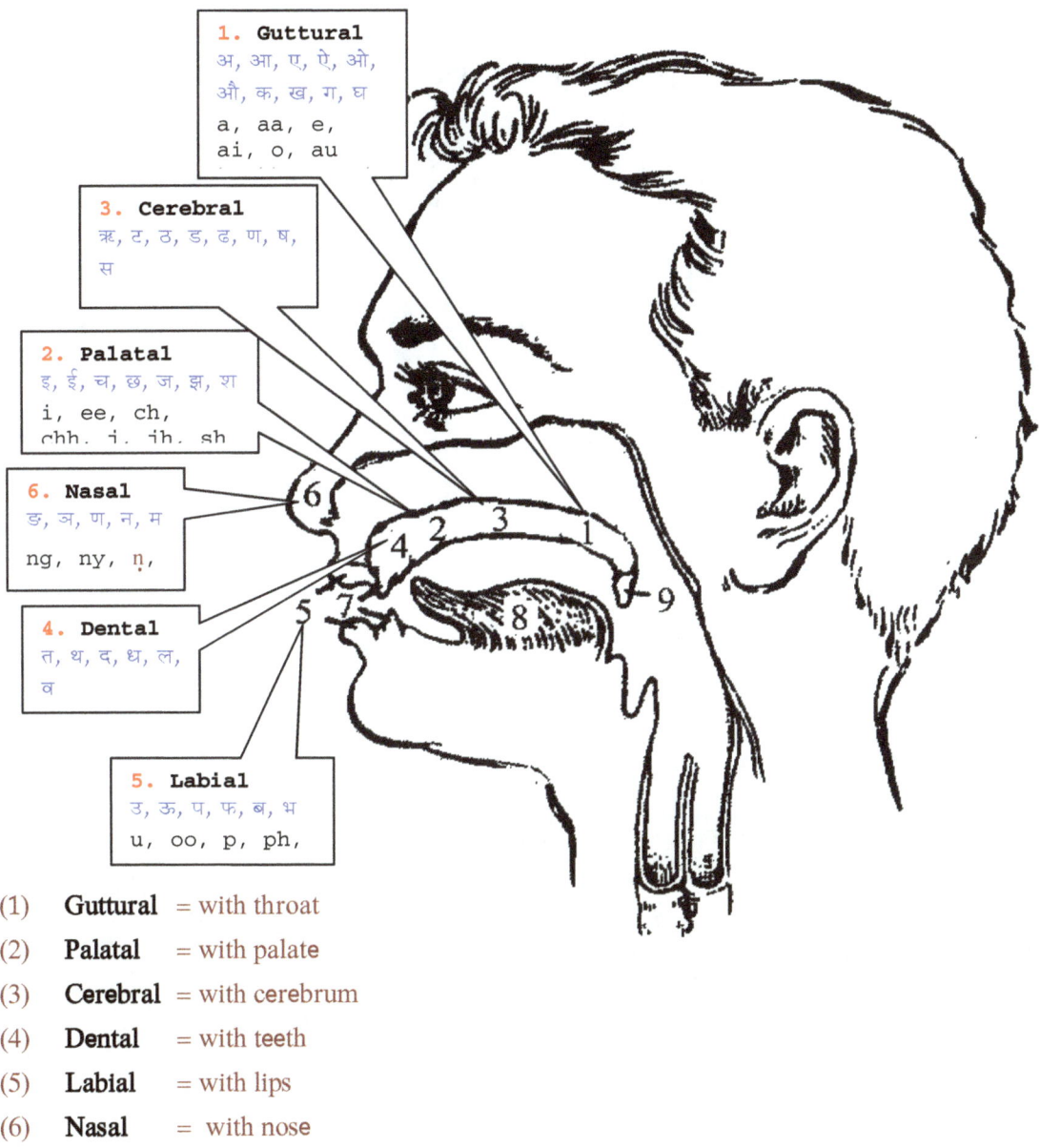

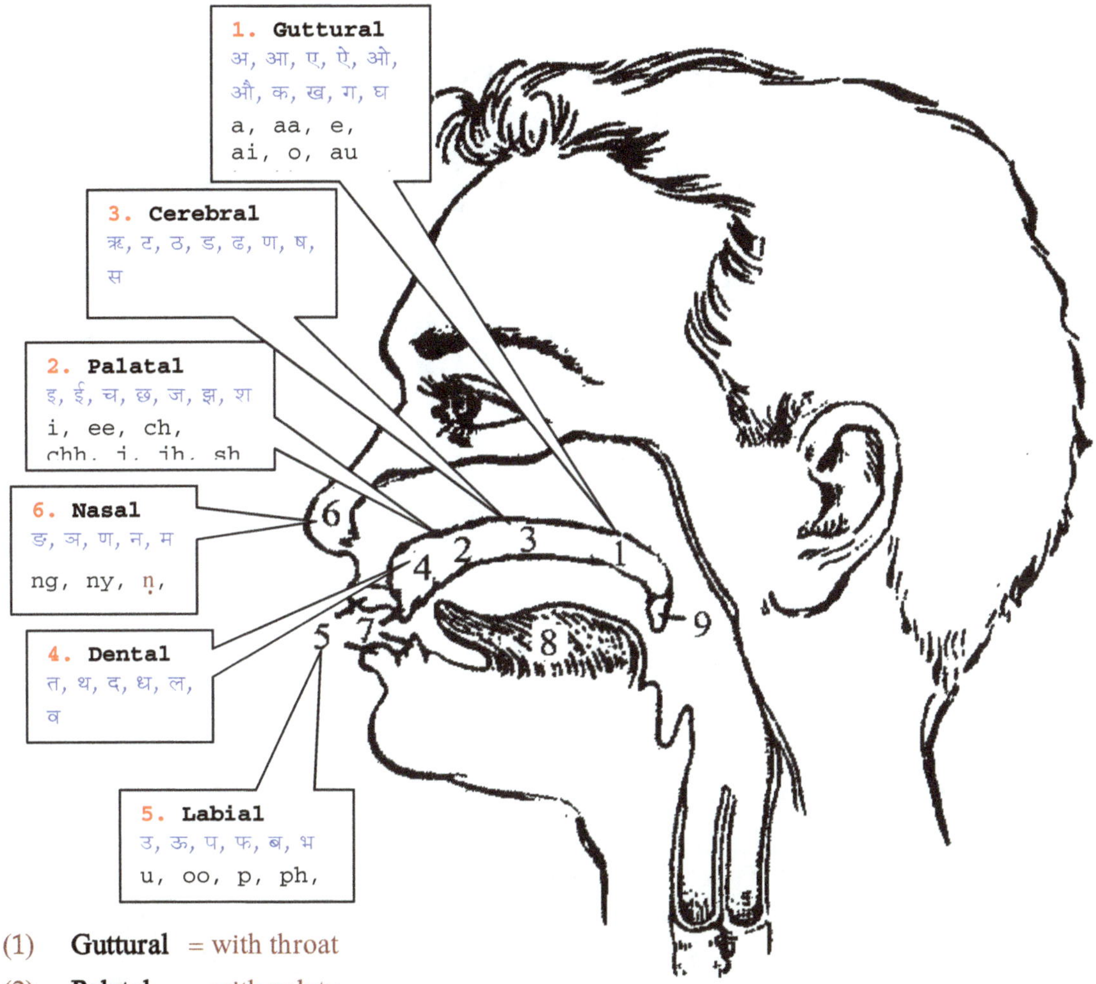

(1) **Guttural** = with throat

(2) **Palatal** = with palate

(3) **Cerebral** = with cerebrum

(4) **Dental** = with teeth

(5) **Labial** = with lips

(6) **Nasal** = with nose

(7) **Teeth,** (8) **Tongue** (9) **Uvula**

PLEASE NOTE :

(i) In any Hindi word, when written in English script, **the sound of letter 'e'** (ए) **is 'ay' as in Bay**, not like 'i' or 'ee' (इ, ई) as in English words Be or Bee. Therefore, the Hindi word 'merā' (मेरा) sounds like '**mayraa,**' not miraa or meeraa. (e = ए).

(ii) Also, please note that letter "ā" indicate long sound of letter "a" for example : Rām = Raam, Raama = राम not Raamaa रामा, here "Rā" has long "aa" sound and "ma" has short "a" sound.

LESSON 2

SPEAKING THE HINDI CHARACTERS

Alphabet	Hindī	Sounds like, as in			Alphabet	Hindī	Sounds like, as in		
a	(अ)	a	in	particular	ṭ	(ट्)	t	in	pet
ā	(आ)	a	in	pāpā	ṭh	(ठ्)	th	in	hot-house
i	(इ)	I	in	pin	ḍ	(ड्)	d	in	pod
ī	(ई)	ee	in	peel	ḍh	(ढ्)	dh	in	adhere
u	(उ)	u	in	pull, put	ṇ	(ण्)	n	in	pant
ū	(ऊ)	oo	in	pool					
ṛ	(ऋ)	ri	in	print	t	(त्)	t	in	Istanbul
e	(ए)	e, ay	in	pen, pay	th	(थ्)	th	in	panther
ai	(ऐ)	i, ai	in	Spine,Saigaon	d	(द्)	th	in	other
o	(ओ)	o	in	pole	dh	(ध्)	dh	in	Buddha
au	(औ)	ow, au	in	powder, sauna	n	(न्)	n	in	pen
k	(क्)	k	in	pink	p	(प्)	p	in	pup
kh	(ख्)	kh	in	Khyber	ph,f	(फ्)	ph, f	in	photo-frame
g	(ग्)	g	in	peg	b	(ब्)	b	in	pub
gh	(घ्)	gh	in	ghost	bh	(भ्)	bh	in	abhore
ṅ	(ङ्)	n	in	packing	m	(म्)	m	in	map
ch	(च्)	ch	in	chop	y	(य्)	y	in	yes, yelp
chh	(छ्)	chh		witch-hunt	r	(र्)	r	in	rip
j	(ज्)	j	in	jump	l	(ल्, ळ्)	l	in	lip
jh, z	(झ्)	dgeh	in	hedgehop	v,w	(व्)	v, w	in	Volkswagon
ñ	(ञ्)	n	in	punch	ś, sh	(श्)	sh	in	shop
					ṣ	(ष्)	sh	in	push
					s	(स्)	s	in	soap
					h	(ह्)	h	in	hop

DEVANAGARI CHARACTERS WRITING GUIDE
अ a
आ ā
इ i
ई ī
उ u
ऊ ū
ऋ ṛ
ए e
ऐ ai
ओ o
औ au
अं ṁ
अँ m̐
अः ḥ
क ka
ख kha
ग ga
घ gha
ङ ṅa
च ća
छ ćha
ज ja
झ jha
ञ ña
ट ṭa
ठ ṭha
ड ḍa
ढ ḍha
ण ṇa
त ta
थ tha
द da
ध dha
न na
प pa
फ pha
ब ba
भ bha
म ma
य
र ra
ल la
व va
श śa
ष ṣa
स sa
ह ha
क्ष kṣa
त्र tra
ज्ञ jña
DEVANAGARI CHARACTERS WRITING GUIDE
Chart Designed by Ratnakar Narale
ISBN 978-0-9732257-6-1
Designed by : Ratnakar Narale

LESSON 3

READING AND WRITING HINDI LETTERS

व va, wa; ब ba, क ka, प pa, ष ṣa, फ pha, f

त ta, न na, ग ga, म ma, भ bha, ण ṇa

अ a, आ ā, इ i, ई ī

(3.1) Letters व va, wa; ब ba, क ka

va, wa

ba

ka

EXERCISE 1 : Read and Write the following in Hindī :

1. ka ba ka 2. ba va ka 3. va ba ka 4. kaba, baka

5. कब, बक 6. कक, वब 7. वब, वक 8. कक, बव 9. क, ब, व,

10. कक, कब, कव 11. बब, बक, वव 12. कबव, कवब, वबक, बकव

ANSWERS AND VOCABULARY : *1. क ब क 2. ब व क 3. व ब क 4. कब (when?), बक (a crane or duck) 5. kab (when?), bak 6. kaka, vaba 7. vaba, vaka 8. kaka, bava 9. k, ba, va 10. kaka, kaba, kava 11. baba, baka, vava 12. kabava, kavaba, vabaka, bakava.*

OPTIONAL : You may read the optional Hindi words in your second reading of the book.

V-Words to Remember (व) : Ved (वेद Hindu Holy Scripture), Vasudev (वसुदेव krishna's father), Vāsudev (वासुदेव krishna), Vishṇu (विष्णु), Vāyuputra (वायुपुत्र Hanuman), Vāman (वामन Vishnu), Vrikodar (वृकोदर Bhima), Vālmīki (वाल्मीकि author of Ramayana), Vyāsa (व्यास writer Mahabharat and Gita), Vasiṣhṭth (वसिष्ठ Rama's guru), Vishvāmitra (विश्वामित्र a guru of Rama), Vivasvān (विवस्वान the first of the 14 manus), Virāṭa (विराट a king), Vaishampāyana (वैशंपायन a disciple of Vyasa), Varāh (वराह Vishnu's avatar), Ved (वेद), Vedāṅg (वेदांग Upanishad), Vaikuṇṭha (वैकुंठ haeven), Vraj (ब्रज

Krishna and Radha's village area), Varāṇasī (वाराणसी Banaras), Vrindāvan (वृंदावन), Videha (विदेह Mithila), Vaidehī (वैदेही Sita), Vibhīṣhaṇa (विभीषण Ravana's good brother), Vidura (विदुर Pandava's uncle), Viṣṇusharmā (विष्णुशर्मा author of Panchatantra), Viṭṭhala (विठ्ठ Vishnu), Vikramādytya (विक्रमादित्य a great king), Vishvakarmā (विश्वकर्मा architect of the world), Varuṇa (वरुण god of waters), Vindhya (विंध्य a holy mountain), Vidyā (विद्या education), Vigyāna (विज्ञान science), Vaidya (वैद्य doctor), Vairāgya (वैराग्य non-attachment), Vaiṣhṇava (वैष्णव Vishnu's devotee), Vidvān (विद्वान learned), Vīr (वीर brave), Vijaya (विजय victory), Vīṇā (वीणा), Vandan (वंदन salute), Vandanā (वंदना prayer), Vāyu (वायु wind), Varṣhā (वर्षा rain), Vrṣhṭi (वृष्टि rain), Vidyut (विद्युत electricity), Vajra (वज्र thunderbolt), Vishva (विश्व universe), Vang (वंग Bengal), Vaishya (वैश्य merchant), Vachan (वचन promise), Vasant (वसंत spring season), Van (वन forest), Viṣh (विष poison), Vaṁsha (वंश family), Vishvāsa (विश्वास faith), Vyāghra (व्याघ्र tiger), Vishāla (विशाल great), Vyuha (व्यूह array), Vaṭa (वट Banyan tree), Vānar (वानर monkey).

OPTIONAL :

B-Words to Remember (ब) : Brahma (ब्रह्म God), Brahmā (ब्रह्मा creator), Brāhmī (ब्राह्मी Sarasvati), Brahmaputrā (ब्रह्मपुत्रा a holy river), Balrāma (बलराम Krishna's brother), Balbhīma (बलभीम Hanuman), Bālabhadra (बालभद्र Balram), Bālī (बाली Sugriva's brother), Budha (बुध moon), Buddha (बुद्ध Gautam Buddha), Bal Gangādhar Tilak (बाल गंगाधर तिलक a great Hindu), Buddhī (बुद्धि intelligence, thinking), Brahmaṇa (ब्राह्मण priest), Banāras (बनारस a holy place), Bhūta (भूत a being, ghost), Bhuvana (भुवन world), Bansī (बंसी flute), Bānsurī (बांसुरी flute), Bāṇ (बाण arrow), Bāṇa (बाण a great poet), Beṭā (बेटा son), Beṭī (बेटी daughter), Bahut (बहुत very), Badal (बादल cloud), Bijlī (बिजली electricity), Bīja (बीज seed), Bindu (बिंदु drop), Bindī (बिंदी dot), Bargad (बरगद Banyan tree), Bandar (बंदर monkey)

OPTIONAL :

K-Words to Remember (क) : Krishṇa (कृष्ण), Keshav (केशव krishna), Kānhā (कान्हा), Kamlākar (कमलाकर Vishnu), Kamalanayana (कमलनयन Vishnu), Kamalā (कमला Lakshmi), Kesarī (केसरी Hanuman's fathe), Kesarīnandan (केसरीनंदन Hanuman), Kapīsh (कपीश Hanuman), Kush (कुश Rama's son), Kripāchārya (कृपाचार्य Arjun's guru), Kubera (कुबेर god of wealth), Kālindī (कालिंदी Yamuna), Krishṇā (कृष्णा a holy river), Kāverī (कावेरी a holy river), Kalinga (कलिंग Orissa), Kaṇva (कण्व a sage), Kapila (कपिल a sage), Kardama (कर्दम a sage), Kashyap (कश्यप a sage),

Kaṇād (कणाद a sage), Kaurava (कौरव Pandavas' brothers), Kāla (काल god of death), Kalī (काली Parvati), Kalidāsa (कालिदास greatest Sanskrit poet), Koshal (कोशल Ayodhya), Kaliyā (कालिया a snake), Ketu (केतु a comet), Kubjā (कुब्जा Manthara), Kaikeyī (कैकेयी Bharat's mother), Karṇa (कर्ण Arjun's brother), Kausalyā (कौसल्या Rama's mother), Kaṁsa (कंस Krishna's bad uncle), Kuntī (कुंती Arjun's mother), Kurukshetra (कुरुक्षेत्र a holy place), Kanyākumarī (कन्याकुमारी a holy place), Kashi (काशी a holy place), Kānyakubja (कान्यकुब्ज a holy place), Kaniṣka (कनिष्क a great king), Koṭi (कोटि ten million), Kavya (काव्य poetry), Karma (कर्म deed), Kurma (कुर्म turtle), Kāmadhenu (कामधेनु wish giving cow), Kamal (कमल lotus), Kesarī (केसरी lion), Kiraṇ (किरण ray), Kusum (कुसुम flower), Kanchan (कांचन gold), Kesh (केश hair), Kalā (कला art), Kripā (कृपा mercy), Kumār (कुमार bay), Kumārī (कुमारी girl), Kanyā (कन्या daughter), Kīrtan (कीर्तन), Kapi (कपि monkey).

Vasudeva वसुदेव (vishnu)

Vāsudeva वासुदेव (krishna)

Vishṇu विष्णु

Vyāsa व्यास

Viṭṭhala विट्ठल (vishnu)

Vidyadevi विद्यादेवी (sarasvati)

Brahmā ब्रह्मा

Buddha बुद्ध

Bānsurīvālā बांसुरीवाला (krishna)

Kānhā कान्हा (krishna)

Kamal कमल (lotus)

Kesarī केसरी (lion)

(3.2) Letters प pa, ष ṣa, फ pha, fa

pa

ṣa

pha, fa

EXERCISE 2 : Read and Write the following in Hindī :

1. kapa, ka 2. paṣa, kaṣa 3. pha, ba, ka, ṣa, pa, pava 4. bakabaka, kaba

5. पव, पफ 6. कप, कब 7. कष, पष, कफ 8. वफ, वब, पफब

ANSWERS and VOCABULARY: *1. कप, क 2. पष, कष 3. फ, ब, क, ष, प, पव 4. बकबक (chatter), कब (when?) 5. pava, papha 6. kap (cup), kab (when?) 7. kaṣa, paṣa, kaph (cough) 8. vapha, vaba, paphaba.*

OPTIONAL : You may read the optional Hindi words in your second reading of the book.

P-Words to Remember (प) : Pārvatī (पार्वती Shiva's wife), Padmanābh (पद्मनाभ Vishnu), Parshurām (परषुराम Vishnu's avatar), Pāṇḍurang (पांडुरंग Krishna), Pāñchalī (पांचाली Draupadi), Pāṇḍava (पांडव Arjuna), Pāṇini (पाणिनि a Sanskrit grammarian), Pārtha (पार्थ Arjun), Partha-sārathi (पार्थसारथि Krishna), Pritha (पृथा Kunti), Pavan (पवन Hanuman's father), Pradyumna (प्रद्युम्न Krishna's son), Prahlād (प्रल्हाद a devetee boy), Parāshar (पराशर a saint), Parikṣhit (परीक्षित Arjun's grandson), Pingala (पिंगल chhand writer), Purandar (पुरंदर Indra), Parantap (परंतप Krishna, Arjun), Pūtanā (पूतना Kamsa's sister), Prajāpati (प्रजापति son of Brahma), Pratap (प्रताप Maharana Ptatap), Pāñchajanya (पांचजन्य Krishna's conch shell), Pauṇḍra (पौंड्र Bhima's conch shell), Prakriti (प्रकृति nature), Puruṣha (पुरुष person), Pañchatantra (पंचतंत्र our ancient storybook), Prayāg (प्रयाग a holy place), Pañchavaṭī (पंचवटी Rama's place in forest), Puṣhpak (पुष्पक a divine airplane), Purāṇa (पुराण ancient scripture), Purohit (पुरोहित doctor), Prabhākar (प्रभाकर sun), Pūjā (पूजा worship), Padma (पद्म lotus), Puṣhpa (पुष्प flower), Parvat (पर्वत mountain), Pātāl (पाताल hell), Pañchāṅg (पंचांग

calendar), Prem (प्रेम love), Prīt (प्रीत love), Prashna (प्रश्न question), Pañch (पंच five), Punarjanma (पुनर्जन्म rebirth), Prāṇa (प्राण life), Prāṇī (प्राणी living being), Pavitra (पवित्र holy), Pāvan (पावन holy), Paṅkaj (पंकज lotus), Pralay (प्रलय dissolution), Purṇa (पूर्ण full), Prajā (प्रजा people), Prabha (प्रभा light), Prabhāt (प्रभात morning), Prakāsh (प्रकाश light), Pik (पिक Koyal black bird), Pujārī (पुजारी priest), Pārā (पारा mercury), Pāṭhshālā (पाठशाला school), Prasād (प्रसाद blessing), Prāsād (प्रासाद palace), Puṇya (पुण्य merit), Pāp (पाप sin), Paisā (पैसा money), Parṇa (पर्ण leaf), Pramāṇa (प्रमाण a proof), Pānī (पानी water), Prīti (प्रीति love), Pitā (पिता father), Prabhu (प्रभु lord)

OPTIONAL :

Ṣh-Words to Remember (ष) : Ṣhaṭ (षट् six), Ṣhaṣhṭha (षष्ठ 6th), Ṣhoḍasha (षोडश 16)

OPTIONAL :

Ph,f-Words to Remember (फ) : Fālguna (फाल्गुन Arjun), Fālguna (फाल्गुन march month), Fulzaḍī (फुलझड़ी sparkler), Fulel (फुलेल scent), Fal (फल result, fruit)

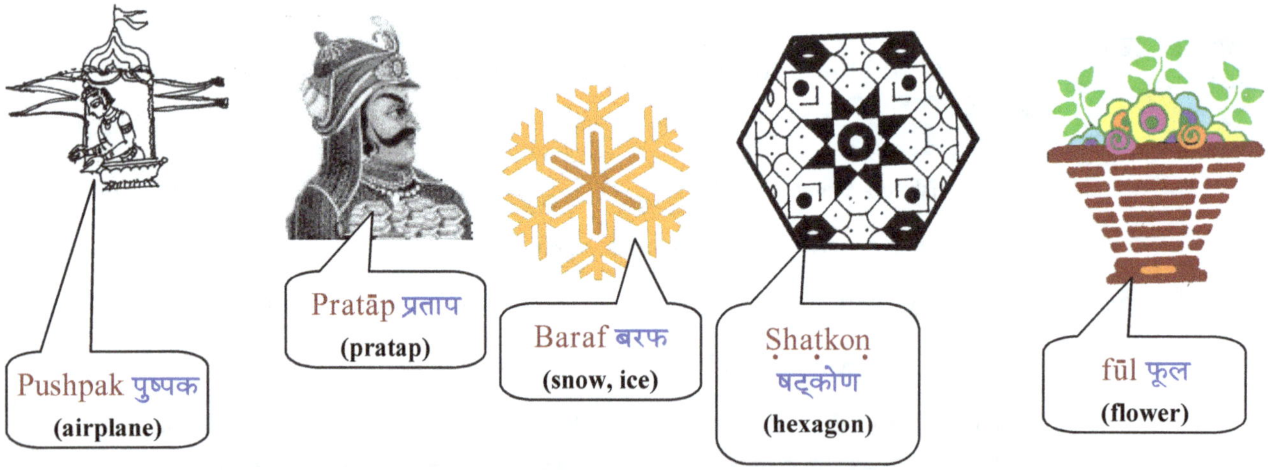

(3.3) Letters त ta, न na, ग ga, and म ma, भ bha, ण ṇa

(Shown with White Colour on the Back Cover)

ta

na

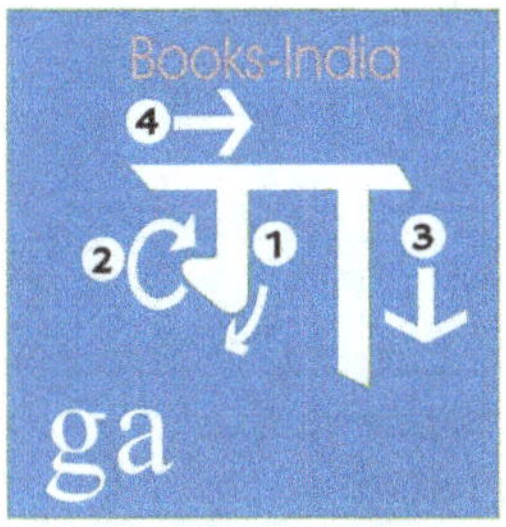

ga

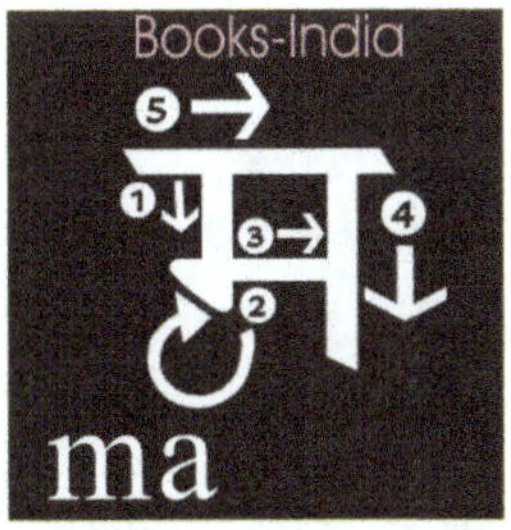

ma

bha

ṇa

EXERCISE 3 : Read and Write the following in Hindī

1. क, ब, व, ब 2. कक, कब, कव 3. बब, बक 4. वव, वक, वब 5. कबव, कवब 6. वबक, बकव 7. म, न, त 8. तत, तन 9. कक, वब 10. गबन, भव, मगन, वतन, वन, वमन, कम, नभ, नव, नमन, तब, बम, मनन 11. ष, प, फ, म, भ, न, त, वतन, भगत, गमन, मनन, पवन ।

ANSWERS AND VOCABULARY : *1. ka, ba, va, ba 2. kaka, kaba (when?), kava 3. baba, baka 4. vava, vaka, vaba 5. kabava, kavaba 6. vabaka, bakava 7. ma, na, ta 8. tata, tan (body) 9. kaka, vaba 10. gaban (embezzlement), bhava, magan (engrosses), vatan (motherland), van (forest), vaman (vomit), kam (less), nabh (sky), nav (new), naman (salute), tab (then), bam (bomb), manan (meditation) 11. Pa, pa, pha, ma, bha, na, ta, vatan (motherland), bhagat (devotee), gaman (going), manan (contemplation), pavan (wind).*

OPTIONAL : You may read the optional Hindi words in your second reading of the book.

T-Words to Remember (त) : Tulsīdās (तुलसीदास author of Ramacharit-manas), Tānājī (तानाजी a Shivaji's commander), Tārā (तारा Bali's wife), Tāḍikā (ताड़िका Subahu's mother), Tārkāsur (तारकासुर a demon), Tumbar (तुंबर a celestial musician), Tātyā Tope (तात्या टोपे a commander of Rani Jhansi), Tuṅgabhadrā (तुंदाभद्रा a holy river), Tāpi (तापी a holy river), Takṣhashilā (तक्षशिला a holy city), Tirupati (तिरुपति a holy place), Turang (तुरंग horse), Takṣhak (तक्षक snake), Trishūl (त्रिशूल trident), Tyāg (त्याग sacrifice), Tap (तप pinance), Trilok (त्रिलोक three worlds), Tulsī (तुलसी a sacred plant), Tāmra (ताम्र copper)

OPTIONAL :

N-Words to Remember (न) : Nārad (नारद celestial sage), Nakul (नकुल Arjun's brother), Narsimha (नरसिंह Vishnu's avatar), Nandkumār (नंदकुमार Krishna), Narmadā (नर्मदा a holy river), Nāthdwār (नाथद्वार a holy place), Niṣhṭhā (निष्ठा faith), Nīr (नीर water), Nayan (नयन eye), Nagarī (नगरी city), Nām (नाम name), Nāch (नाच dance), Nāṭak (नाटक drama), Navīn (नवीन new), Nūtan (नूतन new)

OPTIONAL :

G-Words to Remember (ग) : Ganesha (गणेश God of learning), Gaṇapati (गणपति Ganesha), Gajānana (गजानन Ganesha), Govind (गोविंद Krishna), Guru Govind Singh (गुरु गोविंद सिंह), Girishar (गिरिधर Krishna), Gāṅgeya (गांगेय Bhishma), Gaurī (गौरी Parvati), Godāvarī (गोदावरी a holy river), Govardhan (गोवर्धन a holy mountain), Gaṅgā (गंगा a holy river), Gaṅgādhar (गंगाधर shivaji), Girīsh (गिरीश Himalay), Gamatī (गोमती a holy river), Garuḍ (गरुड़ a holy bird), Gandharva (गंधर्व celestial musician), Giri (गिरि mountain), Gadā (गदा mace), Guru (गुरु teacher), Gīt (गीत song), Gāy (गाय cow)

OPTIONAL :

M-Words to Remember (म) : Mohan (मोहन Krishna), Mādhav (माधव Krishna), Murlidhar (मुरलीधर Krishna), Murāri (मुरारी Krishna), Madhusūdan (मधुसूदन Krishna), Māruti (मारुति Hanuman), Mahādev (महादेव Shiva), Mahādevī (महादेवी Parvati), Māyā (माया Lakshmi), Maithilī (मैथिली Sita), Māndhātā (मांधाता a holy king), Manu (मनु a Brahma's son), Mandākini (मंदाकिनी Ganga), Mīra (मीरा), Mathurā (मथुरा Krishna's birth-place), Mitra (मित्र sun, friend), Mātā (माता mother, goddess), Meru (मेरु mountain), Murlī (मुरली flute), Mor (मोर peacock), Mukuṭ (मुकुट crown), Mokṣha (मोक्ष liberation), Mukti (मुक्ति liberation), Mangal (मंगल auspicious), Mahān (महान great), Muni (मुनि sage), Mandir (मंदिर Temple)

OPTIONAL :

Bh-Words to Remember (भ) : Bhagvān (भगवान् God), Bhagvatī (भगवती Goddess, Parvati), Bharat (भरत Rama's brother), Bhārat (भारत India), Bhīṣhma (भीष्म Arjuna's guru), Bhagavatī (भगवती Parvati), Bhavānī (भवानी Parvati), Bhālachandra (भालचंद्र shivaji), Bhīma (भीम Arjun's brother), Bhāgīrathī (भागीरथी Ganga), Bharadvāj (भरद्वाज a sage), Bhrigu (भृगु a sage), Bhadrāchalam (भद्राचलम् a holy place), Bhagvā (भगवा a holy flag), Bhagat (भगत devotee), Bhāgya (भाग्य furtune), Bhānu (भानु sun), Bhagavadgītā (भगवद्गीता Gita), Bhakti (भक्ति devotion)

OPTIONAL : **You may read the optional Hindi words in your second reading of the book.**

Ṇ-Words to Remember (ण) : No word in Hindi begins with letter ṇ (ण), therefore, some words which have ṇ, (ण) in them are given for example. Kaṇād (कणाद a sage), Lakṣhmaṇ (लक्ष्मण Rama's brother), Pāṇini (पाणिनि Sanskrit grammarian), Aruṇī (आरुणी an obdient boy), Rāvaṇa (रावण king of Lanka), Prāṇa (प्राण life), Praṇī (प्राणी living being), Aruṇa (अरुण sun), Vīṇā (वीणा), Veṇu (वेणु flute), Kaṇ (कण particle), Pūrṇa (पूर्ण full), Parṇa (पर्ण leaf), Maṇi (मणि bead)

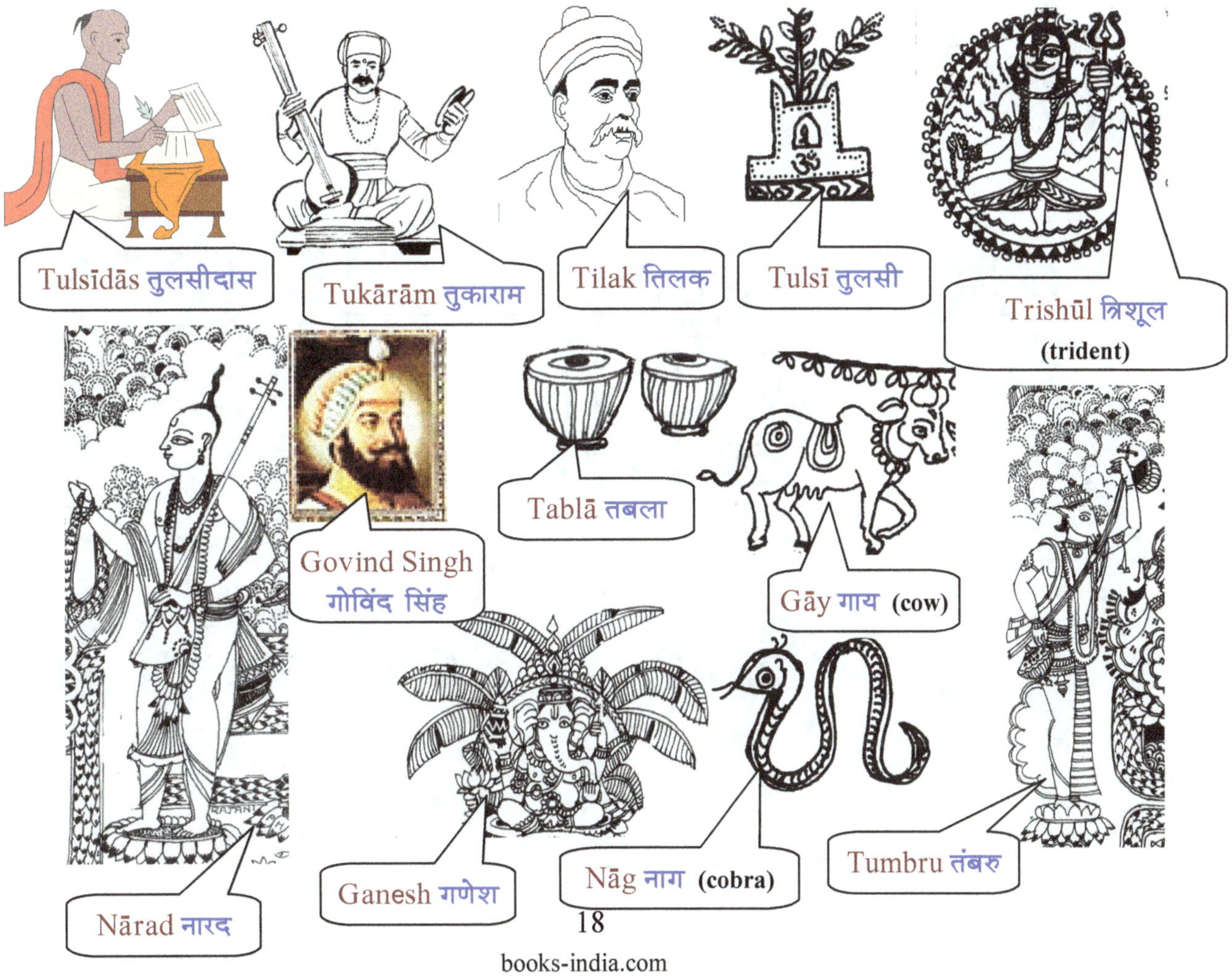

Bhārat भारत (India)
bāṇ बाण (arrow)
Bhārat-Mātā भारत–माता
Mā̃ माँ (Mother)
Mātaa-pitā
माता पिताँ
(Mother-father)
Mor मोर (Peacock)
Pūjā पूजा
Mīrā मीरा
Bandar बंदर
(monkey)
Garūḍa गरूड़
Gaj गज (elephant)
Paṇḍit पंडित
Talwār तलवार
(sword)
Bargad बरगद
(Banyan Tree)
Gadā गदा (mace)

(3.4) vowels अ a, आ ā, इ i, ई ī

(Shown with yellow and white colours on the Back Cover)

a

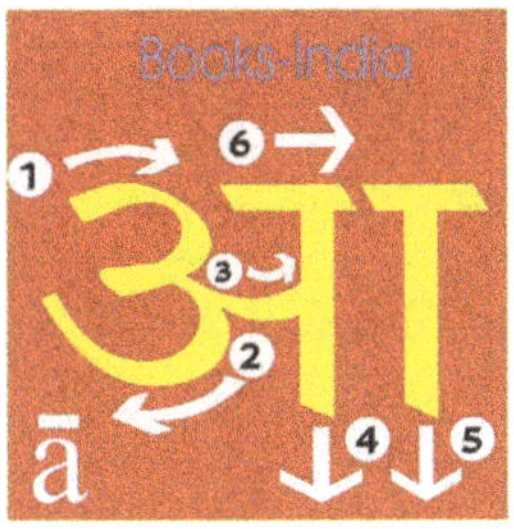

ā

i

ī

Vowel Signs : ◌ा ि◌ ◌ी

EXERCISE 4 : Read and Write the following in Hindī

अब, काका, कई, बाबा, इक, पाप, नाता, तीन, कवि, गीता, मीन, भाई, इतना, कितना? पानी, बाण, फणि ।

ANSWERS AND VOCABULARY: अब (*ab* now), काका (kākā uncle), कई (*kaī* many), बाबा (*bābā* father), इक (*ik* one), पाप (*pāp* sin), नाता (*nātā* relation), तीन (*tīn* three), कवि (*kavi* poet), गीता (*Gītā* a holy book), मीन (*mīn* fish), भाई (*bhāī* brother), इतना (*itnā* this much), कितना? (*kitnā* how much?) पानी (*pānī* water), बाण (*bāṇ* arrow), फणि (*faṇi* cobra)

OPTIONAL : You may read the optional Hindi words in your second reading of the book.

A-Words to Remember (अ) : Atharva-ved (अथर्ववेद), Arjun (अर्जुन), Achyuta (अच्युत Krishna), bhimanyu (अभिमन्यु Arjuna's son), Ambā (अंबा Parvati), Añjanā (अंजना Hanuman's mother), Akrūr (अक्रूर Krishna's uncle), Ambarīsh (अंबरीश a king), Angīras (अंगीरस a sage), Agastya (अगस्त्य a sage), Ashvinikumar (अश्विनिकुमार two sons of Sun), Aṣṭāvakra (अष्टावक्र a philosopher), Atri (अत्रि a sage), Ashoka (अशोक a king), Ayodhyā (अयोध्या Rama's birth place), Alaknandā (अलकनंदा Ganga), Avatār (अवतार incarnation), Ahimsā (अहिंसा non-violence), Agni (अग्नि fire), Ashva (अश्व horse), Arvind (अरविंद lotus), Amrit (अमृत nectar), Anna (अन्न food), Agha (अघ sin), Amar (अमर immortal)

OPTIONAL :

Ā-Words to Remember (आ) : ātmā (आत्मा soul), āditya (आदित्य sun), ārtī (आरती prayer), ārādhanā (आराधना worship), ānand (आनंद joy), āj (आज today), ārya (आर्य noble), āsana (आसन seat), ākāsh (आकाश sky), ākriti (आकृति figure), ādar (आदर respect), āg (आग fire), āgneya (अग्नेय South/East), āshā (आशा hope), āgyā (आज्ञा order), Aarya-Samāj (आर्य-समाज)

OPTIONAL :

i-Words to Remember (इ) : Indra (इन्द्र king of gods), Indirā (इंदिरा Lakshmi), Indrajīta (इंद्रजीत Ravana's son), Irāvan (इरावन Arjun's son), Indraprastha (इंद्रप्रस्थ Pandavas' capital, ancient Delhi), Indu (इंदु moon)

OPTIONAL :

I-Words to Remember (ई) : īshvara (ईश्वर God), īsha (ईश God), īshvara (ईश्वर Dod), īshān (ईशान North/East), īndhan (ईंधन fuel), īrshā (ईर्षा jelousy), īhā (ईहा desire)

ūparwālā ऊपरवाला (God)

Umā उमा (Parvati

Riṣhi ऋषि (Sage)

Achyuta अच्युत (krishna)

Omkar ओंकार (Om)

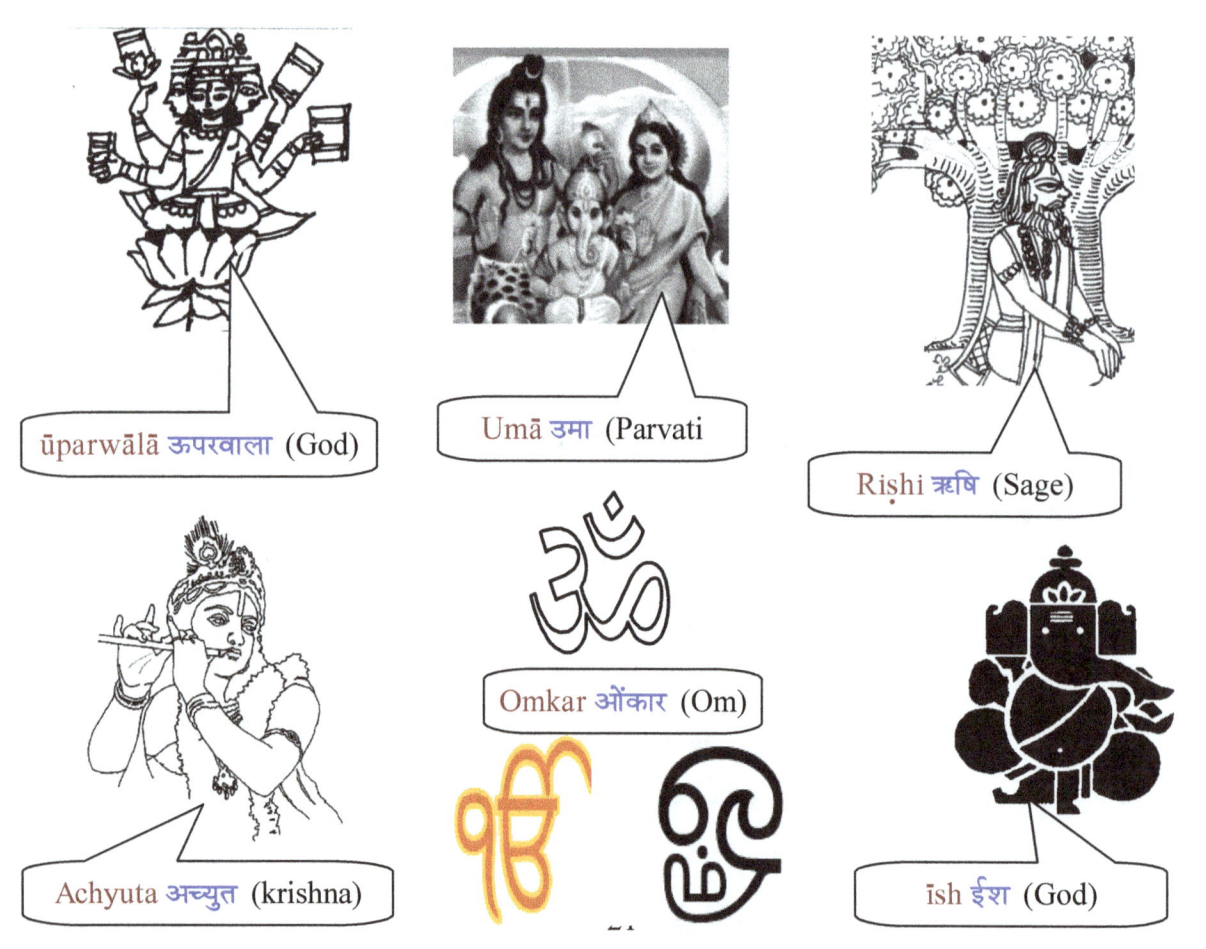

īsh ईश (God)

RULES for writing VOWELS

(i) **When a word begins with a vowel, that vowel must be written in its letter form.**

(ii) **When a vowel comes after a consonant, the vowel is attached to the consonant in its sign (*mātrā* मात्रा) form.**

(iii) **When two vowels come in a row, the second vowel is written in its letter form.**

EXAPLES for the three Vowel Rules :

Rule **(i)** Now = ab अब, You = āp आप, Here = idhar इधर, There = udhar उधर

Rule **(ii)** Mother = māta माता, Father = pitā पिता, Poet = kavi कवि, Three = tīn तीन

Rule **(iii)** Mirror = āīnā आईना (two vowels आ and ई came in a row, Rule (i) for vowel आ and Rule (iii) for vowel ई)

Agni अग्नि (fire)

Abhimanyu अभिमन्यु

Aarti आरती

Anuj अनुज (younger brother)

Ishwar ईश्वर (God)

LESSON 3 : ASSIGNMENTS

Individual Student Assignment :

1. Each student should be able to recognize, read and write the words given in Exercises 1, 2 and 3.
2. Write at least two words each beginning with the letters व, ब, क, प, त, न, ग, म, अ, आ, इ
3. Each student should be able to read any word written with letters व, ब, क, प, ष, फ, त, न, ग, म, भ, ण, अ, आ, इ, ई

Music Activity :

1. Learn and sing the Sarasvati Prayer : Half of the prayer for junior students in junior group; and full prayer for senior students in senior group.
2. Learn to play the Sarasvarti prayer on Harmonium and Tablā (with your teacher).
3. Practice it after each lesson to learn it properly. Half prayer for Junior Students and full prayer for Senior students.

Class Group Activity :

Make groups of 3 to 5 students in each group. Students in each group make a poster on the life of any person given in the OPTIONAL V-words, B-words, K-words, P- words, T-words, N-words, G-words or M-words and Pictures. The poster should have Colours, Pictures and Text arranged in an artistic manner.

Home Work :

Write a one page essay (in English or Hindi-English) on any person/object given in the OPTIONAL V-words, B-words, K-words, P- words, T-words, N-words, G-words or M-words

Research Activity :

Research and find out which of the OPTIONAL व, ब, क, प, ष, फ, त, न, ग, म, भ, ण, अ, आ, इ, ई-words given above are related to the Temple activities or Hindu culture.

LESSON 4

READING AND WRITING HINDI LETTERS

च cha, ज ja, ञ ña, ल la

घ gha, ध dha, छ chha

र ra, स sa, ख kha, श sha

उ u, ऊ ū, ऋ ri

(4.1) Lerrter : च cha, ज ja, ञ ña, ल la

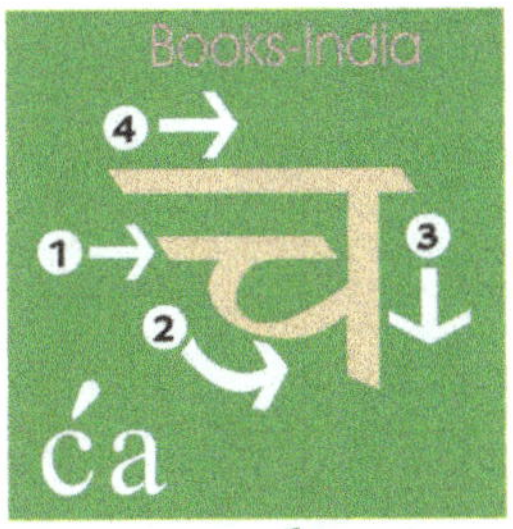

cha

ja

ña

la

NOTE : Character ñ (ञ) is rarely used in Hindī. It is used in Sanskrit language.

EXERCISE 5 : Read and Write the following in Hindī :

1. कप, चमचम
2. तन, मन, गगन
3. भगत, पतन, मनन
4. भव, गण, गणक
5. नल, लगन
6. पलक, बन, पग, गम
7. जल, चल, मल
8. कण, कल, पल
9. मत, तम

ANSWERS AND VOCABULARY : *1. kap (cup), chamcham (a sweet) 2. tan (body), man (mind), gagan (sky) 3. bhagat (devotee), patan (downfall), manan (contemplation) 4. bhav (world), gaṇ (class), gaṇak (computer) 5. nal (water tap), lagan (devotion) 6. palak (wink), ban (forest), pag (step), gam (sorrow) 7. jal (water), chal (let us go), mal (dirt) 8. kaṇ (particle), kal (tomorrow, yesterday), pal (moment) 9. mat (don't!), tam (darkness).*

OPTIONAL : **You may read the optional Hindi words in your second reading of the book.**

Ch-Words to Remember (च) : Charak (चरक a doctor sage), Chaṇḍikā (चंडिका Parvati), Chāṇūra (चाणूर Kamsa's wrestler), Chyavana (च्यवन a saint), Chandra (चंद्र moon), Chandan (चंदन sandlewood), (चक्र wheel), Chetnā (चेतना awakening), Chintā (चिंता worry), Chamelī (चमेलकि Jasmine)

OPTIONAL :

J-Words to Remember (ज) : Janak (जनक Sita's father), Jānakī (जानकी Sita), Jāhnavī (जाह्नवी Sita), Jaṭādhar (जटाधर Shiva), Jagannāth (जगन्नाथ Krishna), Jagadīsh (जगदीश God), Janārdan (जनार्दन Krishna), Jāmbuvān (जांबुवान Hanuman's friend), Janmejay (जन्मेजय Abhimanyu's grandson), Jaṭāyu (जटायु Rama's devotee bird), Jayadrath (जयद्रथ Duryodhan's brother-in-law), Jābāli (जाबाली a sage), Jāmini (जामिनि a sage), Janhu (जन्हु a king), Jarāsandh (जरासंध a wicket king), Jal (जल water), Jay (जय victory), Jīt (जीत victory), Jwāla (ज्वाला flame), Jambūk (जंबूक bear), Jambula (जंबूल plum), Jīvan (जीवन life), Jagat (जगत world), Jyoti (ज्योति flame), Jyotish (ज्योतिष fortune), Jap (जप chant), Jan (जन person), Jaṭā (जटा hair), Jaṭādhar (जटाधर Shiva), Janama (जन्म birth), Jananī (जननी mother)

OPTIONAL :

L-Words to Remember (ल) : Lakshmī (लक्ष्मी goddess of wealth), Lakshmaṇ (लक्ष्मण Rama's brother), Lav (लव Rama's son), Lankesha (लंकेश Ravana), Lipī (लिपी script), Lakshaṇa (लक्षण a sign), Līlā (लीला magic), Lochan (लोचन eye), Lāl (लाल son; red colour), Lok (लोक world)

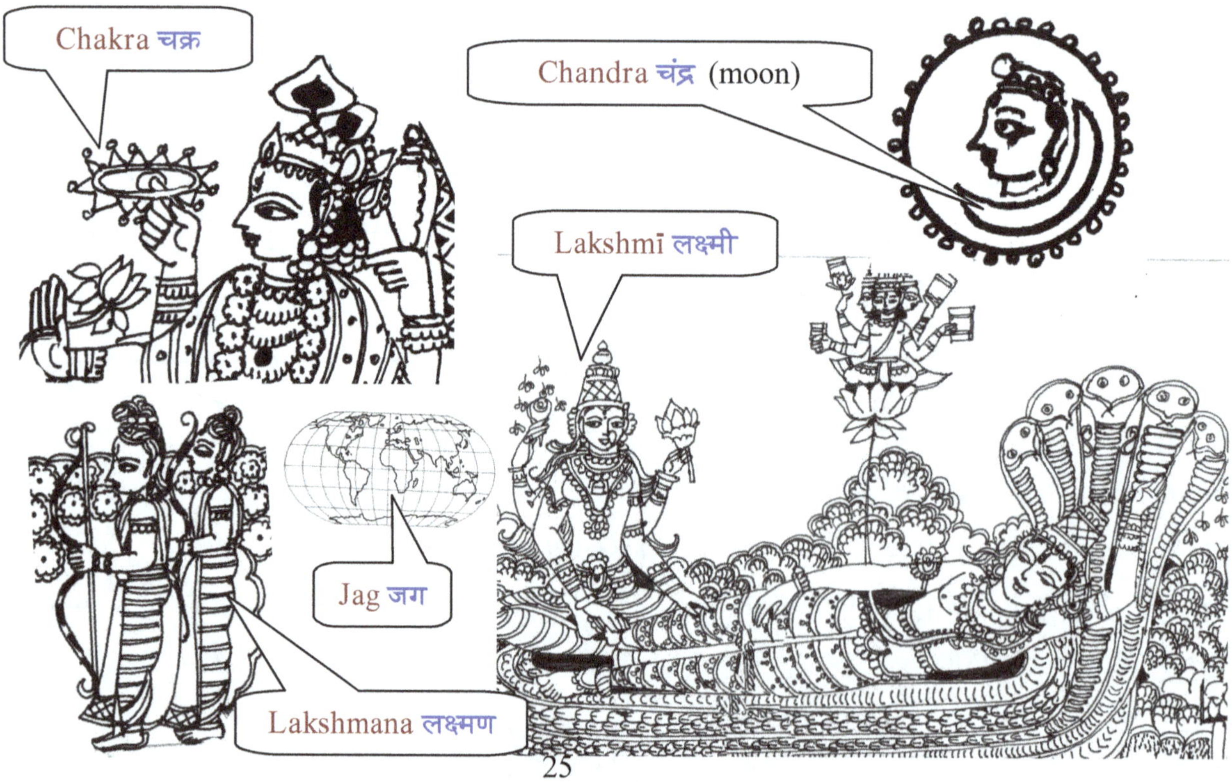

(4.2) Letters : घ gha, ध dha, छ chha

gha

dha

chha

EXERCISE 6 : Read and Write the following characters.

1. ज, च, ञ 2. ल, ज, च 3. क, ल 4. गणक, जलज

5. च, ज, ल, 6. र, स, ख, श 7. रस, शर, रख, सच

8. सन, फल 9. कमल, सरल 10. शतक, फरक, परख, भरत, चमन, शकल

11. लगन, वजन, सब, सच 12. बम, बरफ, चपल

13. मगज, जल, खल, नर, पर, सम 14. चमक, चल, चख

15. जज, छल, जग, घर 16. धन, कब, वध, शक, मगज

ANSWERS AND VOCABULARY:

1. ja, ca, ña 2. la, ja, cha 3. ka, la 4. gaṇak (counter), jalaj (aquatic) 5. cha, ja, la 6. ra, sa, kha, śa 7. ras (juice), shar (arrow), rakh (keep), sach (true) 8. san (year), fal (fruit) 9. kamal (lotus), saral (easy)

10. śatak (century), farak (difference), parakh (assay), bharat (Bharat), chaman (garden), shakal (face) 11. lagan (devotion), vajan (weight), sab (all), sach (truth) 12. bam (bomb), baraf (ice), chapal (quick) 13. magaj (brain), jal (water), khal (enemy), nar (man), par (other), sam (equal) 14. chamak (shine), chal (let us go), chakha (taste)

15. jaj (judge), chhal (deception), jag (world), ghar (house) 16. dhan (wealth), kab (when?), vadh (murder), shak (doubt), magaj (brain).

(NOTE : The words like *shakal, baraf, farak* are in their distorted but popular forms, actually the proper forms are *shakl, barf, fark,* with compound characters which are covered in lesson 6).

OPTIONAL : You may read the optional Hindi words in your second reading of the book.

Gh-Words to Remember (घ) : Ghanashyām (घनश्याम Krishna), Ghaṭotkach (घटोत्कच Bhima's son), Ghī (घी clarified butter), Ghaṭ (घट jug), Ghoḍā (घोड़ा horse), Ghaṇṭī (घंटी bell), Ghor (घोर terrible)

OPTIONAL :

Dh-Words to Remember (ध) : Dhandevī (धनदेवी Lakshmi), Dhanañjay (धनंजय Arjuna), Dharma (धर्म Rightousness), Dharmarāj (धर्मराज Yudhishthir), Dharmaputra (धर्मपुत्र Yudhishthir), Dhrishṭadyumna (धृष्टद्युम्न Draupadi's brother), Dhruva (ध्रुव a boy devotee), Dhritarāṣhṭra (धृतराष्ट्र Kaurav king), Dhanuṣh (धनुष a bow), Dhenu (धेनु cow), Dhūpabattī (धूपबत्ती stick of incense), Dhvaja (ध्वज flag), Dhām (धाम place), Dhvani (ध्वनि sound), Dharti (धरती earth), Dhyāna (ध्यान focus)

OPTIONAL :

Chh-Words to Remember (छ) : Chhatra (छत्र umbrella), Chhātra (छात्र student), Chhanda (छंद meter), Chhāyā (छाया shelter), Chhavi (छवि image), Chhal (छल deceit), Chhah (छह six), Chhoṭā (छोटा small), Churī (छुरी knife), Chhadma (छद्म deceit)

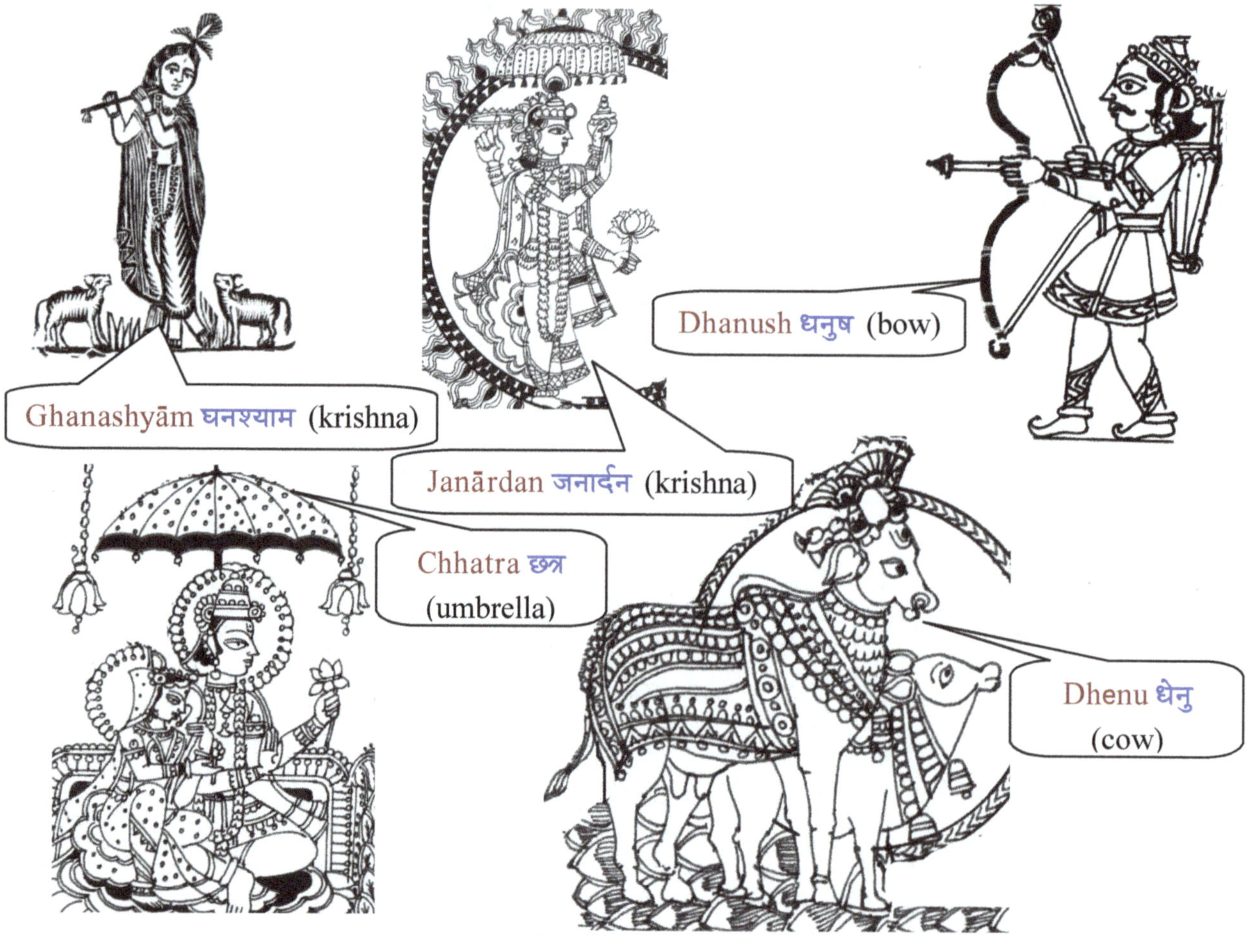

(4.3) Letters : र ra, स sa, ख kha, श sha

ra

sa

kha

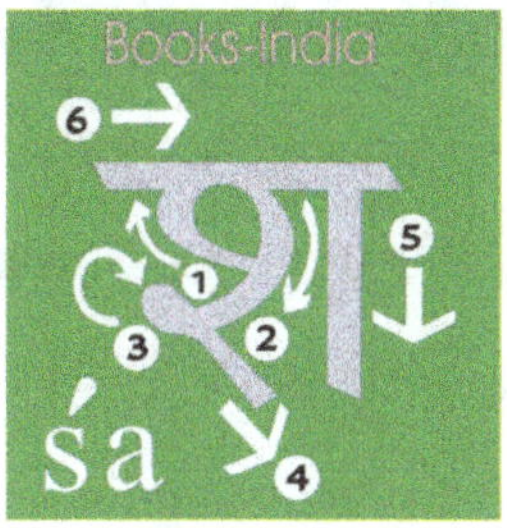

sha

OPTIONAL : **You may read the optional Hindi words in your second reading of the book.**

R-Words to Remember (र) : Rādhā (राधा), Rādheshyām (राधेश्याम), Rām (राम), Ratnākar (रत्नाकर Krishna), Rāmāyaṇ (रामायण), Ramesh (रमेश Vishnu), Rukmiṇī (रुक्मिणी Krishna's wife), Ramā (रमा Lakshmi), Rumā (रुमा Sugriv's wife), Rāvaṇ (रावण), Rohiṇī (रोहिणी Balram's mother), Rudra (रुद्र Shiva), Rāhu (राहु a comet), Ravi (रवि sun), Rāshi (राशि zodiac), Rākṣhas (राक्षस demon), Rājā (राजा king), Rath (रथ chariot), Raṇ (रण battlefield), Rājpūt (राजपूत warrior), Rās (रास a dance)

OPTIONAL :

S-Words to Remember (स) : Sāmaveda (सामवेद), Sitā (सीता), Sarasvatī (सरस्वती), Subhadrā (सुभद्रा Krishna's sister), Sudāmā (सुदामा Krishna's friend), Sumitrā (सुमित्रा Lakshman's mother), Swāmī-Nārāyaṇ (स्वामी–नारायण), Sadāshiiva (सदाशिव Shiva), Suresh (सुरेश Indra), Skand (स्कंद Shiva's son), Surendra (सुरेंद्र Indra), Subramanya (सुब्रमण्य Skand), Satyavatī (सत्यवती Vyasa's mother), Sāvitrī (सावित्री Gayatri's sister), Sūta (सूत Vyasa's disciple), Satyavān (सत्यवान Savitri's husband), Sahadev (सहदेव Arjuna's brother), Satyanārāyaṇ (सत्यनारायण Vishnu), Sañjay (संजय Dhritarashtra's secretary), Sugrīva (सुग्रीव Bali's brother), Satya (सत्य truth), Sūrya (सूर्य sun), Sur (सुर God), Suman (सुमन flower), Swāmī (स्वामी master), Sukh (सुख happiness), Samay (समय time), Sundar (सुंदर beautiful), Strī (स्त्री woman), Sanātan Dharna (सनातन धर्म Ancient Hinduism)

OPTIONAL :

Kh-Words to Remember (ख) : Khar (खर Ravana's friend), Khaḍga (खड्ग sword), Khag (खग bird), Khagendra (खगेंद्र Garuda, eagle), Khaṭmal (खटमल bedbug), Khal (खल villain), Khīr (खीर

porridge), Khādī (खादी a handmade cotton cloth)

OPTIONAL : **You may read the optional Hindi words in your second reading of the book.**

Śh-Words to Remember (श) : Shrī (श्री Lakshmi), Shiva (शिव), Shankar (शंकर Shiva), Shyām (श्याम Krishna), Shankarāchārya (शंकराचार्य a great Hindu scholar), Shalagrām (शालग्राम Shiva), Shatrughna (शत्रुघ्न Rama's brother), Shivāji (शिवाजी a great Hindu king), Shūrpaṇkhā (शूर्पणखा Ravana's sister), Shūrsen (शूरसेन Kunti's father), Shuka (शुक Vyasa's son), Shakuntalā (शकुंतला Vishvamitra's daudhter), Shalya (शल्य Madri's brother), Shantanu (शंतनु Bhishma's father), Shabarī (शबरी Rama's devotee woman), Shrāvaṇa (श्रावण a faithful boy), Subhāsh Chandra Bose (सुभाष चंद्र बोस a great Hindu), Shirḍī (शिरडी a holy place), Shani (शनि a god), Shrīraṅgam (श्रीरंगम a holy place), Shankha (शंख conch shell), Shraddhā (श्रद्धा faith), Shubha (शुभ auspicious), Shakti (शक्ति power), Shri-yantra (श्री-यंत्र)

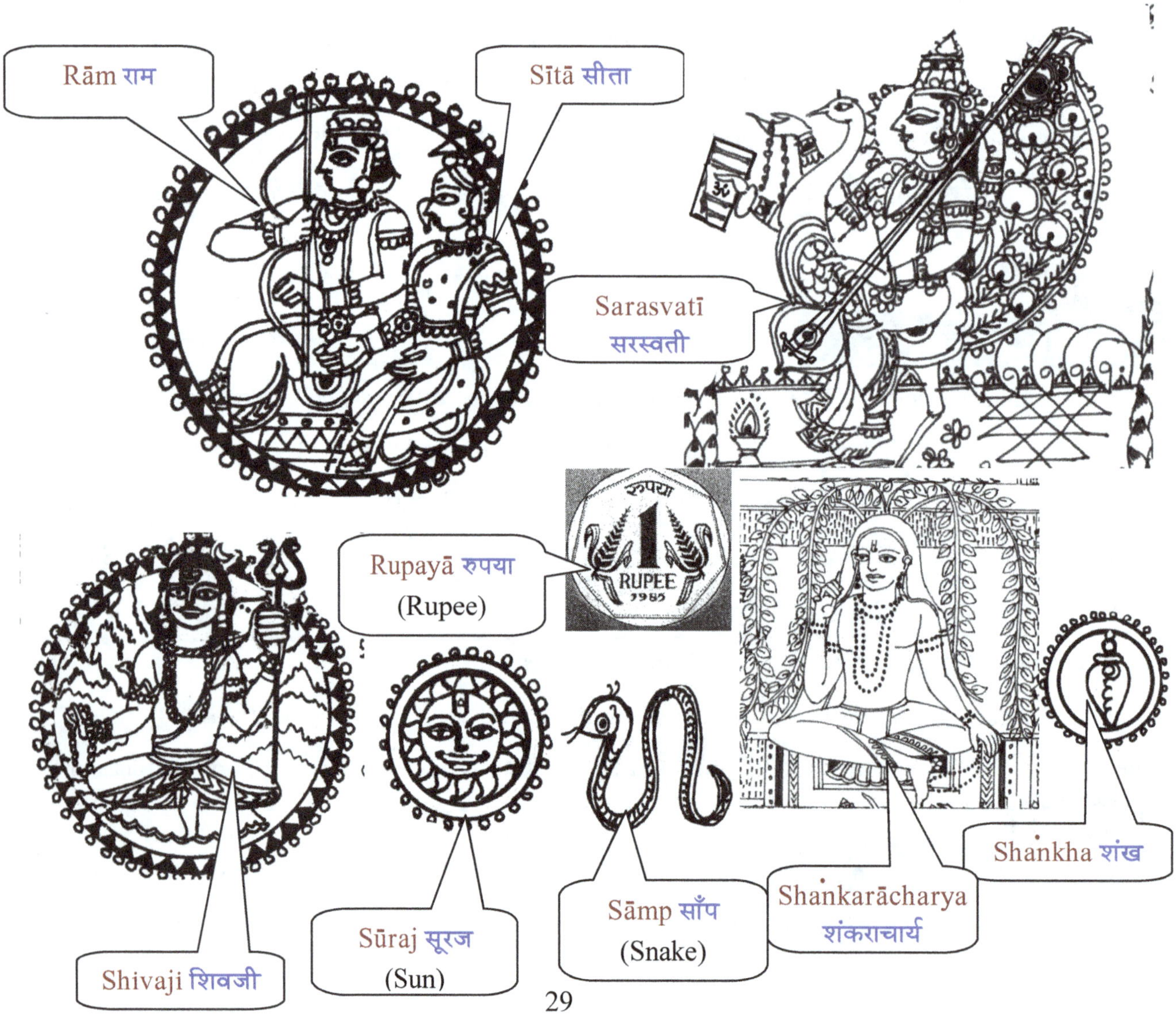

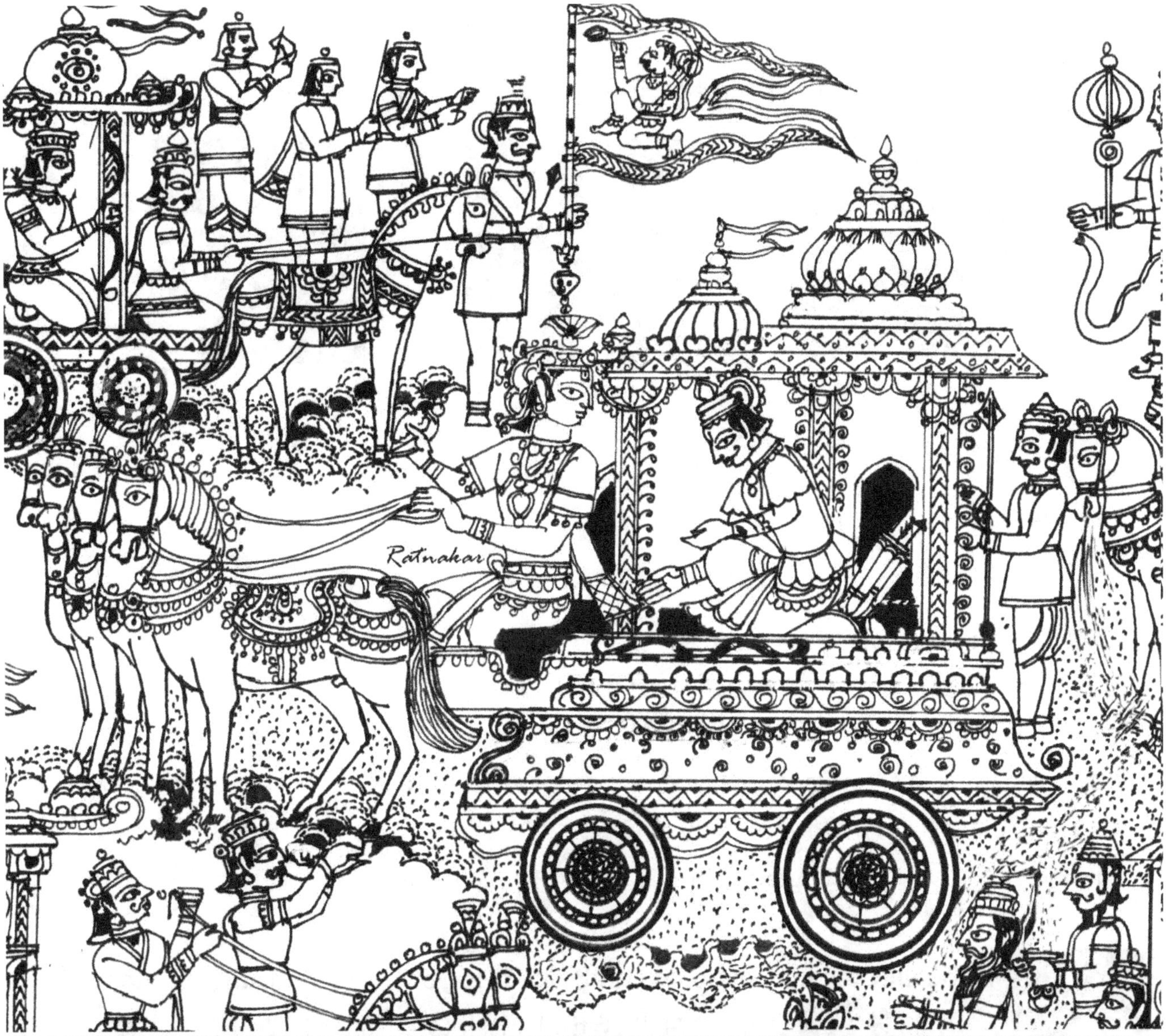
Ratnakar

(4.4) Letters : उ u, ऊ ū, ऋ ri

u

ū

ri

Vowel Signs :

EXERCISE 7 : Read and Write the following in Hindī

उजाला, ऋषि, बुलबुल, भूल, कृष्ण, छू, चलना, राम, सीता, खेत, ईश, शीशा, खीरा, छिलका, राधा, धेनु

ANSWERS AND VOCABULARY: उजाला (*ujālā* light), ऋषि (*rishi* saint), बुलबुल (*bulbul* nightangle), भूल (*bhūl* mistake), कृष्ण (*krishṇa*), छू (*chū* touch), चलना (*chalnā* to walk, walking), राम (*Rām*), सीता (*Sītā*), खेत (*khet* farm field), ईश (*īsh* God), शीशा (*shīshā* glass), खीरा (*khīrā* cucumber), छिलका (*chhilkā* peel), राधा (*Rādhā*), धेनु (*dhenu* cow).

OPTIONAL : **You may read the optional Hindi words in your second reading of the book.**

u-Words to Remember (उ) : Umā (उमा Parvati), Umesh (उमेश Shiva), Urmilā (उर्मिला Lakshman's wife), Ugrasen (उग्रसेन Kamsa's father), Ujjain (उज्जैन a sacred city), Upanishad (उपनिषद् holy scriptures), Uttānapād (उत्तानपाद Dhruva's father), Uttara Ramayan (उत्तर रामायण Part of Ramayan after Rama comes from forest), Uttar (उत्तर North direction), Unā (उना minus), Uṣhā (उषा dawn), Udak (उदक water), Upāsanā (उपासना worship)

OPTIONAL :

ū-Words to Remember (ऊ) : ūrdhva (ऊर्ध्व up), ūpar (ऊपर above), ūparwālā (ऊपरवाला God), ūṅṭ (ऊँट camel), ūchā (ऊँचा high, tall)

OPTIONAL :

Ri-Words to Remember (ऋ) : Rishi (ऋषि saint), Rigved (ऋग्वेद), Ritu (ऋतु season), Rit (ऋत true), Riju (ऋजु straight), Riṇ (ऋण loan), Riddhi (ऋद्धि prosperity)

LESSON 4 : ASSIGNMENTS

Individual Student Assignment :

1. Each student should be able to recognize, read and write the words given in Exercises 6 and 7.
2. Write at least two words each beginning with the letters च **cha,** ज **ja,** ल **la,** घ **gha,** ध **dha,** छ **chha,** र **ra,** स **sa,** ख **kha,** श **sha,** उ **u,** ऊ **ū,** ऋ **ri**
3. Each student should be able to read any word written with letters च, ज, ल, घ, ध, छ, र, स, ख, श, उ, ऊ, ऋ

Music Activity :

1. Learn and sing the Sarasvati Prayer : Half of the prayer for junior students in junior group; and full prayer for senior students in senior group.
2. Learn to play the Sarasvarti prayer on Harmonium and Tablā (with your teacher).
3. Practice it after each lesson to learn it properly. Half prayer for Junior Students and full prayer for Senior students.

Class Group Activity :

Make groups of 3 to 5 students in each group. Students in each group make a poster on the life of any person given in the OPTIONAL Ch-words, J-words, L-words, Gh- words, Dh-words, Chh-words, R-words, Kh-words, Sh-words, S-words, U-words, or Ri-words. The poster should have Colours, Pictures and Text arranged in an artistic manner.

Home Work :

Write a one page essay (in English or Hindi-English) on any person/object given in the OPTIONAL Ch-words, J-words, L-words, Gh- words, Dh-words, Chh-words, R-words, Kh-words, Sh-words, S-words, U-words, or Ri-words.

Research Activity :

Research and find out which of the OPTIONAL च, ज, ल, घ, ध, छ, र, स, ख, श, उ, ऊ, ऋ-words given above are related to the Temple activities and Hindu culture.

LESSON 5

READING AND WRITING HINDI LETTERS

य ya, थ tha,

ट ṭa, ठ ḍa, ढ ḍha, द da,

ड ḍa, ङ ṅga, झ jha, ह ha,

क्ष kṣha, त्र tra, ज्ञ gya,

ए e, ऐ ai, ओ o, औ au, अं m̐,

(5.1) Letters : य ya, थ tha

y a

tha

EXERCISE 8 : Read and Write the following in Hindī :

1. घर, मत, रथ, धन 2. घन, फल, कल, वश, कर, सम, नरम

3. सब, हम, जय 4. भय, शयन, चलन, रण, फसल, सरल

5. धर, जल

ANSWERS AND VOCABULARY : *1. ghar (house), mat (do not), rath (chariot), dhan (wealth) 2. ghan (dense), fal (fruit), kal (yesterday, tomorrow), vash (in control), kar (do), sam (same), naram (soft) 3. sab (all), ham (we), jay (victory) 4. bhay (fear), shayan (sleep), chalan (behaviour), raṇ (battlefield), fasal (crop), saral (straight) 5. dhar (hold), jal (water)*

Yagya यज्ञ

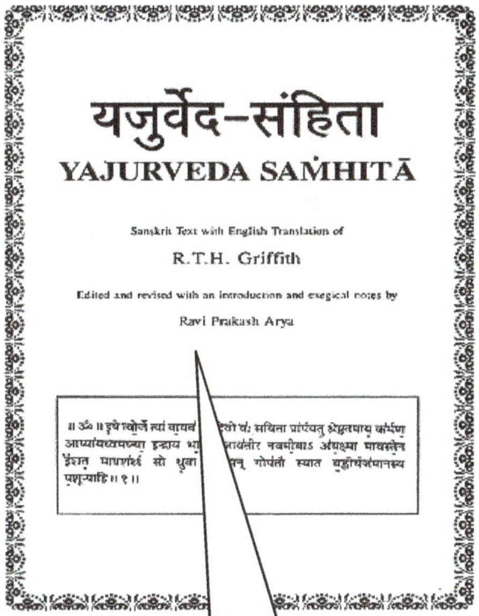

यजुर्वेद-संहिता
YAJURVEDA SAṀHITĀ

Sanskrit Text with English Translation of

R.T.H. Griffith

Edited and revised with an introduction and exegetical notes by

Ravi Prakash Arya

Yajurveda यजुर्वेद

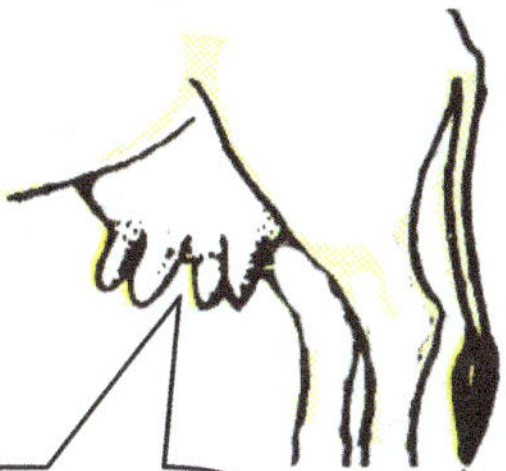

Than थन

Yashodā यशोदा

Rath रथ **(chariot)**

Thiruvalluvar
तिरुवाल्लुवार

दोहा॰ गीतामृत श्रीकृष्ण का, अमृत से भी श्रेष्ठ ।
गीतामृत से विश्व में, कौन भला है ज्येष्ठ ।।

रत्नाकर

OPTIONAL : You may read the optional Hindi words in your second reading of the book.

Y-Words to Remember (य) : Yajurveda (यजुर्वेद), Yudhiṣhṭhir (युधिष्ठिर), Yama (यम God of Death), Ysksha (यक्ष Kubera), Yagya, Yajña (यज्ञ), Yatrā (यात्रा pilgrimage), Yuddha (युद्ध war)

OPTIONAL :

Th-Words to Remember (थ) : Than (थन udder), Rath (रथ chariot), Dasharatha (दशरथ Rama's father), Raghunāth (रघुनाथ Rama), Hathī (हाथी elephent)

(5.2) Letters : ṭa ट, ṭha ठ, ḍha ढ, da द

ṭa *ṭha* *ḍha* *da*

(5.3) Letters : ḍa ड, ṅa ङ, jha झ, ha ह

ḍa *ṅa* *jha* *ha*

EXERCISE 9 :

Read and Write the following in Hindī :

1. ट, ठ, ढ, ढ़, द 2. ड, ड़, ङ, झ 3. झ, ह, झ

4. दल, टब, ढल, बन 5. डबल, डर 6. दहन, कदम

7. बदन, बदल, मठ 8. हठ, मत 9. कम, तट, बरगद 10. सब, हम, गम

ANSWERS AND VOCABULARY: *1. ṭa, ṭha, ḍha, ḍha, da 2. ḍa, ḍa, ṅa, jha 3. jha, ha, jha 4. dal (group), ṭab (tub), ḍhal (pass away), ban (forest) 5. ḍabal (double), ḍar (fear) 6. dhan (wealth), kadam (step) 7. badan (body), badal (change) maṭh (ashram, abode) 8. haṭh (stubborn-ness), mat (vote) 9. kam (less), taṭ (rampart), baragad (Banyan tree) 10. sab (all), ham (we), gam (sorrow)*

OPTIONAL : **You may read the optional Hindi words in your second reading of the book.**

ṭ-Words to Remember (ट) : Ghaṇṭī (घंटी bell), Ghaṭ (घंट water pot), Bhaṭ (भट warrior)

OPTIONAL :

ṭh-Words to Remember (ठ) : Maṭh (मठ ashram), āṭh (आठ eight), sāṭh (साठ sixty)

OPTIONAL :

ḍh-Words to Remember (ढ) : Paḍhnā (पढ़ना read, study), Baḍhnā (बढ़ना progress)

OPTIONAL :

d-Words to Remember (द) : Dev (देव God), Devī (देवी Goddess), Dasharath (दशरथ Rama's father), Datta (दत्त a three headed god), Dīnānāth (दीनानाथ Krishna), Draupadī (द्रौपदी Pandava wide), Dān (दान charity), Dūdh (दूध milk), Dakṣhaṇā (दक्षणा gift), Dakṣhiṇa (दक्षिण South), Diwālī, Dīpāvalī (दिवाली, दीपावली), Dayā (दया mercy)

OPTIONAL :

ḍ-Words to Remember (ड) : Ḍamrū (डमरू Shiva's drum)

OPTIONAL :

ng-Words to Remember (ङ) : Gaṅgā (गङ्गा, गंगा), Angad (अङ्गद, अंगद Bali's son)

OPTIONAL :

Jh, z-Words to Remember (झ) : Jhā̃sai kI Rānī (झाँसी की रानी Queen of Jhansi), Jhaṇḍā (झंडा flag), Jharnā (झरना spring, waterfall)

OPTIONAL :

H-Words to Remember (ह) : Hindu (हिंदु), Hindī (हिंदी), Hanumān (हनुमान), Hastināpur (हस्तिनापुर Delhi), Hiraṇyakashapu (हिरण्यकश्यपु Pralha's farthe), Heramb (हेरंब Bhima), Hari Om Sharaṇ (हरि ओम् शरण), Himālay (हिमालय), Hriday (हृदय heart), Hathī (हाथी elephant), Haṁsa (हंस swan), Hīrā (हीरा diamond)

(5.4) Letters : e ए, ai ऐ, o ओ, au औ

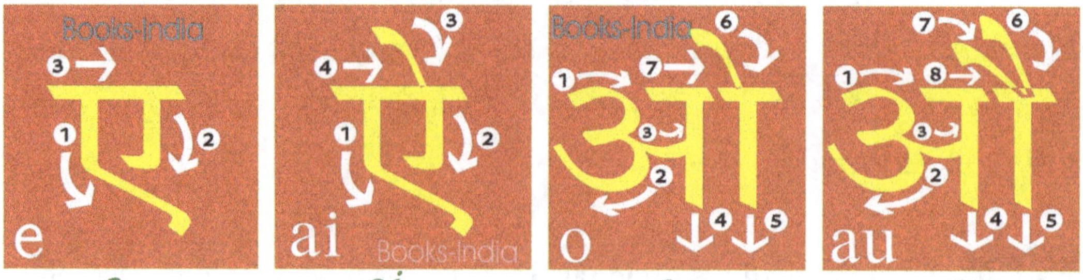

e *ai* *o* *au*

Vowel Signs :

EXERCISE 10 : Read and Write the following in Hindī

दूध, देव, दैव, दो, औरत, दौलत, ऐसा, पैसा, मेरा, कौन, और, बेर, एक

ANSWERS AND VOCABULARY: दूध (*dūdh* milk), देव (*dev* God), दैव (*daiva* fortune), दो (*do* two), औरत (*aurat* woman), दौलत (*daulat* wealth), ऐसा (*aisā* like this), पैसा (*paisā* money), मेरा (*merā* my), कौन (*kaun* who), और (*aur* and), बेर (*ber* plum), एक (*ek* one).

OPTIONAL : **You may read the optional Hindi words in your second reading of the book.**

E-Words to Remember (ए) : Ekling (एकलिंग Shiva), Eklavya (एकलव्य)

OPTIONAL :

Ai-Words to Remember (ऐ) : Airāvat (ऐरावत Indra's elephant)

OPTIONAL :

O-Words to Remember (ओ) : Om (ॐ, ओम्)

OPTIONAL :

Au-Words to Remember (औ) : Auṣhadh (औषध medicine)

Hanuman हनुमान

Diwālī दिवीली

Ekling एकलिंग

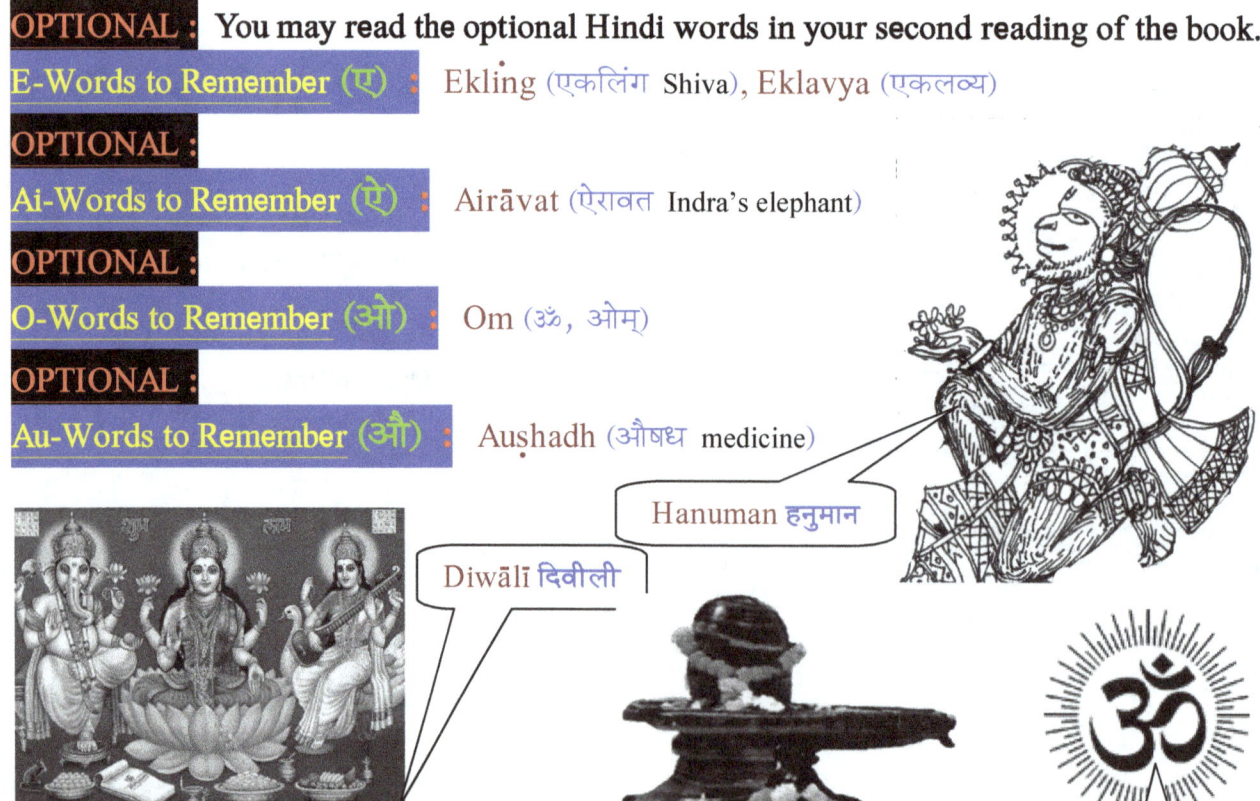

Om ओम्, ॐ

(5.5) Letters : क्ष kṣha , त्र tr, ज्ञ gya

(4.9) The Compound Consonants : क्ष kṣa, त्र tra, ज्ञ gya (jña)

kṣa

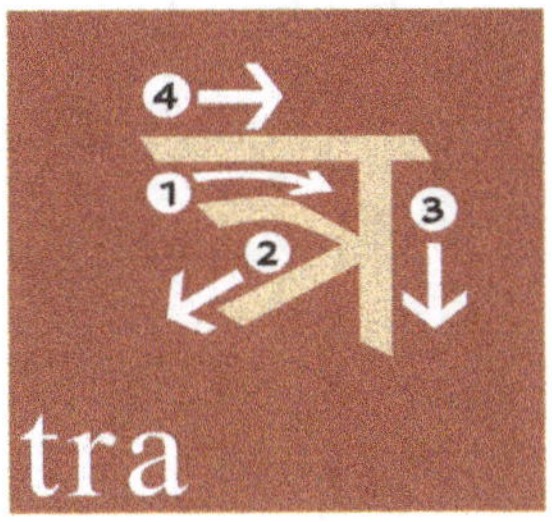

tra

jña

NOTE : क्ष, त्र and ज्ञ *(kṣa, tra, and jña)* are compound characters.

OPTIONAL : **You may read the optional Hindi words in your second reading of the book.**

Kṣh-Words to Remember (क्ष) : Kṣhatriya (क्षत्रिय warrior), Kṣhatra (क्षत्र umbrella), Kṣhamā (क्षमा forgiveness), Kṣhātra (क्षात्र warrior, student)

OPTIONAL :

Tr-Words to Remember (त्र) : Trishūl (त्रिशूल trident), Trilok, tribhuvan (त्रिलोक, त्रिभुवन three worlds)

OPTIONAL :

Gy-Words to Remember (ज्ञ) : Gyāna (ज्ञान knowledge), Gyānī (ज्ञानी knowledgable)

(5.6) Letters : अं ṁ, अँ m̐,

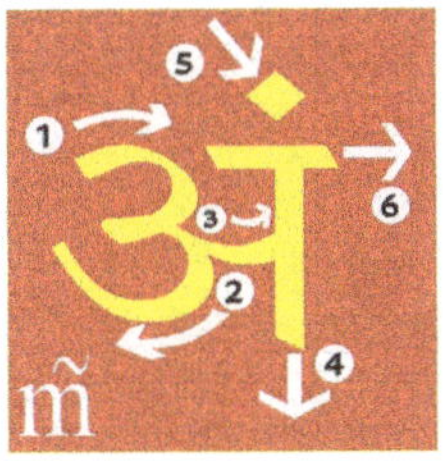

aṁ

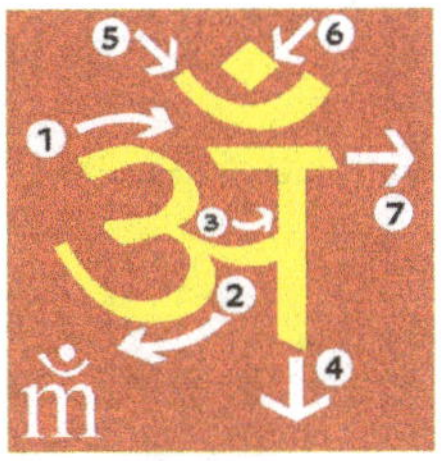

a̐

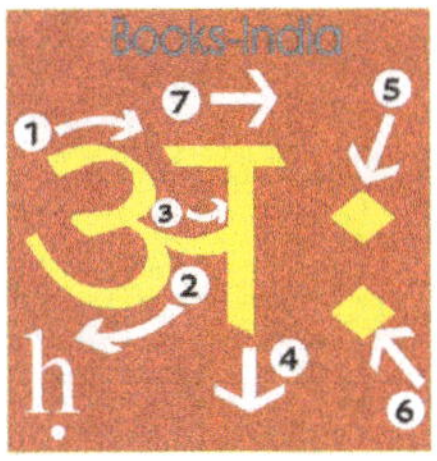

ḥ

Vowel Signs : ं ँ ः

EXERCISE 11 : Read and Write the following Hindī words : with अं, अँ, अः

कंबल (*kambal* blanket) बंदर (*bandar* monkey) वंश (*vaṁsh* linage) पंकज (*paṅkaj* lotus), अंग (*aṅg* body), अनंत (*anant* endless), कंठ (*kaṇṭh* throat), मंतर (*mantar* a spell), दंड (*daṇḍ* stick), रंग (*raṅg* colour), संग (*saṅg* union), संशय (*saṁshay* doubt), हंस (*haṁsa* swan), अंतर (*antar* distance), स्वतः (*svataḥ* oneself), चंदन (*chandan* sandlewood), कंप (*kamp* tremor), पतंग (*pataṅg* kite), खंदक (*khandak* moat), खंजर (*khañjar* dagger), मंजन (*mañjan* dentifrice), कंगन (*kaṅgan* bracelet), गंधक (*gandhak* sulphur), ठंढक (*ṭhanḍhak* cold), डंठल (*ḍaṇṭhal* stem), ढंग (*ḍhaṅg* mode), तरंग (*taraṅg* wave), शंख (*shaṅkh* conch), संचय (*sañchay* accumulation), छः (*chaḥ* six), अंब (*amb* mother), मंच (*mañch* dias), अंबर (*ambar* sky), अंदर (*andar* inside), छंद (*chand* meter), बंद (*band* closed), वंदन (*vandan* salute), मंद (*mand* slow) संघ (*sangh* group), सः (*saḥ* he),

ँ *ã̃*　　ड़ *ḍa*　　ढ़ *ḍha*

(A) CHARACTERS WITH CHANDRABINDI : कहाँ (*kahā̃* where), काँपना (*kā̃panā* to tremble), खाँसना (*khā̃sanā* to cough), गाँव (*gā̃v* village), चाँद (*chā̃nd* moon), छाँव (*chā̃v* shadow), जहाँ (*jahā̃* where), कहाँ (*kahā̃* where?), यहाँ (*yahā̃* here), वहाँ (*vahā̃* there), दाँत (*dā̃t* tooth), पाँच (*pā̃ch* five), बाँह (*bā̃ha* forearm), भाँजा (*bhā̃ñjā* nephew), माँ (*mā̃* mother), हँसना (*hãsanā* to laugh),

(B) THE FLAPS : उड़ना (*uḍanā* to fly), कीड़ा (*kīḍā* worm), खड़ा (*khaḍā* standing), पीड़ा (*pīḍā* pain), लड़ना (*laḍanā* to fight), सड़ना (*saḍanā* to rot),

(5.7) REVISION OF LEARNING THE HINDI VOWELS

अ a	आ ā	ओ o	औ au	इ i	ई ī

Vowel Signs : ा ो ौ ि ी

EXERCISE 12 : Read and then Write the following in Hindī:

1. आ, ओ, औ, आप 2. आ, अ, औ, आन 3. ओ, औ, ओट 4. अब, आँख, अक्षर
5. ओर, और, औंधा 6. ओझल, ओम्, अज्ञ 7. अघ, औरस, आम, आस, आह, आज, औरत, अंबर, अजः, अंशः, ओघः 8. इ, ई, ईख 9. कई, नई, इधर 10. अंक, ईंधन, अंदाज, चौराह

ANSWERS AND VOCABULARY: 1. ā, o, au, āp 2. ā, a, au, ān (swear) 3. o, au, oṭ (shelter) 4. ab (now), ā̃kh (eye), akṣhar (alphabet) 5. or (towards), aur (and), aundha (face down) 6. ojhal (disappear), om (Om), Ajña (ignorant) 7. agha (sin), auras (legitimate), ām (mango), ās (longing), āh (sorrow), āj (today), aurat (woman), ambar (sky), ajḥ (unborn), aṁshaḥ (fraction), oghaḥ (flow), 8. i, ī, īkh (sugarcane), 9. kaī (many), naī (new) idhar (on this side) 10. aṅk (number), Indhan (fuel), andāz (estimate), chaurāh (intersection).

(5.2) उ u, ऊ ū, ऋ ṛ; ए e, ऐ ai | (रु ru, रू rū)

उ	ऊ	ऋ	ए	ऐ	रु	रू
u	ū	ṛ	e	ai	ru	rū

EXERCISE 13 : Read and Write the following in Hindī :

1. उ, ऊ, ऋ 2. उधर, उछल 3. उमर, ऊपर 4. उगम, ऊन
5. ऊँट, उठ 6. उतर, इधर 7. ए, ऐ, ऋ 8. गए, नए
9. उछल, उभर 10. एक, ऐनक, अतः 11. रूप, तरु

ANSWERS AND VOCABULARY: 1. u, ū, ṛ 2. udhar (on that side), uchhal (jump) 3. umar (age), ūpar (above) 4. ugam (source), ūn (wool) 5. ū̃ṭ (camel), uṭh (get up) 6. utar (get down), idhar (here), 7. e, at, ṛ 8. gae (gone), nae (new) 9. uchhal (bounce), ubhar (grow) 10. ek (one), ainak (spectacles), ataḥ (therefore). 11. rūp (form), taru (tree).

VOWELS AND THE VOWEL SIGNS REVIEW

Vowels	अ	आ	इ	ई	उ	ऊ	ऋ	ए	ऐ	ओ	औ
Signs		ा	ि	ी	ु	ू	ृ	े	ै	ो	ौ
Sound	a	ā	i	ī	u	ū	ṛ	e	ai	o	au
		aa		ee		oo	ri	é			

ा	ि	ी	ु	ू	ृ	े	ै	ो	ौ
ā	i	ī	u	ū	ṛ	é	ai	o	au
पा	पि	पी	पु	पू	पृ	पे	पै	पो	पौ
pā, paa	pi	pī, pee	pu	pū, poo	pṛ	pé	pai	po	pau

EXERCISE 14 : Read and write the Hindī words :

जितना, जीतना, मृत, चिंता, जूता, कुछ, वैसा, औंधा, दिया, दीया, बेकारी, सूखा, सुखी, भेद, मैं, भिक्षा, ज्ञानी, सुंदरता, कोका कोला, महानता, सुख, दुःख, चूहा, ज्ञानयोग, भारतीय, अमरीकन, पौराणिक ।

ANSWERS AND VOCABULARY : jitnā (as much), *jītnā* (to win), *mrit* (dead), *chintā* (worry), *jūtā* (shoe), *kuchh* (some), *vaisā* (like that), *aundhā* (face down), *diyā* (gave), *dīyā* (lamp), *bekārī* (unemployment), *sūkhā* (dry), *sukhi* (happy), *bhed* (difference), *maĩ* (I), *bhikshā* (alms), *jñānī* (knowledgable), *sundartā (beauty), kokā kolā (coke), mahānatā (greatness), sukh duḥkh* (happyness and sorrow), *chūhā* (mouse), *jñānayoga* (yoga of knowledge), *bhāratiya* (Indian), *amarīkan* (American), *paurāṇik* (ancient).

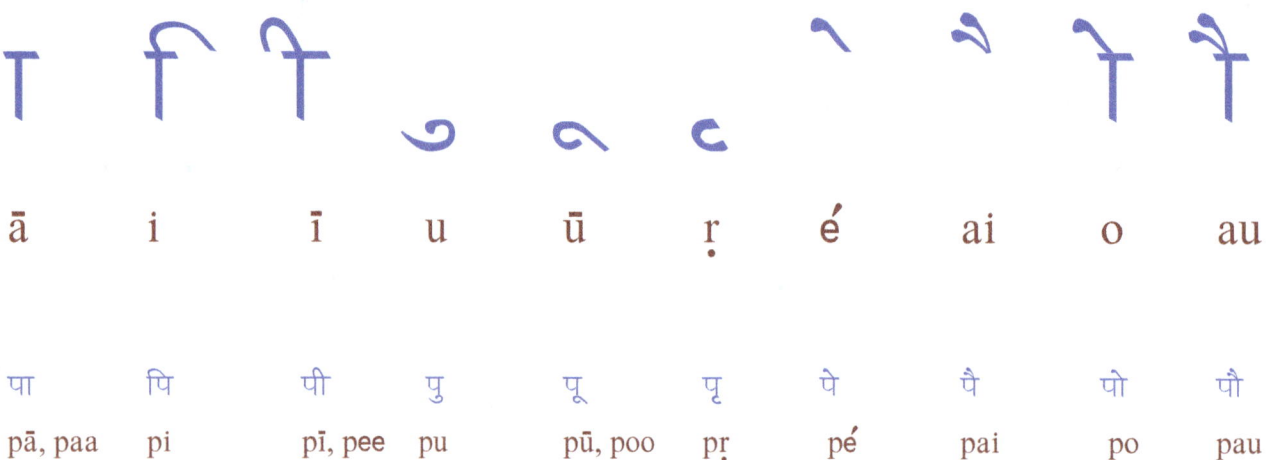

5.8 CHART OF ALPHABET WITH VOWEL SIGNS

अ	आ	इ	ई	उ	ऊ	ऋ	ए	ऐ	ओ	औ	अं	अ:
	ा	ि	ी	ु	ू	ृ	े	ै	ो	ौ	ं	:
	(क्= ा)	(क्+ ि)	(क्+ ी)	(क्+ ु)	(क्+ ू)	(क्+ ृ)	(क्+ े)	(क्+ ै)	(क्+ ो)	(क्+ ौ)	(क्+ ं)	(क्+ :)
क	का	कि	की	कु	कू	कृ	के	कै	को	कौ	कं	क:
ख	खा	खि	खी	खु	खू	खृ	खे	खै	खो	खौ	खं	ख:
ग	गा	गि	गी	गु	गू	गृ	गे	गै	गो	गौ	गं	ग:
घ	घा	घि	घी	घु	घू	घृ	घे	घै	घो	घौ	घं	घ:
ङ	ङा	ङि	ङी	ङु	ङू	–	ङे	ङै	ङो	ङौ	ङं	ङ:
च	चा	चि	ची	चु	चू	चृ	चे	चै	चो	चौ	चं	च:
छ	छा	छि	छी	छु	छू	छृ	छे	छै	छो	छौ	छं	छ:
ज	जा	जि	जी	जु	जू	जृ	जे	जै	जो	जौ	जं	ज:
झ	झा	झि	झी	झु	झू	झृ	झे	झै	झो	झौ	झं	झ:
ञ	ञा	ञि	ञी	ञु	ञू	–	ञे	ञै	ञो	ञौ	ञं	ञ:
ट	टा	टि	टी	टु	टू	टृ	टे	टै	टो	टौ	टं	ट:
ठ	ठा	ठि	ठी	ठु	ठू	ठृ	ठे	ठै	ठो	ठौ	ठं	ठ:
ड	डा	डि	डी	डु	डू	डृ	डे	डै	डो	डौ	डं	ड:
ढ	ढा	ढि	ढी	ढु	ढू	ढृ	ढे	ढै	ढो	ढौ	ढं	ढ:
ण	णा	णि	णी	णु	णू	णृ	णे	णै	णो	णौ	णं	ण:
त	ता	ति	ती	तु	तू	तृ	ते	तै	तो	तौ	तं	त:
थ	था	थि	थी	थु	थू	थृ	थे	थै	थो	थौ	थं	थ:
द	दा	दि	दी	दु	दू	दृ	दे	दै	दो	दौ	दं	द:
ध	धा	धि	धी	धु	धू	धृ	धे	धै	धो	धौ	धं	ध:
न	ना	नि	नी	नु	नू	नृ	ने	नै	नो	नौ	नं	न:
प	पा	पि	पी	पु	पू	पृ	पे	पै	पो	पौ	पं	प:
फ	फा	फि	फी	फु	फू	फृ	फे	फै	फो	फौ	फं	फ:
ब	बा	बि	बी	बु	बू	बृ	बे	बै	बो	बौ	बं	ब:
भ	भा	भि	भी	भु	भू	भृ	भे	भै	भो	भौ	भं	भ:
म	मा	मि	मी	मु	मू	मृ	मे	मै	मो	मौ	मं	म:
य	या	यि	यी	यु	यू	यृ	ये	यै	यो	यौ	यं	य:
र	रा	रि	री	रु	रू	ऋ	रे	रै	रो	रौ	रं	र:
ल	ला	लि	ली	लु	लू	लृ	ले	लै	लो	लौ	लं	ल:
व	वा	वि	वी	वु	वू	वृ	वे	वै	वो	वौ	वं	व:
श	शा	शि	शी	शु	शू	शृ	शे	शै	शो	शौ	शं	श:
ष	षा	षि	षी	षु	षू	षृ	षे	षै	षो	षौ	षं	ष:
स	सा	सि	सी	सु	सू	सृ	से	सै	सो	सौ	सं	स:
ह	हा	हि	ही	हु	हू	हृ	हे	है	हो	हौ	हं	ह:

DIVINITY IN DEVANAGARI CHARACTERS

ॐ	प्रणव, मंगल, ब्रह्म	ट	पृथ्वी, वीणा
अ	अमृत, ब्रह्मा, विष्णु, वैश्वानर, शिव	ठ	शून्य, शिव, देव, मूर्ति, आकाश मंडल
आ	महादेव, लक्ष्मी	ड	शिव, मृदंग, वाडवाग्नि
इ	कामदेव	ढ	परमेश्वर, ध्वनि, साँप, ढोल, कुत्ता
ई	कामदेव	ण	शिव, बुद्ध, दान, ज्ञान, गहना
उ	ब्रह्मा, शिव, चंद्रबिंब	त	अमृत, रत्न, येद्धा, छाती, गर्भाशय
ऊ	चंद्रमा, शिव	थ	पर्वत, मंगल, रक्षा
ऋ	अदिति, देवमाता	द	दाँत, दाता, पर्वत, पत्नी
ॠ	दानव माता, देवमाता, भैरव	ध	धन, ब्रह्मा, कुबेर, धर्म
ऌ	देवमाता, पर्वत, भूमि	न	गणेश, मोती, धन, युद्ध
ॡ	देवमाता, नारी आत्मा, कामधेनु, शिव	प	वायु, पत्र, अंडा, रक्षक, राजा
ए	विष्णु, दया, स्मरण	फ	उष्णता, फूँक, फुत्कार
ऐ	शिव	ब	वरुण, समुद्र, जल, योनि,
ओ	ब्रह्म	भ	सूर्य, राशिचक्र
औ	संकल्प	म	ब्रह्म, विष्णु, शिव, यम, चंद्र, जल, काल, विष, सुख
क	ब्रह्म, विष्णु, कामदेव, अग्नि, पवन, यम, सूर्य, मयूर, मेघ, मन, समय, यम, राजा, पक्षी, स्वर, हर्ष, जल, शिर	य	वायु, योग, त्याग, प्रकाश, कीर्ति, संयम
क्ष	विष्णु, विद्युत, क्षेत्र, किसान	र	देवता, अग्नि, प्रेम, स्वर्ण, वेग
ख	आकाश, स्वर्ग, सूर्य, शून्य, अनुस्वार, ज्ञान, इन्द्रिय, आनंद, अबरक, ब्राह्मण	ल	लघु, दस काल लकार
ग	गणेश, गंधर्व, गीत, गुरु	व	पवन, समुद्र, राहु, वृक्ष, मदिरा, वस्त्र
घ	घंटी	श	शिव, हर्ष
ङ	भैरव	ष	मुक्ति, मोक्ष, सर्वोत्तम
च	चंद्र	स	विष्णु, शिव, चंद्र, साँप, पवन, पक्षी, आत्मा, ज्ञान, चिंतन
छ	स्वच्छ, अंश	ह	ब्रह्म, जल, आकाश, रक्त, शून्य, स्वर्ग शुभ, गर्व, वैद्य, अश्व, युद्ध, अस्त्र, आनंद पापहरण, कारण, प्रसिद्धि
ज	जनक, जन्म, विष, विष्णु, मोक्ष, कान्ति		
ज्ञ	ब्रह्मा, आत्मा, बुध, मंगल, बुद्धि		
झ	बृहस्पति, झंझावात		
ञ	शुक्र, संगीत		

EXERCISE 15 : What we learned so far, the 'cumulative learning'

5.9 A PRELIMINARY VOCABULARY OF KEY HINDI WORDS

READ the Hindī words and WRITE them. Understand and remember as many as possible.

मैं (*maĩ*; I), हूँ (*hū̃*; am), हम (*ham*; we),
आप (*āp*; you), तुम (*tum*; you), वह (*vah*; he-she),
वो (*vo*; he, she), वे (*ve*; they), हमें (*hamẽ̴*; to us),
आपको (*āp ko*; to you), उसको (*us ko*; to him-her), उनको (*un ko*; to them),
मैंने (*maĩ ne* ; I), आपने (*āp ne*; you), तूने (*tū ne*; you),
तुमने (*tum ne*; you), उसने (*us ne*; he, she), मुझे (*mujhe*; to me),
आपसे (*āp se*; from you), मुझसे (*mujh se*; from me), तुझसे (*tujh se*; from you)
तुमसे (*tum se*; from you), उससे (*us se*; from him-her), उनसे (*un se*; from them),
मेरे पास (*mere pās*; near me), मेरे लिये (*mere liye*; for me), आपके लिये (*āpke liye*; for you),
हमारे लिये (*hamāre liye*; for us), उनके लिये (*unke liye*; for them), मेरा (*merā*; my m∘),
मेरी (*merī*; my f∘), मेरे (*mere*; my plural∘), हमारा (*hamārā*; our m∘),
हमारी (*hamārī*; our f∘), हमारे (*hamāre*; our pl∘), आपका (*āp kā*; your),
आपकी (*āp kī*; your f∘), आपके (*āp ke*; your), मुझमें (*mujh mẽ*; in me),
तुझमें (*tujh mẽ*; in you), आपमें (*āp mẽ*; in you), उसमें (*us mẽ*; in him, her),
उनमें (*un mẽ*; in them), मुझ पर (*mujh par*; on me), तुम पर (*tum par*; on you),
तुझ पर (*tujh par*; on you), आप पर (*āp par*; on you), उस पर (*us par*; on him, her),
उन पर (*un par*; on them), मैं हूँ (*maĩ hū̃*; I am), तुम हो (*tum ho*; you are),
आप हैं (*āp haĩ*; you are), हूँ (*hū̃*; am), है (*hai*; is, has),
हैं (*haĩ*; are), - था (*thā*; was, had, used to), क्या (*kyā*; what),
कैसा, कैसी, कैसे (m∘ *kaisā*, f∘ *kaisī*, plural∘ *kaise*; how), ठीक (*ṭhīk*; ok, alright),
नाम (*nām*; name), लड़का (*laṛkā*; Boy), लड़की (*laṛkī*; Girl),
कुत्ता (*kuttā*; Dog), बिल्ली (*billī*; Cat), घर (*ghar*; House, home),
चाय (*chāy*; Tea). पी (*pī*; to Drink). गरम (*garam*; Hot).

LESSON 5 : ASSIGNMENTS

Individual Student Assignment :

1. Each student should be able to recognize, read and write the words given in Exercises 7-14.
2. Write at least two words each beginning with the letters य ya, थ tha, ṭa ट, ṭha ठ, ḍha ढ, da द, ḍa ड, ṅa ङ, jha झ, ha ह, क्ष kṣha , त्र tr, ज्ञ gya, e ए, ai ऐ, o ओ, au औ, अं ṁ, अँ m̐
3. Each student should be able to read any word written with letters य, थ, ट, ठ, ढ, द, ड, ङ, झ, ह, क्ष, त्र, ज्ञ, ए, ऐ, ओ, औ, अं, अँ

Music Activity :

1. Learn and sing Ratnakar's Diwālī Bhajan given at the end of the book. Half of the song for junior students in junior group; and full song for senior students in senior group.
2. Learn to play the Popular old Bhajans given at the end of the book.
3. Practice it after each lesson to learn it properly. Half prayer for Junior Students and full prayer for Senior students.

Class Group Activity :

Make groups of 3 to 5 students in each group. Students in each group make a poster on the life of any person given in the OPTIONAL Y-words, Th-words, Ṭ-words, Ṭh- words, Ḍh-words, D-words, Jh-words, H-words, Ksh-words, Tr-words, or Gy-words. The poster should have Colours, Pictures and Text arranged in an artistic manner.

Home Work :

Write a one page essay (in English or Hindi-English) on any person/object given in the OPTIONAL Y-words, Th-words, Ṭ-words, Ṭh- words, Ḍh-words, D-words, Jh-words, H-words, Ksh-words, Tr-words, or Gy-words.

Research Activity :

Research and find out which of the OPTIONAL य, थ, ट, ठ, ढ, द, ड, ङ, झ, ह, क्ष, त्र, ज्ञ, ए, ऐ, ओ, औ, अं, अँ- words given above are related to the Temple activities and Hindu culture.

LESSON 6

6.1 COMPOUND DEVANAGARI CONSONANTS

(Compare the following chart with the one given on page 1)

Hindī Half-Characters :

क्‍ (क्)	ख्‍ (ख्)	ग्‍ (ग्)	घ्‍ (घ्)	ङ्
k	kh	g	gh	ṅ
च्‍ (च्)	छ्	ज्‍ (ज्)	झ्‍ (झ्)	ञ्‍ (ञ्)
ch	chh	j	jh, z	ñ
ट्	ठ्	ड्	ढ्	ण्‍ (ण्)
ṭ	ṭh	ḍ	ḍh	ṇ
त्‍ (त्)	थ्‍ (थ्)	द्	ध्‍ (ध्)	न्‍ (न्)
t	th	d	dh	n
प्‍ (प्)	फ्‍ (फ्)	ब्‍ (ब्)	भ्‍ (भ्)	म्‍ (म्)
p	ph, f	b	bh	m
य्‍ (य्)	र्	ल्‍ (ल्)	व्‍ (व्)	
y	r	l	v,w	
श्‍ (श्)	ष्‍ (ष्)	स्‍ (स्)	ह्	
ś, sha	ṣ, ṣh	s	h	

6.2 USE OF THE HALF CHARACTERS TO MAKE HINDI COMPOUND LETTERS AND WORDS

RULE : When two (or more) consonants come in a row (without a vowel between them), the last consonant (on the right side) is a **full consonant** and the rest (on its left side) are **half consonants**.

*Character k (क्, क) : पक्का (k + k *pakkā* strong), क्लेष (k + l *kleṣa* distress), क्या (k + y *kyā* what?), वक्त (k + t *vakta* time) रुक्मिणी (k + m *rukmiṇī* Rukmiṇī)

*Character kh (ख्, ख) : ख्याल (kh + y *khyāl* thought) ख्वाब (kh + w *khwāb* dream)

*Character g (ग्, ग) : ग्लास (g + l *glās* glass), दुग्ध (g + dh *dugdha* milk), अग्नि (g + n *agni* fire), भाग्य (g + y *bhāgya* fortune), ग्वाला (g + w *gwālā* milkman)

*Character gh (घ्, घ) : विघ्न विघ्न विघ्न (gh + n *vighna* obstacle), लघ्वाशी लघ्वाशी (gh + v *laghvāshī* moderate eater)

*Character ch (च्, च) : बच्चा (ch + ch *bachchā* kid), अच्युत (ch + y *achyut* Krishṇa, Viṣṇu), अच्छा (ch + chh *achchhā* good)

*Character j (ज्, ज) : राज्य (j + y *rājya* kingdom), सज्ज (j + j *sajja* ready), उज्ज्वल (j + j + v *ujjval* bright), ज्वाला (j + w *jwālā* flame)

*Character ṭ (ट्) : मिट्टी, मिट्टी (ṭ + ṭ *miṭṭī* soil) मुट्ठी (ṭ + ṭh *muṭṭhī* fist)

*Character ḍ (ड्) : हड्डी हड्डी (ḍ + ḍ *haḍḍī* bone)

*Character ṇ (ण्, ण) : कण्ठ (ṇ + ṭh *kaṇṭha* throat), कण्टक (ṇ + ṭh *kaṇṭak* thorn), षण्मास (ṇ + m *ṣaṇmās* six months), अण्डा (ṇ + ḍ *aṇḍā* egg)

*Character t (त्, त) : सत्कार (t + k *satkār* honour), रत्नाकर (t + n *ratnākar* Ratnakar), आत्मा (t + m *ātmā* soul), त्याग (t + y *tyāg* sacrifice), त्रास (t + r *trās* trouble), त्वरा (t + v *tvarā* rush), सत्त्व, सत्त्व, सत्त्व (t + t + v *sattava* truth)

*Character th (थ्, थ) : तथ्य (th + y *tathya* reality)

*Character dh (ध्, ध) : ध्वज (dh + v *dhvaj* flag), दध्म (dh + m *dadhma* to blow), मध्य

(dh + y *madhya* centre), ध्वनि (dh + v *dhvani* sound)

*Character n (न्, ᳚) : आनन्द (n + d *ānand* joy), अन्न (n + n *anna* food), जन्म (n + m *janma* birth), धन्यवाद (n + y *dhanyavād* thanks), इन्तजार (n + t *intajār* wait), अन्धेरा (n + dh *andherā* darkness)

*Character p (प्, ᳚) : समाप्ति (p + t *samāpti* end), प्यार (p + y *pyār* love), स्वप्न (p + n *svapna* dream), प्लव (p + l *plava* floating)

*Character ph, f (फ्, ᳚) : फ्लावर (f + l *flāwar* flower), हफ्ता (f + t *haftā* week)

*Character b (ब्, ᳚) : धब्बा (b + b *dhabbā* spot), ब्लू (b + l *blū* blue), शब्द (b + d *shabda* sound), ब्याह (b + y *byāha* wedding), सब्जी (b + j *sabzī* vegetable)

*Character bh (भ्, ᳚) : अभ्यास (bh + y *abhyās* study),

*Character m (म्, ᳚) : सम्पदा (m + p *sampadā* wealth), सम्यक् (m + y *samyak* proper), सम्मान (m + m *sammāna* honour), मुम्बई (m + b *mumbaī* Bombay), अम्ल (m + l *amla* sour), साम्य (m + y*sāmya* similarity)

*Character y (य्, ᳚) : शय्या (y + y *shayyā* bed)

*Character r (र्) : तर्क (r + k *tarka* philosophy), वर्ग (r + g *varga* class), अर्चना (r + ch *archnā* worship), कर्ज (r + j *karja* loan), वर्ण (r + ṇ *varṇa* colour, letter, class), नर्तकी (r + t *nartakī* dancer), व्यर्थ (r + th *vyartha* unnecessary), दर्द (r + d *dard* pain), वर्धन (r + dh *vardhan* growth), सर्प (r + p *sarpa* snake), दर्भ (r + bh *darbha* grass), कर्म (r + m *karma* work, deed), कार्य (r + y *kārya* duty)

Compounds with (र) : क्रिया (k + ra *kriyā* action), ग्रीवा (g + ra *grīvā* neck), वज्र (j + ra *vajra* thunderboalt), राष्ट्र (ṣ + ṭ + ra *rāṣṭra* nation), त्रिशूल (t + ra *triśūl* trident), भद्र (d + ra *bhadra* gentle), प्रकाश (p + ra *prakāsh* light), ब्रह्मा (b + ra *Brahmā* creator), व्रत (v + ra *vrat* austerity), श्रीमती (sh + ra *shrīmatī* madam)

*Character l (ल्, ᳚) : वल्क (l + k *valka* bark), जुल्फ (l + f *julfa* hair), गुल्म (l + m *gulma* bush, a cluster of plants), कल्याण (l + y *kalyāṇ* benefit)

6.3 SPECIAL COMPOUND CHARACTERS

(1) Character d (द्) forms following commonly used SEVEN compound letters :

(i). d + ga = dga writen as :	द् + ग = द्ग = द्ग	भगवद्गीता	*bhagavadgītā*
(ii) d + da = dda written as :	द् + द = द्द = द्द	उद्देश	*uddesha* (aim)
(iii) d + dha = ddha written as	द् + ध = द्ध = द्ध	बुद्ध	*buddha*
(v) d + bha = dbha written as :	द् + भ = द्भ = द्भ	श्रीमद्भगवद्गीता	*shrīmatbhagavadgītā*
(v) d + ya = dya written as :	द् + य् = द्य = द्य	विद्या	*vidyā* (knowledge)
(vi) d + ma = dma written as :	द् + म् = द्म = द्म	पद्म	*padma* (lotus)
(vii) d + va = dva written as :	द् + व् = द्व = द्व	द्वार	*dvār* (gate)

(2) Characters *ra* and *r* (र, र्) form following TWO types of compounds :

(A) WHEN FULL CONSONANT *ra* (र) comes after a half consonant character, it is written as a slant line attached to that (half) consonant. (Note : Even though that half consonant apprars to be written as a full consonant, it is actually a half consonant) :

(i) k (half) + ra (full) = kra	(क् + र = क्‌र = क्र)	चक्र	*chakra* (wheel)
(ii) g + ra = gra	(ग् + र = ग्‌र = ग्र)	अग्र	*agra* (tip)
(iii) t + ra = tra	(त् + र = त्‌र = त्र)	पवित्र	*pavitra* (holy)
(iv) d + ra = dra	(द् + र = द्र)	द्रव	*drava* (liquid)
(v) sh + ra =shra	(श् + र = श्र)	श्री	*shrī* (lofty)
(vi) ṭ or ḍ+ ra= tra, ḍra	(ट् + र = ट्र)	राष्ट्र	*rāṣṭra* (nation)
(vii) s + ra = sra	(स् + र = स्‌र = स्र)	सहस्र	*sahasra* (thousand)
s + t + ra = stra	(स् +त् + र = स्‌त्‌र =स्त्र)	स्त्री	*strī* (woman)

(B) WHEN THE HALF CONSONANT *r* (र्) comes before any full consonant character, the *r* (र्) is written as (ॅ) over that full consonant.

(viii) r + k (ॅ) र् + क = र्क । अर्क (*arka* extract), स्वर्ग (*svarga* heaven),

AGAIN REMEMBER :

(i) The slant line character (्) represents the full र (*ra*),

it does not represent half र् (*r*)

e.g. प्र = प् + र प्रकाश

क्र, ख्र, ग्र, घ्र, च्र, ज्र, त्र, थ्र, द्र, ध्र, न्र, प्र, फ्र, ब्र, भ्र, म्र, ल्र, व्र, श्र, स्र, ह्र

NOTE : When letter R (र) is added to letters ṭ, ṭd, ḍ, Ḍh chh (ट, ठ, ड, ढ, छ), the full R (र) is written as (^) attached to the bottom of those letters. e.g. ट्र, ठ्र, ड्र, ढ्र, छ्र

Examples : ग्रूप, ब्रेन, ड्रेप, ट्रेन, फ्रेंच, ट्री, श्री, स्त्री, ग्रास, क्रीम, ड्रिंक, ड्रोन, ड्रूप, ट्रूप, ग्रेट, ग्रीन, etc.

(ii) The curved line character (र्‍) represents half र् (*r*),

it does not represent full र (*ra*)

e.g. र्प = र् + प सर्प

Examples : वर्क, गार्डन, बोर्डिंग, रिपोर्ट, बोर्ड, वर्ड, कार्गो, चार्ज, बर्नर, बर्निंग, कार्पेट, कार्पेंटर, etc.

(3) Character ह् forms following three types of very common compound letters :

(i) h + ma = hma (ह् + म = ह्म) ब्रह्मा (*brahmā* the Creator)

(ii) h + ya = hya (ह् + य = ह्य) बाह्य (*bahya* outer)

(iii) h + ṛ = hṛ (ह् + ऋ = हृ) हृदय (*hṛday* heart)

THE SPECIAL LETTER *kta*

क्त (क्‍त)

(4) Character k :

character k + ta = kta. *kta* can be written as क् + त = क्‍त ।

but there is a special character for this combo which is written as क् + त = क्‍त = क्त

EXAMPLES :

रक्त (*rakta* blood), भक्ति भक्‍ति (*bhakti* devotion), वक्ता वक्‍ता (*vaktā* speaker), मुक्त मुक्‍त (*mukta* free), आसक्ति, आसक्‍ति (*āsakti* attachment), पंक्ति पंक्‍ति (*paṅkti* line) ...etc

COMPOUNDING DEVANAGARI CONSONANTS

+	क	ख	ग	घ	च	छ	ज	झ	ट	ठ	ड	ढ	ण	त	थ	द
क्	क्क	क्ख	क्ग	क्घ	क्च	क्छ	क्ज	क्झ	क्ट	क्ठ	क्ड	क्ढ	ल्ण	क्त	क्थ	क्द
ख्	ख्क	ख्ख	ख्ग	ख्घ	ख्च	ख्छ	ख्ज	ख्झ	ख्ट	ख्ठ	ख्ड	ड्ढ	ख्ण	ख्त	ख्थ	ख्द
ग्	ग्क	ग्ख	ग्ग	ग्घ	ग्च	ग्छ	ग्ज	ग्झ	ग्ट	ग्ठ	ग्ड	ग्ढ	ग्ण	ग्त	ग्थ	ग्द
घ्	घ्क	घ्ख	घ्ग	घ्घ	घ्च	घ्छ	घ्ज	घ्झ	घ्ट	घ्ठ	घ्ड	घ्ढ	घ्ण	घ्त	घ्थ	घ्द
ङ्	ङ्क	ङ्ख	ङ्ग	ङ्घ	ङ्च	ङ्छ	ङ्ज	ङ्झ	ङ्ट	ङ्ठ	ङ्ड	ङ्ढ	ङ्ण	ङ्त	ङ्थ	ङ्द
च्	च्क	च्ख	च्ग	च्घ	च्च	च्छ	च्ज	च्झ	च्ट	च्ठ	च्ड	च्ढ	च्ण	च्त	च्थ	च्द
छ्	छ्क	छ्ख	छ्ग	छ्घ	छ्च	छ्छ	छ्ज	छ्झ	छ्ट	छ्ठ	छ्ड	छ्ढ	छ्ण	छ्त	छ्थ	छ्द
ज्	ज्क	ज्ख	ज्ग	ज्घ	ज्च	ज्छ	ज्ज	ज्झ	ज्ट	ज्ठ	ज्ड	ज्ढ	ज्ण	ज्त	ज्थ	ज्द
झ्	झ्क	झ्ख	झ्ग	झ्घ	झ्च	झ्छ	झ्ज	झ्झ	झ्ट	झ्ठ	झ्ड	झ्ढ	झ्ण	झ्त	झ्थ	झ्द
ञ्	ञ्क	ञ्ख	ञ्ग	ञ्घ	ञ्च	ञ्छ	ञ्ज	ञ्झ	ञ्ट	ञ्ठ	ञ्ड	ञ्ढ	ञ्ण	ञ्त	ञ्थ	ञ्द
ट्	ट्क	ट्ख	ट्ग	ट्घ	ट्च	ट्छ	ट्ज	ट्झ	ट्ट	ट्ठ	ट्ड	ट्ढ	ट्ण	ट्त	ट्थ	ट्द
ठ्	ठ्क	ठ्ख	ठ्ग	ठ्घ	ठ्च	ठ्छ	ठ्ज	ठ्झ	ठ्ट	ठ्ठ	ठ्ड	ठ्ढ	ठ्ण	ठ्त	ठ्थ	ठ्द
ड्	ड्क	ड्ख	ड्ग	ड्घ	ड्च	ड्छ	ड्ज	ड्झ	ड्ट	ड्ठ	ड्ड	ड्ढ	ड्ण	ड्त	ड्थ	ड्द
ढ्	ढ्क	ढ्ख	ढ्ग	ढ्घ	ढ्च	ढ्छ	ढ्ज	ढ्झ	ढ्ट	ढ्ठ	ढ्ड	ढ्ढ	ढ्ण	ढ्त	ढ्थ	ढ्द
ण्	ण्क	ण्ख	ण्ग	ण्घ	ण्च	ण्छ	ण्ज	ण्झ	ण्ट	ण्ठ	ण्ड	ण्ढ	ण्ण	ण्त	ण्थ	ण्द
त्	त्क	त्ख	द्ग	द्घ	च्च	छ्छ	ज्ज	झ्झ	द्ट	द्ठ	द्ड	द्ढ	द्ण	त्त	त्थ	द्द
थ्	थ्क	थ्ख	ध्ग	ध्घ	थ्च	थ्छ	थ्ज	थ्झ	थ्ट	थ्ठ	थ्ड	थ्ढ	थ्ण	थ्त	थ्थ	ध्द
द्	द्क	द्ख	द्ग	द्घ	च्च	छ्छ	ज्ज	झ्झ	द्ट	द्ठ	द्ड	द्ढ	द्ण	त्त	त्थ	द्द
ध्	ध्क	ध्ख	ध्ग	ध्घ	ध्च	ध्छ	ध्ज	ध्झ	ध्ट	ध्ठ	ध्ड	ध्ढ	ध्ण	ध्त	ध्थ	ध्द
न्	न्क	न्ख	न्ग	न्घ	ञ्च	ञ्छ	ञ्ज	ञ्झ	ण्ट	ण्ठ	ण्ड	ण्ढ	ण्ण	न्त	न्थ	न्द
प्	प्क	प्ख	प्ग	प्घ	प्च	प्छ	प्ज	प्झ	प्ट	प्ठ	प्ड	प्ढ	प्ण	प्त	प्थ	प्द
फ्	फ्क	फ्ख	फ्ग	फ्घ	फ्च	फ्छ	फ्ज	फ्झ	फ्ट	फ्ठ	फ्ड	फ्ढ	फ्ण	फ्त	फ्थ	फ्द
ब्	ब्क	ब्ख	ब्ग	ब्घ	ब्च	ब्छ	ब्ज	ब्झ	ब्ट	ब्ठ	ब्ड	ब्ढ	ब्ण	ब्त	ब्थ	द्ब
भ्	भ्क	भ्ख	भ्ग	भ्घ	भ्च	भ्छ	भ्ज	भ्झ	भ्ट	भ्ठ	भ्ड	भ्ढ	भ्ण	भ्त	भ्थ	द्भ
म्	ङ्क	ङ्ख	ङ्ग	ङ्घ	ङ्च	ङ्छ	ङ्ज	ङ्झ	म्ट	म्ठ	म्ड	म्ढ	म्ण	म्त	म्थ	म्द
य्	य्क	य्ख	य्ग	य्घ	य्च	य्छ	य्ज	य्झ	य्ट	य्ठ	य्ड	य्ढ	य्ण	य्त	य्थ	य्द
र्	र्क	र्ख	र्ग	र्घ	र्च	र्छ	र्ज	र्झ	र्ट	र्ठ	र्ड	र्ढ	र्ण	र्त	र्थ	र्द
ल्	ल्क	ल्ख	ल्ग	ल्घ	ल्च	ल्छ	ल्ज	ल्झ	ल्ट	ल्ठ	ल्ड	ल्ढ	ल्ण	ल्त	ल्थ	ल्द
व्	व्क	व्ख	व्ग	व्घ	व्च	व्छ	व्ज	व्झ	व्ट	व्ठ	व्ड	व्ढ	व्ण	व्त	व्थ	व्द
श्	श्क	श्ख	श्ग	श्घ	श्च	श्छ	श्ज	श्झ	श्ट	श्ठ	श्ड	श्ढ	श्ण	श्त	श्थ	श्द
ष्	ष्क	ष्ख	ष्ग	ष्घ	ष्च	ष्छ	ष्ज	ष्झ	ष्ट	ष्ठ	ष्ड	ष्ढ	ष्ण	ष्त	ष्थ	ष्द
स्	स्क	स्ख	स्ग	स्घ	स्च	स्छ	स्ज	स्झ	स्ट	स्ठ	स्ड	स्ढ	स्ण	स्त	स्थ	स्द
ह्	ह्क	ह्ख	ह्ग	ह्घ	ह्च	ह्छ	ह्ज	ह्झ	ह्ट	ह्ठ	ह्ड	ह्ढ	ह्ण	ह्त	ह्थ	ह्द

+	ध	न	प	फ	ब	भ	म	य	र	ल	व	श	ष	स	ह
क्	क्ध	क्न	ग्प	ग्फ	ग्ब	ग्भ	क्म	क्य	क्र	क्ल	क्व	क्श	क्ष	क्स	ख
ख्	ख्ध	ख्न	ख्प	ख्फ	ख्ब	ख्भ	ख्म	ख्य	ख्र	ख्ल	ख्व	ख्श	ख्ष	ख्स	ख्ख
ग्	ग्ध	ग्न	ग्प	ग्फ	ग्ब	ग्भ	ग्म	ग्य	ग्र	ग्ल	ग्व	ग्श	ग्ष	ग्स	घ
घ्	घ्ध	घ्न	घ्प	घ्फ	घ्ब	घ्भ	घ्म	घ्य	घ्र	घ्ल	घ्व	घ्श	घ्ष	घ्स	घ्ह
ङ्	ङ्ध	ङ्न	ङ्प	ङ्फ	ङ्ब	ङ्भ	ङ्म	ङ्य	ङ्र	ङ्ल	ङ्व	ङ्श	ङ्क्ष	ङ्स	ङ्घ
च्	च्ध	च्न	ज्प	ज्फ	च्ब	च्भ	च्म	च्य	च्र	च्ल	च्व	च्श	च्ष	च्त	छ
छ्	छ्ध	छ्न	छ्प	छ्फ	छ्ब	छ्भ	छ्म	छ्य	छ्र	छ्ल	छ्व	छ्श	छ्ष	छ्स	छ्छ
ज्	ज्ध	ज्न	ज्प	ज्फ	ज्ब	ज्भ	ज्म	ज्य	ज्र	ज्ल	ज्व	ज्श	ज्ष	ज्स	ज्झ
झ्	झ्ध	झ्न	झ्प	झ्फ	झ्ब	झ्भ	झ्म	झ्य	झ्र	झ्ल	झ्व	झ्श	झ्ष	झ्स	झ्झ
ञ्	ञ्ध	ञ्न	ञ्प	ञ्फ	ञ्ब	ञ्भ	ञ्म	ञ्य	ञ्र	ञ्ल	ञ्व	ञ्श	ञ्ष	ञ्स	ञ्ह
ट्	ट्ध	ट्ण	ट्प	ट्फ	ट्ब	ट्भ	ट्म	ट्य	ट्र	ट्ल	ट्व	ट्श	ट्ष	ट्स	ठ
ठ्	ठ्ध	ठ्ण	ठ्प	ठ्फ	ठ्ब	ठ्भ	ठ्म	ठ्य	ठ्र	ठ्ल	ठ्व	ठ्श	ठ्ष	ठ्स	ठ्ह
ड्	ड्ध	ड्ण	ड्प	ड्फ	ड्ब	ड्भ	ड्म	ड्य	ड्र	ड्ल	ड्व	ड्श	ड्ष	ड्स	ढ
ढ्	ढ्ध	ढ्ण	ढ्प	ढ्फ	ढ्ब	ढ्भ	ढ्म	ढ्य	ढ्र	ढ्ल	ढ्व	ढ्श	ढ्ष	ढ्स	ढ्ह
ण्	ण्ध	ण्ण	ण्प	ण्फ	ण्बा	ण्भ	ण्म	ण्य	ण्र	ण्ल	ण्व	ण्श	ण्ष	ण्स	ण्ह
त्	द्ध	त्न	त्प	त्फ	द्ब	द्भ	त्म	त्य	त्र	त्ल	त्व	त्श	त्ष	त्स	थ
थ्	थ्ध	थ्न	ध्प	ध्फ	थ्ब	थ्भ	थ्म	थ्य	थ्र	थ्ल	थ्व	थ्श	थ्ष	थ्स	थ्थ
द्	द्ध	द्न	द्प	द्फ	द्ब	द्भ	द्ज	द्झ	द्र	द्ल	द्व	द्श	द्ष	द्स	ध्ह
ध्	ध्ध	ध्न	ध्प	ध्फ	ध्ब	ध्भ	ध्म	ध्य	ध्र	ध्ल	ध्व	ध्श	ध्ष	ध्स	ध्ध
न्	न्ध	न्न	न्प	न्फ	न्ब	न्भ	न्म	न्य	न्र	न्ल	न्व	ञ्श	ञ्ष	न्स	न्ह
प्	प्ध	प्न	प्प	प्फ	प्ब	प्भ	प्म	प्य	प्र	प्ल	प्व	प्श	प्ष	प्स	प्ह
फ्	फ्फ	फ्न	फ्प	फ्फ	फ्ब	फ्भ	फ्म	फ्य	फ्र	फ्ल	फ्ब	फ्श	फ्ष	फ्स	फ्ह
ब्	ब्ध	ब्न	ब्प	ब्फ	ब्ब	ब्भ	ब्म	ब्य	ब्र	ब्ल	ब्व	ब्श	ब्ष	ब्स	भ
भ्	भ्ध	भ्न	भ्प	भ्फ	भ्ब	भ्भ	भ्म	भ्य	भ्र	भ्ल	भ्ब	भ्श	भ्ष	भ्स	भ्ह
म्	म्ध	म्न	म्प	म्फ	म्ब	म्भ	म्म	म्य	म्र	म्ल	म्व	म्श	म्ष	म्स	म्ह
य्	य्ध	य्न	य्प	य्फ	य्ब	य्भ	य्म	य्य	य्र	य्ल	य्व	य्श	य्ष	य्स	य्ह
र्	र्ध	र्न	र्प	र्फ	र्ब	र्भ	र्म	र्य	र्र	र्ल	र्व	र्श	र्ष	र्स	र्ह
ल्	ल्ध	ल्न	ल्प	ल्फ	ल्ब	ल्भ	ल्म	ल्य	ल्र	ल्ल	ल्व	ल्श	ल्ष	ल्स	ल्ह
व्	व्ध	व्न	व्प	व्फ	व्ब	व्भ	व्म	व्य	व्र	व्ल	व्व	व्श	व्ष	व्स	व्ह
श्	श्ध	श्न	श्प	श्फ	श्ब	श्भ	श्म	श्य	श्र	श्ल	श्व	श्श	श्ष	श्स	श्ह
ष्	ष्क	ष्ख	ष्प	ष्फ	ष्ब	ष्भ	ष्म	ष्य	ष्र	ष्ल	ष्व	ष्श	ष्ष	ष्स	ष्थ
स्	स्ध	स्न	स्प	स्फ	स्ब	स्भ	स्म	स्य	स्र	स्ल	स्व	स्श	स्ष	स्स	स्ह
ह्	ह्ध	ह्न	ह्प	ह्फ	ह्ब	ह्भ	ह्म	ह्य	ह्र	ह्ल	ह्व	ह्श	ह्ष	ह्स	ह्ह

RATNAKAR'S CHILDREN SONGS

रत्नाकर के शिशु गीत

EXERCISE 16 : Read the following Hindi Childrens' songs :

1	**माँ**	**Mā̐**	**Mother**
	सबसे प्यारी होती माँ । सबसे न्यारी होती माँ ।। कोई कहता उसको 'अम्मा' । कोई 'मम्मी' कोई 'मामा' ।।	Sab se pyārī hotī mā̐, Sab se nyārī hotī mā̐, Koī kahatā us ko ammā, Koī mummy, koī māmā.	*Mother is most dear of all. Mother is different from all. Some call her Amma, some call Mummy and some call her Mama*
2	**गाय**	**Gāy**	**Cow**
	'गाय हमारी माता है' । इसका जो नर ज्ञाता है ।। पुण्य बहुत वह पाता है । और स्वर्ग में जाता है ।।	Gāy hamārī mātā hai, Is kā jo nar gyātā hai, Puṇya bahut vah pātā hai, Aur swarg mē̐ jātā hai.	*Cow is our mother. He who knows this, burns his sins and goes to heaven.*
3	**मंदिर**	**Mandir**	**Temple**
	बहुत पुराना मंदर है । शिव की मूर्ति अंदर है ।। भगत गा रहे सुंदर हैं । गायत्री का मंतर है ।।	Bahut purāna mandar hai, Mūrti Shiva kī andar hai, Bhagat gā rahe sundar hai̐, Gāyatrī kā mantar hai.	*It is an old temple. Inside the temple, there is Shiva's image. The devotees are singing the lovely Gayatri chant.*
4	**लड़का**	**Laḍkā**	**Boy**
	सात साल का मैं हूँ बाल । बाल काले गोरे गाल ।। माँ का प्यारा मैं हूँ लाल । नाम मेरा राधे गोपाल ।।	Sāt sāl kā mai̐ hū̐ bāl, Bāl kāle, gore gāl, Mā̐ kā pyārā mai̐ hū̐ lāl, Nām merā Rādhe-Gopāl.	*I am a seven years old boy. My hair are black and cheeks are fair. I am my mother's dear lad. My name is Radhe-Gopal.*
5	**लड़की**	**Laḍkī**	**Girl**
	सात साल की मैं बाला । नाम मेरा मोती माला ।। हार गले में हीरों वाला । चमकीला है मैंने डाला ।।	Sāt sāl kī mai̐ bālā, Nām merā Moti-Mālā, Hār gale mē̐ hīrō̐ wālā, Chamkīlā hai mai̐ne ḍālā.	*I am a seven year old girl. My name is Moti-mala. I am wearing a shiny diamond necklace.*

6	**गुलाब**	**Gulāb**	**Rose flower**
	लाल गुलाबी सुंदर फूल । डाली के काँटे देते शूल ।। पत्तों पर हो चाहे धूल । फिर भी लगता सबसे 'कूल' ।।	Lāl gulābī sundar phool, Ḍālī ke kā̃ṭe dete shūl, Pattõ par ho chāhe dhūl, Fir bhī lagatā sab se "Cool."	*A beautiful pink-red rose flower, even if there may be thorns on the branch and dust on the leaves, it still is the "Coolest" of all flowersl.*
7	**रेल गाड़ी**	**Tail-gāḍī**	**Train**
	छुक छुक चलती गाड़ी रेल । टन्टन् टन्टन् बज गयी बेल।। देखो देखो आयी मेल । आना जाना उसका खेल ।।	Chhuk chhuk chaltī gāḍī rel, Ṭan ṭan ṭan ṭan baj gayī bel, Dekho dekho āyī mel, Aanā jānā uskā khel.	*The train goes, "chhook chhook!" The bell rings tan-tan tan-tan. Look! the train has come. Coming and going is its every day game.*
8	**घर**	**Ghar**	**House**
	छोटा सा है मेरा घर । फिर भी लगता है सुंदर ।। साफ और सुथरा है अंदर । एक दिन ऊपर था बंदर ।।	Chhotā sā hai merā ghar, Fir bhī lagtā hai sundar, Sāf aur suthrā hai andar, Ek din ūpar thā bandar.	*My house is small. Still it looks nice. It is clean and tidy inside. One day a monkey was sitting ovet it.*
9	**बरफ**	**Baraf**	**Ice, snow**
	बाहर है जब गिरती बरफ । सफेद सफेद चारों तरफ ।। बाहर है जब गिरती बरफ । ठंढा ठंढा चारों तरफ ।।	Bāhar hai jab girtī baraf, Safed safed chārõ taraf, Bāhar hai jab girtī baraf, Ṭhaṇḍā ṭhaṇḍā chārõ taraf.	*When it snows outside, it is white everywhere. When it snows outside, it is cold everywhere.*
10	**टेलीफून**	**Telephūn**	**Telephone**
	टन् टन् घंटी टेलीफोन । हलो! बोल रहा है कौन? ।। मैं हूँ मिस्टर डेवीड जौन । धीमी धीमी मेरी टोन ।।	Ṭan ṭan ghanṭī ṭelīphone, Hello! Bol rahā hai kaun? Maĩ hū̃ Mister David John, Dhīmī dhīmī merī ṭon.	*Telephone bell is ringing, tan tan. Hello! Who is speaking? I am mister Devid John. My tone is slow.*

11	मेपल लीफ़	**Mepal līf**	**Maple Leaf**
	कैनेडा का मेपल लीफ । सारे पत्तों में है चीफ ।। जग में उसकी है तारीफ । रंग लाल से सब वाकिफ ।।	Canaḍā kā Maple leaf, Sāre pattõ mẽ hai chief, Jag mẽ uskī hai tārīf, Raṅg lāl se sab wākif.	*Canada's Maple-leaf, is the cheif of all leaves. The whole world knows it by its red colour, and they love it.*
12	सिगरेट	**Sigreṭ**	**Cigarette**
	सिगरेट पीना मना है । कानून ऐसा बना है ।। क्योंकि धोखा घना है । कैंसर का ये तना है ।।	Sigreṭ pīnā manā hai, Kānūn aisā banā hai, Kyõ ki dhokhā ghanā hai, Cancer kā ye tanā hai.	*Smoking is prohibited. It is the rule. Because this weed is dangerous and it causes cancer.*
13	गाना	**Gānā**	**Song**
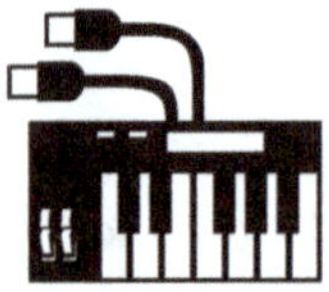	आओ मिलकर गाएँ गाना । सबने गाना जो है जाना ।। मीठा सुर है सबको भाना । उसका आनंद सबने पाना ।।	Aao mil kar gāẽ gānā, Sab ne gānā jo hai jānā, Mīṭhā sur hai sab kao bhānā, Uskā ānand sab ne pānā.	*Come! Let's sing a song, the one that everyone knows. Everyone will love a sweet voice. They will enjoy it.*
14	कार	**Kār**	**Car**
	लाल रंग की मेरी कार । पेट्रोल पीती बारंबार ।। दीये दो हैं, चक्के चार । फिरती लेकर सबका भार ।।	Lāl rang kī merī kār, Petrol pītī bārambār, Dīye do haĩ, chakke chār, Firtī le kar sab kā bhār.	*My car is of red colour. It guzzles gas again and again. It has two lamps and four wheels. It runs around carrying everyone.*
15	मुर्गी, मुर्गा	**Murgī, Murgā**	**Hen, Rooster**
	कुकड़ूँ कुकड़ूँ मुर्गा बोले । तब सवेरे आँखे खोले ।। अंडे पनीर भटूरे छोले । खाकर मन मामू का डोले ।।	Kukdū̃ kukdū̃ murgā bole, Tab savere ā̃khe khole, aṇḍe panīr bhaṭure chhole, Khā kar māmū kā man ḍole.	*When the rooster crows kaaka-doole-doo! then my uncle opens his eyes in the morning. Eating eggs, chees,chhole and bhature, he becomes happy.*

16	**मोर**	**Mor**	**Peacock**
	किहूँऽ किहूँऽ करके शोर । घूम घूम कर नाचे मोर ।। पंख पसारे जिसकी ओर । उसके चित्त का है ये चोर ।।	Kīhū̃ kīhū̃ kar ke shor, ghūm ghūm kar nāche mor, Paṅkha pasāre jiskī or, Us ke chitt kā hai ye chor.	*The peacock makes keehoo keehoo noise and dances turning round and round. He steals people's heart by spreading his wings towards them.*
17	**तोता**	**Totā**	**Parrot**
	मिट्ठू मियाँ तोता हूँ । हरे रंग का होता हूँ ।। डाल डाल पर जाता हूँ । मीठे फल मैं खाता हूँ ।।	Miṭṭhū Miyā totā hū̃, Hare raṅg kā hotā hū̃, Ḍāl ḍal par jātā hū̃, Mīṭhe fal maĩ khātā hū̃.	*I am a parrot. My name is Mitthu-Miya. I am of green colour. I go from branch to branch and eat the sweet fruits.*
18	**आम**	**Aam**	**Mango**
	फलों का राजा आम है । भारत उसका धाम है ।। जग में उसका नाम है । ललचाना उसका काम है ।।	Falõ kā rājā ām hai. Bhārat us kā dhām hai, Jag mẽ us kā nām hai, Lalchānā us kā kām hai.	*Mango is the king of the fruits. India is its abode. Mango is well known in the whole world. Everyone likes it.*
19	**कुत्ता**	**Kuttā**	**Dog**
	कुत्ते से है डरता चोर । भों भों भों भों करता शोर ।। दाँतों में है उसके जोर । काटके हड्डी ड़ाले तोर ।।	Kutte se hai ḍartā chor, Bhõ bhõ bhõ bhõ kartā shor, Dā̃tõ mẽ hai us ke zor, Kāṭke haḍḍī ḍāle toḍ.	*Thief is afraid of a dog. The dog barks bho bho bho bho! His teeth are strong. He can crack your bone with one bite.*
20	**बिल्ली**	**Billī**	**Cat**
	काले रंग की मेरी बिल्ली । उसको अच्छी लगती दिल्ली ।। मोटी मोटी आँखों वाली । बड़े प्यार से मैंने पाली ।।	Kāle rang kī merī billī, Us ko achhī lagtī Dillī, Moṭī moṭī ā̃khõ wālī, Baḍe pyār se maĩ ne pālī.	*My cat is black. It loves living in Dehli. It has big eyes. I raised it with great love.*

21	**घोड़ा**	**Ghoḍā**	**Horse**
	भूरे रंग का देखो घोड़ा । भागे ज्यादा, बैठे थोड़ा ।। टप टप करता जब ये दौड़ा । सीना उसका होता चौड़ा ।।	Bhūre rang kā dekho ghoḍā, Bhāge jyādā, baiṭhe thoḍā, Ṭap ṭap kartā jab ye dauḍā, Sīnā uskā hotā chauḍā.	*Look at the gray coloured horse. It runs more and sits less. When he gallops tap tap, his chest grows big with pride.*
22	**शेर**	**Sher**	**Tiger, Lion**
	भागो भागो आया शेर । कोई भी ना करना देर ।। मोटे मोटे उसके पैर । उनके आगे किसकी खैर? ।।	Bhāgo! bhāgo! āyā sher, Koī bhī nā karnā der, Moṭe moṭe uske pair, Un ke āge kis kī khair?	*Run! run! a tiger came. Don't anyone be slow. He has strong paws. No body is safe from him.*
23	**हाथी**	**Hāthī**	**Elephant**
	सबसे भारी होता हाथी । राजाओं का ये है साथी ।। लम्बे लम्बे उसके दाँत । काम में लाए जैसे हाथ ।।	Sab se bhārī hotā hāthī, Rājāo̐ kā ye hai sāthī, Lambe lambe uske dā̐t, Kām me̐ lāye jaise hāth.	*Elephant is the biggest and heaviest of all animals. He is a friend of the kings. He has long teeth, which he uses like his hands.*
24	**माउस**	**Māus**	**Mouse**
	कम्प्यूटर का माउस है । इसके विना न हाउस है ।। बिजली पर ये चलता है । माउस-पैड पर पलता है ।।	Computer kā mouse hai, Us ke binā na Hāus hai, Bijlī par ye chaltā hai, Mouse Pad par ye paltā hai.	*This is a computer mouse. Now-a days, there is no house without it. It runs on electricity and lives on a mouse-pad.*
25	**चोर**	**Chor**	**Thief**
	देखो देखो आया चोर । पकड़ो पकड़ो मच गया शोर ।। छुपा हुआ है उधर की ओर । बांधें उसको लाओ डोर ।।	Dekho dekho āyā chor, Pakḍo pakḍo mach gayā shor, Chhupā huā hai udhar kī or, Bāndhe̐ us ko, lāo ḍor.	*Oh! Look, there is a thief. Everyone is shouting, "catch him," "catch him." He is hiding on that side. Bring a rope and let's tie him up.*

26	मिरची	**Mirchī**	**Chilli**
	ये मिरची हरी है । तीखेपन से भरी है ।। फिर भी सबको प्यारी है । अजीब सी तरकारी है ।।	Ye mirchī harī hai. Tīkhe-pan se bharī hai, Fir bhī sab ko pyārī hai, Ajīb sī tarkārī hai.	*This chilli is green. It is very hot. Even though it is very hot, people love it. My goodness! it is a strange vegetable.*
27	किताब	**Kitāb**	**Book**
	बच्चों रखना ध्यान है । किताब देती ज्ञान है ।। ज्ञान से मिलता मान है । जिसमें सच्ची शान है ।।	Bachchõ rakhnā dhyān hai, Kitāb detī gyān hai, Gyān se miltā mān hai, Jis me scchchī shān hai.	*Children! remember, the book gives you knowledge. The knowledge gives you respect. With respect comes honour.*
28	जन्म दिन	**Janma-din**	**Birthday**
	जनम दिन फिर आया है । हर कोई तोहफा लाया है ।। 'हैपी बर्थ डे' भी गाया है । सब कुछ मन को भाया है ।।	Janam din fir āyā hai, Har koī tohfā lāyā hai, "Happy Birthday" bhī gāyā hai, Sab kuchh man ko bhāyā hai.	*Birthday has come again. Everyone brought a gift. They sang "Happy Birth Day to You." Everything pleased my mind.*
29	चिठ्ठी	**Chiṭhṭhī**	**Letter**
	राम की चिठ्ठी आयी है । खुश खबरी ये लायी है ।। लिखा है कल सगाई है । सुंदर मिली लुगाई है ।।	Rām kī chiṭṭhī āyī hai, Khush khabrī ye lāyī hai, Likhā hai kal sagāī hai, Sundar milī lugāī hai.	*Ram's letter has come. It has brought a good news. It says tomorrow is his wedding. He got a beautiful bride.*
30	ताला	**MTālā**	**Lock**
	ये जो दिखता काला है । गोल आकार का ताला है ।। बिना चाबी से खुला है । क्योंकि नंबर वाला है ।।	Ye jo dikhtā kālā hai, Gol ākār kā tālā hai, Binā chābī se khulā hai, Kyõ kī number wālā hai.	*The thing in black colour in this picture is a lock. It is round in shape. It opens without a key, because it is a number lock.*

31	**सूरज**	**Sūraj**	**Sun**
	सूरज दिन का तारा है । तेज किरण की धारा है ।। चमकाता जग सारा है । जीवन दाता न्यारा है ।।	Sūraj din kā tārā hai, Tez kiraṇ kī dhārā hai, Chamkātā jag sārā hai, Jīvan dātā nyārā hai.	*The Sun is the star of the day-time. It's light is a flow of bright powerful rays. It shines the whole world. It is a unique life giver.*
32	**वर्षा, बारिश**	**Varshā, bārish**	**Rain**
	वर्षा नभ से गिरती है । नदियों में जल भरती है ।। हरी रंगाती धरती है । जीवन सुखमय करती है ।।	Varṣhā nabh se girtī hai, Nadiyao̐ me̐ jal bhartī hai, Harī raṅgātī dhartī hai, Jīvan sukh-may kartī hai.	*Rain falls from the sky. It fills up the rivers. It paints the earth green with vegetation, and fills life with happiness.*
33	**चाँद**	**Cha̐nd**	**Moon**
	चाँद रात में आता है । समय सुहाना लाता है ।। सबका दिल बहलाता है । सबके मन को भाता है ।।	Chānd gagan me̐ ātā hai, Samay suhānā lātā hai, Sab kā dil bahalātā hai, Sab ke man ko bhātā hai.	*Moon shines at night. It brings a pleasent time. It amuses everyone's mind. Everyone likes it.*
34	**बच्चा**	**Bachachā**	**Baby**
	मुन्ना राजा सोया है । सारी रात ये रोया है ।। कंबल में लिपटा होया है । अब सपनों में खोया है ।।	Munnā rājā soyā hai, Sārī rāt ye royā hai, Kambal me̐ lipṭā hoyā hai, Ab sapno̐ me̐ khoyā hai.	*The baby is sleeping. He cried all night. Now he is wrapped up in a blanket and he is lost in his sweet dreams.*
35	**परछाई**	**Parachhāī**	**Shadow**
	उंगलियाँ यूं लगाई हैं । तसवीर फिर बनाई है ।। ये केवल परछाई है । सबके मन को भाई है ।।	Ungliyā̐ yū̐ lagāī hai̐, Tasvīr fir banāī hai, Ye keval parchhāī hai, Sab ke man ko bhāī hai.	*Fingers are arranged in such a fashion, that they formed a figure on the wall. It is only a shadow, but it pleased everyone.*

36	**जादू**	**Jadū**	**Magic**
	देखो हाथ सफाई है । ये जादू का भाई है ।। कला ये जिसने पाई है । उसने जनता बहलाई है ।।	Dekho hāth safāī hai, Ye jādū kā bhāī hai, Kalā ye jisne pāyī hai, Usne janatā bahalāyī hai.	*See this hand tric. It is a younger brother of a magic. One who has learned this art, he has entertained people.*
37	**मछली**	**Machalī**	**Fish**
	मछली लाल पीली है । धारें उस पर नीली हैं ।। गोल आँखें काली है । जल में रहने वाली है ।।	Machhalī lāl pīlī hai, Dhare̐ us par nīlī hai̐, Gol ā̐khe̐ kālī hai̐, Jal me̐ rahane wālī hai.	*This fish is red and yellow. It has blue stripes over it. It's eyes are round and black. The fish lives in water.*
38	**आँख**	**ā̐nkh**	**Eye**
	आंखे हमको देकर दृष्टि । दिखलाती हैं सारी सृष्टि ।। जल हिम फूलों की वृष्टि । देखो देती मन को तुष्टि ।।	Aā̐nkhe̐ ham ko detī drișhți, Dikhalātī hai sārī srișhți, Jal, him, fūlo̐ kī vrișhți, Dekho man ko detī tușhți.	*Eyes give us vision, They show us the whole universe. They show us the showers of rain, snow and flowers, And give happiness to our mind.*
39	**तितली**	**Titlī**	**Butterfly**
	फूल पर बैठी तितली है । टांगे उसकी पतली हैं ।। रंग बिरंगों वाली है । आंखे उसकी काली हैं ।।	Fūl par baițhī titlī hai, Țā̐nge̐ us kī patlī hai̐, Rang birango̐ wālī hai, Aā̐nkhe̐ uskī kālī hai̐.	*Butterfly is sitting on a flower. It has skiny legs. It is colourful. It's eyes are black.*
40	**पैसा**	**Paisā**	**Money**
	पैसा जिसके पास है । हवा में उसका वास है ।। क्योंकि उसको भास है । कि दुनिया उसकी दास है ।।	Paisā jis ke pās hai, Gagan me̐ us kā vās hai, Kyo̐ ki us ko bhās hai, Ki duniyā us kī dās hai.	*One who has money, he lives in the heaven. Because, he carries a notion that, the whole world is at his feet.*

LESSON 7

INTRODUCTION TO SANDHI

COMPOUNDING OF VOWELS

स्वर संधि

When any two vowels come together,
they are compounded into one single long vowel
with the rules, shown in short, as follows :

	1st vowel	+	2nd vowel	= the Result
1	अ, आ	+	अ, आ	आ
	अ, आ	+	इ, ई	ए
	अ, आ	+	उ, ऊ	ओ
	अ, आ	+	ऋ	अर्
	अ, आ	+	ए, ऐ	ऐ
	अ, आ	+	ओ, औ	औ
2	इ, ई	+	अ,आ,उ,ऊ,ए,ऐ,ओ,औ	य,या,यु,यू,ये,यै,यो,यौ
	इ, ई	+	इ,ई	ई,ई
3	उ, ऊ	+	अ,आ,इ,ई,ए,ऐ,ओ,औ	व,वा,वि,वी,वे,वै,वो,वौ
	उ, ऊ	+	उ, ऊ	ऊ, ऊ
4	ए	+	अ,आ,इ,ई,उ,ऊ,ए,ऐ,ओ,औ	अय् + अ,आ,इ....औ
5	ऐ	+	अ,आ,इ,ई,उ,ऊ,ए,ऐ,ओ,औ	आय् + अ,आ,इ,ई,उ,ऊ,ए,ऐ,ओ,औ
	ओ	+	अ,आ,इ,ई,उ,ऊ,ए,ऐ,ओ,औ	अव् + अ,आ,इ,ई,उ,ऊ,ए,ऐ,ओ,औ
	औ	+	अ,आ,इ,ई,उ,ऊ,ए,ऐ,ओ,औ	आव् + अ,आ,इ,ई,उ,ऊ,ए,ऐ,ओ,औ

LESSON 8

दसवाँ पाठ

10.1 INTRODUCTION TO THE HINDI NUMERALS

हिंदी अंक

0 shūnya 0 शून्य

1 ek १ एक  One book. *ek kitāb* एक किताब ।

2 do २ दो  Two books. *dok kitābe̐* दो किताबें ।

3 tīn ३ तीन  Three books. *tīn kitābe̐* तीन किताबें ।

4 chār ४ चार 

5 pāñch ५ पाँच 

6 chhah ६ छह 

7 sāt ७ सात 

8 āṭh ८ आठ 

9 nau ९ नौ 

10 das १० दस 

EXERCISE 17 :

(1) Read the numbers in Hindī :

1 7 9 4 0 3 2 8 5 6

(2) Read the following Hindī numerals :

७ ४ १ ९ ६ 0 ५ ३ ८ २

(3) Read and Write the following Hindī numerals :

चार, सात, नौ, एक, शून्य, छह, आठ, पाँच, दो, दस

> **ANNOUNCEMENT :** With the scientific and easy to follow tools given in this book, **just by mastering the use of tables 18, 23 and 25, you can start making and speaking your own sentences quickly and with confidence**.

10.2

COUNTING TO ONE HUNDRED

11 gyārah	ग्यारह	12 bārah	बारह	57 sattāvan	सत्तावन	58 aṭṭhāvan	अट्ठावन
13 terah	तेरह	14 chaudah	चौदह	59 unasaṭh	उनसठ	60 sāṭh	साठ
15 pandrah	पंद्रह	16 solah	सोलह	61 ikasaṭh	इकसठ	62 bāsaṭh	बासठ
17 satrah	सत्रह	18 aṭhārah	अठारह	63 tresaṭh	त्रेसठ	64 chauṅsaṭh	चौंसठ
19 unnīs	उन्नीस	20 bīs	बीस	65 painsaṭh	पैंसठ	66 chhiyāsaṭh	छियासठ
21 ikkīs	इक्कीस	22 bāīs	बाईस	67 saḍasaṭh	सड़सठ	68 aḍasath	अड़सठ
23 teīs	तेईस	24 chaubīs	चौबीस	69 unahattar	उनहत्तर	70 sattar	सत्तर
25 pachchīs	पच्चीस	26 chhabbīs	छब्बीस	71 ikahattar	इकहत्तर	72 bahattar	बहत्तर
27 sattāīs	सत्ताईस	28 aṭṭhāīs	अट्ठाईस	73 tihattar	तिहत्तर	74 chauhattar	चौहत्तर
29 unatīs	उनतीस	30 tīs	तीस	75 pachahattar	पचहत्तर	76 chhihattar	छिहत्तर
31 ikatīs	इकतीस	32 battīs	बत्तीस	77 satahattar	सतहत्तर	78 aṭhahattar	अठहत्तर
33 tai̐tīs	तैंतीस	34 chau̐tīs	चौंतीस	79 unyāsī	उन्यासी	80 assī	अस्सी
35 pai̐tīs	पैंतीस	36 chhattīs	छत्तीस	81 ikyāsī	इक्यासी	82 bayāsī	बयासी
37 saintīs	सैंतीस	38 aṭhattīs	अठत्तीस	83 tirāsī	तिरासी	84 chaurāsī	चौरासी
39 untālīs	उनतालीस	40 chālīs	चालीस	85 pachāsī	पचासी	86 chhiyāsī	छियासी
41 iktālīs	इकतालीस	42 bayālīs	बयालीस	87 sattāsī	सत्तासी	88 aṭṭhāsī	अट्ठासी
43 taiṅtālīs	तैंतालीस	44 chauvālīs	चौवालीस	89 nāvāsī	नवासी	90 nabbe	नब्बे
45 pai̐tālīs	पैंतालीस	46 chhiyālīs	छियालीस	91 ikyānabe	इक्यानबे	92 bānabe	बानबे
47 sai̐tālīs	सैंतालीस	48 aḍatālīs	अड़तालीस	93 tirānabe	तिरानबे	94 chaurānabe	चौरानबे
49 unachās	उनचास	50 pachās	पचास	95 pañchānabe	पन्चानबे	96 chhiyānabe	छियानबे
51 ikyāvan	इक्यावन	52 bāvan	बावन	97 sattānabe	सत्तानबे	98 aṭṭhānabe	अट्ठानबे
53 trepan	त्रेपन	54 chauwan	चौवन	99 ninyānabe	निन्यानबे	100 sau	सौ
55 pachapan	पचपन	56 chhappan	छप्पन				

HINDI ASTRONOMICAL NUMBERS:

1,000 हज़ार hazār. 100,000 लाख lākh. 10,000,000 करोड़ karoḍ. 1000,000,000 अरब arab.
100,000,000,000 खरब kharab. 10,000,000,000,000 शंख shankh.
1000,000,000,000,000 नीलम nīlam. 100,000,000,000,000,000 पदम padam.

HINDI FRACTIONS : 1/4 चौथाई chauthāī. 1/3 तिहाई tihāī. 1/2 आधा ādhā, 3/4 पौना paunā.

1¼ सवा savā. 1½ डेढ ḍeḍh. 1¾ पौने दो paune do. 2½ ढाई ḍhāī. 3½ साढ़े तीन sāḍhe tīn ... etc.

HINDI NUMERALS FROM 0 to 99

	0	1	2	3	4	5	6	7	8	9
0	०	१	२	३	४	५	६	७	८	९
1	१०	११	१२	१३	१४	१५	१६	१७	१८	१९
2	२०	२१	२२	२३	२४	२५	२६	२७	२८	२९
3	३०	३१	३२	३३	३४	३५	३६	३७	३८	३९
4	४०	४१	४२	४३	४४	४५	४६	४७	४८	४९
5	५०	५१	५२	५३	५४	५५	५६	५७	५८	५९
6	६०	६१	६२	६३	६४	६५	६६	६७	६८	६९
7	७०	७१	७२	७३	७४	७५	७६	७७	७८	७९
8	८०	८१	८२	८३	८४	८५	८६	८७	८८	८९
9	९०	९१	९२	९३	९४	९५	९६	९७	९८	९९

IMPORTANCE OF HINDU NUMERALS
1 to 10

1. Ekdant एकदंत (Ganesha), एकलिंग Eklinga (Shiva), एकाक्ष Ekākṣha (crow)
2. Dvandva द्वंद्व (duality), Dvija द्विज (twice-born), द्विजिह्व Dvijihva (snake)
3. Trikāla त्रिकाल (Past, present, future), त्रिलोक Triloka (Heaven, earth, hell), त्रैविद्या Traividyā (Rig, Sāma, Atharva Veda), त्रिमूर्ति Trimūrti (Brahma, Vishṇu, Mahesha), त्रिलिंग Trilinga (Masculine, feminine, neuter), त्रिगुण Triguṇa (sat, rajs, tamas), त्रिदेवी Tridevī (Lakshmī, Parvatī, Sarasvatī), त्रिफला Triphalā (ā̐valā, Harḋā, baheḋā), मुनित्रय Munitraya (Nārad, Pāṇini, Patañjali), कवित्रय Kavitraya (Vālmīki, Vyāsa, Tulsī),
4. चतुरानन Chaturānana (Brahmā), चतुराश्रम Chaturāshram (Bharmacharya, Grihastha, Vānaprastha, Sanyāsa), चतुर्दिशा Chaturdishā (uttar North, pūrva East, dakshiṇa, South, paschima West), चतुरोपदिशा Chaturopadishā (īshana NE, āgneya SE, nairutya SW, vāyavya NW), चतुर्वेद Chaturveda (Rig, Sāma, Yajus, Atharva), चतुर्तंत्र Chaturtantra (sāma, dāma, daṇḍa, bheda), चतुष्पुरुषार्थ Chatus-Purushārtha (Dharma, artha, kāma, moksha), चतुर्वर्ण Chaturvarṇa (Brahmaṇa, Kshatruya, Vaishya, Shūdra), चतुर्युग Chaturyuga (Sat, tretā, dvāpar, kalī yug), चार महावाक्य Chār Mahāvākya (अहं ब्रह्मास्मि, तत्त्वमसि, अयमात्मा ब्रह्म, प्रज्ञानं ब्रह्म)
5. पँच-पाँडव Pancha-Pāndava (Yudhishṭhir, Bhīma, Arjuna, Nakula, Sahadeva), पँच-भूत Panchabhūta (Earth, Water, Fire, Air, Sky), पँच-तन्मात्रा Pancha-tanmātrā (Speech, Touch, Smell, Taste, Vision), पँचायुध Panchāyudha (Shankha, Chakra, Gadā, Khadga, Dhanusha), पँच-मित्र Five friends (Ahimsā, Satya, Asteya, Brahmacharya, Aparigraha), पँच-शत्रु Five enemies (Kāma, Krodha, Lobha, Moha, Ahaṁkara), पँचेन्द्रिय Panchendriya (Ears, Skin, Eyes, Tongue, Nose), पँचक्षेत्र Pancha-kshetra (Haridwār, Prayāg, Gayā, Kurukshetra,

Naimisharanya), पँच-धाम Panchadhama (Mathura, Kashi, Ayodhya, Dwārkā, Haridwār), पँचनदी Panchanadī (Gangā, Yamunā, Sarasvatī, Godāvarī, Krishṇa), पँच-धातु Panchadhātu (Gold, Silver, Copper, Lead, Tin)

6. षड्-ऋतु Six seasons (Vasant, Grishma, Varsha, Sharad, Hemant, Shishir), षड्-समास Six Samāsa (Tatpurusha, Karmadharaya, Bahuvrīhi, Dvigu, Dvandva, Avyayībhāva)

7. सप्त-सुर Sapat-sur (Sā, Re, ga, Ma, Pa, Dha, Ni), सप्त-दिन Seven days (Soma, Mangala, Budh, Brahaspati, Shukra, Shani, Ravi-vār), सप्तर्षि Saptarṣhi (Marīchi, Atri, Angirā, Pulastya, Kratu, Vasiṣhṭha, Pulaha)

8. अष्ट-कारक Aṣṭakārak (Kartā, Karma, Karaṇa, Sampradāna, Apadāna, Sambandha, Adhikaraṇa, Sambodhana), अष्ट-गण Aṣṭa-gaṇa (छंद गण ya 001, ma 111, ta 110, r 101, ja 010, bha 100, na 000, sa 001), अष्ट-पाद Aṣṭapād (Spider)

9. नव-ग्रह Navagraha (Surya, Chandra, Mangala, Budha, Guru, Shukra, Shani, Rāhu, Ketu), नवरत्न Navaratna (Hirā, Mūṅgā, Motī, Lahsuniyā, Gomed, Pannā, Maṇik, Nīlam, Pukharāj), नवगुण Nava-guṇa (Shama, Dama, Tap, Shaucha, Shānti, Aarjava, Gyāna, Vigyāna, Aastikya), नवशिल्पी Nava-shilpī (Florist, Carpenter, Jewler, Weaver, Potter, Tailor, Painter, Sculptor, Actor), नवरस Nava-rasa (Karuṇa, Raudra, Shringār, Adbhuta, Vīra, Hasya, Vibhatsa, Bhaya, Shānta)

10. दशांकमूल Ankamūla (0, 1, 2, 3, 4, 5, 6, 7, 8, 9), दशावतार Dashāvatāra (Maatsya, Kurma, Varāha, Nrisimha, Vāmana, Parshurāma, Rāma, Krishṇa, Buddha, Kalki), दशरथ Dasharatha (Rama's father), दशमुख Dashamukha (Ravaṇa).

LESSON 9

ग्यारहवाँ पाठ

MAKING YOUR OWN HINDI SENTENCES

9.1 MAKING SIMPLE SENTENCES - about a 'Present' event, with 'IS' (*hai* है)

Key words : I = मैं *(maĩ)*, am = हूँ *(hũ)*, is = है *(hai)*, are = हैं *(haĩ)*, name = *nām* नाम ।
my = मेरा ***(merā)***, **your** = आपका ***(āp-kā)***, **his/her** = उसका ***(us-kā)***, **their** = उनका ***(un-kā)***

I	मैं *(maĩ)*	am	हूँ *(hũ)*	I am	मैं हूँ	*maĩ hũ*
You	आप *(āp)*	are	हैं *(haĩ)*	You are	आप हैं	*āp haĩ*
He, she, that	वह *(vah)*	is	है *(hai)*	He, she, that is	वह है	*vah hai*
This, it	यह *(yah)*	are	है *(hai)*	This, it is	यह है	*yah hai*

NOTE: The ँ sign is just a nasal tone added to the syllable below that ँ

TABLE 1 : Speaking a Present Event

	Subject (colloquial)	am	is	are (colloquial)
	I मैं *(maĩ)*	हूँ *(hũ)*		
◦	He, that वह *(vah)* वो *(vo)*		है *(hai)*	
◦	She, that वह *(vah)* वो *(vo)*		है *(hai)*	
*	We हम *(ham)*			हैं *(haĩ)*
*	You आप *(āp)* Respect, formal			हैं *(haĩ)* हो *(ho)*
◦	You तुम *(tum)* Equal			हो *(ho)*
◦	You तू *(tū)* Informal, low			है *(hai)*
*	They वे *(ve)* वो *(vo)*			हैं *(haĩ)*
*	These ये *(ye)*			हैं *(haĩ)*

NOTE : **The above table shows that :**

(i) A Present Event is shown by suffix hũ, hai, ho or haĩ (हूँ, है, हैं) = *h* + ũ, *h* + ai, *h* + aĩ

(ii) In the suffixes hũ, hai, ho, haĩ (हूँ, है, हो, हैं), the letter *'h'* (ह) stands for a 'Present' tense

(iii) letter *'ũ'* (ऊँ) stands for 'first' person ◦singular subject 'I' (*h* + *ũ* = *hũ* ह + ऊँ = हूँ)

(iv) letter *'ai'* (ऐ) shows a second or third person ◦singular subject (you, he, she)

(*h + ai = hai* ह + ऐ = है)

(v) letter *'aĩ'* (ऐं) stands for all 'plural' *subjects. (*h + aĩ = haĩ* ह + ऐं = हैं)

TABLE 1A : Present Tense Suffixes SUMMARY

	Subject	Suffix
◦	I	हूँ (*hũ*)
◦	He/she	है (*hai*)
*	We	हैं (*haĩ*)
*	You (*āp*)	हैं (*haĩ*)
*	They	हैं (*haĩ*)

तुम हो *tum ho;* तू है *tū hai*

Masuline

I am a boy मैं लड़का हूँ *maĩ laḍkā hũ*

You are a boy आप लड़का हैं *āp laḍkā haĩ*

He, that is a boy वह लड़का है *vah laḍkā hai*

This is a boy यह लड़का है *yah laḍkā hai*

Feminine

I am a girl मैं लड़की हूँ *maĩ laḍkī hũ*

You are a girl आप लड़की हैं *āp laḍkī haĩ*

She, that is a girl वह लड़की है *vah laḍkī hai*

This is a girl यह लड़की है *yah laḍkī hai*

NOTE : Popular and difficult English words **may be used in Hindī** as if they are Hindī words.

EXERCISE 18 : Translate the English sentences into Hindī (Answers are given for help)

1. I am a man. *maĩ ādamī hũ.* मैं आदमी हूँ । I am a woman. *maĩ aurat hũ.* मैं औरत हूँ ।
2. I am a dentist. *maĩ dentist hũ.* मैं *dentist* हूँ । I am a judge. *maĩ judge hũ.* मैं जज हूँ ।
3. I am a brain surgeon. *maĩ brain surgeon hũ.* मैं *brain surgeon* हूँ ।
4. I am taxi driver. *maĩ taxi driver hũ* मैं taxi driver हूँ। It is good. *yah achhā hai* यह अच्छा है।
5. I am an income-tax officer. *maĩ income-tax officer hũ.* मैं income-tax officer हूँ ।
6. I am a traffic inspector. *maĩ traffic inspector hũ.* मैं traffic inspector हूँ ।
7. She is a microbiologist. *vah microbiologist hai.* वह microbiologist है ।
8. He is a conductor. *vah conductor hai.* वह conductor है। **My name is-** ***merā nām*** **मेरा नाम – है।**
9. Rāma is a tennis player. *Rāma tennīs khilāḍī hai.* राम टेनिस् खिलाड़ी है ।
10. You are a poet. *āp kavi haĩ.* आप कवि हैं । I am alright (ok). *maĩ thīk hũ.* मैं ठीक हूँ ।

9.2 USING HINDI PLURAL WORDS

RATNAKAR'S FIRST THREE NOBLE TRUTHS : (Singular to Plural)

FIRST : If the word is Masculine ending in ā (आ), the ā (आ) changes to e (ए) in plural.

e.g. singular m∘ Boy लड़का *laḍkā* → plural m∘ Boys लड़के *laḍke*

SECOND : If the word is Feminine ans ends in a consonant or vowel ā (आ), then *ẽ* (एँ) is added to make it plural. e.g. singular f∘ Book किताब *kitāb* → plural f∘ Books किताबें *kitābẽ*

THIRD : If the word is Feminine ending in ī (ई), the ī (ई) changes to iyā̃ (इयाँ) in plural.

e.g. singular f∘ Girl लड़की *laḍkī* → plural f∘ Girls लड़कियाँ *laḍkiyā̃*

Dog	(m∘)	कुत्ता	*(kuttā)*	→ Dogs	कुत्ते	*(kutte)*	Cat	(f∘)	बिल्ली	(billī)	→ Cats	बिल्लियाँ	*(billiyā̃)*
Car	(f∘)	गाड़ी	*(gāḍī)*	→ Cars	गाड़ियाँ	*(gāḍiyā̃)*	*House	(m∘)	घर	(ghar)	→ Houses	घर	*(ghar)*
Thing	(f∘)	चीज	*(chīz)*	→ Things	चीजें	*(chīzẽ)*	Cow	(f∘)	गाय	(gāy)	→ Cows	गाएँ	*(gāẽ)*

SINGULAR						PLURAL					
I	मैं	*(maĩ)*	am	हूँ	*(hū̃)*	We	हम	*(ham)*	are	हैं	*(haĩ)*
You	आप	*(āp)*	are	हैं	*(haĩ)*	You	आप	*(āp)*	are	हैं	*(haĩ)*
He, she, that	वह	*(vah)*	is	है	*(hai)*	They	वे	*(ve)*	are	हैं	*(haĩ)*
This, it	यह	*(yah)*	are	है	*(hai)*	These	ये	*(ye)*	are	हैं	*(haĩ)*
I am	मैं हूँ		*maĩ hū̃*			We are	हम हैं		*ham haĩ*		
You are	आप हैं		*āp haĩ*			You are	आप हैं		*āp haĩ*		
He, she, that is	वह है		*vah hai*			They are	वे हैं		*ve haĩ*		
This, it is	यह है		*yah hai*			These are	ये हैं		*ye haĩ*		

I am a boy	मैं लड़का हूँ	*maĩ laḍkā hū̃*	We are boys	हम लड़के हैं	*ham laḍke haĩ*
You are a boy	आप लड़का हैं	*āp laḍkā haĩ*	You are boys	आप लड़के हैं	*āp laḍke haĩ*
He is a boy	वह लड़का है	*vah laḍkā hai*	They are boys	वे लड़के हैं	*ve laḍke haĩ*
This is a boy	यह लड़का है	*yah laḍkā hai*	These are boys	ये लड़के हैं	*ye laḍke haĩ*
I am a girl	मैं लड़की हूँ	*maĩ laḍkī hū̃*	We are girls	हम लड़कियाँ हैं	*ham laḍkiyā̃ haĩ*
You are a girl	आप लड़की हैं	*āp laḍkī haĩ*	You are girls	आप लड़कियाँ हैं	*āp laḍkiyā̃ haĩ*
She is a girl	वह लड़की है	*vah laḍkī hai*	They are girls	वे लड़कियाँ हैं	*ve laḍkiyā̃ haĩ*
This is a girl	यह लड़की है	*yah laḍkī hai*	These are girls	ये लड़कियाँ हैं	*ye laḍkiyā̃ haĩ*

EXERCISE 19 : Translate the English sentences into Hindī (Answers are given for help)

1. We are men. *ham ādamī haĩ.* हम आदमी हैं । We are women. *ham auratẽ haĩ.* हम औरतें हैं ।
2. This is a house. *yah ghar hai.* यह घर है । Those are houses. *ve ghar haĩ.* वे घर हैं ।
3. This is a dog. *yah kuttā hai.* यह कुत्ता है । Those are dogs. *ve kutte haĩ.* वे कुत्ते हैं ।
4. That is a cat. *vah billī hai.* वह बिल्ली है । These are cats. *ye billiyā̃ haĩ.* ये बिल्लियाँ हैं ।
5. You are a painter. (*āp painter haĩ.* आप पेन्टर हैं)
6. These are Hindī books. (*ye Hindī kitābẽ haĩ.* ये हिंदी किताबें हैं)
7. This is a temple. (*yah mandir hai.* यह मंदिर है)
8. Those are red cars. (*ve lāl kārẽ haĩ. ve lāl gādiyā̃ haĩ.* वे लाल कारें हैं, वे लाल गाड़ियाँ हैं)
9. Those cars are red. (*ve kārẽ lāl haĩ. ve gādiyā̃ lāl haĩ.* वे कारें लाल हैं, वे गाड़ियाँ लाल हैं)
10. Rāma is a teacher. (*Rāma gurujī hai.* राम गुरुजी है)
11. He is a Canadian. (*vah Canadian hai.* वह कनेडियन है)
12. She is Indian. (*vah Bhāratiya hai.* वह भारतीय है). You are American. (*āp Amrican haĩ.* आप अमरीकन हैं). They are Chinese. (*ve Chīnī haĩ.* वे चीनी हैं).

9.3 SPEAKING A PAST EVENT - WITH 'WAS' (था)

Key words : Here = *yahā̃* यहाँ । There = *vahā̃* वहाँ । Where? = *kahā̃?* कहाँ?

Rich = *amīr* अमीर । Poor = *garīb* गरीब । Do not = मत । Up to = *tak* तक ।

TABLE 2 : Speaking a Past Event

	Subject	was m∘	was f∘	were m∘	were f∘
	I मैं (*maĩ*)	था (*thā*)	थी (thī)		
∘	He वह (*vah*)	था (*thā*)			
∘	She वह (*vah*)	थी (*thī*)			
*	We हम (*ham*)			थे (*the*)	थीं (*thĩ*)
*	You आप (*āp*)			थे (*the*)	थीं (*thĩ*)
∘	You तुम (*tum*)			थे (*the*)	थी (*thī*)
∘	You तू (*tū*)			था (*thā*)	थी (thī)
*	They वे (*ve*)			थे (*the*)	थीं (*thĩ*)

NOTE : The above table shoes that :

(i) A Past Event is shown by a suffixs *thā, thī, the* or *thī̐* (था थी थे थीं) = *th*+ā, *th*+e, *th*+ī, th+ī̐

(ii) In these suffixes the letter *'th'* (थ) stands for a 'Past' tense

(iii) letter *'ā'* (आ) stands for masculine gender, singular subject (I, you, he)

(iv) letter *'ī'* (ई) shows a feminine singular subject (I, she)

(v) letter *'e'* (ए) stands for masculine plural subject (we, you, they)

(vi) letter *'ī̐'* (ईं) stands for feminine plural subject (we, you, they)

TABLE 2A : Gender Suffix for the Tenses

	Singular	**Plural**
Masculine	ā आ	e ए
Feminine	ī ई	i इ, or ī̐ ईं

Masculine subject :

I was	मैं था	*maĩ thā*	We were	हम थे	*ham the*
You were	आप थे	*āp the*	You were	आप थे	*āp the*
He, that was	वह था	*vah thā*	They were	वे थे	*ve the*
This, it was	यह था	*yah thā*	These were	ये थे	*ye the*
I was here	मैं यहाँ था	*maĩ yahā̐ thā*	We were here	हम यहाँ थे	*ham yahā̐ the*
You were here	आप यहाँ थे	*āp yahā̐ the*	You were here	आप यहाँ थे	*āp yahā̐ the*
He was here	वह यहाँ था	*vah yahā̐ thā*	They were here	वे यहाँ थे	*ve yahā̐ the*
It was here	यह यहाँ था	*yah yahā̐ thā*	These were here	ये यहाँ थे	*ye yahā̐ the*
I was rich	मैं अमीर था	*maĩ amīr thā*	We were rich	हम अमीर थे	*ham amīr the*
You were rich	आप अमीर थे	*āp amīr the*	You were rich	आप अमीर थे	*āp amīr the*
He was rich	वह अमीर था	*vah amīr thā*	They were rich	वे अमीर थे	*ve amīr the*

Feminine subject :

I was	मैं थी	*maĩ thī*	We were	हम थीं	*ham thī̐*
You were	आप थीं	*āp thī̐*	You were	आप थीं	*āp thī̐*
She was	वह थी	*vah thī*	They were	वे थीं	*ve thī̐*
I was here	मैं यहाँ थी	*maĩ yahā̐ thī*	We were here	हम यहाँ थीं	*ham yahā̐ thī̐*
You were here	आप यहाँ थीं	*āp yahā̐ thī̐*	You were here	आप यहाँ थीं	*āp yahā̐ thī̐*
She was here	वह यहाँ थी	*vah yahā̐ thī*	They were here	वे यहाँ थीं	*yahā̐ thī̐*

I was rich	मैं अमीर थी	*maĩ amīr thī*	We were rich	हम अमीर थीं	*ham amīr thī̃*
You were rich	आप अमीर थीं	*āp amīr thī̃*	You were rich	आप अमीर थीं	*āp amīr thī̃*
She was rich	वह अमीर थी	*vah amīr thī*	They were rich	वे अमीर थीं	*ve amīr thī̃*

TABLE 2B : Past Tense Suffixes SUMMARY

	Subject	Suffix M◦	Suffix F◦
◦	I	था *(thā)*	थी *(thī)*
◦	He/she	था *(thā)*	थी *(thī)*
*	We	थे *(the)*	थी *(thī)*, थीं *(thī̃)*
*	You *(āp)*	थे *(the)*	थी *(thī)*, थीं *(thī̃)*
*	They	थे *(the)*	थी *(thī)*, थीं *(thī̃)*

EXERCISE 20 : Translate the English sentences into Hindī (Answers are given for help)

Key Words : Not = *nahī̃* नहीं । And = *aur* और । Or = *yā* या। Also = *bhī* भी। Only = *hī* ही।

1. I was an engineer. *main engineer thā.* मैं engineer था ।
2. She was dentist. *vah dentist thī.* वह dentist थी । Where was she? *vah kahā̃ thī.* वह कहाँ थी ।
3. He was a thief. *vah chor thā.* वह चोर था । They were thieves. *ve chor the.* वे चोर थे ।
4. You were there. *āp vahā̃ the.* आप वहाँ थे ।
5. Anitā is a chemical engineer. *Anitā chemical engineer hai.* अनिता केमिकल इंजिनियर है ।

TABLE 3 : SUMMARY : What we learned so far, the 'cumulative learning'

Subject	am	is	are	was m◦	was f◦	were m◦	were f◦
1. I मैं *(maĩ)*	हूँ *(hū̃)*			था *(thā)*	थी (thī)		
2. He वह *(vah)*		है *(hai)*		था *(thā)*			
3. She वह *(vah)*		है *(hai)*		थी *(thī)*			
4. We हम *(ham)*			हैं *(haĩ)*			थे *(the)*	थीं *(thī̃)*
5. You आप *(āp)*			हैं *(haĩ)*			थे *(the)*	थीं *(thī̃)*
6. You तुम *(tum)*			हो *(ho)*			थे *(the)*	थी *(thi)*
7. You तू *(tū)*			हैं *(haĩ)*			था *(thā)*	थी *(thi)*
8. They वे *(ve)*			हैं *(haĩ)*			थे *(the)*	थीं *(thī̃)*

REVIEW : The above table shows that :

(i) A Present Event is shown by suffix hū̐, hai, ho or hai̐ (हूँ, है, हो, हैं) = *h* + ū̐, *h* + ai, *h* + ai̐

(ii) In the suffixes hū̐, hai, ho, hai̐ (हूँ, है, हो, हैं), the letter *'h'* (ह) stands for a 'Present' tense

(iii) letter *'ū̐'* (ऊँ) stands for 'first' person singular subject 'I'

(iv) letter *'ai'* (ऐ) shows a second or third person singular subject (you, he, she)

(v) letter *'ai̐'* (ऐं) stands for the 'plural' subjects.

(vi) Past Event is shown by a suffixs *thā, thī, the* or *thī̐* (था थी थे थीं) = *th*+ā, *th*+e, *th*+ī, th+ī̐

(vii) In these suffixes the letter *'th'* (थ) stands for a 'Past' tense

(viii) letter *'ā'* (आ) stands for masculine gender, singular subject (I, you, he)

(ix) letter *'ī'* (ई) shows a feminine singular subject (I, she)

(x) letter *'e'* (एं) stands for masculine plural subject (we, you, they)

(xi) letter *'ī̐'* (ईं) stands for feminine plural subject (we, you, they)

EXERCISE 21 : Read the Indian National Anthem.

Indian National Anthem

भारत का राष्ट्रगीत

जन गण मन अधिनायक जय हे! ।
भारत-भाग्य-विधाता ।।
पंजाब सिंध गुजरात मराठा ।
द्राविड उत्कल वंग ।।
विंध्य हिमाचल यमुना गंगा ।
उच्छल जलधि तरंगा ।।
तव शुभ नामे जागे ।
तव शुभ आशिष मागे ।
गाहे तव जय गाथा ।।
जन गण मंगल दायक जय हे! ।
भारत-भाग्य-विधाता ।।
जय हे! जय हे! जय हे! ।
जय! जय! जय। जय हे! ।।

LESSON 10

TABLE 4 : HINDI PICTORIAL DICTIONARY

f◦ Woman

nārī नारी

m◦ child

bālak बालक

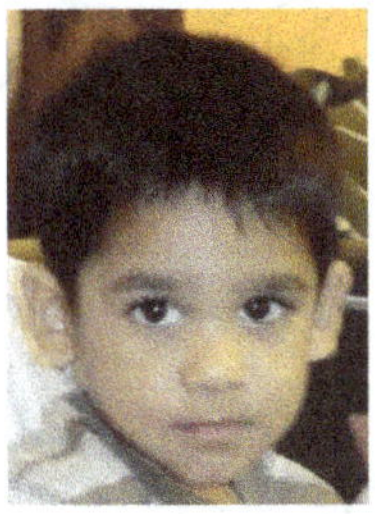

m◦ Face

cheharā चेहरा

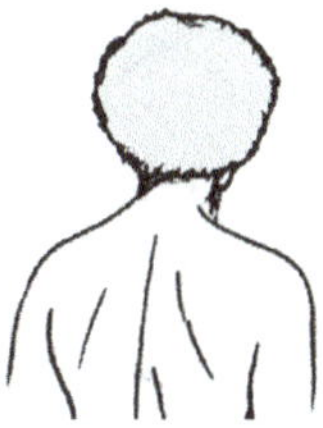

m◦ Head

sir सिर

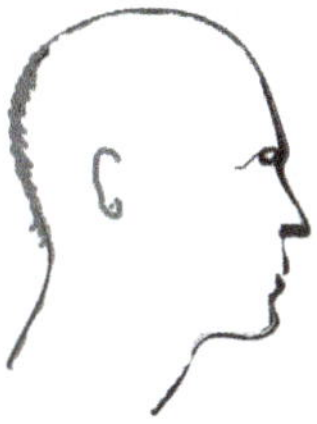

m◦ Bald

gañjā गंजा

f◦ Ponytail

choṭī चोटी

m◦ Hair

bāl बाल

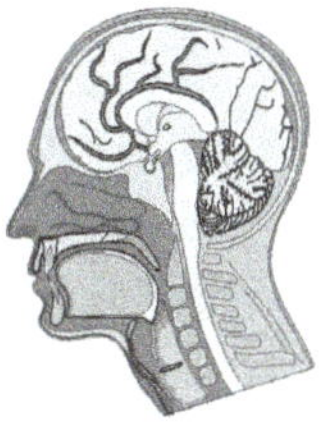

m◦ Brain

dināg दिमाग

f◦ Skull

khopaḍī खोपड़ी

f◦ Vision

nazar नज़र

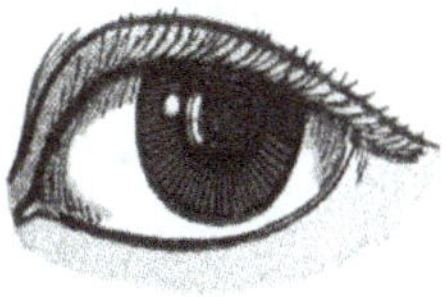

f◦ Eye

ā̇nkh आंख

f◦ Eyebrow

bho̐ha भौंह

m◦ Tear

ā̐sū आँसू

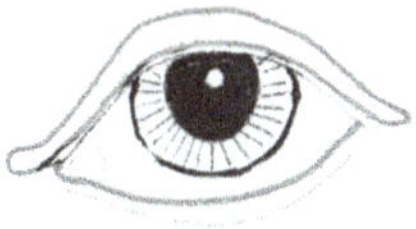

f◦ Eyeball

putalī पुतली

f◦ Eyelid

palak पलक

m◦ Cheek

gāl गाल

m◦ Forehead

lalāṭ ललाट

m◦ Mole

til तिल

m◦ Spilus

tilak तिलक

f◦ Neck

gardan गर्दन

f◦ Nose

nāk नाक

m◦ Mouth

mukh मुख

f◦ Mustache

mūchh मूछ

f◦ Beard

dāḍhī दाढ़ी

f◦ Chin

thuḍḍī ठुड्डी

m◦ Lip
Oṭh ओठ

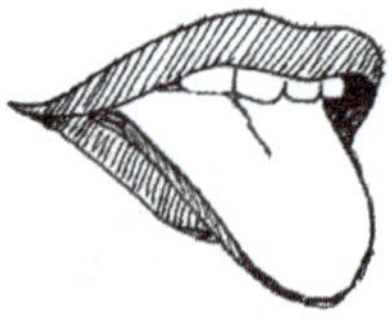

f◦ Tongue
jībh जीभ

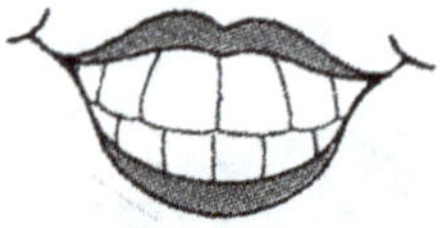

m◦ Teeth
dānt दांत

m◦ Throat
galā गला

m◦ Ear
kān कान

m◦ Shoulder
kandhā कंधा

m◦ Hand
hāth हाथ

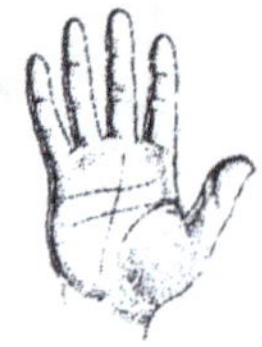

m◦ Palm
kartal करतल

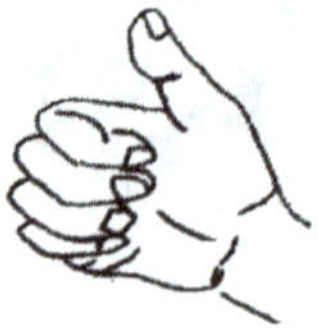

m◦ Thumb
anguṭhā अंगूठा

f◦ Bone
haḍḍī हड्डी

f◦ Forefinger
tarjanī तर्जनी

f◦ Middle finger
madhyamā मध्यमा

f◦ Ring finger
anāmikā अनामिका

f◦ Little finger
kanikī कनीका

m◦ Nail
nākhūn नाखून

f◦ Elbow
kuhanī कुहनी

f◦ Wrist
kalāī कलाई

f◦ Fist
muṭṭhī मुट्ठी

f◦ Leg
ṭāṅg टाँग

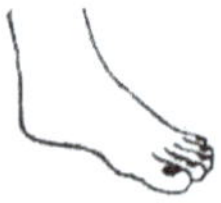

m◦ Foot
pā̃va पाँव

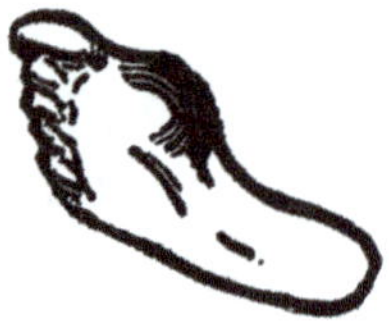

m◦ Sole
talavā तलवा

m◦ Knee
ghuṭnā घुटना

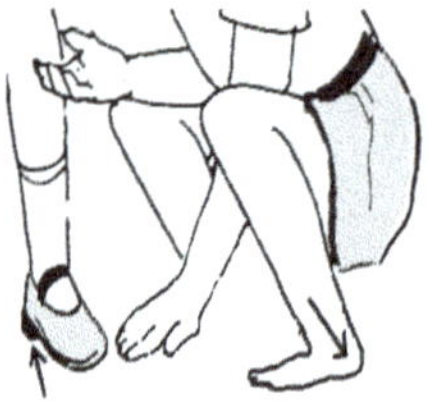

f◦ Heel
eḍī एड़ी

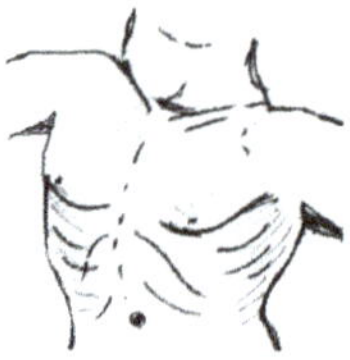

f◦ Chest
chhātī छाती

f◦ Waist
kamar कमर

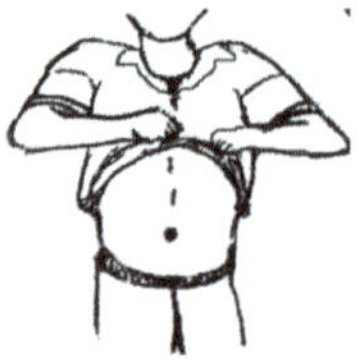

m◦ Stomach
peṭ पेट

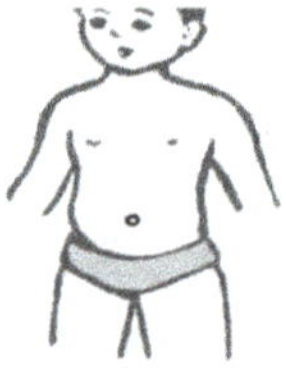

f◦ Bellybutton
nābhī नाभी

f◦ Spine
rīḍh रीढ़

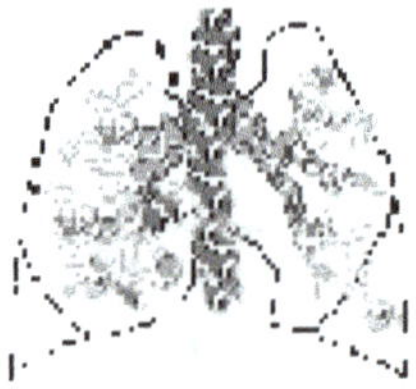

m◦ Lungs
fefaḍe फेफड़े

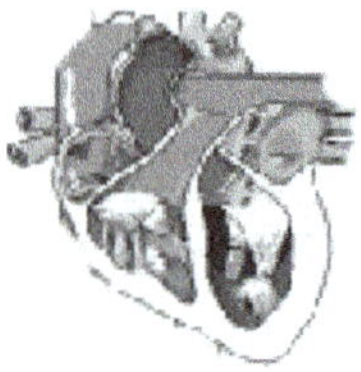

m◦ Heart
dil दिल

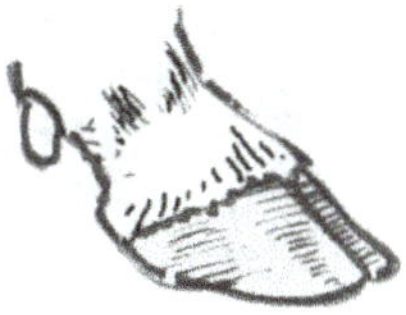

m◦ Hoof
khur खुर

m◦ Paw
pañjā पंजा

f◦ Trunk
sūṃḍ सूंड

f◦ Mane
ayāl अयाल

f◦ Wool
ūn ऊन

f◦ Tail
dum दुम

m◦ Horn
sing सिंग

f◦ Beak
choṅch चोंच

m◦ Feather
paṅkh पंख

m◦ Egg
aṃḍā अंडा

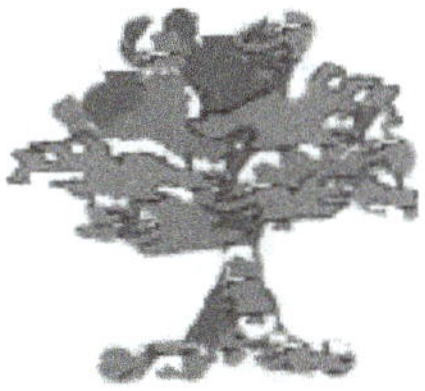

m◦ Tree
peḍ पेड़

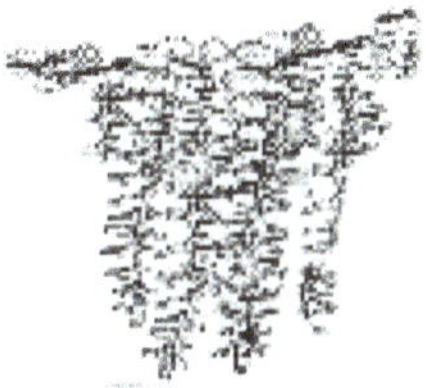

f◦ Vine
latā लता

m◦ Banyan
bargad बरगद

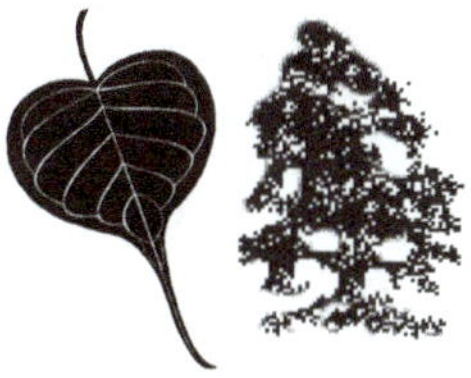

m◦ Faicus
pīpal पीपल

m◦ Mango
ām आम

m◦ Pine
devadār देवदार

m◦ Bamboo
bāṅs बांस

m◦ Palm
tāḍ ताड़

f◦ Grass
ghās घास

f◦ wood
lakaḍī लकड़ी

m◦ Leaf
pattā पत्ता

f◦ Branch
ḍālī डाली

f◦ Root
jaḍ जड़

m◦ Forest
Jungle जंगल

m◦ Mountain
pahāḍ पहाड़

m◦ Flower
fūl फ़ूल

m◦ Lotus
kamal कमल

m◦ Rose
gulāb गुलाब

f◦ Jasmine
chamelī चमेली

f◦ Sunflower
sūrajmukhī सूरजमुखी

f◦ Bud
kalī कली

m◦ Fruit
fal फल

m◦ Banana
kelā केला

m◦ Grapes
angūr अंगूर

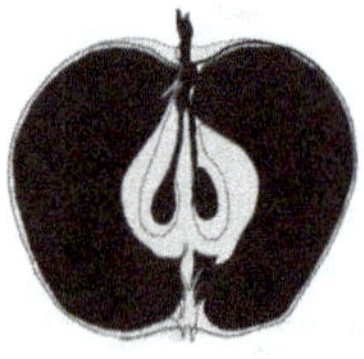

m◦ Apple
seb सेब

m◦ Lemon
nīmbū नींबू

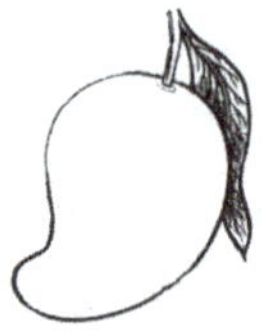

m◦ Mango
ām आम

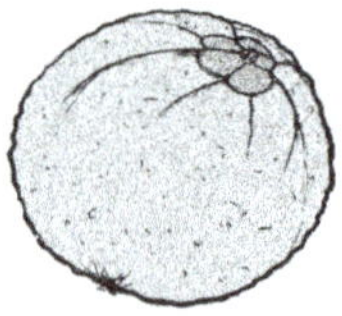

m◦ Orange
santrā संतरा

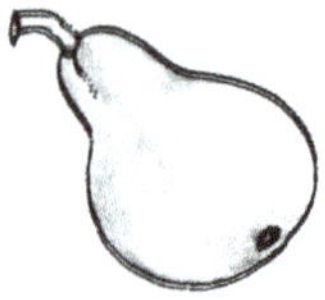

f◦ Pear
nāshapātī नाशपाती

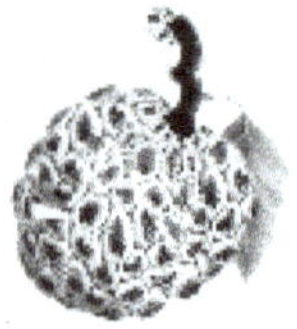

m◦ Custard apple
sītāfal सीताफल

m◦ Papaya
paipitā पपिता

f◦ Pineapple
anannā!s अनन्नास

m◦ Pomegranate
anār अनार

m◦ Sugarcane
īkh ईख

m◦ Cashew
kājū काजू

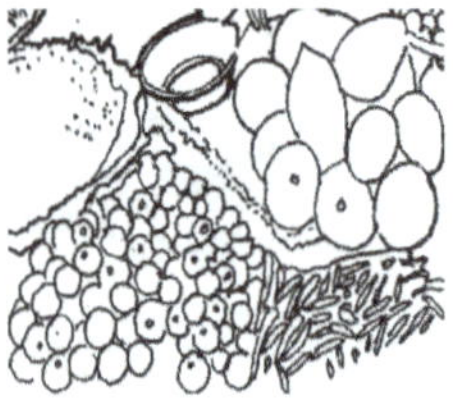

f◦ Vegetables
sabjī सब्जी

m◦ Beet
chukandar चुकंदर

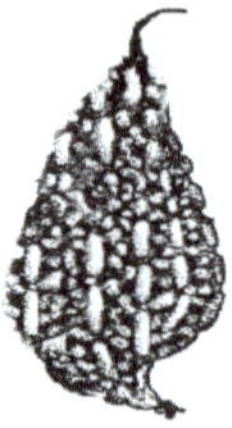

m◦ Bitter gourd
karelā करेला

f◦ Cabbage *pattā-gobhī* पत्तागोभी

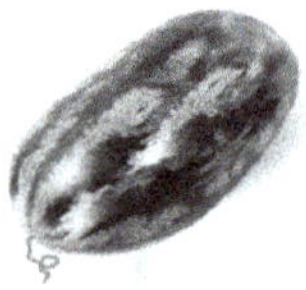

m◦ Watermelon
tarbūja तरबूज

f◦ Carrot
gājar गाजर

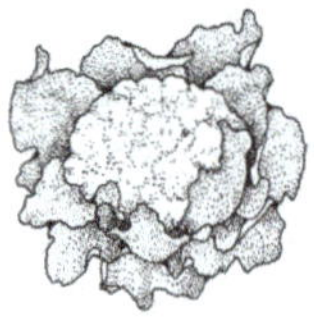

f◦ Cauliflower
fūl-gobhī फ़ूलगोभी

m◦ Coriander
dhaniyā धनिया

f◦ Chili
mirchī मिरची

m◦ Plum
ber बेर

m◦ Tomato
ṭamāṭar टमाटर

m◦ Mint
pudinā पुदिना

f◦ Beans
sem सेम

f◦ Zucchini
turaī तुरई

m◦ Cocoanut
nāriyal नारियल

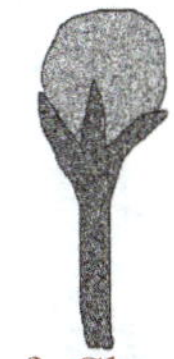
f◦ Clove
lavaṅg लवंग

f◦ Cardamom
ilāyachī इलायची

f◦ Almond
badām बदाम

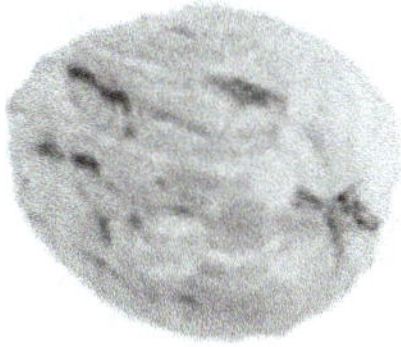
m◦ Walnut
akhroṭ अखरोट

f◦ Peanut
fali फली

m◦ Date
chhuārā छुआरा

m◦ Eggplant
baiṅgan बैंगन

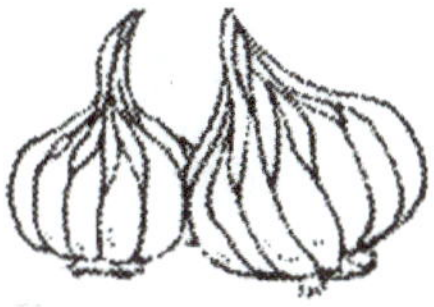
m◦ Garlic
lahasun लहसुन

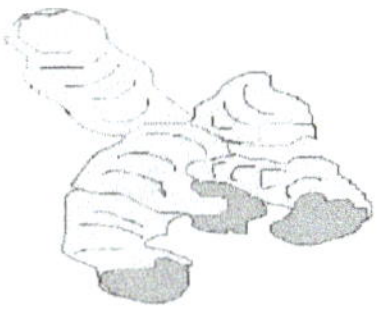
f◦ Ginger
adrak अद्रक

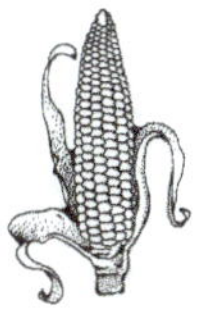
f◦ Corn
makkī मक्की

f◦ Okrā
bhinḍī भिंडी

m◦ Onion
pyāj प्याज

m◦ Potato
ālu आलु

m◦ Peas
maṭar मटर

m◦ Cucumber
khīrā खीरा

m◦ Pumpkin
kaddu कद्दु

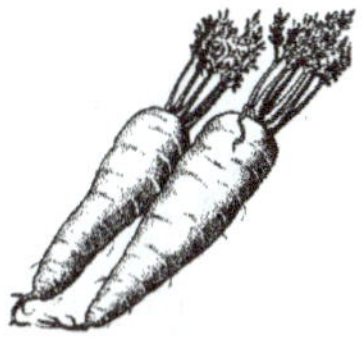
f◦ Radish
mūlī मूली

f◦ Spinach
pālak पालक

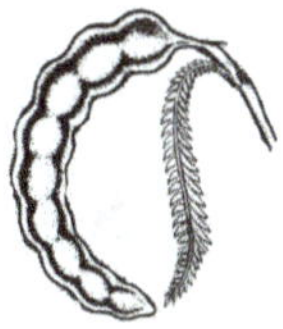
f◦ Tamarind
imlī इमली

m◦ Jackfruit
kaṭhal कटहल

f◦ Soup
dāl दाल

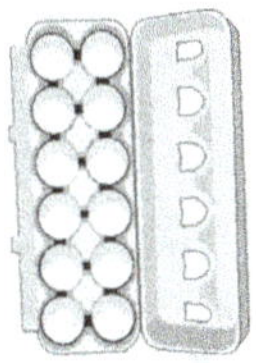
m◦ Eggs
aṇḍe अण्डे

m◦ Flour
āṭā आटा

m◦ Honey
shahad शहद

m◦ Oil
tel तेल

m◦ Breakfast
nāshtā नाश्ता

m◦ Butter
makkhan मक्खन

f◦ Catsup
Chaṭnī चटनी

m◦ Coffee
kahavā कहवा

f◦ Tea
Chāy चाय

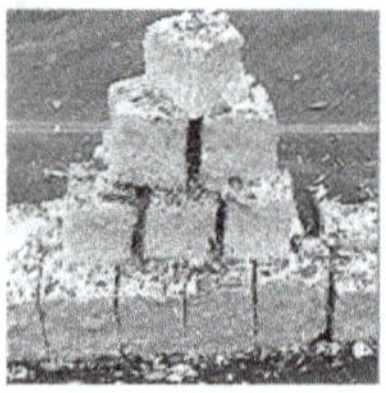

f◦ *burfī*
बरफी

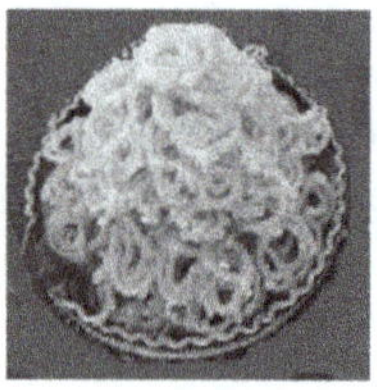

f◦ *jalebi*
जलेबी

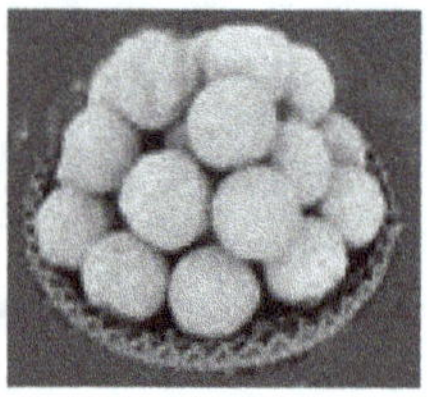

m◦ *laḍḍu*
लड्डू

m◦ Milk
dūdh दूध

m◦ Clarified-butter
ghee घी

m◦ *parāṭhā*
पराठा

m◦ Cake
kek केक

m◦ Pickle
achār अचार

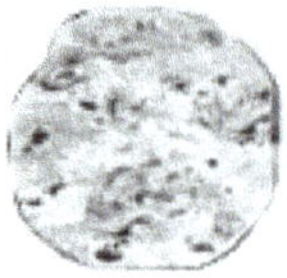

f◦ Bread
Roṭī रोटी

m◦ Rice
chāval चावल

f◦ Salad
salād सलाद

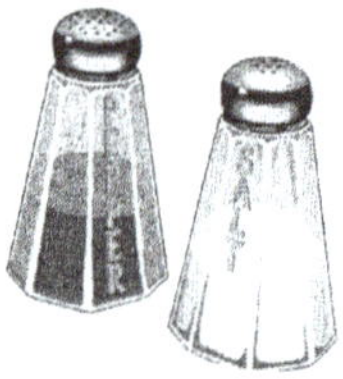

m◦ Salt
namak नमक

m◦ Spice
masālā मसाला

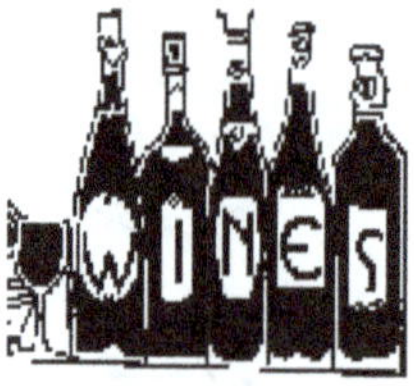

f◦ Wine
madirā मदिरा

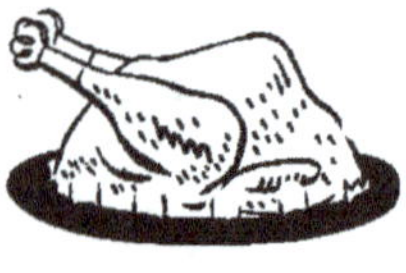

f◦ Chicken
murgī मुर्गी

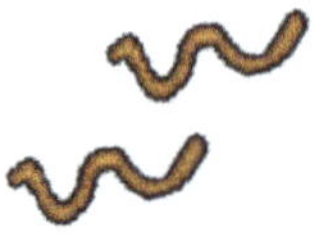

m◦ Worm
kīḍā कीड़ा

m◦ Animal
pashu पशु

m◦ Leopard
chītā चीता

m◦ Python
ajgar अजगर

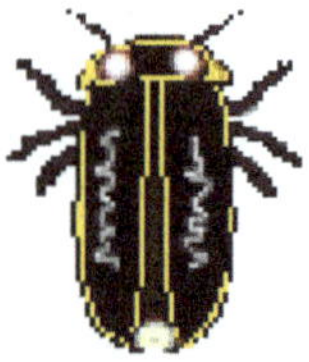

m◦ Firefly
juganu जुगनु

f◦ Porcupine
sehī सेही

m◦ Alligator
ghaḍiyāl घड़ीयाल

f◦ Ant
chiṅṭī चींटी

m◦ Bat
chamgīdaḍ चमगीदड़

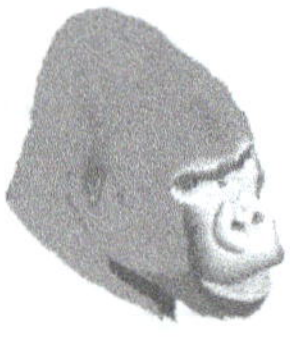

m◦ Ape
ādimāna आदिमानव

m◦ Scorpion
bichchhu बिच्छु

f◦ Sheep
bheḍ भेड़

m◦ Snake
sāṁp सांप

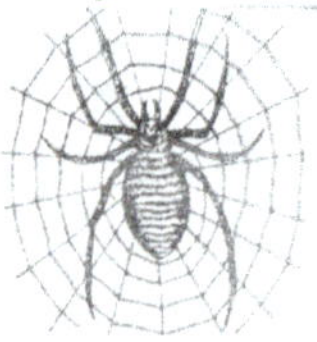

f◦ Spider
makḍī मकड़ी

m◦ Turtle
kachhuā कछुआ

m◦ Deer

harin हरिन

m◦ Dog

kuttā कुत्ता

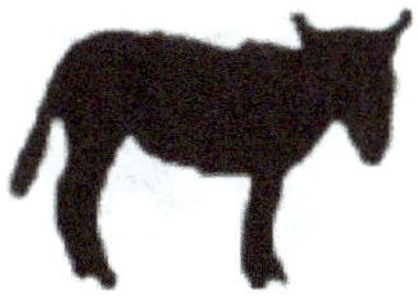

m◦ Donkey

gadhā गधा

m◦ Elephant

hāthī हाथी

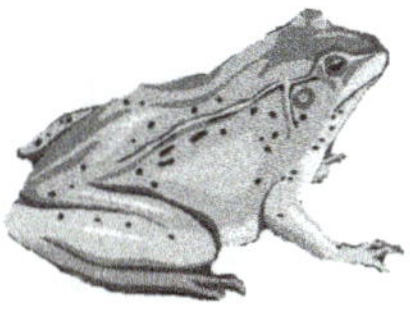

m◦ Frog

meṇḍhak मेंढक

m◦ Bear

bhālu भालु

f◦ Bee

makkhī मक्खी

f◦ Buffalo

bhaiṅs भैंस

f◦ Butterfly

titlī तितली

f◦ Fish

machhalī मछली

m◦ Camel

ūṇṭa ऊंट

f◦ Cat

billī बिल्ली

m◦ Cobra

nāg नाग

f◦ Cow

gāy गाय

f◦ Fox

lomaḍī लोमड़ी

f◦ Goat

bakarī बकरी

m◦ Hippo

kariyād करियाद

m◦ Horse

ghoḍā घोड़ा

m◦ Hyena

lakaḍbaggā लकड़बग्गा

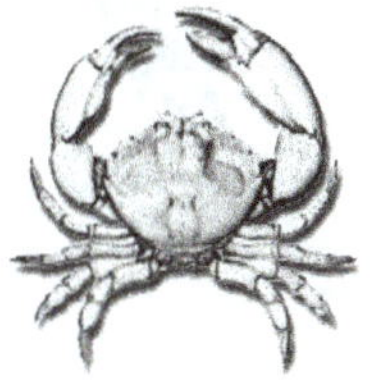

m◦ Crab

kekḍā केकड़ा

m◦ Lion

siṁha सिंह

f◦ Lizard

chhhipakalī छिपकली

m◦ Mongoose

nevlā नेवला

m◦ Monkey

bandar बंदर

m◦ Zebra

gorkhar गोरखर

m◦ Mosquito

machchhar मच्छर

m◦ Moth

pataṅg पतंग

m◦ Mouse

chūhā चूहा

m◦ Ox

bail बैल

f◦ Squirrel

gilharī गिलहरी

m◦ Pig
sūar सूअर

m◦ Rabbit
khargosh खरगोश

m◦ Roach
zingur झिंगुर

m◦ Rhino
geṇḍā गेंडा

m◦ Tiger
sher शेर

m◦ Bird
pakshi पक्षी

f◦ Cuckoo
koyal कोयल

m◦ Crow
kauvā कौवा

m◦ Duck
batakh बतख

m◦ Crane
bagulā बगुला

f◦ Eagle
chīl चील

f◦ Fly
makkhī मक्खी

f◦ Hen
murgī मुर्गी

m◦ Owl
ullū उल्लू

m◦ Falcon
bāj बाज

m◦ Parrot
totā तोता

m◦ Peacock
mor मोर

m◦ Pigeon
kabūtar कबूतर

m◦ Rooster
murgā मुर्गा

m◦ Pheasant
tītar तीतर

m◦ Snail
ghonghā घोंघा

m◦ Swan
haṁsa हंस

m◦ Vulture
gidh गिध

m◦ Woodpecker
kaṭhphoḍvā कठफोड़वा

m◦ Grasshopper
ṭiḍḍā टिड्डा

m◦ Ostrich
Shuturmurg शुतुरमुर्ग

m◦ Flamingo
marāl मराल

f◦ Turkey
peru पेरु

m◦ Jay
bulbul बुलबुल

f◦ Quail
bater बटेर

m◦ Stove
chūlhā चूल्हा

m◦ Cup
pyālā प्याला

m◦ Glass
gilās गिलास

f◦ Plate
thālī थाली

f◦ Knife
chhurī छुरी

m◦ Knife
chākū चाकू

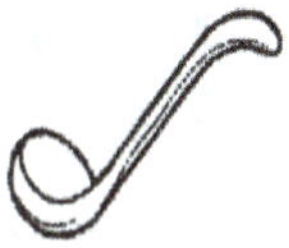

f◦ Ladle
kaḍchī कडछी

m◦ *Spoon*
chammach चम्मच

f◦ Wok
kaḍāhī कड़ाही

f◦ Bucket
bālṭī बाल्टी

f◦ Book
kitāb किताब

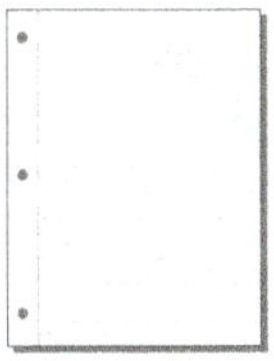

m◦ Paper
kāgaz कागज़

f◦ Letter
chiṭṭhī चिठ्ठी

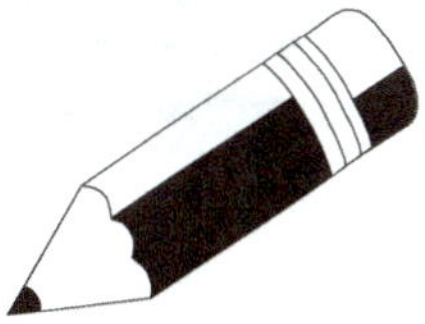

f◦ Pencil
lekhanī लेखनी

f◦ Pen
kalam कलम

m◦ Certificate
pramāṇ-patra प्रमाणपत्र

m◦ Money
paise पैसे

f◦ Ball
gend गेंद

f◦ Medicine
dawāī दवाई

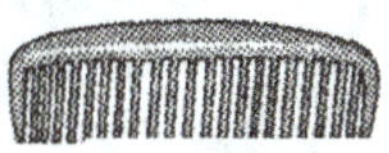

f◦ Comb
kanghī कंघी

m◦ Shirt
kurtā कुर्ता

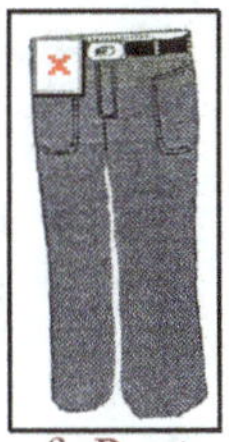

f◦ Pants
patlūn पतलून

m◦ Shoe
jūtā जूता

f◦ *sārī*
साड़ी

m◦ Brush
burus बुरुस

m◦ Balloon
gubbārā गुब्बारा

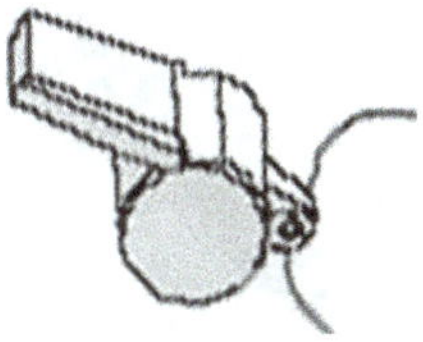

f◦ Whistle
sīṭī सीटी

f◦ Fan
paṅkhā पंखा

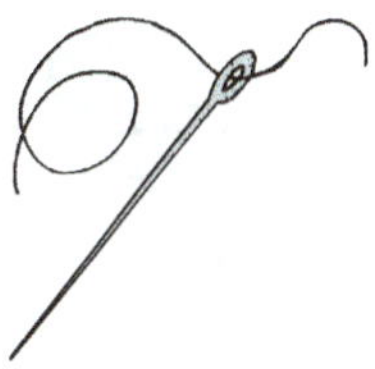

f◦ Needle
sūī सूई

f◦ Stick
chhaḍī छड़ी

f◦ Cap
ṭopī टोपी

m◦ Bag
thailā थैला

f◦ Umbrella
chhatrī छत्री

m◦ Glasses
chaṣmā चष्मा

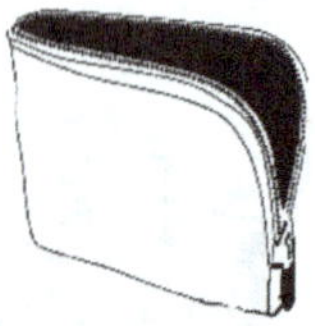
m◦ Wallet
baṭuā बटुआ

m◦ House
ghar घर

f◦ Key
chābī चाबी

m◦ Lock
tālā ताला

m◦ Door
darwājā दरवाजा

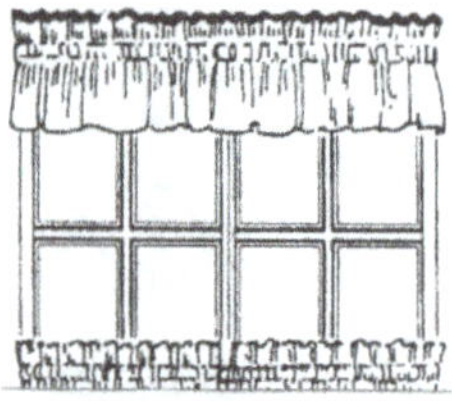
f◦ Window
khiḍakī खिड़की

f◦ Stool
chārpaī चारपाई

f◦ Chair
kursī कुर्सी

m◦ Broom
jhaḍū झाडू

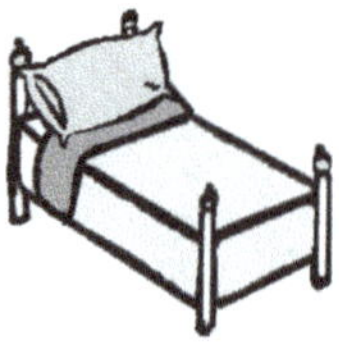
f◦ Bed
bistar बिस्तर

f◦ Electricity
bijlī बिजली

m◦ Pillow
takiyā तकिया

f◦ Mattress
gaddī गद्दी

m◦ Blanket
kambal कम्बल

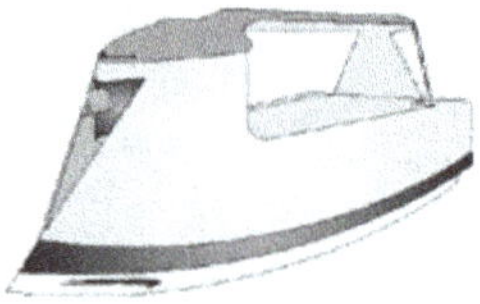
f◦ Iron
istarī इस्तरी

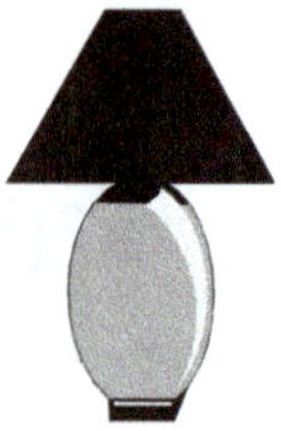
m◦ Lamp
dīyā दीया

f◦ Kettle
ketlī केतली

f◦ Rolling pin
belan बेलन

f◦ Jug
surāhī सुराही

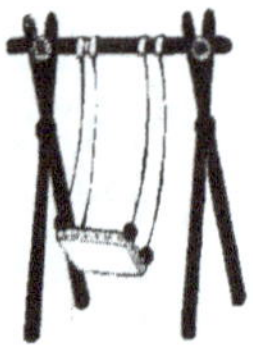
m◦ Swing
jhūlā झूला

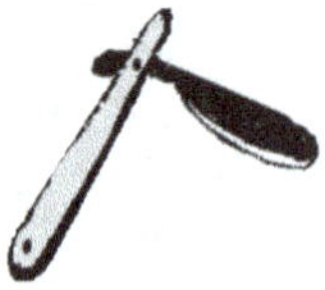
m◦ Razor
ustarā उस्तरा

m◦ Hammer
hathauḍā हथौड़ा

m◦ Pliar
jamūr जमूर

m◦ *Screwdriver*
pechkash पेचकश

f◦ Saw
ārī आरी

m◦ Wrench
pānā पाना

f◦ Chisel
chhenī छेनी

f◦ Ax
kulhāḍī कुल्हाड़ी

m◦ Shovel
fāvaḍā फावड़ा

m◦ Screw
pech पेच

f◦ Nail
kīl कील

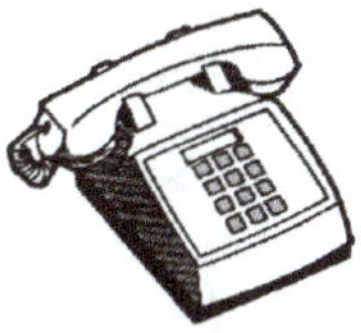

m◦ Phone
dūrabhāsh दूरभाष

f◦ Cell जंगमदूरवाणी
jangamadūravānī

f◦ Radio *ākāshavāṇī*
आकाशवाणी

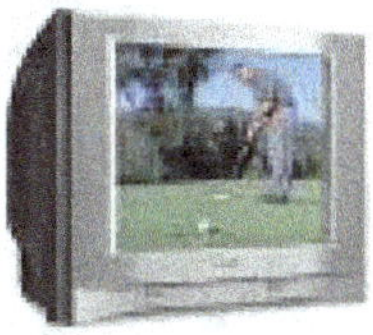

m◦ TV *dūradarshan*
दूरदर्शन

m◦ Computer
saṅgaṇak संगणक

f◦ Chess
shatranj शतरंज

f◦ Scissors
kainchī कैंची

m◦ Thread
dhāgā धागा

m◦ Broom
jhāḍū झाडू

f◦ Watch
ghaḍī घड़ी

m◦ Diamond
hīrā हीरा

f◦ Ring
angūṭhī अंगूठी

m◦ Necklace
hār हार

m◦ Mirror
āīnā आईना

m◦ Paper
akhabār अखबार

f◦ Bicycle
sāyakil सायकील

f◦ Car
gāḍī गाड़ी

m◦ Airplane
vimān विमान

f◦ Boat
nāv नाव

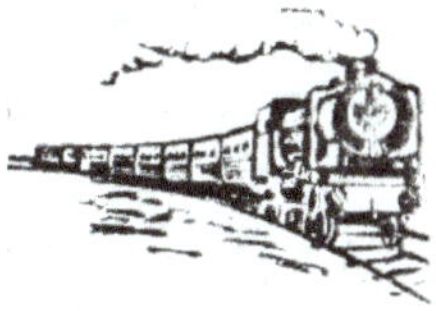

f◦ Rail
relgāḍī रेलगाड़ी

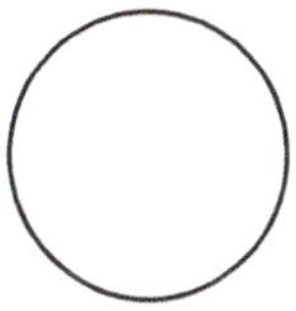

m◦ Circle
gol गोल

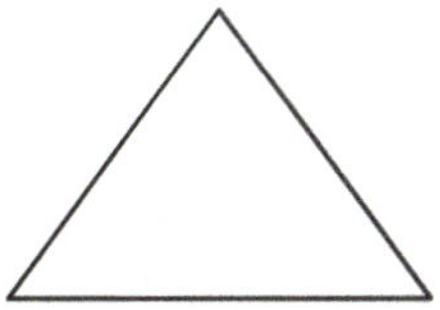

m◦ Triangle
trikoṇa त्रिकोण

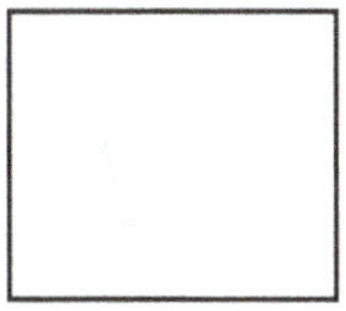

m◦ Square
chaturbhuj चतुर्भुज

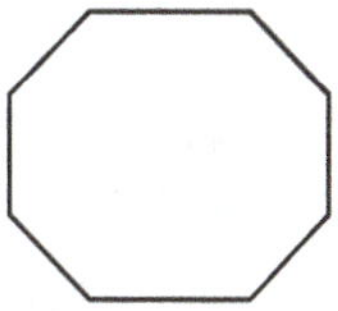

m◦ Hexagaon
shaṭkoṇa षट्कोण

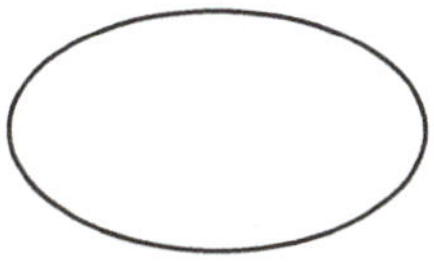

f◦ oval
aṇḍākṛitī अंडाकृति

m◦ Accountant
munīm मुनीम

m◦ Bus-wālā
bus-wālā बसवाला

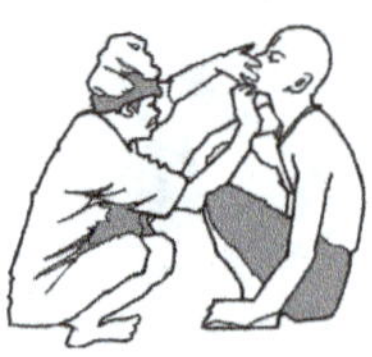
m◦ Barber
nāī नाई

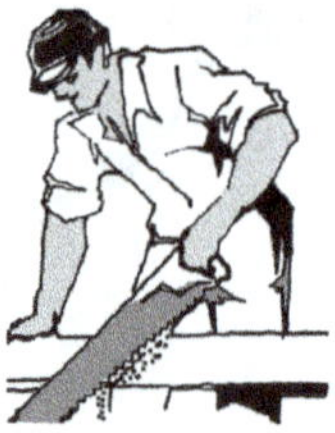
m◦ Carpenter
baḍhaī बढ़ई

m◦ Boatman
kevaṭ केवट

f◦ Dancer
nartakī नर्तकी

m◦ Potter
kumhār कुम्हार

m◦ Farmer
kisān किसान

m◦ Labourer
majdūr मजदूर

m◦ Lawyer
vakīl वकील

m◦ Magician
jādūgar जादूगर

m◦ Musician
sangītakār संगीतकार

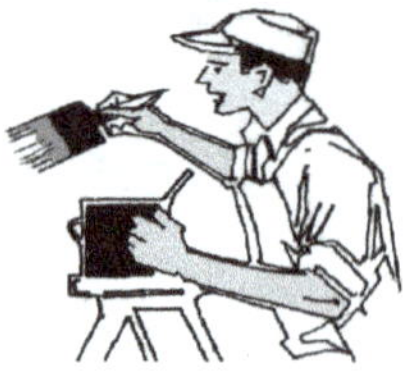
m◦ Painter
rangwālā रंगवाला

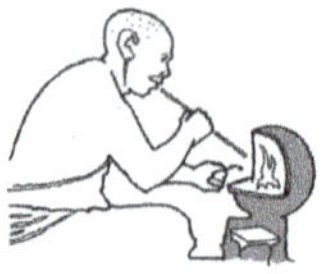
m◦ Goldsmith
sunār सुनार

m◦ Police
pulis पुलिस

m◦ Player
khilāḍī खिलाड़ी

m◦ Priest
pujārī पुजारी

m◦ Soldie
jawān जवान

m◦ Snake charmer
saperā सपेरा

m◦ Tailor
darzī दर्ज़ी

f◦ Teacher
guruji गरुजी

m◦ Thief
chor चोर

m◦ Typist
ṭaṅkiṇak टंकणक

m◦ Wrestler
pahalwān पहलवान

m◦ Swimmer
tairak तैरक

f◦ Nurse *parichārikā*
परिचारिका

f◦ Fruit vendor
sabzī-walī सब्ज़ीवाली

m◦ Ascetic
yogī योगी

m◦ Washerman
dhobī धोबी

m◦ Cricketer
ballebāz बल्लेबाज़

TABLE 5-A : COMMON HINDI ACTION WORDS, HINDI VERB STEMS (* = transitive verbs)

VERB STEMS		
आ	ā	come
खा	khā	eat*
गा	gā	sing*
जा	jā	go (itself)
पा	pā	get*
ला	lā	bring*
जी	jī	be alive
पी	pī	drink*
सी	sī	sew*
छू	chhoo	touch*
दे	de	give*
ले	le	take*
खो	kho	loose*
पढ़	paḍh	read, learn*
धो	dho	wash*
बो	bo	sow*
रो	ro	cry
सो	so	sleep
हो	**ho**	**become**
उड़	uḍ	fly (self)
उड़ा	uḍā	fly*
कर	**kar**	**do***
कह	kah	say*
खरीद	kharīd	buy*
चल	chal	walk
चला	chalā	drive*

VERB STEMS		
जल	jal	burn (itself)
जला	jalā	burn*
डर	dar	fear (self)
डरा	darā	scare*
तल	tal	fry*
पका	pakā	cook*
पढ़	paḍh	read*
पढ़ा	paḍhā	teach*
बता	batā	tell*
बन	bana	become
बना	banā	make*
मना	manā	celebrate*
मर	mar	die
मल	mal	rub*
रह	rah	stay, live in
सक	**sak**	**be able, can**
सता	satā	bother*
काट	kāṭ	cut*
चाट	chāṭ	lick*
चाह	**chāh**	**want***
छाप	chhāp	print*
जान	jān	know*
भाग	bhāg	run
मान	mān	agree*
मार	mār	kill, hit*
गिर	gir	fall

VERB STEMS		
गिरा	girā	drop*
छिप	chhip	hide (itself)
छिपा	chhipā	hide*
मिल	mil	meet
मिला	milā	mix*
लिख	likh	write*
हिल	hil	move (itself)
हिला	hilā	move*
जीत	jīt	win*
सीख	sīkh	learn*
चुरा	churā	steal*
खुल	khul	open (itself)
बुला	bulā	call*
कूद	kūd	jump
टूट	ṭūṭ	break (itself)
भूल	bhūl	forget
रुक	ruk	stop
भेज	bhej	send*
सूँघ	sūngh	smell*
बेच	bech	sell*
तैर	tair	swim
बैठ	baiṭh	sit
खोद	khod	dig*
खोल	khol	open*
तोड़	toḍ	break*
बोल	bol	speak

NOTE : The underlined four are most important verbs required for compound verbs.

TABLE 5-B : ENGLISH ALPHABETICAL LIST, HINDI VERB STEMS (* = transitive verbs)

	VERB STEMS			VERB STEMS			VERB STEMS	
agree*	मान	*mān*	fly*	उड़ा	*uḍā*	say*	कह	*kah*
arrange*	रच	*rach*	forget	भूल	*bhūl*	show*	दिखा	*dikhā**
become	हो	***ho***	fry*	तल	*tal*	sell*	बेच	*bech*
become	बन	*ban*	get*	पा	*pā*	sew*	सी	*sī*
bother*	सता	*satā*	give*	दे	*de*	sing*	गा	*gā*
break (self)	टूट	*ṭūṭ*	go	जा	*jā*	sit	बैठ	*baiṭh*
break*	तोड़	*toḍ*	hear*	सुन	*sun*	sleep	सो	*so*
bring*	ला	*lā*	hide (self)	छिप	*chhip*	sow*	बो	*bo*
burn (self)	जल	*jal*	hide*	छिपा	*chhipā*	speak	बोल	*bol*
burn*	जला	*jalā*	kill, hit*	मार	*mār*	spread*	छा	*chhā*
call*	बुला	*bulā*	know*	जान	*jān*	stay, live	रह	*rah*
can, be able	सक	***sak***	laugh	हँस	*hãs*	steal*	चुरा	*churā*
celebrate*	मना	*manā*	learn*	सीख	*sīkh*	stop	रुक	*ruk*
come	आ	*ā*	live (alive)	जी	*jī*	sulk	रूठ	*rūṭh*
cook*	पका	*pakā*	loose*	खो	*kho*	take*	ले	*le*
cry	रो	*ro*	make*	बना	*banā*	teach*	पढ़ा	*paḍhā*
cut*	काट	*kāṭ*	meet	मिल	*mil*	tell*	बता	*batā*
die	मर	*mar*	mix*	मिला	*milā*	think*	सोच	*soch*
dig*	खोद	*khod*	move (self)	हिल	*hil*	touch*	छू	*chhoo*
do*	कर	***kar***	move*	हिला	*hilā*	walk	चल	*chal*
drink*	पी	*pī*	open (self)	खुल	*khul*	**want, like***	चाह	***chāh***
drive*	चला	*chalā*	open*	खोल	*khol*	wash*	धो	*dho*
drop*	गिरा	*girā*	peel*	छील	*chhīl*	weigh*	तोल	*tol*
eat*	खा	*khā*	read*	पढ़	*paḍh*	win*	जीत	*jīt*
fall	गिर	*gir*	rob*	लूट	*lūṭ*	write*	लिख	*likh*
fear (self)	डर	*ḍar*	rub*	मल	*mal*			
fly (self)	उड़	*uḍ*	run	भाग	*bhāg*			

NOTE : The underlined four are most important verbs required for making compound verbs.

LESSON 11

USING THE ACTION WORDS
FOR MAKING YOUR OWN SENTENCES

Let us learn **how to make our own sentences** in the following six ways

1.	I normally 'do'	(you do; he, she, it does; we do, they do)	see - Table 6
2.	I am 'doing'	(you are doing; he, she, it is doing; we, they are doing)	Table 7
3.	I was 'doing'	(you were doing; he, she, it was doing; they were doing)	Table 8
4.	I have 'already' done	(you have done; he, she, it has done; we, they have done)	Table 9
5.	I had 'already' done	(you had done; he, she, it had done; we, they had done)	Table 10
6.	I 'used to do'	(you used to do; he, she, it used to do; they used to do)	Table 12
	SUMMARY	(do, doing, have done, has done, used to do)	Table 11

11.1 SIMPLE PRESENT EVENTS

TABLE 6 : making sentences with - I do; you do; he, she, it does; we do; they do.

	Doer of the action Subject (colloquial)	drink verb	do, does 'do'	am, is, are, has, have am, is, are (colloquial)
◦	1. I मैं *maĩ*	पी *pī*	ता *tā*	हूँ *hũ*
◦	2. He वह *vah* (वो *vo*)	पी *pī*	ता *tā*	है *hai*
◦	3. She वह *vah* (वो *vo*)	पी *pī*	ती *tī*	है *hai*
*	4. We हम *ham*	पी *pī*	ते *te*	हैं *haĩ*
*	5. You आप *āp* = Respect, formal	पी *pī*	ते *te*	हैं *haĩ* (हो *ho*)
◦	5. You तुम *(tum)* = Equal	पी *pī*	ते *te*	हो *ho*
◦	5. You तू *tū* = Informal, low	पी *pī*	ता *tā*	है *hai*
*	6. They वे *ve* (वो *vo*)	पी *pī*	ते *te*	हैं *haĩ*

NOTE : **The above table shows that :**

(i) A habitual mode 'do' is shown in Hindī with letter *'t'* (त) to which gender suffix *ā, e, ī* or *ĩ* (आ, ए, ई, ईं) is added. (त + आ = ता, त + ए = ते, त + ई = ती, त + ईं = तीं)

(ii) suffix 'ā' (आ) means masculine singular subject;

(iii) suffix 'e' (ए) means masculine plural subject;

(iv) suffix 'ī' (ई) means feminine singular subject;

(v) suffix 'ī̃' (ईं) means feminine plural subject;

TABLE 6A : Present Habitual Tense Suffixes SUMMARY

Subject	Suffix M∘	Suffix F∘
Singular	ता *(tā)*	ती *(tī)*
Plural	ते *(te)*	ती *(tī)* or तीं *(tī̃)*

EXERCISE 22 : Translate the English sentences into Hindī (Answers are given for help)

a. I drink. *maĩ pītā (pītī) hū̃.* मैं पीता (पीती) हूँ । You drink. *āp pīte haĩ.* आप पीते हैं । He drinks. *vah pītā hai.* वह पीता है । She drinks. *vah pītī hai.* वह पीती है । We drink. *ham pīte haĩ.* हम पीते हैं । They drink. *ve pīte haĩ.* वे पीते हैं ।

b. I drink tea. *maĩ chāy pītā (pītī) hū̃.* मैं चाय पीता (पीती) हूँ । You drink tea. *āp chāy pīte haĩ.* आप चाय पीते हैं । He drinks tea. *vah chāy pītā hai.* वह चाय पीता है । She drinks tea. *vah chāy pītī hai.* वह चाय पीती है । We drink tea. *ham chāy pīte haĩ.* हम चाय पीते हैं । They drink tea. *ve chāy pīte haĩ.* वे चाय पीते हैं ।

c. I drink hot tea. *maĩ garam chāy pītā (pītī) hū̃.* मैं गरम चाय पीता (पीती) हूँ । You drink hot tea. *āp garam chāy pīte haĩ.* आप गरम चाय पीते हैं । He drinks hot tea. *vah garam chāy pītā hai.* वह गरम चाय पीता है । She drinks hot tea. *vah garam chāy pītī hai.* वह गरम चाय पीती है । We drink hot tea. *ham garam chāy pīte haĩ.* हम गरम चाय पीते हैं । They drink hot tea. *ve garam chāy pīte haĩ.* वे गरम चाय पीते हैं ।

2. They eat bananas. *ve kele khāte haĩ.* वे केले खाते हैं ।
3. She sleeps. *vah sotī hai.* वह सोती है ।
4. You write books. *āp kitābẽ likhte haĩ.* आप किताबें लिखते हैं ।
5. He goes home. *vah ghar jātā hai.* वह घर जाता है ।

DICTIONARY OF INFINITIVES

In order to form a verb from an infinitive, remove the last ना nā

In Hindī, the infinitives and verbal nouns end with the letter ना । eg∘ (i) do = √*kar* (कर) verb (ii) to do (infinitive, verb and verbal noun) = *karanā* करना.

Therefore, if you remove the suffix *nā* ना from any infinitive ot verbal noun, you get a basic root (√) verb.

Note that : (i) some verbs are only a single words, they are called Simple Verbs.

(ii) Some verbs have two words (the second word being *karanā, hona, jānā, denā* करना, होना, जाना, देना ...etc), these verbs are Compound Verbs (marked with * below)

to abandon *(√tyāga → tyāganā* त्यागना)

to accept *(√mān → mānanā* मानना)

to answer *(√jawāb de → jawāb denā* जवाब देना)*

to arrange *(√racha → rachanā* रचना)

to arrive *(√ā → ānā, pahũchanā* आना, पहुँचना)

to ask *(√pūchh → pūchhanā* पूछना)

to attain *(√prāpta kar → prāpta karanā* प्राप्त करना)*

to attempt *(√yatna kar → yatna karanā* यत्न करना)*

to bathe *(√nahā → nahānā* नहाना)

to be *(√rah, √ho → rahanā, honā* रहना, होना)*

to beg *(√yāchanā kar → yāchanā karanā* याचना करना)*

to bite, to cut *(√kāṭ → kāṭanā* काटना)

to break *(√ṭūṭ, toḍ → ṭūṭanā, toḍanā* टूटना, तोड़ना)

to blossom *(√khil → khilanā* खिलना)

to boil *(√ubal √ubāl → ubalanā, ubālanā* उबलना, उबालना)

to bring *(√lā → lānā* लाना)

to burn *(√jal, √jalā → jalanā, jalānā* जलना, जलाना)

to buy *(√kharīd → kharīdanā* खरीदना)

to call *(√bulā → bulānā* बुलाना)

to carry away *(√le jā → le jānā* ले जाना)*

to celebrate *(√manā → manānā* मनाना)

to clean *(√sāf-kar → sāf-karanā* साफ करना)*

to come *(√ā → ānā* आना)

to cook *(√pakā → pakānā* पकाना)

to count *(√gin → ginanā* गिनना)

to cover *(√ḍhak → ḍhakanā* ढकना)

to cross *(√pār kar → pār karanā* पार करना)*

to cry *(√ro → ronā* रोना)

to cut, to bite *(√kāṭ → kāṭanā* काटना)

to dance *(√nāch → nāchanā* नाचना)

to desire, to want *(√chāh → chāhanā* चाहना)

to die *(√mar → maranā* मरना)

to dig *(√khod → khodanā* खोदना)

to do *(√kar → karanā* करना)

to draw *(√nikāl → nikālanā* निकालना)

to drink *(√pī → pīnā* पीना)

to dry *(√sūkh→ sūkhanā* सूखना)

to dye, paint *(√ra̐gā → ra̐gānā* रँगाना)

to eat *(√khā → khānā* खाना)

to enter *(√pravesh kar → pravesh karanā* प्रवेश करना)*

to exist *(√rah → rahanā, honā* रहना, होना)

to explain *(√samajh → samajhānā* समझाना)

to fall *(√gir → giranā* गिरना)

to fear *(√ḍar → ḍaranā* डरना)

to fight *(√laḍ → laḍanā* लड़ना)

to fix *(√ṭhīk kar → ṭhīk karanā* ठीक करना)*

to fly *(√uḍa, √uḍā → uḍanā, uḍānā* उड़ना, उड़ाना)

to forget *(√bhūl → bhūlana* भूलना)

to forgive *(√māf kar → māf karanā* माफ करना)*

to free (*√chhoḍ → chhoḍanā* छोड़ना)

to fry (*√tal → talanā* तलना)

to get (*√pā → pānā* पाना)

to give (*√de → denā* देना)

to glow (*√chamak → chamakanā* चमकना)

to glue (*√chipak → chipakānā* चिपकाना)

to go (*√jā → jānā* जाना)

to grind (*√pīs → pīsanā* पीसना)

to grow (*√baḍh → baḍhanā* बढ़ना)

to hang (*√laṭak, √laṭakā → laṭakanā, laṭakānā* लटकना, लटकाना)

to happen, to have (*√ho → honā* होना)

to hear (*√sun → sunanā* सुनना)

to hide (*√chhup, √chhupā → chhupanā, chhupānā* छुपना, छुपाना)

to hit (*√mār → māranā* मारना)

to hold, catch (*√pakaḍ → pakaḍanā* पकड़ना)

to hum (*√gunagunā → gunagunānā* गुनगुनाना)

to hurt (*√dukhā → dukhānā)* (दु:खाना)

to increase (*√baḍh → baḍhanā* बढ़ना)

to join (*√mil, √milā → milanā, milānā* मिलना, मिलाना)

to jump (*√kūd → kūdanā* कूदना)

to keep (*√rakh → rakhanā* रखना)

to kill (*√mār → māranā* मारना)

to know (*√jān → jānanā* जानना)

to laugh (*√hãs → hãsanā* हँसना)

to lift (*√uṭhā → uṭhānā* उठाना)

to like (*√chāh → chāhanā* चाहना)

to live (*√jī → jīnā* जीना)

to lose (*√kho → khonā* खोना)

to love (*√pyār kar → pyār karanā* प्यार करना)*

to make *(√banā → banānā* बनाना)

to meet *(√mil → milanā* मिलना)

to melt *(√pighal → pighalanā* पिघलना)

to move *(√hil, √hilā → hilanā, hilānā* हिलना, हिलाना)

to open *(√khol → kholanā* खोलना)

to pick *(√uṭhā → uṭhānā* उठाना)

to play (*√khel* → khelanā खेलना)

to press *(√dabā → dabānā* दबाना)

to protect *(√rakṣā kar → rakṣā karanā* रक्षा करना)*

to pull *(√khīñch → khīñchanā* खींचना)

to punish *(√daṇḍa de → daṇḍa denā* दंड देना)*

to push *(√dhakel → dhakelanā* धकेलना)

to put, keep *(√rakh → rakhanā* रखना)

to rain *(√baras → barasanā* बरसना)

to read *(√paḍh → paḍhanā* पढ़ना)

to receive *(√pā → pānā* पाना)

to ride, to drive *(√chalā → chalānā* चलाना)

to roam *(√ghūm → ghūmanā* घूमना)

to rot *(√saḍ → saḍanā* सड़ना)

to run *(√bhāg → bhāganā* भागना)

to ripen *(√pak → pakanā* पकना)

to say *(√kah → kahanā)* (कहना)

to see *(√dekh → dekhanā* देखना)

to sell *(√bech → bechanā* बेचना)

to send *(√bhej → bhejanā* भेजना)

to serve *(√sevā kar → sevā karanā* सेवा करना)*

to sew *(√sī → sīnā* सीना)

to shine *(√tap, √tapā → tapanā, tapānā* तपना, तपाना)

to sing *(√gā → gānā* गाना)

to sink *(√ḍūb, √ḍubā → ḍūbanā, ḍubānā* डूबना, डुबाना)

to sit *(√baiṭh → baiṭhanā* बैठना)

to sleep (*√so* → sonā सोना)

to smell *(√sū̃gh → sū̃ghanā* सूँघना)

to smile *(√musakarā → musakarānā* मुसकराना)

to speak *(√bol → bolanā* बोलना)

to stop *(√ruk → rukanā* रुकना)

to study *(√paḍh → paḍhanā* पढ़ना)

to take *(√le → lenā* लेना)

to talk *(√bol → bolanā* बोलना)

to taste *(√chakh → chakhanā* चखना)

to tell *(√batā, √batalā → batānā, batalānā* बताना, बतलाना)

to think *(√soch → sochanā* सोचना)

to throw *(√fẽk → fẽkanā* फेंकना)

to tie *(√bāndh → bāndhanā* बाँधना)

to travel *(√safar kar → safar karanā* सफर करना)*

to understand *(√samajh → samajhanā* समझना)

to use *(√istemāl kar → istemal karanā* इस्तेमाल करना)*

to wake up *(√jāg → jāganā* जागना)

to walk *(√chal → chalanā* चलना)

to want *(√chah → chāhanā* चाहना)

to wash *(√dho → dhonā* धोना)

to waste *(√kharāb kar → kharāb karanā* खराब करना)*

to wear *(√pahan → pahananā* पहनना)

to win *(√jīt → jītanā* जीतना)

to wish *(√ichchhā kar → ichchhā karanā* इच्छा करना)*

to work *(√kām kar → kām karanā* काम करना)*

to worship *(√pūjā kar → pūjā karanā* पूजा करना)*

to write *(√likh → likhanā* लिखना) ...etc.

APPLICATION OF VERBS

1. I wish	*(maĩ ichchhā kartā hũ)*	मैं इच्छा करता हूँ ।
2. I wish	*(maĩ ichchhā kartī hũ)*	मैं इच्छा करती हूँ ।
3. We worship	*(ham pūjā karte haĩ*	हम पूजा करते हैं ।
4. We worship	*(ham pūjā karte haĩ*	हम पूजा करते हैं ।
5. You work	*(āp kāma karte haĩ)*	आप काम करते हैं ।
6. You work	*(āp kāma kartī haĩ)*	आप काम करती हैं ।
7. He moves	*(vah hiltā hai)*	वह हिलता है ।
8. He moves	*(vah hilātā hai)*	वह हिलाता है ।
9. She moves	*(vah hiltī hai)*	वह हिलती है ।
10. She moves	*(vah hilātī hai)*	वह हिलाती है ।
11. It breaks	*(yah ṭūṭtā hai)*	यह टूटता है ।
12. He breaks	*(vah toḍtā hai)*	वह तोड़ता है ।
13. It dries	*(yah sūkhtā hai)*	यह सूखता है ।
14. They dry	*(ve sukhāte haĩ)*	वे सुखाते हैं ।
15. I dry	*(maĩ sukhātā hũ)*	मैं सुखाता हूँ ।
16. I dry	*(maĩ sukhātī hũ)*	मैं सुखाती हूँ ।
17. We hide	*(ham chhupte haĩ)*	हम छुपते हैं ।
18. We hide	*(ham chhuptī haĩ)*	हम छुपती हैं ।
19. We hide	*(ham chhupāte haĩ)*	हम छुपाते हैं ।
20. We hide	*(ham chhupātī haĩ)*	हम छुपाती हैं ।
21. I speak.	*(maĩ boltā hũ, maĩ bolatī hũ)*	मैं बोलता हूँ, मैं बोलती हूँ ।
22. Rām sits.	*(Rām baiṭhtā hai)*	राम बैठता है ।
23. She sings.	*(vah gātī hai)*	वह गाती है ।
24. They cook.	*(ve pakāte haĩ, ve pakātī haĩ)*	वे पकाते हैं, वे पकाती हैं ।

25. You wish. *(āp chāhte hai̐, āp chāhtī hai̐)* आप चाहते हैं, आप चाहती हैं ।

26. We write. *(ham likhte hai̐, ham likhtī hai̐)* हम लिखते हैं, हम लिखती हैं ।

27. You cut. *(āp kāṭate hai̐, āp kāṭatī hai̐)* आप काटते हैं, आप काटती हैं ।

28. They smile. *(ve ha̐ste hai̐, ve ha̐stī hai̐)* वे हँसते हैं, वे हँसती हैं ।

29. Arvind paints a picture. *(Arvind chitra ra̐gātā hai)* अरविंद चित्र रँगाता है ।

30. We run. *(ham bhāgate hai̐, ham bhāgatī hai̐)* हम भागते हैं, हम भागती हैं ।

(ham dauḍte hai̐, ham dauḍtī hai̐) हम दौड़ते हैं, हम दौड़ती हैं ।

31. Meenal brings. *(Meenal lātī hai)* **मीनल लाती है ।**

32. Sunil takes a book. *(Sunīl letā hai)* **सुनील पुस्तक लेता है ।**

33. He eats. *(vah bhojan kartā hai, vah khātā hai)* वह भोजन करता है, वह खाता है ।

34. The boy cries. *(laḍakā rotā hai)* लड़का रोता है ।

35. One boy cries. *(ek laḍakā rotā hai)* एक लड़का रोता है ।

36. He sinks. *(vah ḍūbtā hai, vah ḍubātā hai)* वह डूबता है, वह डुबाता है ।

37. They put, they keep. *(ve rakhte hai̐, ve rakhtī hai̐)* वे रखते हैं, वे रखती हैं ।

38. We save. *(ham bachāte hai̐, ham bachātī hai̐)* हम बचाते हैं, हम बचाती हैं ।

39. You sell. *(āp bechte hai̐, āp bechtī hai̐)* आप बेचते हैं, आप बेचती हैं ।

40. She sends. *(vah bhejtī hai̐)* वह भेजती है ।

41. She joins. *(vah miltī hai, vah milātī hai)* वह मिलती है, वह मिलाती है ।

42. He throws. *(vah fe̐ktā hai)* वह फेंकता है ।

43. You jump. *(āp kūdte hai̐, āp kūdtī hai̐)* आप कूदते हैं, आप कूदती हैं ।

44. I want money. *(mai̐ paise chāhtā hū̐, mai̐ paise chahtī hū̐)*
मैं पैसे चाहता हूँ, मैं पैसे चाहती हूँ ।

45. I want to sleep. *(mai̐ sonā chāhtā hū̐, mai̐ sonā chahtī hū̐)*
मैं सोना चाहता हूँ, मैं सोना चाहती हूँ ।

46. He wants to eat. *(vah khānā chāhtā hai)* वह खाना चाहता है ।

47. She wants to eat. *(vah khānā chāhtī hai)* वह खाना चाहती है ।

48. They want to go. *(ve jānā chāhte hai̐, ve jānā chāhtī hai̐)*
वे जाना चाहते हैं, वे जाना चाहती है ।

11.2 CONTINUOUS PRESENT EVENTS

TABLE 7 : Use of - I am doing; you are doing; he, she is doing; we are doing; they are doing

	Doer of the action			drink	doing	I am, he is, they are
	Subject		(colloquial)	verb	'-ing'	am, is, are
	1. I	मैं maĩ		पी pī	रहा rahā	हूँ hū̃
○	2. He	वह vah	(vo)	पी pī	रहा rahā	है hai
○	3. She	वह vah	(vo)	पी pī	रही rahī	है hai
*	4. We	हम ham		पी pī	रहे rahe	हैं haĩ
*	5. You	आप āp	(tum)	पी pī	रहे rahe	हैं haĩ (ho)
*	6. They	वे ve	(vo)	पी pī	रहे rahe	हैं haĩ

NOTE : **The above table shows that :**

(i) A continuous (imperfect) mode '-ing' is shown in Hindī with letters *'rah'* (रह) to which gender suffix *ā, e, ī* or *ī̃* (आ, ए, ई, ईं) is added, as told in Table 6 ablve.

TABLE 7A : Present Continuous Tense Suffixes SUMMARY

Subject	Suffix M○	Suffix F○
Singular	रहा *(rahā)*	रही *(rahī)*
Plural	रहे *(rahe)*	रही *(rahī)* or रहीं *(rahī̃)*

EXERCISE 23 : Translate the English sentences into Hindī (Answers are given for help)

1. I am drinking . *maĩ pī rahā (rahī) hū̃.* मैं पी रहा (रही) हूँ । I am drinking tea. *maĩ chāy pī rahā (rahī) hū̃.* मैं चाय पी रहा (रही) हूँ । I am drinking hot tea. *maĩ garam chāy pī rahā (rahī) hū̃.* मैं गरम चाय पी रहा (रही) हूँ । You are drinking hot tea. *āp garam chāy pī rahe haĩ.* आप गरम चाय पी रहे हैं । He is drinking hot tea. *vah garam chāy pī rahā hai.* वह गरम चाय पी रहा है । She is drinking hot tea. *vah garam chāy pī rahī hai.* वह गरम चाय पी रही है । We are drinking hot tea. *ham garam chāy pī rahe haĩ.* हम गरम चाय पी रहे हैं । They are drinking hot tea. *ve garam chāy pī rahe haĩ.* वे गरम चाय पी रहे हैं ।

2. They are eating bananas. *ve kele khā rahe haĩ.* वे केले खा रहे हैं ।

3. She is sleeping. *vah so rahī hai.* वह सो रही है ।

4. You are writing a book. *āp kitāb likh rahe haĩ.* आप किताब लिख रहे हैं ।

5. He is going home. *vah ghar jā rahā hai.* वह घर जा रहा है ।

11.3 CONTINUOUS PAST EVENTS

TABLE 8 : I was doing; you were doing; he, she was doing; we were doing; they were doing

	Doer of the action Subject (colloquial)	drink verb	-doing '-ing'	Past tense was, had
	1. I मैं *maĩ*	पी *pī*	रहा *rahā*	था *thā*
◦	2. He वह *vah* *(vo)*	पी *pī*	रहा *rahā*	था *thā*
◦	3. She वह *vah* *(vo)*	पी *pī*	रही *rahī*	थी *thī*
*	4. We हम *ham*	पी *pī*	रहे *rahe*	थे *the*
*	5. You आप *āp* *(tum)*	पी *pī*	रहे *rahe*	थे *the*
*	6. They वे *ve* *(vo)*	पी *pī*	रहे *rahe*	थे *the*

EXERCISE 24 : Translate the English sentences into Hindī (Answers are given for help)

1. I was drinking . *maĩ pī rahā thā (rahī thī)* मैं पी रहा था (रही थी) I was drinking tea. *maĩ chāy pī rahā thā (rahī thī).* मैं चाय पी रहा था (रही थी) । I was drinking hot tea. *maĩ garam chāy pī rahā thā (rahī thī).* मैं गरम चाय पी रहा था (रही थी) ।

   You were drinking hot tea. *āp garam chāy pī rahe the.* आप गरम चाय पी रहे थे ।

   He/she was drinking hot tea. *vah garam chāy pī rahā thā / pī rahī thī.* वह गरम चाय पी रहा था / पी रही थी ।

   We were drinking hot tea. *ham garam chāy pī rahe the.* हम गरम चाय पी रहे थे ।

   They were drinking hot tea. *ve garam chāy pī rahe the.* वे गरम चाय पी रहे थे ।

2. They were eating bananas. *ve kele khā rahe the.* वे केले खा रहे थे ।
3. She was sleeping. *vah so rahī thī.* वह सो रही थी ।
4. You were writing a book. *āp kitāb likh rahe the.* आप किताब लिख रहे थे ।
5. He was going home. *vah ghar jā rahā thā.* वह घर जा रहा था ।

11.4 ALREADY COMPLETED PRESENT EVENTS

TABLE 9 : I have 'already' done, you have done; he, she has done; we, they have done

	Doer of the action Subject (colloquial)	drink verb	already done *done*	am, is, has, have is, has
	1. I मैं *maĩ*	पी *pī*	चुका *chukā*	हूँ *hũ*
◦	2. He वह *vah* *(vo)*	पी *pī*	चुका *chukā*	है *hai*
◦	3. She वह *vah* *(vo)*	पी *pī*	चुकी *chukī*	है *hai*
*	4. We हम *ham*	पी *pī*	चुके *chuke*	हैं *haĩ*
*	5. You आप *āp*	पी *pī*	चुके *chuke*	हैं *haĩ*
*	6. They वे *ve* *(vo)*	पी *pī*	चुके *chuke*	हैं *haĩ*

NOTE : **The above table shoes that :**

(i) The ‘already’ done mode ‘ed’ is shown in Hindī with letters *‘chuk’* (चुक) to which gender suffix *ā, e, ī* or *ī̐* (आ, ए, ई, ईं) is added, as shown above.

TABLE 9A : Already Done : Suffixes SUMMARY

Subject	Suffix M∘	Suffix F∘
Singular	चुका *(chukā)*	चुकी *(chukī)*
Plural	चुके *(chuke)*	चुकी *(chukī)* or चुकीं *(chukī̐)*

EXERCISE 25 : Translate the English sentences into Hindī (Answers are given for help)

1. I have already drunk hot tea. *maĩ garam chāy pī chukā (chukī) hū̐.* मैं गरम चाय पी चुका (चुकी) हूँ । You have already drunk hot tea. *āp garam chāy pī chuke haĩ.* आप गरम चाय पी चुके हैं । He has already drunk hot tea. *vah garam chāy pī chukā hai.* वह गरम चाय पी चुका है । She has already drunk hot tea. *vah garam chāy pī chukī hai.* वह गरम चाय पी चुकी है । We have already drunk hot tea. *ham garam chāy pī chuke haĩ.* हम गरम चाय पी चुके हैं । They have already drunk hot tea. *ve garam chāy pī chuke haĩ.* वे गरम चाय पी चुके हैं ।
2. They have already eaten bananas. *ve kele khā chuke haĩ.* वे केले खा चुके हैं ।
3. She has already slept. *vah so chukī hai.* वह सो चुकी है ।
4. You have already written a book. *āp kitāb likh chuke haĩ.* आप किताब लिख चुके हैं ।
5. He has already gone home. *vah ghar jā chukā hai.* वह घर जा चुका है ।

11.5 ALREADY COMPLETED PAST EVENTS

TABLE 10 : I had ‘already’ done, you had done; he, she had done; we, they had done

	Doer of the action	drink	already done	Past tense
	Subject (colloquial)	verb	*done*	was, had
	1. I मैं *maĩ*	पी *pī*	चुका *chukā*	था *thā*
∘	2. He वह *vah* *(vo)*	पी *pī*	चुका *chukā*	था *thā*
∘	3. She वह *vah* *(vo)*	पी *pī*	चुकी *chukī*	थी *thī*
*	4. We हम *ham*	पी *pī*	चुके *chuke*	थे *the*
*	5. You आप *āp* *(tum)*	पी *pī*	चुके *chuke*	थे *the*
*	6. They वे *ve* *(vo)*	पी *pī*	चुके *chuke*	थे *the*

EXERCISE 26 : Translate the English sentences into Hindī (Answers are given for help)

1. I had already drunk hot tea. *maĩ garam chāy pī chukā thā (chukī thī).* मैं गरम चाय पी चुका था (चुकी थी) । You had already drunk hot tea. *āp garam chāy pī chuke the.* आप गरम चाय पी चुके थे । He had already drunk hot tea. *vah garam chāy pī chukā thā.* वह गरम चाय पी चुका था । She had already drunk hot tea. *vah garam chāy pī chukī thī.* वह गरम चाय पी चुकी थी । We had already drunk hot tea. *ham garam chāy pī chuke the.* हम गरम चाय पी चुके थे । They had already drunk hot tea. *ve garam chāy pī chuke the.* वे गरम चाय पी चुके थे ।

TABLE 11 : SUMMARY, what we learned so far, the 'cumulative learning'

	Subject (Doer of the action)	verb (drink)	'do' (do, does......)	'-ing' (doing..............)	done (.already done)	is, has (am, is, has, have)	was, had (Past tense)
	I मैं *maĩ*	पी *pī*	ता *tā*	रहा *rahā*	चुका *chukā*	हूँ *hū̃*	था *thā*
◦	He वह *vah*	पी *pī*	ता *tā*	रहा *rahā*	चुका *chukā*	है *hai*	था *thā*
◦	She वह *vah*	पी *pī*	ती *tī*	रही *rahī*	चुकी *chukī*	है *hai*	थी *thī*
*	We हम *ham*	पी *pī*	ते *te*	रहे *rahe*	चुके *chuke*	हैं *haĩ*	थे *the*
*	You आप *āp*	पी *pī*	ते *te*	रहे *rahe*	चुके *chuke*	हैं *haĩ*	थे *the*
*	They वे *ve*	पी *pī*	ते *te*	रहे *rahe*	चुके *chuke*	हैं *haĩ*	थे *the*

NOTE : The suffix *thā* (था) is comes in Hindī sentence ONLY when there is 'was, had or used to' in the English sentence. Exception is : verb 'want' *chāh* चाह । e.g. I wanted. मैं चाहता था।

TABLE 12 : I used to do; you used to do; he, she used to do; we used to do; they used to do

	Subject (Doer of the action) (colloquial)	verb (drink)	used to (used to (drink))
	1. I मैं *maĩ*	पी *pī*	ता था *tā thā*
◦	2. He वह *vah* *(vo)*	पी *pī*	ता था *tā thā*
◦	3. She वह *vah* *(vo)*	पी *pī*	ती थी *tī thī*
*	4. We हम *ham*	पी *pī*	ते थे *te the*
*	5. You आप *āp*	पी *pī*	ते थे *te the*
*	6. They वे *ve* *(vo)*	पी *pī*	ते थे *te the*

EXERCISE 27 : Translate the English sentences into Hindī (Answers are given for help)

1. I used to drink tea. *maĩ chāy pītā thā (pītī thī).* मैं चाय पीता था, पीती थी । You used to drink tea. *āp chāy pīte the.* आप चाय पीते थे । He used to drink tea. *vah chāy pītā thā.* वह चाय पीता था। She used to drink tea. *vah chāy pītī thī.* वह चाय पीती थी। We used to drink tea. *ham chāy pīte the.* हम चाय पीते थे । They used to drink tea. *ve chāy pīte the.* वे चाय पीते थे।
2. They used to eat bananas. *ve kele khāte the.* वे केले खाते थे । 3. She used to weep. *vah rotī thī.* वह रोती थी । 4. You used to write books. *āp kitābẽ likhte the.* आप किताबें लिखते थे ।

EXERCISE 28 : Translate the Hindī sentences into English (Answers are given for help)

Key Words : O Clock, at O Clock = *baje* बजे । Today = *āj* आज । Tomorrow, Yesterday = *kal* कल । Now = *ab* अब । Then = *tab* तब । When? = *kab* कब? What = *kyā* क्या । Work = *kām* काम ।

1. Anjalī is coming at two O Clock. *añjalī do baje ā rahī hai.* अंजली दो बजे आ रही है ।
2. They are not working today. *ve āj kām nahī̃ kar rahe haĩ.* वे आज काम नहीं कर रहे हैं ।
3. Yesterday she was eating two *Roties.* *Vah kal do roṭiyā̃ khā rahī thī.* वह कल दो रोटियाँ खा रही थी ।
4. What Vishāl was saying yesterday? *Vishāl kal kyā kah rahā thā.* विशाल कल क्या कह रहा था?
5. Mīrā was singing Hindī songs. (song = *gānā*) *mīrā Hindī gāne gā rahī thī.* मीरा हिंदी गाने गा रही थी।
6. Rādhā wants a cup of tea. *Rādhā ek kap chāy chāhatī hai.* राधा एक कप चाय चाहती है ।
7. Rītā is now going home. *Rītā ab ghar jā rahī hai.* रीता अब घर जा रही है ।
8. Nītā can run 10 km. *Nītā das kilo-mitar bhāg saktī hai.* नीता दस किलो-मिटर भाग सकती है ।
9. You can not walk one km. *āp ek km. nahī̃ chal sakte haĩ.* आप एक कि.मी. नहीं चल सकते ।
10. Yesterday a house was burning. *kal ek ghar jal rahā thā.* कल एक घर जल रहा था ।
11. Gopāl has already fried the Samosās. *Gopāl samose tal chukā hai.* गोपाल समोसे तल चुका है ।
12. Monā had already brought the books. *Monā kitābẽ lā chukī thī.* मोना किताबें ला चुकी थी ।
13. Vijay reads at 7 O Clock. *Vijay sāt baje paḍhtā hai.* विजय सात बजे पढ़ता है ।
14. I used to drink only coffee, now I drink tea also. *maĩ kāfī hī pītā thā, ab maĩ chāy bhī pītā hū̃.* मैं काफी ही पीता था, अब मैं चाय भी पीता हूँ ।
15. We used to walk five km., now we walk only three km. *ham pāñch km. chalte the, ab ham tīn hī km. chalte haĩ.* हम पाँच कि.मि. चलते थे, अब हम तीन ही किलो मिटर चलते हैं ।
16. They had already eaten bananas. *ve kele khā chuke the.* वे केले खा चुके थे ।
17. She had already slept. *vah so chukī thī.* वह सो चुकी थी ।
18. You had already written a book. *āp kitāb likh chuke the.* आप किताब लिख चुके थे ।
19. He had already gone home. *vah ghar jā chukā thā.* वह घर जा चुका था ।

11.6 MAKING SENTENCES FOR **FUTURE EVENTS**

The future events are generally of three kinds, viz. :

1. I will do (you will do; he, she, it will do; we, they will do) see - Table 13
2. I should do, I may do (you should do; he, she do; we, we should do, they should do)
3. Should I do? May I do? (should you do? should he do? she should do? should they do?)

TABLE 13 : Future and Subjunctive actions : I will do, I should-may do...etc.

	Doer of the action	drink	will	will	I should, I may	should I ? may I?
	Subject	verb	I will m.	I will f.	Suffix m. f.	Should I? m. f.
	I मैं *maĩ*	पी *pī*	ऊँगा *ũngā*	ऊँगी *ũngī*	ऊँ *ũ*	ऊँ क्या? *ũ kyā?*
∘	He वह *vah*	पी *pī*	एगा *egā*	--	ए *e*	ए क्या? *e kyā?*
∘	She वह *vah*	पी *pī*	--	एगी *egī*	ए *e*	ए क्या? *e kyā?*
*	We हम *ham*	पी *pī*	एँगे *enge*	एँगी *engī*	एँ *ẽ*	एँ क्या? *ẽ kyā?*
*	You आप *āp*	पी *pī*	एँगे *enge*	एँगी *engī*	एँ *ẽ*	एँ क्या? *ẽ kyā?*
*	They वे *ve*	पी *pī*	एँगे *enge*	एँगी *engī*	एँ *ẽ*	एँ क्या? *ẽ kyā?*

NOTE : **The above table shows that :**

(i) A Future Event (will) is shown in Hindī with letter *'g'* (ग) to which :

(ii) add the 'person' operative *ũ, e, ẽ* (ऊँ, ए, एँ), as described earlier, and then

(iii) add the 'gender' operative ā, e, ī, ī̃ (आ ए ई ईं), as said earlier in Table 2A :

NOTE : (a) suffix 'ā' (आ) means masculine singular subject

(b) suffix 'e' (ए) means masculine plural subject

(c) suffix 'ī' (ई) means feminine singular subject

(d) suffix 'ī̃' (ईं) means feminine plural subject

TABLE 13A : Future Tense Suffixes SUMMARY

Subject	Suffix M.	Suffix F.
I	ऊँगा *(ungā)*	ऊँगी *(ungī)*
He/she	एगा *(egā)*	एगी *(egī)*
We	एँगे *(enge)*	एँगे *(enge)**/ एँगी *(engī)*
You *(āp)*		
They		

*NOTE : **masculine plural** एँगे *(enge)* is commonly used for **feminine plural** also.

EXERCISE 29 : Translate the English sentences into Hindī **(Answers are given for help)**

(a). **FUTURE TENSE** : I will drink. *maĩ pīūṅgā (pīūṅgī).* मैं पीऊँगा (पीऊँगी) । You will drink. *āp pīeṅge.* आप पीएँगे । He will drink. *vah pīegā.* वह पीएगा । She will drink. *vah pīegī.* वह पीएगी । We will drink. *ham pīeṅge.* हम पीएँगे । They will drink. *ve pīeṅge.* वे पीएँगे ।

(b). THE **POTENTIAL** MOOD (should, may) : I should drink. *maĩ pīū̃.* मैं पीऊँ । You should drink. *āp pīeṅ.* आप पीएँ । He should drink. *vah pīe.* वह पीए । She should drink. *vah pīe.* वह पीए । We should drink. *ham pīeṅ.* हम पीएँ । They should drink. *ve pīeṅ.* वे पीएँ ।

NOTICE THE SIMILARITY BETWEEN FUTURE TENSE AND THE POTENTIAL MOOD

(c). THE **INTERROGATIVE** MOOD : Should I drink? *maĩ pīū̃ kyā?* मैं पीऊँ क्या? Should you drink? *āp pīẽ kyā?* आप पीएँ क्या? Should he drink. *vah pīe kyā.* वह पीए क्या? Should she drink. *vah pīe kyā.* वह पीए क्या? Should we drink? *ham pīẽ kyā?* हम पीएँ क्या? Should they drink? *ve pīẽ kyā?* वे पीएँ क्या?

(d). Will I drink? *maĩ pīūṅgā (pīūṅgī) kyā?* मैं पीऊँगा (पीऊँगी) क्या? Will you drink? *āp pīeṅge kyā?* आप पीएँगे (पीएँगी) क्या? Will he drink? *vah pīegā kyā?* वह पीएगा क्या? Will she drink? *vah pīegī kyā?* वह पीएगी क्या? Will we drink? *ham pīeṅge kyā?* हम पीएँगे क्या? Will they drink? *ve pīeṅge kyā?* वे पीएँगे क्या?

RATNAKAR'S FOURTH NOBLE TRUTH : (Potential Mood)

A Verb in Potential Mood needs only a suffix indicating 'Person' (i.e. 1st, 2nd or 3rd; singular or plural). That is, it does not need any tense suffix (ह, थ, ग), mode suffix (त, रह, चुक) or a gender suffix (आ, ए, ई, ईं). e.g. (m॰ f॰) I should drink. *maĩ pīū̃ (pī + ū̃).* मैं पीऊँ ।

RATNAKAR'S FIFTH NOBLE TRUTH : *(kyā)*

Whem '*kyā*' (क्या) comes at the beginning or at the end of a sentence, *kyā* (क्या) = a question mark (?). But, when *kyā* (क्या) comes anywhere in the sentence, then this *kyā* (क्या) = what?

(e). What will I drink? *maĩ kyā pīūṅgā (pīūṅgī)?* मैं क्या पीऊँगा (पीऊँगी)? What will you drink? *āp kyā pīeṅge?* आप क्या पीएँगे (पीएँगी)? What will he drink? *vah kyā pīegā?* वह क्या पीएगा? What will she drink? *vah kyā pīegī?* वह क्या पीएगी? What will we drink? *ham kyā piẽnge?* हम क्या पीएँगे? What will they drink? *ve kyā piẽnge?* वे क्या पीएँगे?

EXERCISE 30 : Translate the Hindī sentences into English (Answers are given for help)

Key Words : Everyday = *roz* रोज । Never = *kabhī nahı̃* कभी नहीं । Always = *hameshā* हमेशा।
Someone = *koī* कोई। Sometimes = *kabhī kabhī* कभी कभी। Anytime = *kabhī bhī* कभी भी।
Some, Something = *kuchh* कुछ । Anything, Whatever = *kuchh bhī* कुछ भी ।
where = *kahā̃* कहाँ । Somewhere = *kahı̃* कहीं । Anywhere = *kahı̃ bhī* कहीं भी ।

1. Neil will come home at two O Clock. *Neil do baje ghar āegā.* नील दो बजे घर आएगा ।
2. Rānī will not work today. *Rānī āj kām nahı̃ karegī.* रानी आज काम नहीं करेगी ।
3. Yesterday Nīrā was sewing a dress. *kal Nīrā dress sī rahī thī.* कल नीरा ड्रेस सी रही थी ।
4. What should Vijay say? *Vijay kyā kahe?* विजय क्या कहे?
5. What will Mīnā say? *Mīnā kyā kahegī?* मीना क्या कहेगी?

6. Rājā will want a cup of tea. *Rājā ek kap chāy chāhegā.* राजा एक कप चाय चाहेगा ।
7. Should Sudāmā go home now. *Sudāmā ab ghar jāe kyā?* सुदामा अब घर जाए क्या?
8. Nīrū should go home now. *Nīrū ab ghar jāe.* नीरू अब घर जाए ।
9. What should David write? *David kyā likhe?* डेविड क्या लिखे?
10. What was burning yesterday? *kal kyā jal rahā thā.* कल क्या जल रहा था ।

11. Govind had already washed the dishes. *Govind thāliyā̃ dho chukā thā.* गोविंद थालियाँ धो चुका था ।
12. Mohan should not sleep here today. *Mohan āj yahā̃ nahı̃ soye.* मोहन आज यहाँ नहीं सोए ।
13. Vimalā reads something everyday. *Vimalā roz kuchh paḍhatī hai.* विमला रोज कुछ पढ़ती है ।
14. Sunīl will be a TV star. *Sunīl TV star (sitārā) hogā.* सुनील टीवी स्टार (सितारा) होगा ।

15. Vikās should win there. *Vikās vahā̃ jīte.* विकास वहाँ जीते ।
16. Nobody wins always. *koī bhī hameshā nahı̃ jītatā hai.* कोई भी हमेशा नहीं जीतता है ।
17. Somebody was here. *koī yahā̃ thā.* यहाँ कोई था ।
18. Was anyone here? *kyā koī yahā̃ thā?* क्या कोई यहाँ था? *koī yahā̃ thā kyā ?* कोई यहाँ था क्या?

11.7 MAKING A REQUEST
the Imperative Sentences

Making a Request, Suggestion or giving an Order, is an Imperative Mood. A Request, Suggestion or an Order is made by a person (1st person) to a person whom he is talking to (2nd person). These three functions are done in three respective ways :

(A) MAKING A Respectful REQUEST :

A request is normally made in a respectful manner, using the word *āp* (आप) for you. For making such request word "please" is used in English, hut in Hindi the **imperative suffix *iye* (इये) is added to the verb**, which has please built in it. Therefore, you will often not see Hindi people using the word "please" in their sentences, unless it is an earnest or a formal request. The word the word *āp* (आप) you, may not be actually used, because it is always understood.

TABLE 13.2A : Suffix for making a REQUEST

Sentence	Subject (optional)	VERB आ *(ā) = come*	Suffix इये *(iye)*	Hindi Sentence
Please come!	You *āp* (आप)	आ *(ā)*	इये *(iye)*	आइये! *(āiye!)*

EXAMPLES :

IMPORTANT NOTE : The Hindi Learning books will tell you that the Hindi word verb "eat" is khjānā (खाना), but that is wrong. Khānā (खाना) is not a verb. It is (i) an finitive (to eat), or (ii) a verbal noun (food), or (iii) a gerund (eating). The Hindi verb (or verb stem or root verb) is **khā** (खा) to which you add any suffix. Please remember this note in order to learn Hindi easily and properly.

1. (you) please come! = *āp* आप + *āiye* आइये! = आप आइये! = *āp āiye* = आइये! = *āiye!*
2. Please speak! (Speak = *bol* बोल) *boliye* = बोलिये!
3. Please eat! (Eat = *khā* खा) *khāiye* = खाइये!
4. Please sleep! (Sleep = *so* सो) *soiye* = सोइये!
5. Please walk! (Walk = *chal* चल) *chaliye* = चलिये! It also means, "let's go."

TABLE 13.2B : The four **IRREGULAR** imperative VERBS

	Verb	Hindi	Changes to	Suffix जिये *jiye* is added	Imperative form
1	Take	ले *le*	ली *lī*	जिये *jiye*	लीजिये *lījiye*
2	Give	दे *de*	दी *dī*	जिये *jiye*	दीजिये *dījiye*
3	Do	कर *kar*	की *kī*	जिये *jiye*	कीजिये *kījiye*
4	Drink	पी *pī*	पी *pī**	जिये *jiye*	पीजिये *pījiye*
	* The verb पी *pī* does not change, but the suffix इये *iye* changes from to जिये *jiye*				

(B) MAKING A Formal SUGGESTION :

A suggestion is also made in a respectful manner, using the word *āp* (आप) or *tum* (तुम) for you. For making such suggestion word "please" is used in English, hut in Hindi the **imperative suffix *o* (ओ) is added to the verb**, which has please built in it. Therefore, you will often not see Hindi people using the word "please" in their sentences. The word the word *āp* (आप) or *tum* (तुम) for you, may not be actually used, because it is always understood.

TABLE 13.2C : Suffix for making a SUGGESTION

Sentence	Subject (optional)	+ VERB + सुन *(sun) = listen*	= Suffix = ओ *(o)*	Hindi Sentence
Please listen!	You *tum* (तुम)	+ सुन *(sun)*	= ओ *(o)*	सुनो! *(suno!)*

EXAMPLES :

1. Please stop! (Stop = *ruk* रुक) *ruko!* = रुको!
2. Please go! (Go = *jā* जा) *jāo* = जाओ!
3. Please say! (Say = *kah* कह) *kaho* = कहो!
4. Please don't do! (Don't do = *mat kar* मत कर) *mat karo* = मत करो!
5. Please run! (Run = *bhāg* भाग) *bhāgo* = भागो!

(C) GIVING AN ORDER :

A n order is given aa a command, in which respects may not be there. Here, the word *tū* (तू) may be used for "you." For making such order word "please" is not used in English, and in Hindi, no imperative suffix is added to the verb. Just the plain verb is used, instead.

TABLE 13.2D : Suffix for giving an ORDER

Sentence	Subject (optional)	VERB बैठ *(baiṭh) = sit*	No suffix	Hindi Sentence
Sit!	You *tū* (तू)	बैठ *(baiṭh)*		बैठ *(baiṭh!)*

EXAMPLES :

1. Get out! (Get out = *nikal* निकल) *nikal!* = निकल!
2. Shut up! (Sut up = *chup kar* चुप कर) *chup kar* = चुप कर!
3. Don't move! (Don't move = *hil mat* हिल मत) *hil mat* = हिल मत!
4. Show (it to me)! (Show = *dikhā* दिखा) *dikhā* = दिखा!
5. Take a hike! (Take a hike = *bhāg* भाग) *bhāg* = भाग!

EXERCISE 31 : Read the following lines from the Gita :

Bhagavad Gita
भगवद्गीता

अर्जुन उवाच

स्थितप्रज्ञस्य का भाषा समाधिस्थस्य केशव ।
स्थितधीः किं प्रभाषेत किमासीत व्रजेत किम् ।।

श्रीभगवानुवाच

प्रजहाति यदा कामान्सर्वान्पार्थ मनोगतान् ।
आत्मन्येवात्मना तुष्टः स्थितप्रज्ञस्तदोच्यते ।।

दुःखेष्वनुद्विग्नमनाः सुखेषु विगतस्पृहः ।
वीतरागभयक्रोधः स्थितधीर्मुनिरुच्यते ।।

यः सर्वत्रानभिस्नेहस्तत्तत्प्राप्य शुभाशुभम् ।
नाभिनन्दति न द्वेष्टि तस्य प्रज्ञा प्रतिष्ठिता ।।

यदा संहरते चायं कूर्मोऽङ्गानीव सर्वशः ।
इन्द्रियाणीन्द्रियार्थेभ्यस्तस्य प्रज्ञा प्रतिष्ठिता ।।

LESSON 12

MAKING SENTENCES FOR **COMPLETED ACTIONS**

A perfected or completed action indicates what you did, have done or had done.

(i) suffix (m∘) *ā* (आ) or (f∘) *ī* (ई) is attached to the verb that ends in a consonant or a short vowel.

e.g. verb *chal* चल (to walk) →

(1) walked *chal + ā = chalā;*

(2) I walked m∘ *maĩ chalā,* f∘ *maĩ chalī.* चल + आ = चला, (m∘) मैं चला, (f∘) मैं चली ।

TABLE 12A : The **Perfect** Action Suffix for verbs ending in short vowels

	Verb	SUFFIX	
		Singular	Plural
1	Masculine	आ *ā*	ए *e*
2	Feminine	ई *ī*	ईं *ī̃* (or यी *yī*)

(ii) suffix *yā (y + ā)* या or *yī (y + ī)* यी is attached to the verb that ends in a long vowel such as *ā*, *ī* or *o* (आ, ई, ओ).

e.g. verb *so* सो (sleep) → (slept) m∘ *so + y + ā = soyā,* I slept m∘ *maĩ soyā,* f∘ *maĩ soyī.* सो + या = सोया, (m∘) मैं सोया, (f∘) मैं सोयी ।

TABLE 12B : The **Perfect** Action Suffix for verbs ending in long vowels

	Verb	SUFFIX	
		Singular	Plural
1	Masculine	या *yā*	ये *ye*
2	Feminine	यी *yī*	यीं *yī̃* (or यी *yī*)

(iii) If a completed action is Transitive, the suffix *ne* (ने) is attached to the subject.

e.g. (1) verb *khā* खा (eat) → (ate) *khā* खा + *yā* या = *khāya* खाया. I ate *maĩne khāyā* मैंने खाया ।

(2) *pī* पी (drink) → (drank) *pī* पी + *yā* या = *piyā* पीया. I drank *maĩne piyā* मैंने पीया ।

(iv) When suffix *ne* (ने) is attached to a subject, the verb changes according to the Object (the thing on which the action is done). Now the Subject has no effect on the verb.

e.g. m∘, f∘ subject → I ate a banana. *maĩ ne kelā khāyā* मैंने केला खाया । I ate bananas. *maĩ ne kele khāye* मैंने केले खाये । I ate a roṭī *maĩ ne roṭī khāyī* मैंने रोटी खायी । I ate roṭīs *maĩ ne roṭiyā̃ khāyī̃* मैंने रोटियाँ खायीं ।

TABLE 12C : The **Perfect** Tense, **Transitive** suffix ने *ne*

Subject	Singular	Plural
I /we	मैंने *maĩ-ne*	हमने *ham-ne*
He/she/they	उसने *us-ne*	उन्हों ने *unhõ ne*
You आप *(āp)*	आपने *āp-ne*	आपने *āp-ne*
You तुम *(tum)*	तुमने *tum-ne*	तुमने *tum-ne*
You तू *(tū)*	तूने *tū-ne*	तुमने *tum-ne*
Rām	राम ने *Rām ne*	
Sītā	सीता ने *Sītā ne*	

RATNAKAR'S SIXTH NOBLE TRUTH : (Perfect tense)

If an action is completed on a transitive verb, suffix *ne* (ने) is attached to the subject.

(a) Completed or perfected action = I did, I have done, I had done ...etc.

(b) Transitive action is where the the action is performed on an object, not on the subject. e.g. I (the subject) ate (the verb) a mango (the object), I drank tea, I wrote a book ...etc.

(c) Intransitive action is where the action is performed by the doer (subject) on him/herself, i.e. the action is not transferred to any external object. e.g. I (the subject) went, Bob slept, John walked, dog ran, cat died, they stayed, we came, you lived, baby cried, water leaked, house burnt, Sonia won, she swam, he sat, monkey jumped, sun rose, rain fell.

The perfect (completed) actions are mainly of three kinds, such as :

1. I did (you did; he, she, it did; we did; they did) see - Table 14
2. I have done (you have done; he, she has done; we have done; they have done)
3. I had done (you had done; he, she had done; we had done; they had done)

TABLE 14 : I did; you did; he, she, it did; we did; they did ...etc.

	Doer of the action		Intransitive actions------			Transitive actions --					
	Subject		intransitive action	suffix		transitive action suffix	verb type 1 consonant end	suffix		verb type 2 Long vowel	suffix
	I मैं *maĩ*		*chal* चल	*ā* आ		*maĩ ne* मैंने	*kah* कह	*ā* आ		पी *pī*	*yā* या
◦	He वह *vah*		*chal* चल	*ā* आ		*usne* उसने	*kah* कह	*ā* आ		पी *pī*	*yā* या
◦	She वह *vah*		*chal* चल	*ī* ई		*usne* उसने	*kah* कह	*ā* आ		पी *pī*	*yā* या
*	We हम *ham*		*chal* चल	*e* ए		*hamne* हमने	*kah* कह	*ā* आ		पी *pī*	*yā* या
*	You आप *āp*		*chal* चल	*e* ए		*āpne* आपने	*kah* कह	*ā* आ		पी *pī*	*yā* या
*	They वे *ve*		*chal* चल	*e* ए		*unhõne* उन्होंने	*kah* कह	*ā* आ		पी *pī*	*yā* या

EXERCISE 32 : Translate the English sentences into Hindī (Answers are given for help)

NOTE : Many people use masculine plural tenses for feminine plural tenses also.

(a). **Intransitive** actions, such as I came , I went, I fell, I walked :

I walked *maĩ chalā (chalī)* मैं चला (चली) । You fell *āp gire* आप गिरे । He came *vah āyā.* वह आया। She went *vah gayaī* वह गयी। We slept *ham soye* हम सोये। They stayed *ve rahe.* वे रहे।

(b). Intransitive actions, such as I have come, I have gone, I have fallen, I have walked :

I have walked. *maĩ chalā (chalī) hū̃.* मैं चला (चली) हूँ । You have fallen. *āp gire haĩ.* आप गिरे हैं । He has come. *vah āyā hai.* वह आया है । She has gone. *vah gayaī hai.* वह गयी है । We have slept. *ham soye haĩ.* हम सोये हैं । They have stayed. *ve rahe haĩ.* वे रहे हैं ।

(c). Intransitive actions, such as I had come, I had gone, I had fallen, I had walked :

I had walked. *maĩ chalā thā (chalī thī).* मैं चला था (चली थी) । You had fallen. *āp gire the.* आप गिरे थे । He had come. *vah āyā thā.* वह आया था । She had gone. *vah gayaī thī.* वह गयी थी । We had slept. *ham soye the.* हम सोये थे । They had stayed. *ve rahe the.* वे रहे थे ।

(d). **Transitive** actions, such as I did, I wrote, I drank, I saw :

I ate. *maĩ ne khāyā.* मैंने खाया । I ate a mango. *maĩ ne ām khāyā.* मैंने आम खाया । I ate one banana. *maĩ ne ek kelā khāyā.* मैंने एक केला खाया । I ate two bananas. *maĩ ne do kele khāye.*

मैंने दो केले खाये । I ate one Roṭī. *maĩ ne ek Roṭī khāyī.* मैंने एक रोटी खायी । I ate two Roṭīs. *maĩ ne do Roṭiyā̃ khāyī̃.* मैंने दो रोटियाँ खायीं ।

You drank tea. *āp ne chāy pī.* आपने चाय पी (पीयी) । Jack washed hands. *Jack ne hāth dhoye.* जैक ने हाथ धोये । Sunitā touched TV. *Sunita ne TV chhūā.* सुनीता ने टीवी छूआ । We peeled bananas. *hamne kele chhīle.* हमने केले छीले । Rām and Shyām did the work. *Rām aur Shyām ne kām kiyā.* राम और शाम ने काम किया ।

(e). Transitive actions, such as - I have done, I have written, I have drunk, I have seen :

I have eaten. *maĩ ne khāyā hai.* मैंने खाया है । I have eaten a mango. *maĩ ne ām khāyā hai.* मैंने आम खाया है । I have eaten one banana. *maĩ ne ek kelā khāyā hai.* मैंने एक केला खाया है । I have eaten two bananas. *maĩ ne do kele khāye hai.* मैंने दो केले खाये है । I have eaten one roṭī. *maĩ ne ek roṭī khāyī hai.* मैंने एक रोटी खायी है । I have eaten two roṭīs. *maĩ ne do roṭiyā̃ khāyī̃ haĩ.* मैंने दो रोटियाँ खायीं हैं ।

You have drunk tea. *āp ne chāy pī hai.* आपने चाय पी है । Rādhāk has washed hands. *Rādhā ne hāth dhoye haĩ.* राधा ने हाथ धोये हैं । Sunitā has touched TV. *Sunita ne TV chhūā hai.* सुनीता ने टीवी छूआ है। We have peeled bananas. *hamne kele chhīle haĩ.* हमने केले छीले हैं। Rām and Shyām have done the work. *Rām aur Shyām ne kām kiyā hai.* राम और श्याम ने काम किया है।

(f). Transitive actions, such as - I had done, I had written, I had drunk, I had seen :

I had eaten. *maĩ ne khāyā thā.* मैंने खाया था । I had eaten a mango. *maĩ ne ām khāyā thā.* मैंने आम खाया था । I had eaten one banana. *maĩ ne ek kelā khāyā thā.* मैंने एक केला खाया था । I had eaten two bananas. *maĩ ne do kele khāye the.* मैंने दो केले खाये थे । I had eaten one roṭī. *maĩ ne ek roṭī khāyī thī.* मैंने एक रोटी खायी थी । I had eaten two roṭīs. *maĩ ne do roṭiyā̃ khāyī thī̃.* मैंने दो रोटियाँ खायी थीं ।

You had drunk tea. *āp ne chāy pī thī.* आपने चाय पी थी । Jack had washed hands. *Jack ne hāth dhoye the.* जैक ने हाथ धोये थे । Sunitā had touched TV. *Sunita ne TV chhūā thā.* सुनीता ने टीवी छूआ था । We had peeled bananas. *hamne kele chhīle the.* हमने केले छीले थे । Rām and Shyām had done the work. *Rām aur Shyām ne kām kiyā thā.* राम और शाम ने काम किया था ।

RATNAKAR'S SEVENTH NOBLE TRUTH : (The Suffixes) **The 18 SUFFIXES :**

(1) Present tense = 'h' (ह); (2) Past tense = 'th' (थ); (3) Future tense = 'g' (ग); (4) Habitual 'do' mode = 't' (त); (5) Continuous (imperfect) '-ing' mode = 'rah' (रह); (6) Already 'done' mode = 'chuk' (चुक); (7) Masculine singular= 'ā ' (आ); (8) Masculine plural = 'e' (ए); (9) Feminine singular = 'ī ' (ई); (10) Feminine plural = 'iyā̃' (इयाँ); (11) First person singular (I) = 'ū̃ ' (ऊँ); (12) Third person singular (he, she) = 'ai' (ऐ); (13) Any Third person plural (we, you, they) = 'aĩ ' (एँ) ; (14) Any Perfect action = 'ā ' (आ); (15) Transitive Perfect action = 'ne' (ने). ALSO : (16) am = 'hū̃ ' (हूँ); (17) is, has, have = 'hai' (है); (18) was, had = 'thā ' (था).

IN DEPTH VIEW OF THE PERFECT (COMPLETED) ACTIONS

TABLE 15 : (completed Intransitive actions) I walked, I have walked, I had walked ...etc.

Doer of the action — Intransitive actions

	Subject	action type 1 end in consonant	suffix		action type 2 Long vowel	suffix		HAVE		HAD
	I मैं maĩ	chal चल	ā आ		सो so	yā या		हूँ hū̃		thā था
◦	He वह vah	chal चल	ā आ		सो so	yā या		है hai		thā था
◦	She वह vah	chal चल	ī ई		सो so	yī यी		है hai		thī थी
*	We हम ham	chal चल	e ए		सो so	ye ये		हैं haĩ		the थे
*	You आप āp	chal चल	e ए		सो so	ye ये		हैं haĩ		the थे
*	They वे ve	chal चल	e ए		सो so	ye ये		हैं haĩ		the थे

TABLE 16 : (Presently completed actions) I have written, I have eaten ...etc. *** for m◦ object**

Doer of the action — Transitive actions

Subject	transitive action suffix	verb type 1 consonant end	suffix	present action (have) suffix		verb type 2 Long vowel	suffix	present action (have) suffix
I मैं maĩ	ne ने	likh लिख	ā आ*	है hai		khā खा	yā या*	है hai
He *उस us	ne ने	likh लिख	ā आ*	है hai		khā खा	yā या*	है hai
She *उस us	ne ने	likh लिख	ā आ*	है hai		khā खा	yā या*	है hai
We हम ham	ne ने	likh लिख	ā आ*	है hai		khā खा	yā या*	है hai
You आप āp	ne ने	likh लिख	ā आ*	है hai		khā खा	yā या*	है hai

They *उन्हों unhõ	ne ने	likh लिख	ā आ*	है hai		khā खा	yā या*	है hai

NOTES : (i) For the changes from *vah* वह to *us* उस and *ve* वे to *un* उन, see Tables 23-24 (ii) * In tables 16-17, m◦ object is default.

TABLE 17 : (Previously completed actions) I had written, I had eaten ...etc. *** for m◦ object**

Doer of the action   Transitive actions --

Subject	transitive action suffix	verb type 1 consonant end	suffix	past action (had) suffix		verb type 2 Long vowel	suffix	past action (had) suffix
I मैं *maĩ*	*ne* ने	*likh* लिख	*ā* आ*	*thā* था*		*khā* खा	*yā* या*	*thā* था*
He *उस *us*	*ne* ने	*likh* लिख	*ā* आ*	*thā* था*		*khā* खा	*yā* या*	*thā* था*
She *उस *us*	*ne* ने	*likh* लिख	*ā* आ*	*thā* था*		*khā* खा	*yā* या*	*thā* था*
We हम *ham*	*ne* ने	*likh* लिख	*ā* आ*	*thā* था*		*khā* खा	*yā* या*	*thā* था*
You आप *āp*	*ne* ने	*likh* लिख	*ā* आ*	*thā* था*		*khā* खा	*yā* या*	*thā* था*
They *उन्हों *unhõ*	*ne* ने	*likh* लिख	*ā* आ*	*thā* था*		*khā* खा	*yā* या*	*thā* था*

NOTES : (i) For the changes from *vah* वह to *us* उस and *ve* वे to *un* उन, see Tables 23-24 (ii) * In tables 16-17, m◦ object is default.

EXPLANATION OF TABLES 15, 16 and 17

(Perfect or completed actions)

Intransitive actions, I did xxx (Table 15)

1. I did walk or I walked. *maĩ chalā.* मैं चला । He did walk or he walked. *vah chalā.* वह चला । She did walk or she walked. *vah chalī.* वह चली । We did walk or we walked. *ham chale.* हम चले । You did walk or You walked. *āp chale.* आप चले । They did walk or They walked. *ve chale.* वे चले । * I did sleep or I slept. *maĩ soyā.* मैं सोया । He did sleep or he slept. *vah soyā.* वह सोया । She did sleep or she slept. *vah soyī.* वह सोयी । We did sleep or we slept. *ham soye.* हम सोये । You did sleep or You slept. *āp soye.* आप सोये । They did sleep or They slept. *ve soye.* वे सोये ।

2. I **have** walked. *maĩ chalā hũ.* मैं चला हूँ । He has walked. *vah chalā hai.* वह चला है । She has walked. *vah chalī hai.* वह चली है । We have walked. *ham chale haĩ.* हम चले हैं । You have walked. *āp chale haĩ.* आप चले हैं । They have walked. *ve chale haĩ.* वे चले हैं । * I have slept. *maĩ soyā hũ.* मैं सोया हूँ । He has slept. *vah soyā hai.* वह सोया है । She has slept. *vah soyī hai.* वह सोयी है । We have slept. *ham soye haĩ.* हम सोये हैं । You have slept. *āp soye haĩ.* आप सोये हैं । They have slept. *ve soye haĩ.* वे सोये हैं । They have slept now. *ve ab soye haĩ.* वे अब सोये हैं । They have slept right now. *ve abhi soye jaĩ.* वे अभी सोये हैं ।

3. I **had** walked. *maĩ chalā thā.* मैं चला था । He had walked. *vah chalā thā.* वह चला था । She had walked. *vah chalī thī.* वह चली थी । We had walked. *ham chale the.* हम चले थे । You had walked. *āp chale the.* आप चले थे । They had walked. *ve chale the.* वे चले थे । * I had slept. *maĩ soyā thā.* मैं सोया था । He had slept. *vah soyā thā.* वह सोया था । She had slept. *vah soyī thī.* वह सोयी थी । We had slept. *ham soye the.* हम सोये थे । You had slept. *āp soye the.* आप सोये थे । They had slept. *ve soye the.* वे सोये थे ।

Transitive actions, I have done xxx (Table 16)

4. I **did** write or I wrote. *maĩ-ne likhā.* मैंने लिखा । He did write or he wrote. *us-ne likhā.* उसने लिखा । She did write or she wrote. *us-ne likhā.* उसने लिखा । We did write or we wrote. *ham-ne likhā.* हमने लिखा । You did write or You wrote. *āp-ne likhā.* आपने लिखा । They did write or They wrote. *unhõ-ne likhā.* उन्होंने लिखा । * I did eat or I ate. *maĩ-ne khāyā.* मैंने खाया । He did eat or he ate. *us-ne khāyā.* उसने खाया । She did eat or she ate. *us-ne khāyā.* उसने खाया । We did eat or we ate. *ham-ne khāyā.* हमने खाया । You did eat or You ate. *āp-ne khāyā.* आपने खाया । They did eat or They ate. *unhõ -ne khāyā.* उन्होंने खाया ।

5. I **have** written. *maĩ-ne likhā hai.* मैंने लिखा है । He has written. *us-ne likhā hai.* उसने लिखा है । She has written. *us-ne likhā hai.* उसने लिखा है । We have written. *ham-ne likhā hai.* हमने लिखा है । You have written. *āp-ne likhā hai.* आपने लिखा है । They have written. *unhõ-ne likhā hai.* उन्होंने लिखा है । * I have eaten. *maĩ-ne khāyā hai.* मैंने खाया है । He has eaten. *us-ne khāyā hai.* उसने खाया है । She has eaten. *us-ne khāyā hai.* उसने खाया है । We have eaten. *ham-ne khāyā hai.* हमने खाया है । You have eaten. *āp-ne khāyā hai.* आपने खाया है । They have eaten. *unhõne khāyā hai.* उन्होंने खाया है ।

Transitive actions, I had done xxx (Table 17)

6. I **had** written. *maĩ-ne likhā thā.* मैंने लिखा था। He had written. *us-ne likhā thā.* उसने लिखा था। She had written. *us-ne likhā thā.* उसने लिखा था। We had written. *ham-ne likhā thā.* हमने लिखा था। You had written. *āp-ne likhā thā.* आपने लिखा था। They had written. *unhõ-ne likhā thā.* उन्होंने लिखा था। * I had eaten. *maĩ-ne khāyā thā.* मैंने खाया था। He had eaten. *us-ne khāyā thā.* उसने खाया था। She had eaten. *us-ne khāyā thā.* उसने खाया था। We had eaten. *ham-ne khāyā thā.* हमने खाया था। You had eaten. *āp-ne khāyā thā.* आपने खाया था। They had eaten. *unhõ -ne khāyā thā.* उन्होंने खाया था।

ADVANCED PRACTICAL USE OF THE ABOVE PERFECT ACTIONS

Intransitive actions, as given in Table 15

(For Masculine, Feminine, Singular, Plural - refer to the Picture Dictionary and first three Noble Truths)

7. I **did** walk or I walked ten k.m. *maĩ das k.m. chalā.* मैं दस कि.मि. चला । He walked up to temple. *vah mandir tak chalā.* वह मंदिर तक चला । She walked yesterday. *vah kal chalī.* वह कल चली । We walked slowly. *ham dhīre chale.* हम धीरे चले । You walked fast. *āp tej chale.* आप तेज चले । They walked more. *ve jyādā chale.* वे ज्यादा चले । * I slept less. *maĩ kam soyā.* मैं कम सोया । He did not sleep. *vah nahĩ soyā.* वह नहीं सोया । She did sleep. *vah soyī.* वह सोयी । We slept enough. *ham kāfī soye.* हम काफी सोये । You slept a lot. *āp bahut soye.* आप बहुत सोये । They slept a little bit. *ve jarā (thoḍā) soye.* वे जरा (थोड़ा) सोये ।

8. I **have** always walked. *maĩ hameshā chalā hū̃.* मैं हमेशा चला हूँ । He has never walked. *vah kabhī nahĩ chalā hai.* वह कभी नहीं चला है । She has walked sometimes. *vah kabhī kabhī chalī hai.* वह कभी कभी चली है । We have walked ahead. *ham āge chale haĩ.* हम आगे चले हैं । You have walked behind. *āp pīchhe chale haĩ.* आप पीछे चले हैं । They have walked together. *ve sāth sāth chale haĩ.* वे साथ साथ चले हैं ।

9. I **had** walked outside. *maĩ bāhar chalā thā.* मैं बाहर चला था । He had walked inside. *vah andar chalā thā.* वह अंदर चला था । She had walked in front. *vah sāmane chalī thī.* वह सामने चली थी । We had walked today. *ham āj chale the.* हम आज चले थे ।

Transitive actions, I have done xxx (Table 16)

10. I **did** write or I wrote a letter. *maĩ-ne patra likhā.* मैंने पत्र लिखा । He wrote letters. *us-ne patra likhe.* उसने पत्र लिखे । She wrote a letter. *us-ne patra likhā.* उसने पत्र लिखा । We wrote a letter. *ham-ne chiṭṭhī likhī.* हमने चिट्ठी लिखी (*patra likhā.* मैंने पत्र लिखा) । You wrote letters. *āp-ne chiṭṭhiyā̃ likhī.* आपने चिट्ठियाँ लिखी (*patra likhe.* मैंने पत्र लिखे) । They wrote books. *unhõ-ne kitābẽ likhī.* उन्होंने किताबें लिखी । * I ate a banana. *maĩ-ne kelā khāyā.* मैंने केला खाया । He ate bananas. *us-ne kele khāyā.* उसने केले खाया । She ate a roṭī. *us-ne roṭī khāyī.* उसने रोटी खायी । We ate roṭīs. *ham-ne roṭiyā̃ khāyī.* हमने रोटियाँ खायी । You ate a mango. *āp-ne ām khāyā.* आपने आम खाया । They ate mangos. *unhõ -ne ām khāye.* उन्होंने आम खाये ।

11. I **have** written a book. *maĩ-ne kitāb likhī hai.* मैंने किताब लिखी है । He has written a book. *us-ne kitāb likhī hai.* उसने किताब लिखी है । She has written a letter. *us-ne khat likhā hai.* उसने खत लिखा है (*patra likhā hai.* मैंने पत्र लिखा है) । We have written letters. *ham-ne khat likhe haĩ.* हमने खत लिखे हैं (*patra likhe haĩ.* मैंने पत्र लिखे हैं) । You have written Hindī. *āp-ne hindī likhā hai.* आपने हिंदी लिखा है । They have written Hindī. *unhõ-ne hindī likhā hai.* उन्होंने हिंदी लिखा है । * I have eaten two apples. *maĩ-ne do seb khāye haĩ.* मैंने दो सेब खाये हैं । He has eaten three Samosas. *us-ne tīn samose khāye haĩ.* उसने तीन समोसे खाये हैं । She has eaten four Paraṭhās. *us-ne chār parāṭhe khāye haĩ.* उसने चार पराठे खाये हैं । We have eaten five grapes. *ham-ne pāñch angūr khāye haĩ.* हमने पाँच अंगूर खाये हैं । You have eaten six chillies. *āp-ne chhah mirchiyā̃ khāyī haĩ.* आपने छह मिरचियाँ खायी हैं । They have eaten seven tomatos. *unhõne sāt tamāṭar khāye haĩ.* उन्होंने सात टमाटर खाये हैं ।

Transitive actions, I had done xxx (Table 17)

12. I **had** eaten sugarcane. *maĩ-ne īkh khāyā thā.* मैंने ईख खाया था । He had eaten eight pomegranates. *us-ne āṭh anār khāye the.* उसने आठ अनार खाये थे । She had eaten nine lemons. *us-ne nau nīmbū khāye the.* उसने नौ नींबू खाये थे । We had eaten ten dates. *ham-ne das chhuāre khāye the.* हमने दस छूआरे खाये थे । You had not eaten garlic. *āp-ne lahsun nahĩ khāyā thā.* आपने लहसुन नहीं खाया था । They had eaten a little. *unhõ -ne thoḍā khāyā thā.* उन्होंने थोड़ा खाया था ।

TABLE 18 : SUMMARY OF SUFFIXES FOR ALL TEN ACTIONS WE LEARNED SO FAR in Tables 1-17

TABLE 18-A : FOR MASCULINE SUBJECTS

REMEMBER : For Transitive Perfect Actions you have to add *ne* (ने) to the subject, and change the verb according to the gender and number of the object.

Doer of the action------		to Drink	Habitual	Imperfect	Already done	Present∘	Past∘	Future∘	Request	Question	Completed Intransitive Actions -------------		
Masculine	subject	verb	do	-doing	done	am, is	was, had	will do	I should	should I?	did	have done	had done
I (m∘)	मैं *maĩ*	पी *pī*	ता *tā*	रहा *rahā*	चुका *chukā*	हूँ *hū̃*	था *thā*	ऊँगा *ū̃gā*	ऊँ *ū̃*	ऊँ *ū̃ ?*	आ *ā*	आ हूँ *ā hū̃*	आ था *ā thā*
He	वह *vah*	पी *pī*	ता *tā*	रहा *rahā*	चुका *chukā*	है *hai*	था *thā*	एगा *egā*	ए *e*	ए *e ?*	आ *ā*	आ है *ā hai*	आ था *ā thā*
We	हम *ham*	पी *pī*	ते *te*	रहे *rahe*	चुके *chuke*	हैं *haĩ*	थे *the*	एंगे *ẽge*	एं *ẽ*	एं *ẽ ?*	ए *e*	ए हैं *e haĩ*	ए थे *e the*
You	आप *āp*	पी *pī*	ते *te*	रहे *rahe*	चुके *chuke*	हैं *haĩ*	थे *the*	एंगे *ẽge*	एं *ẽ*	एं *ẽ ?*	ए *e*	ए हैं *e haĩ*	ए थे *e the*
They	वे *ve*	पी *pī*	ते *te*	रहे *rahe*	चुके *chuke*	हैं *haĩ*	थे *the*	एंगे *ẽge*	एं *ẽ*	एं *ẽ ?*	ए *e*	ए हैं *e haĩ*	ए थे *e the*
			1	2	3		4	5	6	7	8	9	10

Remember : In Transitive Completed actions, suffix ने (*ne*) is added to the Subject; NOW the verb is controlled by theGender and Number of the Object.
The suffixes for : (i) m∘ singular = आ *ā* (ii) f∘ sing∘ = ई *ī* (iii) plural∘ = ए *e*. Shown above are the suffixes only for actions with m∘ singular Object.

TABLE 18-B : FOR FEMININE SUBJECTS

REMEMBER : For Transitive Perfect Actions you have to add *ne* (ने) to the subject, and change the verb according to the gender and number of the object.

Doer of the action------		to Drink	Habitual	Imperfect	Already done	Present∘	Past∘	Future∘	Request	Question	Completed Intransitive Actions -------------		
Feminine	subject	verb	do	-doing	done	am, is	was, had	will do	I should	should I?	did	have done	had done
I (f∘)	मैं *maĩ*	पी *pī*	ती *tī*	रही *rahī*	चुकी *chukī*	हूँ *hū̃*	थी *thī*	ऊँगी *ū̃gī*	ऊँ *ū̃*	ऊँ *ū̃ ?*	ई *ī*	ई हूँ *ī hū̃*	ई थी *ī thī*
She	वह *vah*	पी *pī*	ती *tī*	रही *rahī*	चुकी *chukī*	है *hai*	थी *thī*	एगी *egī*	ए *e*	ए *e ?*	ई *ī*	ई है *ī hai*	ई थी *ī thī*
We	हम *ham*	पी *pī*	तीं *tī̃*	रहीं *rahī̃*	चुकीं *chukī̃*	हैं *haĩ*	थीं *thī̃*	एंगे *ẽge*	एं *ẽ*	एं *ẽ ?*	ईं *ī̃*	ईं हैं *ī̃ haĩ*	ईं थीं *ī̃ thī̃*
You	आप *āp*	पी *pī*	तीं *tī̃*	रहीं *rahī̃*	चुकीं *chukī̃*	हैं *haĩ*	थीं *thī̃*	एंगे *ẽge*	एं *ẽ*	एं *ẽ ?*	ईं *ī̃*	ईं हैं *ī̃ haĩ*	ईं थीं *ī̃ thī̃*
They	वे *ve*	पी *pī*	तीं *tī̃*	रहीं *rahī̃*	चुकीं *chukī̃*	हैं *haĩ*	थीं *thī̃*	एंगे *ẽge*	एं *ẽ*	एं *ẽ ?*	ईं *ī̃*	ईं हैं *ī̃ haĩ*	ईं थीं *ī̃ thī̃*
			1	2	3		4	5	6	7	8	9	10

Remember : In Transitive Completed actions, suffix ने (*ne*) is added to the Subject; NOW the verb is controlled by the Gender and Number of the Object.
The suffixes for : (i) m∘ singular = आ *ā* (ii) f∘ sing∘ = ई *ī* (iii) plural∘ = ए *e*. Shown above are the suffixes only for actions with m∘ singular Object.

NOTES : (i) He, she, that = वह, *वो (*vah,* * vo*); (ii) Those = वे, *वो (*ve, *vah * vo*); (iii) It, this, these = यह, *ये (*yah, *ye*); *colloquial

For detailed expansion and extended variations of these pronouns, see Table 25

EXPLANATION OF TABLES 18 and 18-A
THE TEN MOST COMMON WAYS OF USING ACTION-WORDS

13. **PRESENT HABITUAL, 'do' mode** (suffixes ता, ती, ते *tā, tī, te*): I walk or I do walk. (m∘) *mal̃ chaltā hū̃.* मैं चलता हूँ । (f∘) *mal̃ chaltī hū̃.* मैं चलती हूँ । He walks, he does walk. *vah chaltā hai.* वह चलता है । She walks, she does walk. *vah chaltī hai.* वह चलती है । We walk, we do walk. *ham chalte haĩ.* हम चलते हैं । You walk, you do walk. *āp chalte haĩ.* आप चलते हैं । They walk, they do walk. *ve chalte haĩ.* वे चलते हैं ।

14. **CONTINUOUS, 'doing' mode** (suffixes रहा, रही, रहे *rahā, rahī, rahe*): I **am** walking. (m∘) *maĩ chal rahā hū̃.* मैं चल रहा हूँ । (f∘) *maĩ chal rahī hū̃.* मैं चल रही हूँ । He is walking. *vah chal rahā hai.* वह चल रहा है । She is walking. *vah chal rahī hai.* वह चल रही है । We are walking. *ham chal rahe haĩ.* हम चल रहे हैं । You are walking. *āp chal rahe haĩ.* आप चल रहे हैं । They are walking. *ve chal rahe haĩ.* वे चल रहे हैं । * I **was** walking. (m∘) *maĩ chal rahā thā.* मैं चल रहा था । (f∘) *maĩ chal rahī thī.* मैं चल रही थी । He was walking. *vah chal rahā thā.* वह चल रहा था । She was walking. *vah chal rahī thī.* वह चल रही थी । We were walking. (m∘) *ham chal rahe the.* हम चल रहे थे । (f∘) *ham chal rahī thī̃.* हम चल रही थीं । You were walking. (m∘) *āp chal rahe the.* आप चल रहे थे । (f∘) *āp chal rahī thī̃.* आप चल रहे थीं । They were walking. (m∘) *ve chal rahe the.* वे चल रहे थे । (f∘) *ve chal rahī thī̃.* वे चल रहीं थीं ।

15. **ALREADY COMPLETED, 'already done' mode** (suffixes चुका, चुकी, चुके *chukā, chukī, chuke*): I **have** already walked. (m∘) *maĩ chal chukā hū̃.* मैं चल चुका हूँ । (f∘) *maĩ chal chukī hū̃.* मैं चल चुकी हूँ । He has already walked. *vah chal chukā hai.* वह चल चुका है । She has already walked. *vah chal chukī hai.* वह चल चुकी है । We have already walked. *ham chal chuke haĩ.* हम चल चुके हैं । You have already walked. *āp chal chuke haĩ.* आप चल चुके हैं । They have already walked. *ve chal chuke haĩ.* वे चल चुके हैं । * I **had** already walked. (m∘) *maĩ chal chukā thā.* मैं चल चुका था । (f∘) *maĩ chal chukī thī.* मैं चल चुकी थी । He had already walked. *vah chal chukā thā.* वह चल चुका था । She had already walked. *vah chal chukī thī.* वह चल चुकी थी । We had already walked. *ham chal chuke the.* हम चल चुके थे । You had already walked. *āp chal chuke the.* आप चल चुके थे । They had already walked. *ve chal chuke the.* वे चल चुके थे ।

16. **PAST HABITUAL : 'used to do' mode** (suffixes ता था, ती थी, ते थे *tā thā, tī thī, te the*): I used to walk. (m∘) *maĩ chal tā thā.* मैं चलता था । (f∘) *maĩ chal tī thī.* मैं चलती थी । He used to walk. *vah chal tā thā.* वह चलता था । She used to walk. *vah chal tī thī.* वह चलती थी । We used to walk. *ham chal te the.* हम चलते थे । You used to walk. *āp chal te the.* आप चलते थे । They used to walk. *ve chal te the.* वे चलते थे ।

17. **FUTURE, '<u>will</u>' mode** (suffixes ऊँगा, ऊँगी, एगा, एगी, एंगे *ū̐gā, ū̐gī, egā, egī, enge*): I will walk. (m∘) *maĩ chalū̐gā.* मैं चलूँगा । (f∘) *maĩ chalū̐gā.* मैं चलूँगी । He will walk. *vah chalegā.* वह चलेगा । She will walk. *vah chalegī.* वह चलेगी । We will walk. *ham chalenge.* हम चलेंगे । You will walk. *āp chalenge.* आप चलेंगे । They will walk. *ve chalenge.* वे चलेंगे ।

18. **POTENTIAL, '<u>should</u> or <u>may</u>' mode** (suffixes ऊँ, ए, एं *ū̐, e, ẽ, enge*): I (m∘ and f∘) should walk. *maĩ chalū̐.* मैं चलूँ । He or she should walk. *vah chale.* वह चले । We should walk. *ham chalẽ.* हम चलें । You should walk. *āp chalẽ.* आप चलें । They should walk. *ve chalẽ.* वे चलें ।

19. **INTERROGATIVE, '<u>should I?</u> or <u>may I?</u>' mode** (suffixes ऊँ? ए? एं? *ū̐? e? ẽ? enge?*): Should I walk. (m∘ and f∘) *maĩ chalū̐?* मैं चलूँ? *maĩ chalū̐ kyā?* मैं चलूँ क्या? Should he or she walk. *vah chale?* वह चले? *vah chale kyā?* वह चले क्या? Should we walk. *ham chalẽ?* हम चलें? *ham chalẽ kyā?* हम चलें क्या? Will you walk. *āp chalenge?.* आप चलेंगे? *āp chalenge kyā?.* Will they walk? *ve chalenge?* वे चलेंगे?* *ve chalenge kyā?* वे चलेंगे क्या?

20. **SIMPLE PERFECT, '<u>did</u>' mode** (suffixes आ, या, ई, यी *ā. yā, ī, yī*): I <u>did</u> walk or I walked. (m∘) *maĩ chalā.* मैं चला । (f∘) *maĩ chalī.* मैं चली । He did walk or he walked. *vah chalā.* वह चला । She did walk or she walked. *vah chalī.* वह चली । We did walk or we walked. *ham chale.* हम चले । You did walk or you walked. *āp chale.* आप चले । They did walk or they walked. *ve chale.* वे चले ।

21. **Transitive Actions (As said before, refer Tables 23-24 for changes to pronouns *vah* वह and *ve* वे)**
I (m∘ and f∘) <u>did</u> eat or I <u>ate</u> a banana. *maĩne kelā khāyā.* मैंने केला खाया । I ate two bananas. *maĩne do kele khāye.* मैंने दो केले खाये । I ate a roṭī. *maĩne roṭī khāyī.* मैंने रोटी खायी । I ate two roṭīs. *maĩne do roṭiyā̐ khāyī̐.* मैंने दो रोटियाँ खायीं । * He or she <u>ate</u> a banana. *usne kelā khāyā.* उसने केला खाया । He or she ate two bananas. *usne do kele khāye.* उसने दो केले खाये । He ate a roṭī. *usne roṭī khāyī.* उसने रोटी खायी । He ate two roṭīs *usne do roṭiyā̐ khāyī̐.* उसने दो रोटियाँ खायीं । * We <u>ate</u> a banana. *hamne kelā khāyā.* हमने केला खाया । We ate two bananas. *hamne do kele khāye.* हमने दो केले खाये । We ate a roṭī. *hamne roṭī khāyī.* हमने रोटी खायी । We ate two roṭīs *hamne do roṭiyā̐ khāyī̐.* हमने दो रोटियाँ खायीं । * You (m∘ and f∘) <u>ate</u> a banana. *āpne kelā khāyā.* आपने केला खाया । You ate two bananas. *āpne do kele khāye.* आपने दो केले खाये । You ate a roṭī. *āpne roṭī khāyī.* आपने रोटी खायी । You ate two roṭīs *āpne do roṭiyā̐ khāyī̐.* आपने दो रोटियाँ खायीं । * They (m∘ and f∘) <u>ate</u> a banana. *unhõne kelā khāyā.* उन्होंने केला खाया । They ate two bananas. *unhõne do kele khāye.* उन्होंने दो केले खाये । They ate a roṭī. *unhõne roṭī khāyī.* उन्होंने रोटी खायी । They ate two roṭīs *unhõne do roṭiyā̐ khāyī̐.* उन्होंने दो रोटियाँ खायीं ।

22. **PRESENT PERFECT, 'have done' mode** (sucffixes आ है, ई है, ए हैं *ā hai, ī hai, e haĩ*): I have walked. (m∘) *maĩ chalā hū̃.* मैं चला हूँ । (f∘) *maĩ chalī hū̃.* मैं चली हूँ । He has walked. *vah chalā hai.* वह चला है । She has walked. *vah chalī hai.* वह चली है । We have walked. *ham chale haĩ.* हम चले हैं । You have walked. *āp chale haĩ.* आप चले हैं । They have walked. *ve chale haĩ.* वे चले हैं ।

23. **Transitive Actions: (As said before, refer Tables 23-24 for changes to pronouns he, she, and they)**
I (m∘ and f∘) have eaten a banana. *maĩne kelā khāyā hai.* मैंने केला खाया है । I have eaten two bananas. *maĩne do kele khāye haĩ.* मैंने दो केले खाये हैं । I have eaten a roṭī. *maĩne roṭī khāyī hai.* मैंने रोटी खायी है । I have eaten two roṭīs. *maĩne do roṭiyā̃ khāyī haĩ.* मैंने दो रोटियाँ खायी हैं । * He or she has eaten a banana. *usne kelā khāyā hai.* उसने केला खाया है । He or she has eaten two bananas. *usne do kele khāye haĩ.* उसने दो केले खाये हैं । He or she has eaten a roṭī. *usne roṭī khāyī hai.* उसने रोटी खायी है । He or she has eaten two roṭīs *usne do roṭiyā̃ khāyī haĩ.* उसने दो रोटियाँ खायी हैं । * We, you or they have eaten a banana. *hamne, āpne, unhõne kelā khāyā hai.* हमने, आपने, उन्होंने केला खाया है । We, you or they have eaten two bananas. *hamne, āpne, unhõne do kele khāye haĩ.* हमने आपने, उन्होंने दो केले खाये हैं । We, you or they have eaten a roṭī. *hamne, āpne, unhõne roṭī khāyī hai.* हमने आपने, उन्होंने रोटी खायी है । We, you or they have eaten two roṭīs *hamne, āpne, unhõne do roṭiyā̃ khāyi haĩ.* हमने आपने, उन्होंने दो रोटियाँ खायी हैं ।

24. **PAST PERFECT, 'had done' mode** (suffixes आ था, ई थी, ए थे *ā thā, ī thī, e the*): I had walked. (m∘) *maĩ chalā thā.* मैं चला था । (f∘) *maĩ chalī thī.* मैं चली थी । He had walked. *vah chalā thā.* वह चला था । She had walked. *vah chalī thī.* वह चली थी । We had walked. *ham chale the.* हम चले थे । You had walked. *āp chale the.* आप चले थे । They had walked. *ve chale the.* वे चले थे ।

25. **Transitive Actions (As said before, refer Tables 23-24 for changes to pronouns *vah* वह and *ve* वे)**
I (m∘ and f∘) had eaten a banana. *maĩne kelā khāyā thā.* मैंने केला खाया था । I had eaten two bananas. *maĩne do kele khāye the.* मैंने दो केले खाये थे । I had eaten a roṭī. *maĩne roṭī khāyī thī.* मैंने रोटी खायी थी । I had eaten two roṭīs. *maĩne do roṭiyā̃ khāyī thī̃.* मैंने दो रोटियाँ खायी थीं । * He or she had eaten a banana. *usne kelā khāyā the.* उसने केला खाया थे । He or she had eaten two bananas. *usne do kele khāye the.* उसने दो केले खाये थे । He or she had eaten a roṭī. *usne roṭī khāyī hai.* उसने रोटी खायी थी । He or she had eaten two roṭīs *usne do roṭiyā̃ khāyī thī̃.* उसने दो रोटियाँ खायी थीं । * We, had eaten a banana. *hamne kelā khāyā thā.* हमने केला खाया था । You had eaten two bananas. *āpne do kele khāye the.* आपने दो केले खाये थे । They had eaten a roṭī. *unhõne roṭī khāyī thī.* उन्होंने रोटी खायी थी । They had eaten two roṭīs *unhõne do roṭiyā̃ khāyi thī̃.* उन्होंने दो रोटियाँ खायी थीं ।

RATNAKAR'S BRAIN SURGERY OF THE HINDI GRAMMAR

These three pages show the intrinsic guts of Hindi Syntax to the Teachers of Hindi

From the charts of tenses we studied in previous lessons, **following facts can be discovered :**

subject | verb and its mode | tense & person | #1 verb stem | #2 mode

(1) I drink hot tea = *maĩ garam chāy pītā hũ* = maĩ garam chāy pī t ā h ũ

subject | verb | object | adjective | object | adjective | #3 gender and number | #4 present tense | #5 person

Note: #2 *'t'* = habitual mode (do), *rah* = incomplete mode (-ing), *chuk* = 'already done' mode.

#3 *ā* = m∘ singular; *ī* = f∘ singular, *e* = m∘ plural; *ĩ* = f∘ plural.

#5 *ũ* = 1st person singular; *ai, e* = second and third person singular; *aĩ, ẽ* = plural.

(2) I was drinking tea = *maĩ chāy pī rahā thā* = maĩ chāy pī rah ā th ā

#2 mode | #3 gender, number | #6 past tense | #3 gender, number

Note : #6 *'th'* = was, had, *used to

* used to = #2 + #3 and #6 + #3 (*t + ā, th + ā*)

Therefore, m∘ (i) Was = *thā* था, (ii) Had = *thā* था, (iii) Used to = *tā thā* ता था।

(3) I will drink tea = *maĩ chāy pīũgā* = maĩ chāy pī ũ g ā

Note : #7 for future tense, logically the Tense operative *'g'* goes after #5 Person indicator.

#5 person | #7 future tense | #3 gender and number

(4) I should drink tea (the Potential mood) = *maĩ chāy pīũ* = maĩ chāy pī ũ

Note : Potential mood needs only #5. It does not need any tense operative such as, *h* for present, *th* for past or *g* for future tense.

#5 person

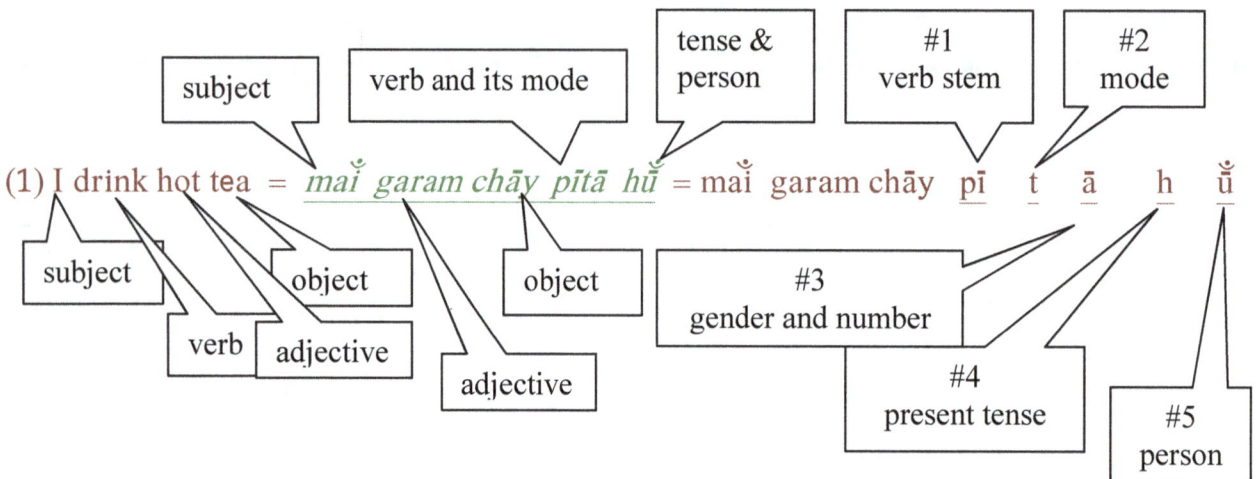

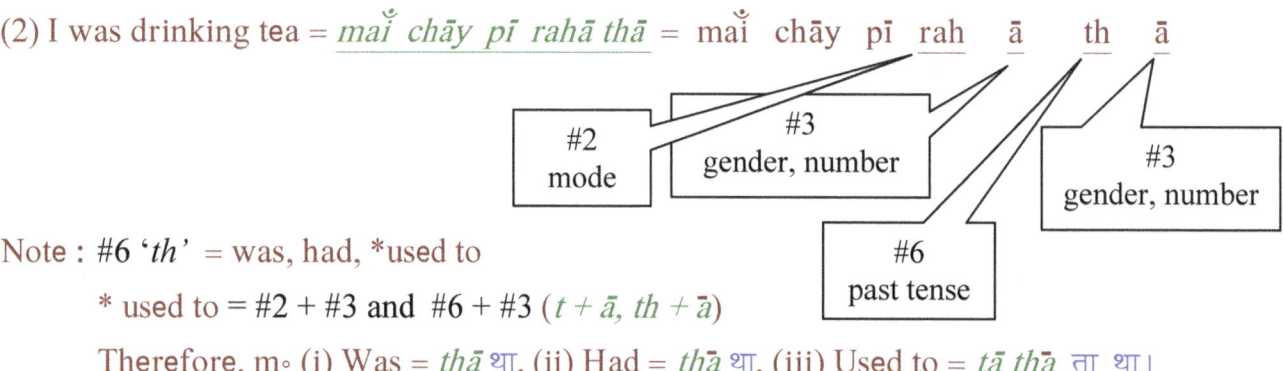

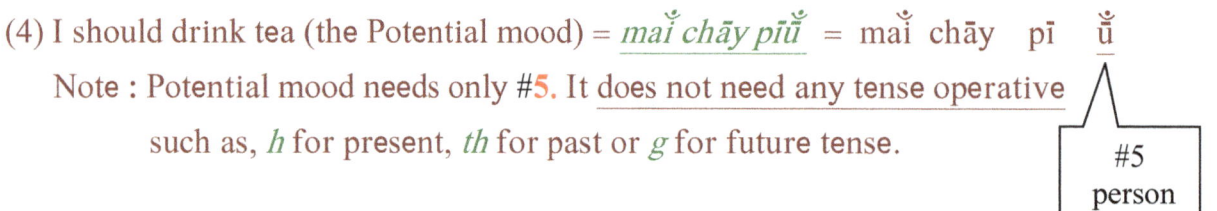

These three pages show the intrinsic guts of Hindi Syntax to the Teachers of Hindi

(5) I walked = I did walk = *maĩ chalā* = maĩ chal ā

perfect, intrinsitive verb | indefinite, perfect action | subject | intransitive verb | #3 perfect tense suffix, gender and number See the Note below

Note : #3 The perfect tense suffix *ā* (आ) changes with gender (m◦ ā आ, f◦ ī ई) and number (pl◦ e ए, ĩ ईं). Also, when the verb ends with a long vowel, (such as *ā, ī, o* आ, ई, ओ) letter *y* य is prefixed to the perfect tense suffix *ā* (आ) e.g. (1) 'chal' *ā* = chalā. (2) 'so' y + ā = soyā

(6) I have walked slowly = *maĩ dhīre chalā hū̃* = maĩ dhīre chal ā h ū̃

present | perfect action | adverb | subject | adverb | intransitive verb | #3 perfect tense suffix, *yā* for a long vowel | #4 present tense | #5 person

Note : The first-person Present-perfect-tense indicator 'have' translates into Hindī as *'hū̃'* हूँ

(7) I had walked = *maĩ chalā thā* = maĩ chal ā th ā

past | perfect action | subject | intransitive verb | #3 perfect tense suffix, *yā* for a long vowel | #6 past | #3 gender and number

Note : **#6** Past tense suffix '*th*' थ is added is added to the verb ONLY when there is 'was,' 'had' or 'used to' in the sentence.

(8) I saw (have seen, had seen) = *maĩ ne dekhā (hai, thā)* = maĩ ne dekh ā (hai, thā)

perfect, transitive action | present tense | past tense | #8 transitive perfect action suffix | #3 perfect tense suffix, *yā* for a long vowel | #4 present tense | #6 past

Note : #8 When the action is transitive and perfected (present, past or future), suffix '*ne*' (ने) is attached to the verb. With suffix *ne* (ने), the Subject has no effect on the verb. Now, the Object affects the verb. e.g. (1) m◦ *Rām chāy pītā hai,* f◦ *Sītā chāy pītī hai.* (2) perfect actions (object f◦ *chāy*, m◦ *ām*) *Rām ne chāy pī, Sītā ne chāy pī, Rām ne ām khāyā, Sītā ne ām khāyā.*

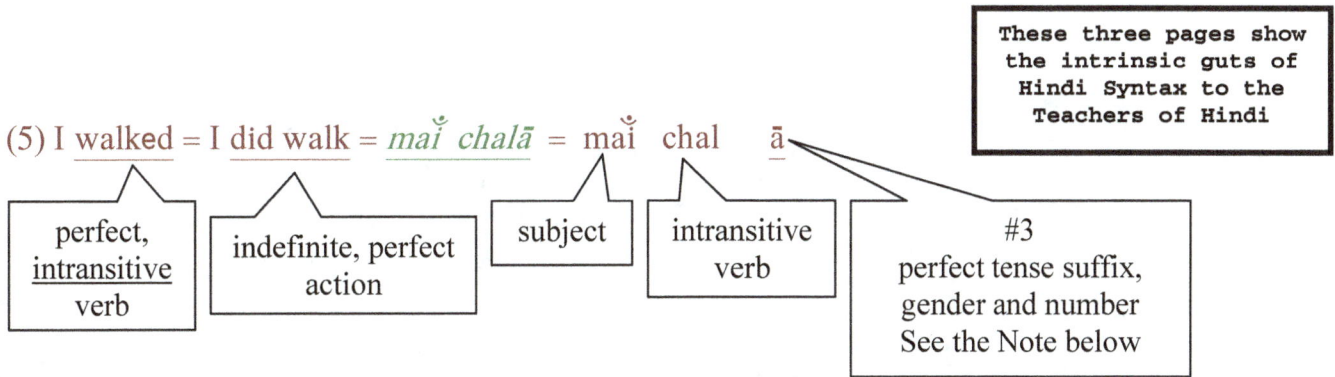

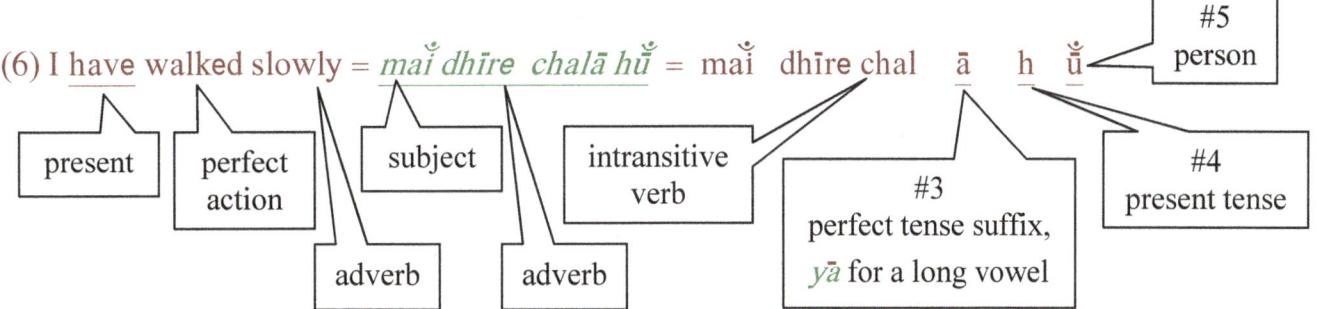

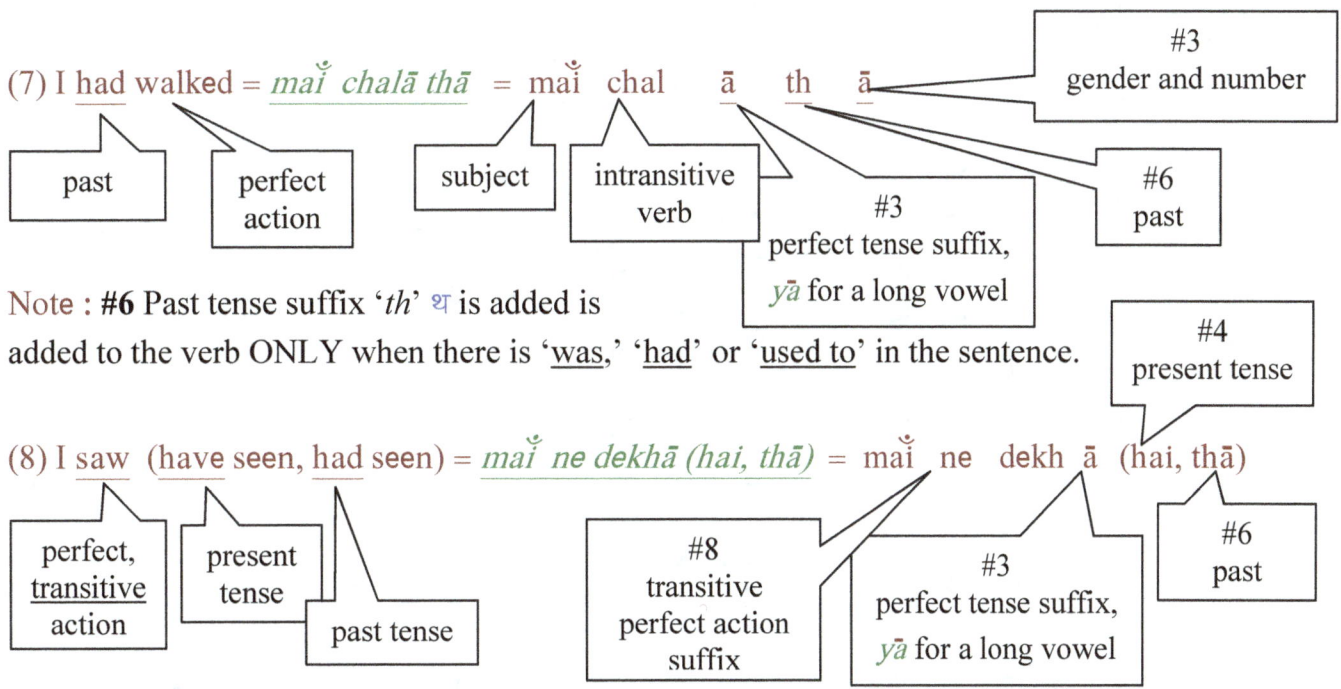

These three pages are created to show the intrinsic guts of the Hindi Syntax to the Teachers of Hindi Language

THE X-Ray VISION, SEEING THROUGH THE HINDI SYNTAX

From the charts given on previous two pages following structural skeleton can be seen through the Hindī Syntax :

eg. I drink hot tea slowly, I eat a sweet banana, I eat sweet bananas, I eat sweet roṭī, I eat sweet rotīs ...etc

English syntax: I (subject) drink (verb + tense) hot (adjective) tea (object) slowly (adverb)

Hindī syntax: *maĩ* (subject) *garam* (adj∘) *chāy* (object) *dhīre* (adverb) *pītā hũ* (verb + tense, gender, number, person)

main *mīṭhā (mīṭhī) kelā (roṭī)* *khātā-khatī hũ*

subject	adjective	object	verb +	mode, gender,	tense,	person,	number
m∘, f∘; singular, pl∘	m∘, f∘; singular, pl∘	m∘, f∘; singular, pl∘	transitive, intransitive	do, -ing, -ed / masculine, feminine	present, past, future	1st., 2nd., 3rd	singular, plural
maĩ	*mīṭhā (mīṭhī)*	*kelā (roṭī)*	*khā* +				

Subject:

I	*maĩ*
you	*āp*
he, that	*vah*
she, that	*vah*
it, this	*yah*
we	*ham*
you	*āp*
they, those	*ve*
these	*ye*
m∘ *laḍkā*	f∘ *laḍkī*

Adjective — Gender

m∘ sg∘ = आ *'ā'*
m∘ pl∘ = ए *'e'*
f∘ sg∘ = ई *'ī'*
f∘ pl∘ = ई *'ī̃'*

Object — Gender

m∘ sg∘ = आ *'ā'*
m∘ pl∘ = ए *'e'*
f∘ sg∘ = ई *'ī'*
f∘ pl∘ = इयाँ *'īyā̃'*

Mode + Gender

'do' = त *'t'*
'ing' = रह *'rah'*
'ed' = चुक *'chuk'*

Gender

m∘ sg∘ = आ *'ā'*
m∘ pl∘ = ए *'e'*
f∘ sg∘ = ई *'ī'*
f∘ pl∘ = ई *'ī̃'*

Tense

past = थ *'th'*
future = ग *'g'*
present = ह *'h'*

Gender

m∘ sg∘ = आ *'ā'*
m∘ pl∘ = ए *'e'*
f∘ sg∘ = ई *'ī'*
f∘ pl∘ = ई *'ī̃'*

Person

1st∘ person sg∘ = ऊँ *'ū̃'*
1st∘ person pl∘ = ऐं *'aĩ'*
2nd∘ person sg∘ = ऐ *'ai'*
2nd∘ person pl∘ = ऐं *'aĩ'*
3rd∘ person sg∘ = ऐ *'ai'*
3rd∘ person pl∘ = ऐं *'aĩ'*

LESSON 13

THE HINDI IRREGULR VERBS

Take, Give, Do, Drink, Be, Become and Go

The table 18 is the Maste Table of the comple Hindi Grammar, for the Hindi syntax and Hindi verb usage.

However, the following four tables show that, six verbs namely "**Take, Give, Do, Drink, Become** and **Go**" have irregular Hindi inflections in the :

(i) **Perfect Tense,**

(ii) **Imperative Mood,**

(iii) **Future Tenas and**

(iv) **Potential Mood.**

(i). **PERFECT TENSE :** Prefect Simple, Perfect present, Perfect past and Perfect future

Irregular verbs : "Take, Give, Do, Become, Go"

TABLE 14.1A : Irreguar verbs in the Perfect Ternse

	Verb	becomes	Suffix		Perfect Tense	Example
			m∘	f∘		m∘ f∘
1	Take : ले le	लि li / ली lī	या yā	यी yī	लिया liyā लियी/ली liyi or lī	पानी लिया pānī liyā चाय ली chāy lī
2	Give : दे de	दि di / दी dī	या yā	यी yī	दिया diyā दियी/दी diyi or dī	पानी दिया pānī diyā चाय दी chāy dī
3	Do : कर kar	कि ki / की kī	या yā	यी yī	किया kiyā कयी/की liyi or lī	काम किया kām kiyā शादी की shadī kī
4	Be Become : हो ho	हु hu	आ yā	ई ī	हुआ huā हुई hulī	काम हुआ kām huā शादी हुई shadī huī
5	Go : जा ja	ग ga	या yā	यी yī	गया gayā गयी gayi	राम गया Rām gayā सीता गयी Sītā gayī

(ii). **IMPERATIVE MOOD :**

Irregular verbs : "Take, Give, Do, Drink"

TABLE 14.1B : Irreguar verbs in the Imperative Mood

	Verb	**becomes**	Suffix	Imperative	Example
					m◦ f◦
1	Take : ले le	**ली lī**	जिये jiye	लीजिये lījiye	पानी लीजिये pānī lījiye
2	Give : दे de	**दी dī**	जिये jiye	दीजिये dījiye	पानी दीजिये pānī dījiye
3	Drink : पी pī	**पी pī**	**जिये jiye**	पीजिये lījiye	पानी पीजिये pānī pijiye
4	Do : कर kar	**की kī**	जिये jiye	कीजिये kījiye	काम कीजिये kām kījiye

(iii). **FUTURE TENSE : First Person, Singular only : I Will xxx**

Irregular verbs : "Take, Give, Become"

TABLE 14.1C : Irreguar verbs in the Future Tense (First Person, Singular - I मैं)

	Verb	**becomes**	Suffix	Future Tense	Example
					m◦ f◦
1	Take : ले le	**लू lū**	ऊँगा ūngā ऊँगी ūngī	लूँगा lūngā लूँगी lūngī	पानी लूँगा pānī lūngā पानी लूँगी pānī lūngī
2	Give : दे de	**दू dū**	ऊँगा ūngā ऊँगी ūngī	दूँगा dūngā दूँगी dūngī	पानी दूँगा pānī dūngā पानी दूँगी pānī dūngī
3	Become : हो ho	**हू hū**	ऊँगा ūngā ऊँगी ūngī	हूँगा hūngā हूँगी hūngī	सफल हूँगा safal hūngā सफल हूँगी safal hūngī

(iv). **POTENTIAL MOOD : First Person, Singular only : I should xxx**

Irregular verbs : "Take, Give, Become"

TABLE 14.1D : Irreguar verbs in the Potential Mood (First Person, Singular - I मैं)

	Verb	**becomes**	Suffix	Future Tense	Example : m◦ f◦ both
1	Take : ले le	**लू lū**	ऊँ ū̃	लूँ lū̃	पानी लूँ pānī lū̃
2	Give : दे de	**दू dū**	ऊँ ū̃	दूँ dū̃	पानी दूँ pānī dū̃
3	Become : हो ho	**हू hū**	ऊँ ū̃	हूँ hū̃	सफल हूँ safal hū̃

EXERCISE 33 : **Identify and know about the following pictures and write a paragraph (in any language) on any two objects.**

SUMMARY of TENSES

GROUP (A)

Transitive Action

EXAMPLE : to do √*kar* √कर (करना *karnā*)

NOTE : 1P∘ = First Person (I, We), **2P∘** = Second Person (You), **3P∘** = Third Person (They)

(1) Present Indefinite Tense (सामान्य वर्तमान काल)

	Singular	Plural
1P∘ Male -	I do *maĩ karatā hū̃* मैं करता हूँ ।	We do *ham karate haĩ* हम करते हैं ।
Female -	I do *maĩ karatī hū̃* मैं करती हूँ ।	We do *ham karatī haĩ* हम करती हैं ।
2P∘ Male -	You do *āp karate haĩ* आप करते हैं । (तू करता है ।) *(tū karatā hai)* (तुम करते हो ।) *(tum karate ho)*	You do *āp karate haĩ* आप करते हैं । (तुम करते हो ।) *(tum karate ho)* (तुम करते हो ।) *(tum karate ho)*
Female -	You do *āp karatī haĩ* आप करती हैं । (तू करती है ।) (तुम करती हो ।)	You do *āp karatī haĩ* आप करती हैं । (तुम करती हो ।) (तुम करती हो ।)
3P∘ Male -	He does *vah karatā hai* वह करता है ।	They do *ve karate haĩ* वे करते हैं ।
Female -	She does *vah karatī hai* वह करती है ।	They do *ve karatī haĩ* वे करती हैं ।

(2) Present Continuous Tense (अपूर्ण वर्तमान काल)

1P∘ Male -	I am doing	We are doing

	maĩ kar rahā hū̃ मैं कर रहा हूँ ।	*ham kar rahe haĩ* हम कर रहे हैं ।
Female -	I am doing *maĩ kar rahī hū̃* मैं कर रही हूँ ।	We are doing *ham kar rahī haĩ* हम कर रही हैं ।
2P◦ Male -	You are doing *āp kar rahe haĩ* आप कर रहे हैं । (तू कर रहा है ।) (तुम कर रहे हो ।)	You are doing *āp kar rahe haĩ* आप कर रहे हैं । (तुम कर रहे हो ।) (तुम कर रहे हो ।)
Female -	You are doing *āp kar rahī haĩ* आप कर रही हैं । (तू कर रही है ।) (तुम कर रही हो ।)	You are doing *āp kar rahī haĩ* आप कर रही हैं । (तुम कर रही हो ।) (तुम कर रही हो ।)
3P◦ Male -	He is doing *vah kar rahā hai* वह कर रहा है ।	They are doing *ve kar rahe haĩ* वे कर रहे हैं ।
Female -	She is doing *vah kar rahī hai* वह कर रही है ।	They are doing *ve kar rahī haĩ* वे कर रही हैं ।

(3) Present Perfect Tense (पूर्ण वर्तमान काल)

1P◦ Male -	I have done I have already done *maĩ ne kiyā hai* *maĩ kar chukā hū̃* मैंने किया है । मैं कर चुका हूँ ।	We have done We have already done *ham ne kiyā hai* *ham kar chuke haĩ* हमने किया है । हम कर चुके हैं ।
Female -	I have done I have already done *maĩ ne kiyā hai* *maĩ kar chukī hū̃* मैंने किया है । मैं कर चुकी हूँ ।	We have done We have already done *ham ne kiyā hai* *ham kar chukī haĩ* हमने किया है । हम कर चुकी हैं ।

2P◦ Male -	You have done	You have done
	You have already done	You have already done
	āp ne kiyā hai	*āp ne kiyā hai*
	āp kar chuke hai̐	*āp kar chuke hai̐*
	आपने किया है ।	आपने किया है ।
	आप कर चुके हैं ।	आप कर चुके हैं ।
	(तूने किया है ।)	(तुमने किया है ।)
	(तू कर चुका है ।)	(तुम कर चुके हो ।)
	(तुमने किया है ।)	(तुमने किया है ।)
	(तुम कर चुके हो ।)	(तुम कर चुके हो ।)
Female -	You have done	You have done
	You have already done	You have already done
	āp ne kiyā hai	*āp ne kiyā hai*
	āp kar chukī hai̐	*āp kar chukī hai̐*
	आपने किया है ।	आपने किया है ।
	आप कर चुकी हैं ।	आप कर चुकी हैं ।
	(तूने किया है ।)	(तुमने किया है ।)
	(तू कर चुकी है ।)	(तुम कर चुकी हो ।)
	(तुमने किया है ।)	(तुमने किया है ।)
	(तुम कर चुकी हो ।)	(तुम कर चुकी हो ।)
3P◦ Male -	He has done	They have done
	He has already done	They have already done
	us ne kiyā hai	*unho̐ ne kiyā hai*
	vah kar chukā hai	*ve kar chuke hai̐*
	उसने किया है ।	उन्होंने किया है ।
	(वह कर चुका है ।)	(वे कर चुके हैं ।)
Female -	She has done	They have done
	She has already done	They have already done
	us ne kiyā hai	*unho̐ ne kiyā hai*
	vah kar chukī hai	*ve kar chukī hai̐*
	उसने किया है ।	उन्होंने किया है ।
	(वह कर चुकी है ।)	(वे कर चुकी हैं ।)

(4) Past Indefinite Tense (सामान्य भूत काल)

	Singular	Plural
1P◦ Male -	I did	We did
	maĩ ne kiyā	*ham ne kiyā*
	maĩ kar chukā	*ham kar chuke*
	मैंने किया ।	हमने किया ।
	मैं कर चुका ।	हम कर चुके ।
Female -	I did	We did
	maĩ ne kiyā	*ham ne kiyā*
	maĩ kar chukī	*ham kar chukī̃*
	मैंने किया ।	हमने किया ।
	मैं कर चुकी ।	हम कर चुकीं ।
2P◦ Male -	You did	You did
	āp ne kiyā	*āp ne kiyā*
	āp kar chuke	*āp kar chuke*
	आपने किया ।	आपने किया ।
	आप कर चुके ।	आप कर चुके ।
	(तूने किया ।)	(तुमने किया ।)
	(तू कर चुका ।)	(तुम कर चुके ।)
	(तुमने किया ।)	(तुमने किया ।)
	(तुम कर चुके ।)	(तुम कर चुके ।)
Female -	You did	You did
	āp ne kiyā	*āp ne kiyā*
	āp kar chukī	*āp kar chukī*
	आपने किया ।	आपने किया ।
	आप कर चुकी ।	आप कर चुकी ।
	(तूने किया ।)	(तुमने किया ।)
	(तू कर चुकी ।)	(तुम कर चुकी ।)
	(तुमने किया ।)	(तुमने किया ।)
	(तुम कर चुकी ।)	(तुम कर चुकी ।)
3P◦ Male -	He did	They did
	us ne kiyā	*unhõ ne kiyā*
	vah kar chukā	*ve kar chuke*
	उसने किया ।	उन्होंने किया ।
	वह कर चुका ।	वे कर चुके ।
Female -	She did	They did

	us ne kiyā *vah kar chukī* उसने किया । वह कर चुकी ।	*unhõ ne kiyā* *ve kar chukĩ* उन्होंने किया । वे कर चुकीं ।

(5) Past Imperfect Tense (अपूर्ण भूत काल)

1P◦ Male -	I was doing *maĩ kar rahā thā* मैं कर रहा था ।	We were doing *ham kar rahe the* हम कर रहे थे ।
Female -	I was doing *maĩ kar rahī thī* मैं कर रही थी ।	We were doing *ham kar rahī thĩ* हम कर रही थीं ।
2P◦ Male -	You were doing *āp kar rahe the* आप कर रहे थे । (तू कर रहा था ।) (तुम कर रहे थे ।)	You were doing *āp kar rahe the* आप कर रहे थे । (तुम कर रहे थे ।) (तुम कर रहे थे ।)
Female -	You were doing *āp kar rahī thī* आप कर रही थी । (तू कर रही थी ।) (तुम कर रही थी ।)	You were doing *āp kar rahī thĩ* आप कर रही थीं । (तुम कर रही थीं ।) (तुम कर रही थीं ।)
3P◦ Male -	He was doing *vah kar rahā thā* वह कर रहा था ।	They were doing *ve kar rahe the* वे कर रहे थे ।
Female -	She was doing *vah kar rahī thī* वह कर रही थी ।	They were doing *ve kar rahī thĩ* वे कर रही थीं ।

(6) Past Perfect Tense (पूर्ण भूत काल)

1P◦ Male -	I had done *maĩ ne kiyā thā* *maĩ kar chukā thā* मैंने किया था । मैं कर चुका था ।	We had done *ham ne kiyā thā* *ham kar chuke the* हमने किया था । हम कर चुके थे ।

Female -	I had done	We had done
	maĩ ne kiyā thā	*ham ne kiyā thā*
	maĩ kar chukī thī	*ham kar chukī thī̃*
	मैंने किया था ।	हमने किया था ।
	मैं कर चुकी थी ।	हम कर चुकी थीं ।
2P◦ Male -	You had done	You had done
	āp ne kiyā thā	*āp ne kiyā thā*
	āp kar chuke the	*āp kar chuke the*
	आपने किया था ।	आपने किया था ।
	आप कर चुके थे ।	आप कर चुके थे ।
	(तूने किया था ।)	(तुमने किया था ।)
	(तू कर चुका था ।)	(तुम कर चुके थे ।)
	(तुमने किया था ।)	(तुमने किया था ।)
	(तुम कर चुके थे ।)	(तुम कर चुके थे ।)
Female -	You had done	You had done
	āp ne kiyā thā	*āp ne kiyā thā*
	āp kar chukī thī̃	*āp kar chukī thī̃*
	आपने किया था ।	आपने किया था ।
	आप कर चुकी थीं ।	आप कर चुकी थीं ।
	(तूने किया था ।)	(तुमने किया था ।)
	(तू कर चुकी थी ।)	(तुम कर चुकी थी ।)
	(तुमने किया था ।)	(तुमने किया था ।)
	(तुम कर चुकी थी ।)	(तुम कर चुकी थी ।)
3P◦ Male -	He had done	They had done
	us ne kiyā thā	*unhõ ne kiyā thā*
	vah kar chukā thā	*ve kar chuke the*
	उसने किया था ।	उन्होंने किया था ।
	वह कर चुका था ।	वे कर चुके थे ।
Female -	She had done	They had done
	us ne kiyā thā	*unhõ ne kiyā thā*
	vah kar chukī thī	*ve kar chukī thī̃*
	उसने किया था ।	उन्होंने किया था ।
	वह कर चुकी थी ।	वे कर चुकी थीं ।

(7) Future Indefinite Tense (सामान्य भविष्यत् काल)

	Singular	Plural
1P◦ Male -	I will do *maĩ karū̃gā* मैं करूँगा ।	We will do *ham karẽge* हम करेंगे ।
Female -	I will do *maĩ karū̃gī* मैं करूँगी ।	We will do *ham karẽgī* हम करेंगी ।
2P◦ Male -	You will do *āp karẽge* आप करेंगे । (तू करेगा ।) (तुम करोगे ।)	You will do *āp karẽge* आप करेंगे । (तुम करोगे ।) (तुम करोगे ।)
Female -	You will do *āp karẽgī* आप करेंगी । (तू करेगी ।) (तुम करोगी ।)	You will do *āp karẽgī* आप करेंगी । (तुम करोगी ।) (तुम करोगी ।)
3P◦ Male -	He will do *vah karegā* वह करेगा ।	They will do *ve karẽge* वे करेंगे ।
Female -	She will do *vah karegī* वह करेगी ।	They will do *ve karẽgī* वे करेंगी ।

(8) Future Imperfect Continuous Tense (अपूर्ण भविष्यत् काल)

1P◦ Male -	I will be doing *maĩ kar rahā hū̃gā* मैं कर रहा हूँगा ।	We will be doing *ham kar rahe hõge* हम कर रहे होंगे ।
Female -	I will be doing *maĩ kar rahī hū̃gī* मैं कर रही हूँगी ।	We will be doing *ham kar rahī hõgī* हम कर रह होंगी ।
2P◦ Male -	You will be doing *āp kar rahe hõge* आप कर रहे होंगे ।	You will be doing *āp kar rahe hõge* आप कर रहे होंगे ।

		(तू कर रहा होगा ।)	(तुम कर रहे होगे ।)
		(तुम कर रहे होगे ।)	(तुम कर रहे होगे ।)
	Female -	You will be doing	You will be doing
		āp kar rahī hõgī	*āp kar rahī hõgī*
		आप कर रही होंगी ।	आप कर रही होंगी ।
		(तू कर रही होगी ।)	(तुम कर रही होगी ।)
		(तुम कर रही होगी ।)	(तुम कर रही होगी ।)
3P॰	Male -	He will be doing	They will be doing
		vah kar rahā hogā	*ve kar rahe hõge*
		वह कर रहा होगा ।	वे कर रहे होंगे ।
	Female -	She will be doing	They will be doing
		vah kar rahī hogī	*ve kar rahī hõgī*
		वह कर रही होगी ।	वे कर रही होंगी ।

(9) Future Perfect Tense (पूर्ण भविष्यत् काल)

1P॰	Male -	I will have done	We will have done
		maĩ kar chuka hũgā	*ham kar chuke hõge*
		मैं कर चुका हूँगा ।	हम कर चुके होंगे ।
	Female -	I will have done	We will have done
		maĩ kar chukī hũgī	*ham kar chukī hõgī*
		मैं कर चुकी हूँगी ।	हम कर चुकी होंगी ।
2P॰	Male -	You will have done	You will have done
		āp kar chuke hõge	*āp kar chuke hõge*
		आप कर चुके होंगे ।	आप कर चुके होंगे ।
		(तू कर चुका होगा ।)	(तुम कर चुके होगे ।)
		(तुम कर चुके होगे ।)	(तुम कर चुके होगे ।)
	Female -	You will have done	You will have done
		āp kar chukī hõgī	*āp kar chukī hõgī*
		आप कर चुकी होंगी ।	आप कर चुकी होंगी ।
		(तू कर चुकी होगी ।)	(तुम कर चुकी होगी ।)
		(तुम कर चुकी होगी ।)	(तुम कर चुकी होगी ।)
3P॰	Male -	He will have done	They will have done
		vah kar chukā hogā	*ve kar chuke hõge*
		वह कर चुका होगा ।	वे कर चुके होंगे ।

Female -	She will have done	They will have done
	vah kar chukī hogī	*ve kar chukī hõgī*
	वह कर चुकी होगी ।	वे कर चुकी होंगी ।

(10) Interrogative (प्रश्नार्थक)

1P◦ Male -	May I do?	May we do?
	kyā maĩ karū̃?	*kyā ham karẽ?*
	क्या मैं करूँ?	क्या हम करें?
Female -	May I do?	May we do?
	kyā maĩ karū̃?	*kyā ham karẽ?*
	क्या मैं करूँ?	क्या हम करें?
3P◦ Male -	May he do?	May they do?
	kyā vah kare?	*kyā ve karẽ?*
	क्या वह करे?	क्या वे करें?
Female -	May she do?	May they do?
	kyā vah kare?	*kyā ve karẽ?*
	क्या वह करे?	क्या वे करें?

(11) Potential mood (विधिसूचक)

1P◦ Male -	I may do	We may do
	maĩ karū̃	*ham karẽ*
	मैं करूँ ।	हम करें ।
Female -	I may do	We may do
	maĩ karū̃	*ham karẽ*
	मैं करूँ ।	हम करें ।
2P◦ Male -	You may do	You may do
	āp karẽ	*āp karẽ*
	आप करें ।	आप करें ।
	तू करे ।	तुम करो ।
	तुम करो ।	तुम करो ।
Female -	I may do	We may do
	maĩ karū̃	*ham karẽ*
	मैं करूँ ।	हम करें ।
	You may do	You may do
	āp karẽ	*āp karẽ*

	Singular	Plural
	आप करें ।	आप करें ।
	तू करे ।	तुम करो ।
	तुम करो ।	तुम करो ।
3P◦ Male -	He may do	They may do
	vah kare	*ve kare͂*
	वह करे ।	वे करें ।
Female -	She may do	They may do
	vah kare	*ve kare͂*
	वह करे ।	वे करें ।

1. GROUP (B)

SUMMARY of TENSES

Intransitive Action

EXAMPLE : to sleep √*so* √सो (सोना)

NOTE : 1P◦ = First Person (I, We), 2P◦ = Second Person (You), 3P◦ = Third Person (They)

(12) Present Indifinite Tense (सामान्य वर्तमान काल)

	Singular	Plural
1P◦ Male -	I sleep	We sleep
	mai͂ sotā hū͂	*ham sote hai͂*
	मैं सोता हूँ ।	हम सोते हैं ।
Female -	I sleep	We sleep
	mai͂ sotī hū͂	*ham sotī hai͂*
	मैं सोती हूँ ।	हम सोती हैं ।
2P◦ Male -	You sleep	You sleep
	āp sote hai͂	*āp sote hai͂*
	आप सोते हैं ।	आप सोते हैं ।
	(तू सोता है ।)	(तुम सोते हो ।)
	(तुम सोते हो ।)	(तुम सोते हो ।)
Female -	You sleep	You sleep
	āp sotī hai͂	*āp sotī hai͂*
	आप सोती हैं ।	आप सोती हैं ।
	(तू सोती है ।)	(तुम सोती हो ।)
	(तुम सोती है ।)	(तुम सोती हो ।)

	Singular	Plural
3P。Male -	He sleeps	They sleep
	vah sotā hai	*ve sote haĩ*
	वह सोता है ।	वे सोते हैं ।
Female -	She sleeps	They sleep
	vah sotī hai	*ve sotī haĩ*
	वह सोती है ।	वे सोती हैं ।

(13) Present Continuous Tense (अपूर्ण वर्तमान काल)

1P。Male -	I am sleeping	We are sleeping
	maĩ so rahā hũ	*ham so rahe haĩ*
	मैं सो रहा हूँ ।	हम सो रहे हैं ।
Female -	I am sleeping	We are sleeping
	maĩ so rahī hũ	*ham so rahī haĩ*
	मैं सो रही हूँ ।	हम सो रही हैं ।
2P。Male -	You are sleeping	You are sleeping
	āp so rahe haĩ	*āp so rahe haĩ*
	आप सो रहे हैं ।	आप सो रहे हैं ।
	(तू सो रहा है ।)	(तुम सो रहे हो ।)
	(तुम सो रहे हो ।)	(तुम सो रहे हो ।)
Female -	You are sleeping	You are sleeping
	āp so rahī haĩ	*āp so rahī haĩ*
	आप सो रही हैं ।	आप सो रही हैं ।
3P。Male -	He is sleeping	They are sleeping
	vah so rahā hai	*ve so rahe haĩ*
	वह सो रहा है ।	वे सो रहे हैं ।
Female -	She is sleeping	They are sleeping
	vah so rahī hai	*ve so rahī haĩ*
	वह सो रही है ।	वे सो रही हैं ।

(14) Present Perfect Tense (पूर्ण वर्तमान काल)

1P。Male -	I have slept	We have slept
	maĩ soyā hũ	*ham soye haĩ*
	maĩ so chukā hũ	*ham so chuke haĩ*
	मैं सोया हूँ ।	हम सोए हैं ।
	मैं सो चुका हूँ ।	हम सो चुके हैं ।

	Singular	Plural
Female -	I have slept	We have slept
	maĩ soyī hū̃	*ham soyī haĩ*
	maĩ so chukī hū̃	*ham so chukī haĩ*
	मैं सोई हूँ ।	हम सोई हैं ।
	मैं सो चुकी हूँ ।	हम सो चुकी हैं ।
2P◦ Male -	You have slept	You have slept
	āp soye haĩ	*āp soye haĩ*
	āp so chuke haĩ	*āp so chuke haĩ*
	आप सोए हैं ।	आप सोए हैं ।
	आप सो चुके हैं ।	आप सो चुके हैं ।
	(तू सोया है ।)	(तुम सोये हैं ।)
	(तू सो चुका है ।)	(तुम सो चुके हो ।)
Female -	You have slept	You have slept
	āp soyī haĩ	*āp soyī haĩ*
	āp so chukī haĩ	*āp so chukī haĩ*
	आप सोई हैं ।	आप सोई हैं ।
	आप सो चुकी हैं ।	आप सो चुकी हैं ।
	(तू सोयी है ।)	(तुम सोयी हो ।)
	(तू सो चुकी है ।)	(तुम सो चुकी हो ।)
3P◦ Male -	He has slept	They have slept
	vah soyā hai	*ve soye haĩ*
	vah so chukā hai	*ve so chuke haĩ*
	वह सोया है ।	वे सोए हैं ।
	वह सो चुका है ।	वे सो चुके हैं ।
Female -	She has slept	They have slept
	vah soyī hai	*ve soyī haĩ*
	vah so chukī hai	*ve so chukī haĩ*
	वह सोई है ।	वे सोई हैं ।
	वह सो चुकी है ।	वे सो चुकी हैं ।

(15) Past Indefinite Tense (सामान्य भूत काल)

1P◦ Male -	I slept	We slept
	maĩ soyā	*ham soye*
	मैं सोया ।	हम सोए ।
Female -	I slept	We slept

	maĩ soyī	*ham soyī̃*
	मैं सोई ।	हम सोईं ।
2P◦ Male -	You slept	You slept
	āp soye	*āp soye*
	आप सोए ।	आप सोए ।
	(तू सोया ।)	(तुम सोए ।)
	(तुम सोए ।)	(तुम सोए ।)
Female -	You slept	You slept
	āp soyī	*āp soyī̃*
	आप सोई ।	आप सोईं ।
	(तू सोई ।)	(तुम सोईं ।)
	(तुम सोई ।)	(तुम सोईं ।)
3P◦ Male -	He slept	They slept
	vah soyā	*ve soye*
	वह सोया ।	वे सोए ।
Female -	She slept	They slept
	vah soyī	*ve soyī̃*
	वह सोई ।	वे सोईं ।

(16) Past Imperfect Tense (अपूर्ण भूत काल)

1P◦ Male -	I was sleeping	We were sleeping
	maĩ so rahā thā	*ham so rahe the*
	मैं सो रहा था ।	हम सो रहे थे ।
Female -	I was sleeping	We were sleeping
	maĩ so rahī thī	*ham so rahī thī̃*
	मैं सो रही थी ।	हम सो रही थीं ।
2P◦ Male -	You were sleeping	You were sleeping
	āp so rahe the	*āp so rahe the*
	आप सो रहे थे ।	आप सो रहे थे ।
	(तू सो रहा था ।)	(तुम सो रहे थे ।)
	(तुम सो रहे थे ।)	(तुम सो रहे थे ।)
Female -	You were sleeping	You were sleeping
	āp so rahī thī̃	*āp so rahī thī̃*
	आप सो रही थी ।	आप सो रही थीं ।

	(तू सो रही थी ।)	(तुम सो रही थी ।)
	(तुम सो रही थी ।)	(तुम सो रही थी ।)
3P◦ Male -	He was sleeping	They were sleeping
	vah so rahā thā	*ve so rahe the*
	वह सो रहा था ।	वे सो रहे थे ।
Female -	She was sleeping	They were sleeping
	vah so rahī thī	*ve so rahī thī̃*
	वह सो रही थी ।	वे सो रही थीं ।

(17) Past Perfect Tense (पूर्ण भूत काल)

1P◦ Male -	I had slept	We had slept
	maĩ soyā thā	*ham soye the*
	मैं सोया था ।	हम सोए थे ।
Female -	I had slept	We had slept
	maĩ soyī thī	*ham soyī thī̃*
	मैं सोई थी ।	हम सोई थीं ।
2P◦ Male -	You had slept	You had slept
	āp soye the	*āp soye the*
	आप सोए थे ।	आप सोए थे ।
	(तू सोया था ।)	(तुम सोए थे ।)
	(तुम सोए थे ।)	(तुम सोए थे ।)
Female -	You had slept	You had slept
	āp soyī thī	*āp soyī thī̃*
	आप सोई थी ।	आप सोई थीं ।
	(तू सोई थी ।)	(तुम सोई थी ।)
	(तुम सोई थी ।)	(तुम सोई थी ।)
3P◦ Male -	He had slept	They had slept
	vah soyā thā	*ve soye the*
	वह सोया था ।	वे सोए थे ।
Female -	She had slept	They had slept
	vah soyī thī	*ve soyī thī̃*
	वह सोई थी ।	वे सोई थीं ।

(18) Future Indefinite Tense (सामान्य भविष्यत् काल)

	Singular	Plural
1P◦ Male -	I will sleep *maĩ soū̃gā* मैं सोऊँगा ।	We will sleep *ham soẽge* हम सोएँगे ।
Female -	I will sleep *maĩ soū̃gī* मैं सोऊँगी ।	We will sleep *ham soẽgī* हम सोएँगी ।
2P◦ Male -	You will sleep *āp soẽge* आप सोएँगे । (तू सोएगा ।) (तुम सोओगे ।)	You will sleep *āp soẽge* आप सोएँगे । (तुम सोओगे ।) (तुम सोओगे ।)
Female -	You will sleep *āp soẽgī* आप सोएँगी । (तू सोएगी ।) (तुम सोओगी ।)	You will sleep *āp soẽgī* आप सोएँगी । (तुम साओगी ।) (तुम सोओगी ।)
3P◦ Male -	He will sleep *vah soegā* वह सोएगा ।	They will sleep *ve soẽge* वे सोएँगे ।
Female -	She will sleep *vah soegī* वह सोएगी ।	They will sleep *ve soẽgī* वे सोएँगी ।

(19) Future Imperfect Continuous Tense
(अपूर्ण भविष्यत् काल)

	Singular	Plural
1P◦ Male -	I will be sleeping *maĩ so rahā hū̃gā* मैं सो रहा हूँगा ।	We will be sleeping *ham so rahe hõge* हम सो रहे होंगे ।
Female -	I will be sleeping *maĩ so rahī hū̃gī* मैं सो रही हूँगी ।	We will be sleeping *ham so rahī hõgī* हम सो रही होंगी ।
2P◦ Male -	You will be sleeping	You will be sleeping

	āp so rahe hoṅge	*āp so rahe hoṅge*
	आप सो रहे होंगे ।	आप सो रहे होंगे ।
	(तू सो रहा होगा ।)	(तुम सो रहे होगे ।)
	(तुम सो रहे होओगे ।)	(तुम सो रहे होगे ।)
Female -	You will be sleeping	You will be sleeping
	āp so rahī hoṅgī	*āp so rahī hoṅgī*
	आप सो रही होंगी ।	आप सो रही होंगी ।
	(तू सोएगी ।)	(तुम सोओगी ।)
	(तुम सोओगी ।)	(तुम सोओगी ।)
3P◦ Male -	He will be sleeping	They will be sleeping
	vah so rahā hogā	*ve so rahe hoṅge*
	वह सो रहा होगा ।	वे सो रहे होंगे ।
Female -	She will be sleeping	They will be sleeping
	vah so rahī hogī	*ve so rahī hoṅgī*
	वह सो रही होगी ।	वे सो रही होंगी ।

(20) Future Perfect Tense (पूर्ण भविष्यत् काल)

1P◦ Male -	I will have slept	We will have slept
	maĩ so chukā hūṅgā	*ham so chuke hoṅge*
	मैं सो चुका हूँगा ।	हम सो चुके होंगे ।
Female -	I will have slept	We will have slept
	maĩ so chukī hūṅgī	*ham so chukī hoṅgī*
	मैं सो चुकी हूँगी ।	हम सो चुकी होंगी ।
2P◦ Male -	You will have slept	You will have slept
	āp so chuke hoṅge	*āp so chuke hoṅge*
	आप सो चुके होंगे ।	आप सो चुके होंगे ।
	(तू सो चुका होगा ।)	(तुम सो चुके होंगे ।)
	(तुम सो चुके होगे ।)	(तुम सो चुके होंगे ।)
Female -	You will have slept	You will have slept
	āp so chukī hoṅgī	*āp so chukī hoṅgī*
	आप सो चुकी होंगी ।	आप सो चुकी होंगी ।
	(तू सो चुकी होगी ।)	(तुम सो चुकी होगी ।)
	(तुम सो चुकी होगी ।)	(तुम सो चुकी होगी ।)
3P◦ Male -	He will have slept	They will have slept

	vah so chukā hogā	*ve so chuke hoṅge*
	वह सो चुका होगा ।	वे सो चुके होंगे ।
Female -	She will have slept	They will have slept
	vah so chukī hogī	*ve so chukī hoṅgī*
	वह सो चुकी होगी ।	वे सो चुकी होंगी ।

(21) Interrogative (प्रश्नार्थक)

1P◦ Male -	May I sleep?	May we sleep?
	kyā maiṅ soūṅ	*kyā ham soeṅ*
	क्या मैं सोऊँ?	क्या हम सोएँ?
Female -	May I sleep?	May we sleep?
	kyā maiṅ soūṅ?	*kyā ham soeṅ?*
	क्या मैं सोऊँ?	क्या हम सोएँ?
3P◦ Male -	May he sleep?	May they sleep?
	kyā vah soe?	*kyā ve soeṅ?*
	क्या वह सोए?	क्या वे सोएँ?
Female -	May she sleep?	May they sleep?
	kyā vah soe?	*kyā ve soeṅ?*
	क्या वह सोए?	क्या वे सोएँ?

(22) Potential mood (विधिसूचक)

1P◦ Male -	I may sleep	We may sleep
	maiṅ soūṅ	*ham soeṅ*
	मैं सोऊँ ।	हम सोएँ ।
Female -	I may sleep	We may sleep
	maiṅ soūṅ	*ham soeṅ*
	मैं सोऊँ ।	हम सोएँ ।
3P◦ Male -	He may sleep	They may sleep
	vah soe	*ve soeṅ*
	वह सोए ।	वे सोएँ ।
Female -	She may sleep	They may sleep
	vah soe	*ve soeṅ*
	वह सोए ।	वे सोएँ ।

LESSON 14

USING THE RELATIONAL SUFFIXES

English : **PREPOSITIONS**, Hindi : **POSTPOSITIONS**

USE OF THE SUFFIXES *ko* (को), *se* (से), *mẽ* (में), *par* (पर)

ko (को) = to; *se* (से) = with, by, from; *mẽ* (में) = in; *par* (पर) = on, at

RATNAKAR'S EIGHTH NOBLE TRUTH : (attaching Case suffixes)

(i) When ANY SUFFIX (*ko* को, *se* से, *mẽ* में, *par* पर or any other suffix) comes after a MASCULINE SINGULAR noun ending in *ā* (आ), this *ā* (आ) is changed to *e* (ए).

e.g. m◦ boy *laḍkā* लड़का + *ko* को = *laḍke ko* लड़के को ।

TABLE 2 : Adding a **Postposition** to a **SINGULAR** Noun/Adjective

M◦ Singular Noun/Adj. **ending in *ā* (आ)**	*ā* (आ) changed to *e* (ए)	+ Suffix *ko* (को)	to a boy
Boy = laḍkā लड़का	laḍke लड़के	*ko* को	laḍke ko लड़के को
Dog = kuttā कुत्ता	kutte कुत्ते	*ko* को	kutte ko कुत्ते को

(ii) When ANY SUFFIX comes after ANY PLURAL NOUN, particle *õ* (ओं) must be added to that plural noun, before attaching the suffix.

TABLE 2 : Adding a **Postposition** to a **PLURAL** Noun/Adjective

Plural Noun/Adj.	**Plural**	plural + *õ*	+ postposition	= to the boys to the girls
Boy = laḍkā लड़का	laḍke लड़के	laḍkõ लड़कों	*ko* को	laḍkõ ko लड़के को
Girl = laḍkī लड़की	laḍkiyā̃ लड़कियाँ	laḍkiyõ लड़कियों	*ko* को	laḍkiyõ ko लड़कियों को

e.g. m. Houses *ghar* +õ+*ko* = *gharõ ko*   घर + ओं + को = घरों को ।
f. books *kitāb* +õ+*ko* = *kitābõ ko*   किताब + ओं + को = किताबों को ।

RATNAKAR'S NINTH NOBLE TRUTH (change in pronouns, see Tables 23-24) :
I = *maĩ* मैं | He, she, that = *vah* वह | It, this = *yah* यह | They, those = *ve* वे | These = *ye* ये |
When any suffix is attached to these pronouns : (i) *maĩ* मैं changes to → *muz* मुझ | (ii) *vah* वह changes to → *us* उस | (iii) *yah* यह changes to → *is* इस | (iv) *ve* वे changes to → *un* उन | and (v) *ye* ये changes to → *in* इन ।

(15.1) Use of *ko* को (to) :

1. I am giving a book to Līlā. *main Līlā ko kitāb de rahā hū̃.* मैं लीला को किताब दे रहा हूँ ।
2. He is giving books to Mālā. *vah Mālā ko kitābẽ de rahā hai.* वह माला को किताबें दे रहा है ।
3. She is giving keys to Mīnā. *vah Mīnā ko chābiyā̃ de rahī hai.* वह मीना को चाबियाँ दे रही है ।
4. A boy is giving a banana to a monkey. *laḍkā bandar ko kelā de rahā hai.* लड़का बंदर को केला दे रहा है ।
5. A boy is giving bananas to a monkey. *laḍkā bandar ko kele de rahā hai.* लड़का बंदर को केले दे रहा है ।
6. A boy is giving bananas to the monkeys. *laḍkā bandarõ ko kele de rahā hai.* लड़का बंदरों को केले दे रहा है ।
7. The boys are giving bananas to the monkeys. *laḍke bandarõ ko kele de rahe haĩ.* लड़के बंदरों को केले दे रहे हैं ।

(15.2) Use of *se* से (with, by or from) :

(i) *se* से = WITH or BY

1. I go by car. *maĩ car se jātā hū̃, jātī hū̃.* मैं कार से जाता हूँ, जाती हूँ । We are going by car. *ham car se jā rahe haĩ.* हम कार से जा रहे हैं ।
2. I cut bananas with a knife. *maĩ chākū se kele kāṭatā hū̃, kāṭtī hū̃.* मैं चाकू से केले काटता हूँ, काटती हूँ । Shīlā was cutting two bananas with two knives. *Shīlā do chākuõ se do kele kāṭ rahī thī.* शीला दो चाकुओं से दो केले काट रही थी ।
3. Hari should go by train. *Hari relgāḍī se jāe.* हरि रेल गाड़ी से जाए ।

(ii) ***se*** से = **FROM**

1. I came from Singāpur. *maĩ Singāpur se āyā.* मैं सिंगापुर से आया । Amit went from Mumbaī to Nāgpur. *Amit Mumbaī se Nāgpur gayā.* अमित मुंबई से नागपुर (को) गया ।
2. I am here from four O Clock. *maĩ yahā̃ chār baje se hū̃.* मैं यहाँ चार बजे से हूँ ।
3. Ritū takes money from the room. *Rītū kamre se paise letī hai.* रीतू कमरे से पैसे लेती है ।

(15.3) Use of *mẽ* में (in) and *par* पर (on, at) :

(i) ***mẽ*** में = **IN**

1. There is no water in the glass. *gilās mẽ pānī nahī̃ hai.* गिलास में पानी नहीं है । Ajay is in the room. *Ajay kamre mẽ hai.* अजय कमरे में है ।
2. The dog is not in the house. *kuttā ghar mẽ nahī̃ hai.* कुत्ता घर में नहीं है ।
3. The key is in the lock. *chābī tāle mẽ hai.* चाबी ताले में है ।

(ii) ***par*** पर = **ON, AT**

1. The cup is on the dish. *cup thālī par hai.* कप थाली पर है ।
2. There are leaves on the tree. *peḍ par patte haĩ.* पेड़ पर पत्ते हैं ।
3. Rām is at the station. *Rām station par hai.* राम स्टेशन पर है ।

(15.4) Use of *kā, kī* (का, की)

m∘ *kā* (का), f∘ *kī* (की) = of

The English preposition 'OF' becomes postposition *kā* (का) or *kī* (की) in Hindī. For showing the possessive relationship of a Masculine Object, suffix *kā* (का) is added to the possessor, and for a Feminine Object, suffix *kī* (की) is added.

EXAMPLES :

1. Meenal's brother. *Mīnal kā bhaī.* मीनल का भाई । Gītā's sister. *Gītā kī bahin.* गीता की बहिन ।
2. This is Rola's car. *yah Rolā ki cār hai.* यह रोला की कार है ।
3. Those are Anitā's books. *ve Anitā kī kitābẽ haĩ.* वे अनिता की किताबें हैं ।
4. Where are Tarā's cats? *Tārā kī billiyā̃ kahā̃ haĩ?* तारा की बिल्लियाँ कहाँ हैं?
5. That is Savitā's coffee. *vah Savitā kī kāfī hai.* वह सविता की काफी है ।

6. He is Dīpak's Brother. *vah Dīpak kā bhāī hai.* वह दीपक का भाई है ।

7. I eat *burfī* made of milk. *maĩ dūdh kī burfī khātā hū̃.* मैं दूध की बर्फी खाता हूँ ।

8. This is Monika's house. *yaha Monikā kā ghar hai.* यह मोनिका का घर है ।

NOTE : For first person ('my' and 'our'), suffixes *rā, rī* रा, री *are used in place of the suffixes kā, kī* का, की ।

EXAMPLES :

Our house. *hamārā ghar.* हमारा घर । My mother. *merī mā̃* मेरी माँ । My dogs. *mere kutte.* मेरे कुत्ते । Our dogs. *hamāre kutte.* हमारे कुत्ते । Our dog. *hamārā kuttā.* हमारा कुत्ता । Our cat. *hamārī billī.* हमारी बिल्ली । Our cats. *hamārī billiyā̃.* हमारी बिल्लियाँ । My cats. *merī billiyā̃.* मेरी बिल्लियाँ।

(15.5) Use of suffixes *ke sāth* (के साथ), *ke pās* (के पास), *ke liye* (के लिये)

ke sāth (के साथ) = together with; *ke pās* (के पास) = near, have; *ke liye* (के लिये) = for

(A) *ke sāth* के साथ = with, together with :

(1) I am going with Sunīl. *maĩ Sunīl ke sāth jā rahā/rahī hū̃* मैं सुनील के साथ जा रहा/रही हूँ ।

(2) I am drinking milk with you. *maĩ āp ke sāth dūdh pī rahā hū̃.* मैं आपके साथ दूध पी रहा हूँ ।

(3) Jim will go to Washington with Suman. *Jim Suman ke sāth Washington ko jāegā.* जिम सुमन के साथ वाशिंगटन को जाएगा ।

(B) *ke pās* के पास = with, near, have, has, had :

(1) The book is with Rājā. *kitāb Rājā ke pās hai.* किताब राजा के पास है ।

(2) Ramesh has ten Rupees. *Ramesh ke pās das rupaye haĩ.* रमेश के पास दस रुपये हैं ।

(3) Śrī Laṅkā is near India. *Śrī Laṅkā Bhārat ke pās hai.* श्रीलंका भारत के पास है ।

(15.6) Use of suffixes *kījiye* (कीजिये) *and chāhiye* (चाहिये)

***kījiye* (कीजिये) = please do. *chāhiye* (चाहिये) = require, want, need**

(1) In Hindī, a request is made to other person by adding suffix इए, or इये (*ie, iye*) to the verb.

(2) The suffix इए, इये (*ie, iye*) includes the expression of 'please' in it, and thus, you do not have to add please (*kṛpayā* कृपया) in each sentence. Even the 'orders' should be respectful.

NOTE : However, in informal Hindī, *'o'* (ओ) is used in place of this *'iye'* (इये) suffix.

eg. *jāiye* (जाइये) = *jāo* (जाओ).

EXCEPTION : For the verbs that already end in vowel *ī* (ई) :

The की, दी, पी and ली are the interrogative forms of the **irregular** verbs कर (do), दे (give), पी (drink), ले (take). For the these verbs, (do √*kī*, give √*dī*, drink √*pī*, take √*lī*) की (do), दी (give), पी (drink), ली (take) - suffix जिए or जीये is attached in place of the suffix इए or इये । e.g. *kījiye* (please do), *dījiye* (please give), *pījiye* (please drink), *lījiye* (please take) = कीजिये (please do), दीजिये (please give), पीजिये (please drink), लीजिये (please take).

Some people casually use the informal 'order' suffix *o* (ओ) in place of *iye* (इये). e.g. आओ for आइये, जाओ for जाइये, खाओ for खाइये, लाओ for लाइये, पीओ for पीजिये ...etc.

EXERCISE 34 :

Translate the Hindī sentences into English (Answers are provided for your help)

1. INVITATION : (Please) come to our house. *hamāre ghar āīye.* हमारे घर आइये ।
2. SUGGESTION : (Please) sit here. *yahā̃ baiṭhiye.* यहाँ बैठिये ।
3. ORDER : Do not come here. *yahā̃ mat āīye.* यहाँ मत आइये । (do not, don't = मत *mat*)
4. REQUEST : (Please) have tea. *kṛpayā chāy lījiye.* कृपया चाय लीजिये, पीजिये ।
6. CONSOLATION : (Please) do not cry. *mat roīye.* मत रोइये ।
7. INSTRUCTION : (Please) do work properly. *kām ṭhīk se kījiye.* काम ठीक से कीजिये ।

NOTE : In the Charts of Cases on the following seven pages :

1N∘ = **Nominative** case, the DOER of the action (the subject)
2A∘ = **Accusative** case, the OBJECT of the action
3I∘ = **Instrumental** case, the INSTRUMENT with/by which action is done
4D∘ = **Dative** case, FOR WHOM the action is performed
5A∘ = **Ablative** case, the place FROM WHERE the action starts
6P∘ = **Possessive** case, the RELATIONSHIP OF the object in a sentence
7L∘ = **Locative** case. the LOCATION of the object.

TABLE 19 - CHART OF SUFFIXES FOR MASCULINE NOUNS

THE Hindī Chart (The English Chart is on the Next Page)

NOTES : (i) ए *(e)* is added to m◦ singular nouns ending in आ *(ā)* and (ii) ओं *(oँ)* is added to all **plural** nouns m◦ and f◦, before attaching any suffix.

		m◦ (i) a child,	m◦ (ii) a boy,	m◦ (iii) a saint,	m◦ (iv) a saint
Words ending in →		(i) अ (बालक)	(ii) आ (लड़का)	(iii) इ (योगी)	(iv) उ (साधु)
with suffix ने	singular→	बालक ने	लड़के ने	योगी ने	साधु ने
1N◦ (Perfect, transitive)	plural→	बालकों ने	लड़कों ने	यागियों ने	साधुओं ने
2 A◦ to को	singular→	बालक को	लड़के को	योगी को	साधु को
	plural→	बालकों को	लड़कों को	योगियों को	साधुओं को
3 I◦ with, by से	singular→	बालक से	लड़के से	योगी से	साधु से
	plural→	बालकों से	लड़कों से	योगियों से	साधुओं से
4 D◦ for के लिये	singular→	बालक के लिये	लड़के के लिये	योगी के लिये	साधु के लिये
	plural→	बालकों के लिये	लड़कों के लिये	योगियों के लिये	साधुओं के लिये
5 A◦ from से	singular→	बालक से	लड़के से	योगी से	साधु से
	plural→	बालकों से	लड़कों से	योगियों से	साधुओं से
6 P◦ of का	singular→	बालक का	लड़के का	योगी का	साधु का
	plural→	बालकों का	लड़कों का	योगियों का	साधुओं का
7 L◦ in में	singular→	बालक में	लड़के में	योगी में	साधु में
	plural→	बालकों में	लड़कों में	योगियों में	साधुओं में
on, at पर	singular→	बालक पर	लड़के पर	योगी पर	साधु पर
	plural→	बालकों पर	लड़कों पर	योगियों पर	साधुओं पर

TABLE 20 - CHART OF CASES, MASCULINE NOUNS

The English Chart (The Hindī Chart is on the Previous Page)

NOTES : (i) ए *(e)* is added to m◦ singular nouns ending in आ *(ā)* and (ii) ओं *(õ)* is added to all **plural** nouns m◦ and f◦, before attaching any suffix.

		m◦ a child, (i) *a (bālak)*	m◦ a boy, (ii) *ā (laḍkā)*	m◦ a saint, (iii) *ī (yogī)*	m◦ a saint (iv) *u (sādhu)*
Word ending in →					
with suffix *ne* 1N◦ (Perfect, transitive)	singular→	*bālak ne*	*laḍke ne*	*yogī ne*	*sādhu ne*
	plural→	*bālakõ ne*	*laḍkõ ne*	*yogiyõ ne*	*sādhuõ ne*
2 A◦ to *ko*	singular→	*bālak ko*	*laḍke ko*	*yogī ko*	*sādhu ko*
	plural→	*bālakõ ko*	*laḍkõ ko*	*yogiyõ ko*	*sādhuõ ko*
3 I◦ with, by *se*	singular→	*bālak se*	*laḍke se*	*yogī se*	*sādhu se*
	plural→	*bālakõ se*	*laḍkõ se*	*yogiyõ se*	*sādhuõ se*
4 D◦ for *ke liye*	singular→	*bālak ke liye*	*laḍke ke liye*	*yogī ke liye*	*sādhu ke liye*
	plural→	*bālakõ ke liye*	*laḍkõ ke liye*	*yogiyõ ke liye*	*sādhuõ ke liye*
5 A◦ from *se*	singular→	*bālak se*	*laḍke se*	*yogī se*	*sādhu se*
	plural→	*bālakõ se*	*laḍkõ se*	*yogiyõ se*	*sādhuõ se*
6 P◦ of *kā*	singular→	*bālak kā*	*laḍke kā*	*yogī kā*	*sādhu kā*
	plural→	*bālakõ kā*	*laḍkõ kā*	*yogiyõ kā*	*sādhuõ kā*
7 L◦ in *mẽ*	singular→	*bālak mẽ*	*laḍke mẽ*	*yogī mẽ*	*sādhu mẽ*
	plural→	*bālakõ mẽ*	*laḍkõ mẽ*	*yogiyõ mẽ*	*sādhuõ mẽ*
on, at *par*	singular→	*bālak par*	*laḍke par*	*yogī par*	*sādhu par*
	plural→	*bālakõ par*	*laḍkõ par*	*yogiyõ par*	*sādhuõ par*

TABLE 21 - CHART OF CASES : FEMININE NOUNS

The Hindī Chart (The English Chart is on the Next Page)

NOTES : (i) To make plural of a femimine noun ending in a consonant , add एं *(ẽ)* to it.

(ii) ओं *(õ)* is added to all **plural** nouns (m∘ and f∘), before attaching any suffix.

Words ending in →		f∘ a book, (i) अ (किताब)	f∘ a girl, (ii) आ (बालिका)	f∘ a girl, (iii) ई (लड़की)	f∘ a thing (iv) उ (वस्तु)
with suffix ने 1N∘ (Perfect, transitive)	singular→	किताब ने	बालिका ने	लड़की ने	वस्तु ने
	plural→	किताबों ने	बालिकाओं ने	लड़कियों ने	वस्तुओं ने
2 A∘ to को	singular→	किताब को	बालिका को	लड़की को	वस्तु को
	plural→	किताबों को	बालिकाओं को	लड़कियों को	वस्तुओं को
3 I∘ with, by से	singular→	किताब से	बालिका से	लड़की से	वस्तु से
	plural→	किताबों से	बालिकाओं से	लड़कियों से	वस्तुओं से
4 D∘ for के लिये	singular→	किताब के लिये	बालिका के लिये	लड़की के लिये	वस्तु के लिये
	plural→	किताबों के लिये	बालिकाओं के लिये	लड़कियों के लिये	वस्तुओं के लिये
5 A∘ from से	singular→	किताब से	बालिका से	लड़की से	वस्तु से
	plural→	किताबों से	बालिकाओं से	लड़कियों से	वस्तुओं से
6 P∘ of का	singular→	किताब का	बालिका का	लड़की का	वस्तु का
	plural→	किताबों का	बालिकाओं का	लड़कियों का	वस्तुओं का
7 L∘ in में	singular→	किताब में	बालिका में	लड़की में	वस्तु में
	plural→	किताबों में	बालिकाओं में	लड़कियों में	वस्तुओं में
on, at पर	singular→	किताब पर	बालिका पर	लड़की पर	वस्तु पर
	plural→	किताबों पर	बालिकाओं पर	लड़कियों पर	वस्तुओं पर

TABLE 22 - CHART OF CASES : FEMININE NOUNS

The English Chart (Hindī Chart is on the Previous Page)

NOTES : (i) To make plural of a femimine noun ending in a consonant , add एँ (e̐) to it.

(ii) ओं (o̐) is added to all **plural** nouns m◦ and f◦, before attaching any suffix.

			f◦ a book,	f◦ a girl,	f◦ a girl,	f◦ a thing
Word ending in →			(i) *a (kitāb)*	(ii) *ā (bālikā)*	*ī (laḍkī)*	*u (vastu)*
with suffix	*ne*	singular→	*kitāb ne*	*bālikā ne*	*laḍkī ne*	*vastu ne*
1N◦ (Perfect, transitive)		plural→	*kitābo̐ ne*	*bālikao̐ ne*	*laḍkiyo̐ ne*	*vastuo̐ ne*
2 A◦	to *ko*	singular→	*kitāb ko*	*bālikā ko*	*laḍkī ko*	*vastu ko*
		plural→	*kitābo̐ ko*	*bālikāo̐ ko*	*laḍkiyo̐ ko*	*vastuo̐ ko*
3 I◦	with, by *se*	singular→	*kitāb se*	*bālikā se*	*laḍkī se*	*vastu se*
		plural→	*kitābo̐ se*	*bālikāo̐ se*	*laḍkiyo̐ se*	*vastuo̐ se*
4 D◦	for *ke liye*	singular→	*kitāb ke liye*	*bālikā ke liye*	*laḍkī ke liye*	*vastu ke liye*
		plural→	*kitābo̐ ke liye*	*bālikāo̐ ke liye*	*laḍkiyo̐ ke liye*	*vastuo̐ ke liye*
5 A◦	from *se*	singular→	*kitāb se*	*bālikā se*	*laḍkī se*	*vastu se*
		plural→	*kitābo̐ se*	*bālikāo̐ se*	*laḍkiyo̐ se*	*vastuo̐ se*
6 P◦	of *kā*	singular→	*kitāb kā*	*bālikā kā*	*laḍkī kā*	*vastu kā*
		plural→	*kitābo̐ kā*	*bālikāo̐ kā*	*laḍkiyo̐ kā*	*vastuo̐ kā*
7 L◦	in *me̐*	singular→	*kitāb me̐*	*bālikā me̐*	*laḍkī me̐*	*vastu me̐*
		plural→	*kitābo̐ me̐*	*bālikāo̐ me̐*	*laḍkiyo̐ me̐*	*vastuo̐ me̐*
	on, at *par*	singular→	*kitāb par*	*bālikā par*	*laḍkī par*	*vastu par*
		plural→	*kitābo̐ par*	*bālikāo̐ par*	*laḍkiyo̐ par*	*vastuo̐ par*

LESSON 15

THE PRONOUNS

DEFINITIONS :

(1)The word used in place of a noun (in order to avoid its repetition) is called a *Pronoun.*

(2) If a pronoun qualifies a noun, then the pronoun is called a *Pronominal or Possessive Adjective.*

EXPLANATION :

(i) See this sentence :

Rām is going to Rām's school to see Rām's teacher and to return Rām's teacher Rām's teacher's books.

राम राम के शिक्षक को मिलने और राम के शिक्षक की पुस्तकें राम के गुरुजी को लौटाने राम के विद्यालय को जा रहा है ।

It sounds improper and confusing.

(ii) Now see this one

(Same sentence can be re-written properly with the use of pronouns) :

Rām is going to his school to see his teacher and to return him his books. *(Rām apane gurujī ko milane aur un kī pustakẽ un ko lauṭāne apane vidyālay jā rahā hai)*

राम अपने शिक्षक को मिलने और उनकी पुस्तकें उनको लौटाने अपने विद्यालय जा रहा है ।

It reads improper.

REMEMBER (change in pronoun forms, see Tables 23-24) **: See Table 9**

I = ***maĩ*** मैं । **He, she, that** = ***vah*** वह । **It, this** = ***yah*** यह। **They, those** = ***ve*** वे। **These** = ***ye*** ये।

When any suffix is attached to these pronouns, they change to : ***maĩ*** मैं changes to → ***muz*** मुझ।

vah वह changes to → ***us*** उस । ***yah*** यह changes to → ***is*** इस । ***ve*** वे changes to → ***un*** उन ।

ye ये changes to → ***in*** इन ।

15.1 THE PERSONAL PRONOUNS

DEFINITION :

A word used in place of the name of a person is a Personal Pronoun (a thing, is Impersonal Pronoun) .

e.g.	I,	we,	you,	he, she,	they,	it, this,	these,	they and those.
	maĩ,	*ham,*	*āp*	*vah,*	*ve,*	*yah,*	*ye,*	*ve*
	मैं,	हम,	आप,	वह,	वे,	यह,	ये,	वे ।

NOTES :

1. As you see in Table 23-24, by attaching the case suffixes, the pronuns (i) he, she वह (*vah*) change to him, her उस (*us*); (ii) they, and those वे (*ve*) change to them; (iii) I and we change to my मेरा (*merā*), and our हमारा (*hamārā*).
2. (i) He, she, that = वह *vah;* (ii) This, it = यह *yah;* (iii) They, those = वे *ve;* (iv) These = ये *ye.*
3. For saying : he, she, that, वह (*vah*) as well as for saying they and those वे (*ve*) - some people say वो (*vo*) .

15.2 THE INTERROGATIVE PRONOUNS

The pronoun that is employed for asking a question is an Interrogative Pronoun.

(1) कौन (*kaun?* who) :

Who sleeps here? *(yahā̃ kaun sotā hai?)* यहाँ कौन सोता है?

(2) क्यों (*kyõ?* why) :

Why do you sleep here? आप यहाँ क्यों सोते हैं?

(3) क्या (*kyā?* what) :

What are you doing here now? *(āp ab yahā̃ kyā kar rahe haĩ?)* आप अब यहाँ क्या कर रहे हैं?

What is your name? *āpkā nām kyā hai?* आप का नाम क्या है?

(4) कब (*kab?* When) :

When will you come? *(āp kab āyenge?)* आप कब आयेंगे?

(5) कहाँ (*kahā̃?* where) :

Where does he live? *(vah kahā̃ rahatā hai?)* वह कहाँ रहता है?

TABLE 23 : CHART FOR THE PRONOUNS

The Hindī Chart (English Chart is on the Next Page)

REMEMBER : (i) I = मैं । **He, she, that =** वह । **It, this =** यह । **They, those =** वे । **These =** ये ।

(ii) When any suffix is attached to these pronouns : मैं changes to मुझ । वह changes to उस । यह changes to इस । वे changes to उन । ये changes to इन ।

		I, we, us	You	He, she, him, her, that / they, them, those	It, these
1st., 2nd., 3rd. Person →		मैं, हम	आप	वह, वे	यह, ये
with suffix ने	singular→	मैंने	आपने	उसने	इसने
1N◦ (Perfect, transitive)	plural→	हमने	आपने	उन्हों ने	इन्हों ने
2 A◦ to को	singular→	मुझको, मुझे	आपको	उसको, उसे	इसको, इसे
to	plural→	हमको, हमें	आपको	उनको, उन्हें	इनको, इन्हें
3 I◦ with, by से	singular→	मुझसे	आपसे	उससे	इससे
	plural→	हमसे	आपसे	उनसे	इनसे
4 D◦ for के लिये	singular→	मेरे लिये	आपके लिये	उसके लिये	इसके लिये
	plural→	हमारे लिये	आपके लिये	उनके लिये	इनके लिये
5 A◦ from से	singular→	मुझसे, मेरेसे	आपसे	उससे	इससे
	plural→	हमसे	आपसे	उनसे	इनसे
6 P◦ of का, रा –	singular→	मेरा–मेरी	आपका–की	उसका–की	इसका–की
	plural→	हमारा–री	आपका–की	उनका–की	इनका–की
7 L◦ in में	singular→	मुझमें	आपमें	उसमें	इसमें
	plural→	हममें	आपमें	उनमें	इनमें
in पर	singular→	मुझ पर	आप पर	उस पर	इस पर
	plural→	हम पर	आप पर	उन पर	इन पर

TABLE 24 : CHART FOR THE PRONOUNS

The English Chart (Hindī Chart is on the Previous Page)

REMEMBER : (i) I = *maĩ;* **He, she, that =** *vah;* **It, this =** *yah;* **They, those =** *ve;* **These =** *ye.*

(ii) When any suffix is attached to these pronouns : ***maĩ*** changes to ***muz;*** ***vah*** changes to ***us;*** ***yah*** changes to ***is;*** ***ve*** changes to ***un;*** ***ye*** changes to ***in.***

			I, we, us	You	He, she, him, her, that / they, them, those	It, these
1st., 2nd., 3rd. Person →			*maĩ, ham*	*āp*	*vah, ve*	*yah, ye*
with suffix	*ne*	singular→	*maĩ ne*	*āp ne*	*us ne*	*is ne*
1N◦ (Perfect, transitive)		plural→	*ham ne*	*āp ne*	*unhõ ne*	*inhõ ne*
2 A◦	to *ko*	singular→	*mujh ko, mujhe*	*āp ko*	*us ko, use*	*isko, ise*
		plural→	*hamẽ*	*āp ko*	*un ko, unhẽ*	*inko, inhẽ*
3 I◦	with, by *se*	singular→	*mujh se*	*āp se*	*us se*	*is se*
		plural→	*ham se*	*āp se*	*un se*	*in se*
4 D◦	for *ke liye*	singular→	*mere liye*	*āpke liye*	*us ke liye*	*is ke liye*
		plural→	*hamāre liye*	*āpke liye*	*un ke liye*	*in ke liye*
5 A◦	from *se*	singular→	*mujh se*	*āp se*	*us se*	*is se*
		plural→	*ham se*	*āp se*	*un se*	*in se*
6 P◦	of *kā, rā*	singular→	*merā-meri*	*āpkā-kī*	*uskā-kī*	*iskā-kī*
		plural→	*hamārā-rī*	*āpkā-kī*	*unkā-kī*	*inkā-kī*
7 L◦	in *mẽ*	singular→	*mujh mẽ*	*āp mẽ*	*us mẽ*	*un mẽ*
		plural→	*ham mẽ*	*āp mẽ*	*un mẽ*	*in mẽ*
	on, at *par*	singular→	*mujh par*	*āp par*	*us par*	*is par*
		plural→	*ham par*	*āp par*	*un par*	*in par*

USE OF PRONOUNS AND POSSESSIVE ADJECTIVES

Review of what we learned so far, the 'cumulative learning'

EXERCISE 35 : Translate the English sentences into Hindī (Answers are provided for help)

1ST PERSON : I, We

1. I, We (*maĩ, ham*) मैं, हम।
2. I am. (*maĩ hũ*) मैं हूँ ।
3. We are friends. (*ham dost haĩ*) हम दोस्त हैं ।
4. Give me one thing. (*mujhe ek chīj dījiye*) मुझे एक चीज दीजिये ।
5. Tell us one thing. (*hamẽ ek bāt batāiye*) हमें एक बात बताइये ।
6. It will not be done by me. (*yah mujh se nahĩ hogā*) यह मुझसे नहीं होगा ।
7. It will be done by us. (*yah ham se hogā*) यह हमसे होगा ।
8. This is for me. (*yah mere liye hai*) यह मेरे लिये है ।
9. Bring water for us. (*hamāre liye pānī lāiye*) हमारे लिये पानी लाइये ।
10. He took money from me. (*us ne mujh se paisā liyā*) उसने मुझसे पैसा लिया ।
11. That is far from us. (*vah ham se dūr hai*) वह हमसे दूर है ।
12. He is my brother. (*vah merā bhāī hai*) वह मेरा भाई है ।
13. Our books. (*hamārī kitābẽ*) हमारी किताबें ।
14. Please belive in me (Hindi = on me). (*mujh par bharosā kījiye*) मुझ पर भरोसा कीजिये ।
15. He depends on us. (*vah ham par nirbhar hai*) वह हम पर निर्भर है ।
16. My dog. (*merā kuttā*) मेरा कुत्ता ।
17. My dogs. (*mere kutte*) मेरे कुत्ते ।
18. Our dog. (*hamārā kuttā*) हमारा कुत्ता ।
19. Our dogs. (*hamāre kutte*) हमारे कुत्ते ।
20. My car. (*merī gāḍī*) मेरी गाड़ी ।
21. My cars. (*merī gāḍiyā̃*) मेरी गाड़ियाँ ।
22. Our car. (*hamārī gāḍī*) हमारी गाड़ी ।
23. Our cars. (*hamārī gāḍiyā̃*) हमारी गाड़ियाँ ।

2ND PERSON : You

1. You, *āp* आप ।
2. You are. *(āp haĩ)* आप हैं ।
3. You are friends. *(āp dost haĩ)* आप दोस्त हैं ।
4. I will give you one thing. *(maĩ āp ko ek chīj dūṅgā-dūṅgī)* मैं आपको एक चीज दूँगा/दूँगी ।
5. I will tell you (all) one thing. *(maĩ āp ko ek bāt batāūṅgā-batāūṅgī)* मैं आपको (आप लोगों को) एक बात बताऊँगा/बताऊँगी ।
6. It will not be done by you. *(yah āp se nahĩ hogā)* यह आपसे नहीं होगा ।
7. It will be done by you all. *(yah āp logõ se hogā)* यह आप लोगों से होगा ।
8. This is for you. *(yah āp ke liye hai)* यह आपके लिये है ।
9. I will bring water for you all. *(maĩ āp logõ ke liye pānī lāūṅgā-lāūṅgī)* मैं आप लोगों के लिये पानी लाऊँगा/लाऊँगी ।
10. He took money from you. *(us ne āp se paise liye)* उसने आपसे पैसे लिये (पैसा लिया) ।
11. That is far from you all. *(vah āp logõ se dūr hai)* वह आप लोगों से दूर है ।
12. He is your brother. *(vah āp kā bhāī hai)* वह आपका भाई है ।
13. Your books. *(āp kī kitābẽ)* आपकी किताबें ।
14. I believe in you. *(maĩ āp par bharosā kartā hũ)* मैं आप पर भरोसा करता हूँ ।
15. He depends on you. *(vah āp par nirbhar hai)* वह आप पर निर्भर है ।
16. Your dog. *(āp kā kuttā)* आपका कुत्ता ।
17. Your dogs. *(āp ke kutte)* आपके कुत्ते ।
18. Your car. *(āp kī gāḍī)* आपकी गाड़ी ।
19. Your cars. *(āp kī gāḍiyā̃)* आपकी गाड़ियाँ ।

3RD PERSON : He, she, it, they, these, those

1. He, she, it, they, these *vah, vah, yah, ve, ye.* वह, वह, यह, वे, ये ।
2. He-she is. *(vah hai)* वह है । Those are friends. *(ve dost haĩ)* वे दोस्त हैं ।
3. They are friends. *(ve dost haĩ)* वे दोस्त हैं । These are friends. *(ye dost haĩ)* ये दोस्त हैं ।
4. Give him-her one thing. *(us ko ek chīj dījiye)* उसको एक चीज दीजिये ।
5. Tell them one thing. *(un ko ek bāt batāiye)* उनको/उन्हें एक बात बताइये ।
6. It will not be done by him-her. *(yah us se nahĩ hogā)* यह उससे नहीं होगा ।

7. It will be done by them. *(yah un se hogā)* यह उनसे होगा ।

8. This is for her-him. *(yah us ke liye hai)* यह उसके लिये है ।

9. Bring water for them. *(un ke liye pānī lāiye)* उनके लिये पानी लाइये ।

10. He took it from him-her. (us ne us se liyā) उसने उससे लिया ।

11. That is far from them. *(vah un se dūr hai)* वह उनसे दूर है ।

12. He is his-her brother. *(vah us kā bhāī hai)* वह उसका भाई है ।

13. Their books. *(un kī kitābẽ)* उनकी किताबें ।

14. Belive in him-her. *(us par bharosā kījiye)* उस पर भरोसा कीजिये ।

15. He depends on them. *(vah un par bharosā kartā hai)* वह उन पर भरोसा करता है ।

16. His dog. *(us kā kuttā)* उसका कुत्ता ।

17. His dogs. *(us ke kutte)* उसके कुत्ते ।

18. Her dog. *(us kā kuttā)* उसका कुत्ता ।

19. Her dogs. *(us ke kutte)* उसके कुत्ते ।

20. Their dog. *(un kā kuttā)* उनका कुत्ता ।

21. Their dogs. *(un ke kutte)* उनके कुत्ते ।

22. His car. *(us kī gāḍī)* उसकी गाड़ी ।

23. Her car. *(us kī gāḍī)* उसकी गाड़ी ।

24. His cars. *(us kī gāḍiyā̃)* उसकी गाड़ियाँ ।

25. Her cars. *(us kī gāḍiyā̃)* उसकी गाड़ियाँ ।

26. Their car. *(un kī gāḍī)* उनकी गाड़ी ।

27. Their cars. *(un kī gāḍiyā̃)* उनकी गाड़ियाँ ।

28. My house *(merā ghar)* मेरा घर । My houses *(mere ghar)* मेरे घर । My book *(merī kitāb)* मेरी किताब । My books *(merī kitābẽ)* मेरी किताबें । My dog *(merā kuttā)* मेरा कुत्ता । My dogs *(mere kutte)* मेरे कुत्ते । My car *(merī gāḍī)* मेरी गाड़ी । My cars *(merī gāḍiyā̃)* मेरी गाड़ियाँ ।

29. Our house *(hamārā ghar)* हमारा घर । Our houses *(hamāre ghar)* हमारे घर । Our book *(hamārī kitāb)* हमारी किताब । Our books *(hamārī kitābẽ)* हमारी किताबें । Our dog *(hamārā kuttā)* हमारा कुत्ता । Our dogs *(hamāre kutte)* हमारे कुत्ते । Our car *(hamārī gāḍī)* हमारी गाड़ी । Our cars *(hamārī gāḍiyā̃)* हमारी गाड़ियाँ । These houses *(ye ghar)* ये घर। Those houses *(ve ghar)* वे घर।

30. Your house *(āp kā ghar)* आपका घर । Your houses *(āp ke ghar)* आपके घर । Your book *(āp kī kitāb)* आपकी किताब । Your books *(āp kī kitābẽ)* आपकी किताबें । Your dog *(āp kā kuttā)* आपका कुत्ता । Your dogs *(āp ke kutte)* आपके कुत्ते । Your car *(āp kī gāḍī)* आपकी गाड़ी । Your cars *(āp kī gāḍiyā̃)* आपकी गाड़ियाँ । Your cat (f∘) *(āp kī billī)* आपकी बिल्ली ।

31. His-her house *(us kā ghar)* उसका घर । His-her houses *(us ke ghar)* उसके घर । His-her book *(us kī kitāb)* उसकी किताब। His-her books *(us kī kitābẽ)* उसकी किताबें। His-her dog *(us kā kuttā)* उसका कुत्ता। His-her dogs *(us ke kutte)* उसके कुत्ते। His-her car *(us kī gāḍī)* उसकी गाड़ी। His-her cars *(us kī gāḍiyā̃)* उसकी गाड़ियाँ। This car *yah gāḍī* यह गाड़ी। These cars *ye gāḍiyā̃* ये गाड़ियाँ।

32. Their house *(un kā ghar)* उनका घर । Their houses *(un ke ghar)* उनका घर । Their book *(un kī kitāb)* उनकी किताब । Their books *(un kī kitābẽ)* उनकी किताबें । Their dog *(un kā kuttā)* उनका कुत्ता । Their dogs *(un ke kutte)* उनके कुत्ते । Their car *(un kī gāḍī)* उनकी गाड़ी । Their cars *(un kī gāḍiyā̃)* उनकी गाड़ियाँ । This book *(yah kitāb)* यह किताब। That book *(vah kitāb)* वह किताब।

33. My book *(merī kitāb)* मेरी किताब । My books *(merī kitābẽ)* मेरी किताबें । Your book *(āp kī kitab)* आपकी किताब । Your books *(āp kī kitābẽ)* आपकी किताबें । His book *(us kī kitāb)* उसकी किताब । His books *(us kī kitābẽ)* उसकी किताबें । Her book *(us kī kitāb)* उसकी किताब । Her books *(us kī kitābẽ)* उसकी किताबें । Their book *(un kī kitāb)* उनकी किताब । Their books *(un kī kitābẽ)* उनकी किताबें । These books *(ye kitābẽ)* ये किताबें । Those books *(ve kitābẽ)* वे किताबें ।

NEW EXPRESSIONS TO LEARN :

(1) Across = *us pār* (उस पार)
(2) After = *bād mẽ* (बाद में)
(3) Again = *fir, punaḥ* (फिर, पुनः)
(4) Again and again = *bārambār* (बारंबार)
(5) Although = *yadyapi* (यद्यपि)
(6) If = *yadi* (यदि)
(7) Then = *fir, bād mẽ* (फिर, बाद में)
(8) Before = *pahale* (पहले)
(9) Between = *bīch mẽ* (बीच में)
(10) Beyond = *us pār* (उस पार)
(11) There = *vahā̃* (वहाँ)
(12) Here = *yahā̃* (यहाँ)
(13) On this side = *idhar* (इधर)
(14) On that side = *udhar* (उधर)
(15) Where? = *kahā̃?* (कहाँ?)
(16) On which side? = *kidhar?* (किधर?)
(17) Where = *jahā̃* (जहाँ)
(18) On which side = *jidhar* (जिधर)
(19) Near = *pās, ke pās* (पास, के पास)
(20) With = *sāth, ke sāth* (साथ, के साथ)
(21) For = *ke liye* (के लिये)
(22) Inside = *andar, bhītar* (अंदर, भीतर),
(23) Out side = *bāhar* (बाहर)
(24) On, Over = *ūpar, par* (ऊपर, पर)

TABLE 25 : SIMILARITY BETWEEN VARIOUS PRONOUNS

He	*vah*	वह
She	*vah*	वह
That	*vah*	वह
This	*yah*	यह

This	*yah*	यह
That	*vah*	वह
Who?	*kaun*	कौन?
Who	*jo*	जो

Here	*yahā̃*	यहाँ
There	*vahā̃*	वहाँ
Where?	*kahā̃*	कहाँ?
Where	*jahā̃*	जहाँ

On this side	*idhar*	इधर
On that side	*udhar*	उधर
On which side?	*kidhar*	किधर?
On which side	*jidhar*	जिधर

Now	*ab*	अब
Then	*tab*	तब
When?	*kab*	कब?
When	*jab*	जब

Like this	*aisā*	ऐसा
Like that	*vaisā*	वैसा
Like what, how?	*kaisā*	कैसा?
Like which, as	*jaisā*	जैसा

Like this	*is tarah*	इस तरह
Like that	*us tarah*	उस तरह
Like what?	*kis tarah*	किस तरह?
Like which	*jiś tarah*	जिस तरह

Like these	*aise*	ऐसे
Like those	*vaise*	वैसे
Like what, how?	*kaise*	कैसे?
Like which	*jaise*	जैसे

This much	*itnā*	इतना
That much	*utanā*	उतना
How much?	*kitnā*	कितना
As much	*jitnā*	जितना

This much (f◦)	*itnī*	इतनी
That much	*utnī*	उतनी
How much?	*kitnī*	कितनी
As much	*jitnī*	जितनी

These many	*itne*	इतने
That many	*utne*	उतने
How many?	*kitne*	कितने?
As many	*jitne*	जितने

This person (did)	*is ne*	इसने
He, she (did)	*us ne*	उसने
Who (did ?)	*kis ne*	किसने
Who (did)	*jis ne*	जिसने
To this	*is ko*	इसको
To that	*us ko*	उसको
To him	*us ko*	उसको
To her	*us ko*	उसको
To these	*in ko*	इनको
To those	*un ko*	उनको
To them	*un ko*	उनको
To whom?	*kis ko*	किसको
With this	*is se*	इससे
With that	*us se*	उससे
With what?	*kis se*	किससे?
With which	*jis se*	जिससे
For this	*is liye*	इस लिये
For that	*us liye*	उस लिये
For what?	*kis liye*	किस लिये?
For which	*jis liye*	जिस लिये
From this	*is se*	इससे
From that	*us se*	उससे
From what?	*kis se*	किससे
From which	*jis se*	जिससे
Of this	*is kā*	इसका
Of that	*us kā*	उसका
Of what?	*kis kā*	किसका?
Of which	*jis kā*	जिसका
Of this	*is kī*	इसकी
Of that	*us kī*	उसकी
Of what?	*kis kī*	किसकी?
Of which	*jis kī*	जिसकी
Of this	*is ke*	इसके
Of that	*us ke*	उसके
Of what?	*kis ke*	किसके?
Of which	*jis ke*	जिसके
In this	*is me̐*	इसमें
In that	*us me̐*	उसमें
In what?	*kis me̐*	किसमें?
In which	*jis me̐*	जिसमें
On this	*is par*	इस पर
On that	*us par*	उस पर
On what?	*kis par*	किस पर
On which	*jis par*	जिस पर
Why?	*kyo̐*	क्यों?
so	*yo̐*	यों
thus	*tyo̐*	त्यों
as	*jyo̐*	ज्यों

TABLE 26 : RATNAKAR'S CHART OF VERB APPLICATIONS

Say = verb stem *kah* कह. to say = *kahnā* कहना). Only the verb stems are used in tenses.

Verb stem	say	*(kah)*	कह
Verbal noun (infinitive)	to say	*(kahanā)*	कहना
He does	He says	*(vah kahatā hai)*	वह कहता है
She does	She says	*(vah kahatī hai)*	वह कहती है
They do	They say	*(ve kahate haĩ)*	वे कहते हैं
I did (m◦ object)	I said a verse	*(maĩ ne shlok kahā)*	मैंने श्लोक कहा
(m◦ pl◦ object)	I said verses	*(maĩ ne shloks kahe)*	मैंने श्लोक कहे
(f◦ object)	I said a poem	*(maĩ ne kavitā kahī)*	मैंने कविता कही
(f◦ pl◦ object)	I said poems	*(maĩ ne kavitāẽ kahĩ)*	मैंने कविताएँ कहीं
I will (m◦ subject)	I will say	*(maĩ kahūṅgā)*	मैं कहूँगा
I will (f◦ subject)	I will say	*(maĩ kahūṅgī)*	मैं कहूँगी
He will	He will say	*(vah kahegā)*	वह कहेगा
She will	She will say	*(vah kahegī)*	वह कहेगी
They will (m◦)	They will say	*(ve kaheṅge)*	वे कहेंगे
(f◦ subject)	They will say	*(ve kaheṅgī)*	वे कहेंगी
Perfect (m◦ subject)	He has already said	*(vah kaha chukā hai)*	वह कह चुका है
Perfect (f◦ subject)	She has already said	*(vah kah chukī hai)*	वह कह चुकी है
Participle	Having said I came	*(maĩ kah kar āyā)*	मैं कहकर आया
Gerund	While saying	*(kahate hue)*	कहते हुए
Adjective, doer (m◦)	He is a speaker	*(vah kahane wālā hai)*	वह कहनेवाला है
Adjective, doer (f◦)	She is a speaker	*(vah kahane wālī hai)*	वह कहनेवाली है
for	FOR saying,	*(kahane ke liye)*	कहने के लिये
in	IN saying	*(kahane mẽ)*	कहने में
Interrogative	May I say?	*(kyā maĩ kahū̃?)*	क्या मैं कहूँ?
Imperative (respect)	Please say!	*(kṛpayā kahiye!)*	कहिए! कृपया कहिए!
(Imperative *tū-tum*)	Say!	*(kah! kaho!)*	कह! कहो!

15.3 VERB APPLICATIONS

What we have learned so far, the cumulative learning

e.g. verb stem *gir* (√गिर) - fall, verb stem *likh* (लिख) - write

(A) INTRANSITIVE verb, to fall = *gir* गिर, verbal noun = falling *(giranā)* गिरना ।

(B) TRANSITIVE verb, to write = *likh* लिख, verbal noun = writing *(likhnā)* लिखना ।

(1) **SIMPLE PRESENT** ACTIONS : (all Even Numbered sentences are Transitive)

1. I fall, I do fall (m∘, f∘ subject). *(m∘ maĩ girtā hū̃, f∘ maĩ girtī hū̃)* m∘ मैं गिरता हूँ, f∘ मैं गिरती हूँ ।
2. I write, I do write (m∘, f∘ subject). *(maĩ likhtā hū̃, maĩ likhtī hū̃)* मैं लिखता हूँ, मैं लिखती हूँ ।
3. We fall (m∘, f∘ subject). *(ham girte haĩ, ham girtī haĩ)* हम गिरते हैं, हम गिरतीं हैं ।
4. We write (m∘, f∘ subject). *(ham likhte haĩ, ham likhtī haĩ)* हम लिखते हैं, हम लिखतीं हैं ।
5. You fall (m∘, f∘ subject). *(āp girte haĩ, āp girtī haĩ)* आप गिरते हैं, आप गिरतीं हैं ।
6. You write (m∘, f∘ subject). *(āp likhte haĩ, āp likhtī haĩ)* आप लिखते हैं, आप लिखतीं हैं ।
7. He falls. *(vah girtā hai)* वह गिरता है । 8. He writes. *(vah likhtā hai)* वह लिखता है ।
9. She falls. *(vah girtī hai)* वह गिरती है । 10. She writes. *(vah likhtī hai)* वह लिखती है ।
11. They fall (m∘, f∘ subject). *(ve girte haĩ, ve girtī haĩ)* वे गिरते हैं, वे गिरतीं हैं ।
12. They write (m∘, f∘ subject). *(ve likhte haĩ, ve likhtī haĩ)* वे लिखते हैं, वे लिखतीं हैं ।

(2) **PRESENT CONTINUOUS** ACTIONS : (all Even Numbered sentences are Transitive)

1. I am falling (m∘, f∘). *(maĩ gir rahā hū̃, maĩ gir rahī hū̃)* मैं गिर रहा हूँ, मैं गिर रही हूँ ।
2. I am writing (m∘, f∘). *(maĩ likh rahā hū̃, maĩ likh rahī hū̃)* मैं लिख रहा हूँ, मैं लिख रही हूँ ।
3. We are falling (m∘, f∘). *(ham gir rahe haĩ, ham gir rahī haĩ)* हम गिर रहे हैं, हम गिर रहीं हैं ।
4. We are writing (m∘, f∘). *(ham likh rahe haĩ, ham likh rahī haĩ)* हम लिख रहे हैं, हम लिख रहीं हैं ।
5. You are falling (m∘, f∘). *(āp gir rahe haĩ, āp gir rahī haĩ)* आप गिर रहे हैं, आप गिर रहीं हैं ।
6. You are writing (m∘, f∘). *(āp likh rahe haĩ, āp likh rahī haĩ)* आप लिख रहे हैं, आप लिख रहीं हैं ।
7. He is falling. *(vah gir rahā hai)* वह गिर रहा है ।
8. He is writing. *(vah likh rahā hai)* वह लिख रहा है ।
9. She is falling. *(vah gir rahī hai)* वह गिर रही है ।
10. She is writing. *(vah likh rahī hai)* वह लिख रही है ।

11. They are falling (m∘, f∘). (*ve gir rahe haĩ, ve gir rahĩ haĩ*) वे गिर रहे हैं, वे गिर रहीं हैं ।

12. They are writing (m∘, f∘). (*ve likh rahe haĩ, ve likh rahĩ haĩ*) वे लिख रहे हैं, वे लिख रहीं हैं ।

(3) **PRESENT PERFECT** ACTIONS : (all Even Numbered sentences are Transitive)

1. I have fallen (m∘, f∘). (*maĩ girā hū̃, maĩ girī hū̃*) मैं गिरा हूँ, मैं गिरी हूँ ।

2. I have written (m∘, f∘). (*maĩ ne likhā hai, maĩ ne likhe haĩ, maĩ ne likhī hai, maĩ ne likhĩ haĩ*) मैंने लिखा है, मैंने लिखे हैं, मैंने लिखी है, मैंने लिखीं हैं ।

3. We have fallen (m∘, f∘). (*ham gire haĩ, ham girĩ haĩ*) हम गिरे हैं, हम गिरीं हैं ।

4. We have written (m∘, f∘). (*ham ne likhā hai, ham ne likhe haĩ, ham ne likhī hai, ham ne likhĩ haĩ*) हमने लिखा हैं, हमने लिखे हैं, हमने लिखी है, हमने लिखीं हैं ।

5. You have fallen (m∘, f∘). (*āp gire haĩ, āp girĩ haĩ*) आप गिरे हैं, आप गिरीं हैं ।

6. You have written (m∘, f∘). (*āp ne likhā hai, āp ne likhe hai, āp ne likhī hai, āp ne likhĩ haĩ*) आपने लिखा हैं, आपने लिखे है, आपने लिखी है, आपने लिखीं हैं ।

7. He has fallen. (*vah girā hai*), वह गिरा है ।

8. He has written. (*us ne likhā hai, us ne likhe hai, us ne likhī hai, us ne likhĩ haĩ*) उसने लिखा है, उसने लिखे हैं, उसने लिखी है, उसने लिखीं हैं ।

9. She has fallen. (*vah girī hai*) वह गिरी है ।

10. She has written. (*us ne likhā hai, us ne likhe hai, us ne likhī hai, us ne likhĩ haĩ*) उसने लिखा है, उसने लिखे हैं, उसने लिखी है, उसने लिखीं हैं ।

11. They have fallen (m∘, f∘). (*ve gire haĩ, ve girĩ haĩ*) वे गिरे हैं, वे गिरीं हैं ।

12. They have written (m∘, f∘). (*unhõ ne likhā hai, unhõ ne likhe hai, unhõ ne likhī hai, unhõ ne likhĩ haĩ*) उन्होंने लिखा है, उन्होंने लिखे हैं, उन्होंने लिखी है, उन्होंने लिखीं हैं ।

(4) SIMPLE PAST or PAST INDEFINITE PERFECT ACTIONS : (all Even ones are Transitive)

1. I fell, I did fall (m∘, f∘). (*maĩ girā, maĩ girī*) मैं गिरा, मैं गिरी ।

2. I wrote, I did write (m∘, f∘). (*maĩ ne likhā, maĩ ne likhe, maĩ ne likhī, maĩ ne likhĩ*) मैंने लिखा, मैंने लिखे, मैंने लिखी, मैंने लिखीं ।

3. We fell (m∘, f∘). (*ham gire, ham girĩ*) हम गिरे, हम गिरीं ।

4. We wrote (m∘, f∘). (*ham ne likhā, ham ne likhe, ham ne likhī, ham ne likhĩ*) हमने लिखा, हमने लिखे, हमने लिखी, हमने लिखीं ।

5. You fell (m◦, f◦). *(āp gire, āp girī̃)* आप गिरे, आप गिरीं ।

6. You wrote (m◦, f◦). *(āp ne likhā, āp ne likhe, āp ne likhī, āp ne likhī̃)* आप ने लिखा, आपने लिखे, आपने लिखी, आपने लिखीं ।

7. He fell. *(vah girā)* वह गिरा ।

8. He wrote. *(us ne likhā, us ne likhe, us ne likhī, us ne likhī̃)* उसने लिखा, उसने लिखे, उसने लिखी, उसने लिखीं ।

9. She fell. *(vah girī)* वह गिरी ।

10. She wrote. *(us ne likhā, us ne likhe, us ne likhī, us ne likhī̃)* उसने लिखा, उसने लिखे, उसने लिखी, उसने लिखीं ।

11. They fell (m◦, f◦). *(ve gire, ve girī̃)* वे गिरे, वे गिरीं ।

12. They wrote (m◦, f◦). *(unhõ ne likhā, unhõ ne likhe, unhõ ne likhī, unhõ ne likhī̃)* उन्होंने लिखा, उन्होंने लिखे, उन्होंने लिखी, उन्होंने लिखीं ।

(5) **PAST CONTINUOUS** ACTIONS : (all Even Numbered sentences are Transitive)

1. I was falling (m◦, f◦). *(maĩ gir rahā thā, maĩ gir rahī thī)* मैं गिर रहा था, मैं गिर रही थी ।

2. I was writing (m◦, f◦). *(maĩ likh rahā thā, maĩ likh rahī thī)* मैं लिख रहा था, मैं लिख रही थी ।

3. We were falling (m◦, f◦). *(ham gir rahe the, ham gir rahī̃ thī̃)* हम गिर रहे थे, हम गिर रहीं थीं ।

4. We were writing (m◦, f◦). *(ham likh rahe the, ham likh rahī̃ thī̃)* हम लिख रहे थे, हम लिख रहीं थीं ।

5. You were falling (m◦, f◦). *(āp gir rahe the, āp gir rahī̃ thī̃)* आप गिर रहे थे, आप गिर रहीं थीं ।

6. You were writing (m◦, f◦). *(āp likh rahe the, āp likh rahī̃ thī̃)* आप लिख रहे थे, आप लिख रहीं थीं ।

7. He was falling. *(vah gir rahā thā)* वह गिर रहा था ।

8. He was writing. *(vah likh rahā thā)* वह लिख रहा था ।

9. She was falling. *(vah gir rahī thī)* वह गिर रही थी ।

10. She was writing. *(vah likh rahī thī)* वह लिख रही थी ।

11. They were falling (m◦, f◦). *(ve gir rahe the, ve gir rahī̃ thī̃)* वे गिर रहे थे, वे गिर रहीं थीं ।

12. They were writing (m◦, f◦). *(ve likh rahe the, ve likh rahī̃ thī̃)* वे लिख रहे थे, वे लिख रहीं थीं ।

(6) PAST PERFECT ACTIONS : (all Even Numbered sentences are Transitive)

1. I had fallen (m◦, f◦). *(maĩ girā thā, maĩ girī thī)* मैं गिरा था, मैं गिरी थी ।

2. I had written (m◦, f◦). *(maĩ ne likhā thā, maĩ ne likhe the, maĩ ne likhī thī, maĩ ne likhī̃ thī̃)* मैंने

लिखा था, मैंने लिखे थे, मैंने लिखी थी, मैंने लिखीं थीं ।

3. We had fallen (m◦, f◦). *(ham gire the, ham girī̃ thī̃)* हम गिरे थे, हम गिरीं थीं ।

4. We had written (m◦, f◦). *(ham ne likhā thā, ham ne likhe the, ham ne likhī thī, ham ne likhī̃ thī̃)* हमने लिखा था, हमने लिखे थे, हमने लिखी थी, हमने लिखीं थीं ।

5. You had fallen (m◦, f◦). *(āp gire the, āp girī̃ thī̃)* आप गिरे थे, आप गिरीं थीं ।

6. You had written (m◦, f◦). *(āp ne likhā thā, āp ne likhe the, āp ne likhī thī, āp ne likhī̃ thī̃)* आप ने लिखा था, आपने लिखे थे, आपने लिखी थी, आपने लिखीं थीं ।

7. He had fallen. *(vah girā thā)* वह गिरा था ।

8. He had written. *(us ne likhā thā, us ne likhe the, us ne likhī thī, us ne likhī̃ thī̃)* उसने लिखा था, उसने लिखे थे, उसने लिखी थी, उसने लिखीं थीं ।

9. She had fallen. *(vah girī thī)* वह गिरी थी ।

10. She had written. *(us ne likhā thā, us ne likhe the, us ne likhī thī, us ne likhī̃ thī̃)* उसने लिखा था, उसने लिखे थे, उसने लिखी थी, उसने लिखीं थीं ।

11. They had fallen (m◦, f◦). *(ve gire the, ve girī̃ thī̃)* वे गिरे थे, वे गिरीं थीं ।

12. They had written (m◦, f◦). *(unhõ ne likhā thā, unhõ ne likhe the, unhõ ne likhī thī, unhõ ne likhī̃ thī̃)* उन्होंने लिखा था, उन्होंने लिखे थे, उन्होंने लिखी थी, उन्होंने लिखीं थीं ।

(7) **SIMPLE FUTURE** ACTIONS : (all Even Numbered sentences are Transitive)

1. I will fall (m◦, f◦). *(maĩ girūngā, maĩ girū̃ngī)* मैं गिरूँगा, मैं गिरूँगी ।

2. I will write (m◦, f◦). *(maĩ likhūngā, maĩ likhūngī)* मैं लिखूँगा, मैं लिखूँगी ।

3. We will fall (m◦, f◦). *(ham girenge, ham girengī)* हम गिरेंगे, हम गिरेंगी ।

4. We will write (m◦, f◦). *(ham likhenge, ham likhengī)* हम लिखेंगे, हम लिखेंगी ।

5. You will fall (m◦, f◦). *(āp girenge, āp girengī)* आप गिरेंगे, आप गिरेंगी ।

6. You will write (m◦, f◦). *(āp likhenge, āp likhengī)* आप लिखेंगे, आप लिखेंगी ।

7. He will fall. *(vah giregā)* वह गिरेगा ।

8. He will write. *(vah likhegā)* वह लिखेगा ।

9. She will fall. *(vah giregī)* वह गिरेगी ।

10. She will write. *(vah likhegī)* वह लिखेगी ।

11. They will fall (m◦, f◦). *(ve girenge, ve girengī)* वे गिरेंगे, वे गिरेंगी ।

12. They will write (m◦, f◦). *(ve likhenge, ve likhengī)* वे लिखेंगे, वे लिखेंगी ।

(8) **POTENTIAL** MOOD (may, should) : (all Even Numbered sentences are Transitive)

1. I may fall (m◦, f◦). *(maĩ girū̃, maĩ shāyad girū̃)* मैं गिरूँ । मैं शायद गिरूँ ।
2. I may write (m◦, f◦). *(maĩ likhū̃)* मैं लिखूँ ।
3. We may fall (m◦, f◦). *(ham girẽ)* हम गिरें ।
4. We may write (m◦, f◦). *(ham likhẽ)* हम लिखें ।
5. You may fall (m◦, f◦). *(āp girẽ)* आप गिरें ।
6. You may write (m◦, f◦). *(āp likhẽ)* आप लिखें ।
7. He may fall. *(vah gire)* वह गिरे ।
8. He may write. *(vah likhe)* वह लिखे ।
9. She may fall. *(vah gire)* वह गिरे ।
10. She may write. *(vah likhe)* वह लिखे ।
11. They may fall (m◦, f◦). *(ve girẽ)* वे गिरें ।
12. They may write (m◦, f◦). *(ve likhẽ)* वे लिखें ।

(9) **INTERROGATIVE** MOOD

1. May I fall (m◦ f◦)? *(kyā maĩ girū̃? maĩ girū̃ kyā?)* क्या मैं गिरूँ? मैं गिरूँ क्या?
2. May I write (m◦ f◦)? *(kyā maĩ likhū̃?)* क्या मैं लिखूँ? मैं लिखूँ क्या ?
3. May we fall (m◦ f◦)? *(kyā ham gireṅ?)* क्या हम गिरें?
4. May we write (m◦ f◦)? *(kyā ham likheṅ?)* क्या हम लिखें?
5. May he fall? *(kyā vah gire?)* क्या वह गिरे?
6. May he write? *(kyā vah likhe?)* क्या वह लिखे?
7. May she fall? *(kyā vah gire?)* क्या वह गिरे?
8. May she write? *(kyā vah likhe?)* क्या वह लिखे?
9. May they fall (m◦ f◦)? *(kyā ve gireṅ?)* क्या वे गिरें?
10. May they write (m◦ f◦)? *(kyā ve likheṅ?)* क्या वे लिखें? वे लिखें क्या?

(10) **CAUSATIVE** PRESENT ACTIONS : (all Even Numbered sentences are Transitive)

(to fall = *gir;* to cause to fall = to write *likh;* to cause to write = *likhā*)

1. I have caused to fall = I have dropped (m◦, f◦ object-objects). *(maĩ ne girāy hai, maĩ ne girāye haĩ, maĩ ne girāyī hai, maĩ ne girāyī̃ haĩ)* मैंने गिराया है, मैंने गिराये हैं, मैंने गिरायी है, मैंने गिरायीं हैं ।
2. I have caused to write (m◦, f◦ object-objects). *(maĩ ne likhāyā hai, maĩ ne likhāye haĩ, maĩ ne likhāyī̃ haĩ, maĩ ne likhāyī̃ haĩ)* मैंने लिखाया है, मैंने लिखाए हैं, मैंने लिखाई है, मैंने लिखाई हैं ।
3. We have caused to fall (m◦, f◦ object-objects). *(ham ne girāyā hai, ham ne girāye haĩ, ham ne girāyī hai, ham ne girāyī̃ haĩ)* हमने गिराया है, हमने गिराये हैं, हमने गिरायी है, हमने गिरायीं हैं ।
4. We have caused to write (m◦, f◦ object-objects). *(ham ne likhāyā hai, ham ne likhāye haĩ,*

ham ne likhāyī hai, ham ne likhāyī̃ haĩ) हमने लिखाया है, हमने लिखाए हैं, हमने लिखाई है, हमने लिखाईं हैं ।

5. You have caused to fall (m॰, f॰ object-objects). *(āp ne girāyā hai, āp ne girāye haĩ, āp ne girāyī hai, āp ne likhāyī̃ haĩ)* आपने गिराया है, आपने गिराये हैं, आपने गिरायी है, आपने गिरायीं हैं ।

6. You have caused to write (m॰, f॰ object-objects). *(āp ne likhāyā hai, āp ne likhāye haĩ, āp ne likhāyī hai, āp ne likhāyī̃ haĩ.* आपने लिखाया है, आपने लिखाए हैं, आपने लिखाई है, आपने लिखाईं हैं ।

7. He has caused to fall (m॰, f॰ object-objects). *(us ne girāyā hai, us ne girāye haĩ, us ne girāyī hai, us ne girāyī̃ haĩ)* उसने गिराया है, उसने गिराये हैं, उसने गिरायी है, उसने गिरायीं हैं ।

8. He has caused to write (m॰, f॰ object-objects). *(us ne likhāyā hai, us ne likhāye haĩ, us ne likhāyī hai, us ne likhāī̃ haĩ)* उसने लिखाया है, उसने लिखाए हैं, उसने लिखाई है, उसने लिखाईं हैं ।

9. She has caused to fall (m॰, f॰ object-objects). *(us ne girāyā hai, us ne girāye haĩ, us ne girāyī hai, us ne girāyī̃ haĩ)* उसने गिराया है, उसने गिराये हैं, उसने गिरायी है, उसने गिरायीं हैं ।

10. She has caused to write (m॰, f॰ object-objects). *(us ne likhāyā hai, us ne likhāye haĩ, us ne likhāyī hai, us ne likhāyī̃ haĩ)* उसने लिखाया है, उसने लिखाए हैं, उसने लिखाई है, उसने लिखाईं हैं ।

11. They have caused to fall (m॰ f॰ object-objects). *(unhõ ne girāyā hai, unhõ ne girāye haĩ, unhõ ne girāyī hai, unhõ ne girāyī̃ haĩ)* उन्हों ने गिराया है, उन्हों ने गिराये हैं, उन्हों ने गिरायी है, उन्हों ने गिरायीं हैं ।

12. They have caused to write (m॰, f॰ object-objects). *(unhõ ne likhāyā hai, unhõ ne likhāye haĩ, unhõ ne likhāyī hai, unhõ ne likhāyī̃ haĩ)* उन्हों ने लिखाया है, उन्हों ने लिखाए हैं, उन्हों ने लिखाई है, उन्हों ने लिखाईं हैं ।

(11) **ASSERTIVE** PRESENT ACTIONS : (all Even Numbered sentences are Transitive)

1. I can fall (m॰ f॰ subject). *(maĩ gir sakatā hū̃, maĩ gir sakatī hū̃)* मैं गिर सकता हूँ, मैं गिर सकती हूँ ।
2. I can write (m॰, f॰). *(maĩ likh sakatā hū̃, maĩ likh sakatī hū̃)* मैं लिख सकता हूँ, मैं लिख सकती हूँ ।
3. We can fall (m॰, f॰). *(ham gir sakate haĩ, ham gir sakatī̃ haĩ)* हम गिर सकते हैं, हम गिर सकतीं हैं ।
4. We can write (m॰ f॰). *(ham likh sakate haĩ, ham likh sakatī̃ haĩ)* हम लिख सकते हैं, हम लिख सकतीं हैं।
5. You can fall (m॰, f॰). *(āp gir sakate haĩ, āp gir sakatī̃ haĩ)* आप गिर सकते हैं, आप गिर सकतीं हैं ।
6. You can write (m॰ f॰). *(āp likh sakate haĩ, āp likh sakatī̃ haĩ)* आप लिख सकते हैं, आप लिख सकतीं हैं।
7. He can fall. *(vah gir sakatā hai)* वह गिर सकता है ।
8. He can write. *(vah likh sakatā hai)* वह लिख सकता है ।
9. She can fall. *(vah gir sakatī hai)* वह गिर सकती है ।
10. She can write subject. *(vah likh sakatī hai)* वह लिख सकती है ।

11. They can fall (m∘, f∘). *(ve gir sakate haĩ, ve gir sakatī̃ haĩ)* वे गिर सकते हैं, वे गिर सकतीं हैं ।

12. They can write (m∘ f∘). *(ve likh sakate haĩ, ve likh sakatī̃ haĩ)* वे लिख सकते हैं, वे लिख सकतीं हैं ।

13. Someone can fall (m∘ f∘). *(koī gir sakatā hai, koī gir sakatī hai)* कोई गिर सकता है, कोई गिर सकती है।

14. Someone can write (m∘ f∘ subject). *(koī likh sakatā hai)* कोई लिख सकता है ।

15. Anybody can fall (m∘ f∘ subject). *(koī bhī gir sakatā hai)* कोई भी गिर सकता है ।

16. Anybody can write (m∘ f∘ subject). *(koī bhī likh sakatā hai)* कोई भी लिख सकता है ।)

17. Anything can fall (m∘ f∘ subject). *(kuchh bhī gir sakatā hai, koī bhī chīj gir sakatī hai)* कुछ भी गिर सकता है, कोई भी चीज गिर सकती है ।)

18. Nothing can fall (m∘, f∘). *(kuchh bhī nahī̃ gir sakatā)* कुछ भी नहीं गिर सकता ।

(12) **DESIDERATIVE** MOOD (expressing a desire or wish to do)

1. I want to fall. *maĩ giranā chāhatā hũ, maĩ giranā chāhatī hũ.* मैं गिरना चाहता हूँ, मैं गिरना चाहती हूँ ।

2. I want to write (m∘, f∘). *(maĩ likhnā chāhatā hũ, maĩ likhnā chāhattī hũ)* मैं लिखना चाहता हूँ, मैं लिखना चाहती हूँ ।

3. We want to fall (m∘, f∘). *(ham giranā chāhate haĩ, ham giranā chāhatī̃ haĩ)* हम गिरना चाहते हैं, हम गिरना चाहतीं हैं ।

4. We want to write (m∘, f∘). *(ham likhnā chāhate haĩ, ham likhnā chāhatī̃ haĩ)* हम लिखना चाहते हैं, हम लिखना चाहतीं हैं ।

5. You want to fall (m∘, f∘). *(āp giranā chāhate haĩ, āp giranā chāhatī̃ haĩ)* आप गिरना चाहते हैं, आप गिरना चाहतीं हैं ।

6. You want to write (m∘, f∘). *(āp likhnā chāhate haĩ, āp likhnā chāhatī̃ haĩ)* आप लिखना चाहते हैं, आप लिखना चाहतीं हैं ।

7. He wants to fall. *(vah giranā chāhatā hai)* वह गिरना चाहता है ।

8. He wants to write. *(vah likhnā chāhatā hai)* वह लिखना चाहता है ।

9. She wants to fall. *(vah giranā chāhatī hai)* वह गिरना चाहती है ।

10. She wants to write. *(vah likhnā chāhatī hai)* वह लिखना चाहती है ।

11. They want to fall (m∘, f∘). *ve giranā chāhate-chāhatī̃ haĩ.* वे गिरना चाहते-चाहतीं हैं ।

12. They want to write (m∘, f∘). *(ve likhnā chāhate haĩ, ve likhnā chāhatī̃ haĩ)* वे लिखना चाहते हैं, वे लिखना चाहतीं हैं । ... and so on.

EXERCISE 36 : **Identify and learn more about the following pictures and write a two lines in English-Hindi or in Hindi on each object.**

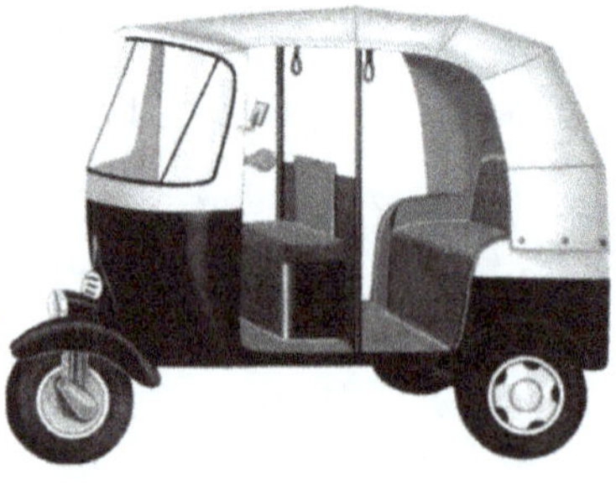

EXERCISE 37 : Read the following Sanskrit Verses (shlokas) and try to remember as many as possible :

भाषासु मुख्या मधुरा दिव्या गीर्वाणभारती ।
तस्माद्धि मधुरं काव्यं तस्मादपि सुभाषितम् ।। 1

Among all languages Sanskrit language is the best and sweetest language. Within that too even sweeter is the poetry and within that, the most sweet is a Subhāṣita.

पृथिव्यां त्रीणि रत्नानि जलमन्नं सुभाषितम् ।
मूढैः पाषाणखण्डेषु रत्नसंज्ञा विधीयते ।। 2

There are three jewels on the earth - water, food and *subhāṣita*; but the stones are jewels for the ignorant people.

काव्यशास्त्रविनोदेन कालो गच्छति धीमताम् ।
व्यसनेन तु मूर्खाणां निद्रया कलहेन वा ।। 3

Wise people spend their time with the amusement in the science of poetry; but the fools with devotion to addiction, slumber and fighting. प्रश्नः अस्ति- The qustion is :

कं पृच्छामः सुराः स्वर्गे निवसामो वयं भुवि ।
किं वा काव्यरसः स्वादु किं वा स्वादीयसी सुधा ।। 4

Whom shall we ask, if the necter of poetry or the *amṛta* is sweeter? The Gods (who drink the juice called *amṛta*) live in the heavens and we (who drink the nectar of poetry) live on the earth. उत्तरं स्यात्- The answer may be :

द्राक्षा म्लानमुखी जाता शर्करा च अश्मतां गता ।
सुभाषितस्य अग्रे सुधा भीता दिवं गता ।। 5

Sour with the sweetness of the *Subhāṣita,* the grapes have gone sour and wilted, the sugar became tasteless and froze and the *amṛta* got scared and ran away to the heavens.

कविः करोति काव्यानि रसं जानाति पण्डितः ।
तरुः सृजति पुष्पाणि वायुः वहति सौरभम् ।। 6

The poet makes poetry, and its sweetness is relished by the wise; (just as,) while the trees grow blossoms, the fragrance is carried away by the wind.

संसारवृक्षस्य द्वे फले हि अमृतोपमे ।
सुभाषितरसस्वादः संलापः सज्जनैः सह ।। 7

The tree of the worldly-life has two sweet fruits, the first is *subhāṣita* and the other is dialogue with the wise people.

LESSON 16

THE ADJECTIVES and ADVERBS

The word that describes, qualifies or adds something to a noun is an ADJECTIVE.

1. Good boy *(achchhā laḍkā)* अच्छा लड़का ।
2. Good boys *(achchhe laḍke)* अच्छे लड़के ।
3. Good girl *(achchhī laḍkī)* अच्छी लड़की ।
4. Good girls *(achchhī laḍkiyā̃)* अच्छी लड़कियाँ

The word that qualifies a verb or an adjective, is an ADVERB.

1. Eat slowly. *(dhīre khāiye)* धीरे खाइये ।
2. Walk fast. *(tej chaliye)* तेज चलिये ।
3. Very good. *(bahut achchhā)* बहुत अच्छा ।
4. It is heavy. *(yah bhārī hai)* यह भारी है ।

16.1 THE ADJECTIVES

RULE : In Hindī, the adjectives have same gender and number as the nouns they qualify.

	Singular	Plural
MASCULINE	*maĩ achchhā laḍkā hū̃*	*ham achchhe laḍke haĩ*
	āp achchhe laḍke haĩ	*āp achchhe laḍke haĩ*
	vah achchhā laḍkā hai	*ve achchhe laḍke haĩ*
FEMININE	*maĩ achchhī laḍkī hū̃*	*ham achchhī laḍkiyā̃ haĩ*
	āp achchhī laḍkī haĩ	*āp achchhī laḍkiyā̃ haĩ*
	vah achchhī laḍkī hai	*ve achchhī laḍkiyā̃ haĩ*
MASCULINE	मैं अच्छा लड़का हूँ ।	हम अच्छे लड़के हैं ।
	आप अच्छे लड़के हैं ।	आप अच्छे लड़के हैं ।
	वह अच्छा लड़का है ।	वे अच्छे लड़के हैं ।
FEMININE	मैं अच्छी लड़की हूँ ।	हम अच्छी लड़कियाँ हैं ।
	आप अच्छी लड़की हैं ।	आप अच्छी लड़कियाँ हैं ।
	वह अच्छी लड़की है ।	वे अच्छी लड़कियाँ हैं ।

EXERCISE 38 : Translate the English sentences into Hindī (Answers are given for help)

1. Rānī does good work. *(Rānī achchhā kām kartī hai)* रानी अच्छा काम करती है ।
2. The oranges are sweet. *(santare mīṭhe haĩ)* संतरे मीठे हैं । (Sweet = m∘ *mīṭhā*)

3. We saw a yellow rose. *(ham ne pīlā gulāb dekhā)* हमने पीला गुलाब देखा । (Yellow = m◦ *pīlā*)

4. Eat with right hand. *(dāhine hāth se khāiye)* दाहिने हाथ से खाइये । (Right = m◦ *dāhīnā*)

5. He has one Dollar/Rupee. *(us ke pāsa ek Dollar/ rupayā hai)* उसके पास एक डालर/रुपया है ।

6. Sunīl is tall boy. *(Sunīl lambā laḍkā hai)* सुनील लंबा लड़का है । (Tall, long = m◦ *lambā*)

7. The clothes are wet. *(kapaḍe gīle haiँ)* कपड़े गीले हैं । (Wet = m◦ *gīlā*)

8. My shirt is blue. *(merī kamīj nīlī hai)* मेरी कमीज नीली है । (Blue = m◦ *nīlā*)

9. You are tired. *āp thake haiँ. (√thak)* आप थके हैं । (Tired = m◦ *thakā*)

10. Here the water is deep. *(yahāँ pānī gaharā hai)* यहाँ पानी गहरा है । (deep = m◦ *gaharā*)

11. It is true. *(yah sach hai)* यह सच है । (True = *sach*)

12. The window is open. *(khiḍakī khulī hai -(√khul)* खिड़की खुली है । (Open = m◦ *khulā*)

13. This job is small. *(yah kām chhoṭā hai)* यह काम छोटा है । (Small = m◦ *choṭā*)

14. I brought fresh fruits. *(maiँ tāze fal lāyā)* मैं ताजे फल लाया । (Fresh = m◦ *tāzā*)

15. He took a longer route. *(us ne lambā rāstā liyā)* उसने लंबा रास्ता लिया । (long = m◦ *lambā*)

NEW ADJECTIVES TO LEARN

(1) Good *achchhā* (अच्छा)	(2) Bad *burā* (बुरा)	(3) Sweet *miṭhā* (मीठा)
(4) Sour *khaṭṭā* (खट्टा)	(5) Hot *garam* (गरम)	(6) Cold *ṭhanḍā* (ठंडा)
(7) Heavy *bhārī* (भारी)	(8) Light *halakā* (हलका)	(9) Fat *moṭa* (मोटा)
(10) Thin *patalā* (पतला)	(11) Beautiful *sundar* (सुंदर)	(12) Dirty *gandā* (गंदा)
(13) Young *jawān* (जवान)	(14) Old *būḍhā* (बूढ़ा)	(15) Open *khulā* (खुला)
(16) Closed *band* (बंद)	(17) Smart *hoshiyār* (होशियार)	(18) Lazy *ālasī* (आलसी)
(19) Easy *āsān* (आसान)	(20) Hard *kaṭhin* (कठिन)	(21) Little *chhoṭā* (छोटा)
(22) More *jyādā* (ज्यादा)	(23) Large, big *baḍā* (बड़ा)	(24) Less *kam* (कम) (adv◦)
(25) True *sachchā* (सच्चा)	(26) Tall, long *lambā* (लंबा)	(27) False *jhūṭhā* (झूठा)
(28) All *sab* (सब)	(29) Happy *khush* (खुश)	(30) Sad *dukhī* (दु:खी)
(31) Hard *kaḍā* (कड़ा)	(32) Soft *komal* (कोमल)	(33) Wise *gyānī* (ज्ञानी)
(34) Poor *garīb* (गरीब)	(35) Foolish *mūrkha* (मूर्ख)	(36) Rich *amīr* (अमीर)
(37) Short *chhoṭā* (छोटा)	(38) Quick, *chañchal* (चंचल)	(39) Slow *mand* (मंद)
(40) Strong *balavān* (बलवान्)	(41) Weak *kamjor* (कमजोर)	(42) Dishonest *beīmān* (बेईमान)

NOTE : See next page for more adjectives.

All names of Numerals and Colours are adjectives.

For numerals, please see Lesson 7, *Introduction to Numerals.*

COLOURS : (m◦)

Red (*lāl*) लाल — Green (*harā*) हरा — Blue (*nīlā*) नीला — Yellow (*pīlā*) पीला

Black (*kālā*) काला — White (*safed*) सफेद — Purple (*Jamunī*) जामुनी — Orange (*nāraṅgī*) नारंगी

Dark (*gaḍhā*) गाढ़ा — Light (*phīkā*) फीका

EXERCISE 39 : Translate the English sentences into Hindī (Answers are given for help)

(1) Two red flowers. *(do lāl phūl)* दो लाल फूल ।

(2) This car is blue. *(yah gāḍī nīlī hai)* यह गाड़ी नीली है ।

(3) There are yellow flowers on this tree. *(is peḍ par pīle phūl haĩ)* इस पेड़ पर पीले फूल हैं ।

(4) Please give me ten Rupees. *(mujhe das rupaye dījiye)* मुझे दस रुपये दीजिये ।

(5) One sari is dark black and other sari is light green. *(ek sāḍī gāḍhī kālī hai aur dūsarī sāḍī phīkī harī hai)* एक साड़ी गाढ़ी काली है और दूसरी साड़ी फीकी हरी है ।

16.2 THE ADVERBS

DEFINITION : The word that qualifies a verb or an adjective is an Adverb.

RULE : Adverbs do not have any gender, number, person, tense or case. They do not change with the verb or adjective they qualify, therefore, they are called INDECLINABLES.

EXERCISE 40 : Translate the English sentences into Hindī (Answers are given for help)

1. Rānī walks fast. *(Rānī tej chaltī hai)* रानी तेज चलती है ।
2. He always helps. *(vah hameshā madad kartā hai)* वह हमेशा मदद करता है ।
3. Please move backward. *(kṛpayā pīchhe haṭiye)* कृपया पीछे हटिये ।
4. I came before he did. *(maĩ us se pahale āyā)* मैं उससे पहले आया ।
5. He wants money right now. *(us ko paise abhī chāhiye)* उसको पैसे अभी चाहिये ।
6. Sunīl came here twice. *(Sunīl yahā̃ do bār āyā)* सुनील यहाँ दो बार आया ।

7. She knows me well. *(vah mujhe achchhī tarah se jānatī hai)* वह मुझे अच्छी तरह से जानती है।

8. This is better than that one. *(yah us se behatar hai)* यह उससे बेहतर है ।

9. Kindly give me ten dollars. *(kṛpayā mujhe das dālar dījiye)* कृपया मुझे दस डॉलर दीजिये ।

10. Otherwise I will go. *(varanā maĩ chal jāũngā)* वरना मैं चला जाऊँगा ।

11. Where is your friend? *(āp kā dost kahā̃ hai?)* आपका दोस्त कहाँ है?

12. When did you hear this? *(āp ne yah kab sunā?)* आपने यह कब सुना?

13. Why are you sad? *(āp udās kyõ haĩ)* आप उदास क्यों हैं?

14. How was this written? *(yah kaise likhā thā?)* यह कैसे लिखा था?

15. Please speak slowly *(kṛpayā dhīre boliye)* कृपया धीरे बोलिये ।

16. Tell me again. *(mujhe fir se kahiye)* मुझे फिर से कहिये ।

17. Sunil will not come now. *(Sunīl ab nahī̃ āyegā)* सुनील अब नहीं आएगा ।

18. I like it very much. *(maĩ ise bahut chāhatā hū̃, mujhe yah bahut achchhā lagatā hai)* मैं इसे बहुत चाहता हूँ, मुझे यह बहुत अच्छा लगता है ।

19. It is not very bad. *(yah bahut burā nahī̃ hai)* यह बहुत बुरा नहीं है ।

20. He stood at once. *(vah ekadam khaḍā huā)* वह एकदम खड़ा हुआ ।

सत्यमेव जयते
प्रधान मंत्री
PRIME MINISTER

नई दिल्ली
१५ फरवरी, १९९९

प्रिय श्री नराले,

आपके पत्र के साथ स्वरचित कृति 'गीत रत्नाकर' पाकर अच्छा लगा। धन्यवाद।

'गीता' पर आधारित इस पुस्तक की विषय-सामग्री रूचिकर एवं प्रेरणाओं से परिपूर्ण है। आपके इस सराहनीय प्रयास के लिए मेरी ओर से बधाई।

शुभकामनाओं सहित,

आपका
अटलबिहारी वाजपेयी
(अटल बिहारी वाजपेयी)

श्री रत्नाकर नारले
ओंटरियो (कनाडा)

LEGISLATIVE ASSEMBLY

13-कैनिङ् लेन-
नई दिल्ली-
५-४-१९३६

श्री दीनानाथ जी 'दिनेश' ने, अपना रचा हुआ, 'हरिगीतिका' छंद में किया पद्यानुवाद, हिन्दी भाषा में, भगवद्गीता का, कृपा करके मुझको सुनाया- कई अध्यायों के अंश सुने- बहुत आनंद आया- कान को प्यारे, मूल के अर्थ के सच्चे, बहुत परिश्रम और विचार से शब्द चुने गये हैं- मैं आशा करता हूं कि इस नये अनुवाद का अधिक प्रचार होगा-

भगवान दास

EXERCISE 41 : **Identify the and learn more about following pictures. Write 2 to 4 lines in English, English-Hindi or Hindi on any two objects.**

EXERCISE 42 : Read the sanskrit shlokas given below.

Try to remember them.

अविचार्य न वक्तव्यं वक्तव्यं सुविचारितम् ।
किञ्च तत्रैव वक्तव्यं यत्रोक्तं सफलं भवेत् ।। 1

उपकारोऽपि नीचानामपकारो हि जायते ।
पयः पानं भुजङ्गानां केवलं विषवर्धनम् ।। 2

क्षमाशस्त्रं करे यस्य दुर्जनः किं करिष्यति ।
अतृणे पतितो वह्निः स्वयमेवोपशाम्यति ।। 3

यदशक्यं न तच्छक्यं तच्छक्यं शक्यमेव तत् ।
न जले शकटं याति न च नौर्गच्छति स्थले ।। 4

अकृत्वा परसन्तापमगत्वा खलमन्दिरम् ।
अनुत्सृज्य सतां वर्त्म यत्स्वल्पमपि तद्बहु ।। 5

कुसुमं वर्णसम्पन्नं गन्धहीनं न शोभते ।
न शोभते क्रियाहीनं मधुरं वचनं तथा ।। 6

उद्यमेन हि सिध्यन्ति कार्याणि न मनोरथैः ।
न हि सुप्तस्य सिंहस्य प्रविशन्ति मुखे मृगाः ।। 7

उद्यमः साहसं धैर्यं बुद्धिः शक्तिः पराक्रमः ।
षडेते यत्र वर्तन्ते तत्र दैवं प्रसीदति ।। 8

गच्छन्पिपीलिका याति योजनानां शतान्यपि ।
अगच्छन् वैनतेयोऽपि पदमेकं न गच्छति ।। 9

स्वगृहे पूज्यते मूर्खः स्वग्रामे पूज्यते प्रभुः ।
स्वदेशे पूज्यते राजा विद्वान्सर्वत्र पूज्यते ।। 10

सर्पदुर्जनयोर्मध्ये वरं सर्पो न दुर्जनः ।
सर्पो दंशति कालेन दुर्जनस्तु पदे पदे ।। 11

रविश्चन्द्रो घना वृक्षाः नदी गावश्च सज्जनाः ।
एते परोपकाराय भुवि दैवेन निर्मिताः ।। 12

छायामन्यस्य कुर्वन्ति तिष्ठन्ति स्वयमातपे ।
फलान्यपि परार्थाय वृक्षाः सत्पुरुषा इव ।। 13

यो ध्रुवाणि परित्यज्य अध्रुवं परिसेवते ।
ध्रुवाणि तस्य नश्यन्ति अध्रुवं नष्टमेव च ।। 14

यस्मिन्देशे न सन्मानो न वृत्तिर्न च बान्धवाः ।
न च विद्यागमोप्यस्ति वासं तत्र न कारयेत् ।। 15

न देवो विद्यते काष्ठे न पाषाणे न मृन्मये ।
भावे हि विद्यते देवस्तस्माद्भावो हि कारणम् ।। 16

LESSON 17

THE CONJUNCTIONS, INTERJECTIONS AND OTHER EXPRESSIONS

17.1 THE CONJUNCTIONS

DEFINITONN :

Conjunctions are the words like : and, or, but, for, if, that, where, either, neither, nor, still, till, only, else, after, before, etc. which make a connection between two parts of a sentence.

EXERCISE 43 : First study the following sentences and then, as an exercise, translate the English sentences into Hindī (Answers are given for your help)

1. Rāmū AND Sunīl are friends. *(Rāmū aur Sunīl dost haĩ)* रामू और सुनील दोस्त हैं ।
2. Bring mango AND a knife. *(ām aur chākū lāiye)* आम और चाकू लाइये ।
3. He eats rice AND dāl. *(vah dāl va dāl khātā hai)* वह दाल व रोटी खाता है ।
4. I can read AND write Hindī. *(maĩ Hindī paḍh evam likh sakatā hũ)* मैं हिंदी पढ़ एवं लिख सकता हूँ ।
5. He can speak AS WELL AS write Sanskrit. *(vah sanskṛt bol tathā likh sakatā hai)* वह संस्कृत बोल तथा लिख सकता है ।
6. Give me an apple OR a banana. *(mujhe seb yā kelā dījiye)* मुझे सेब या केला दीजिये ।
7. Speak in Hindī OR in English language. *(Hindī athavā aṅgrezī bhāṣā mẽ boliye)* हिंदी अथवा अंग्रेजी भाषा में बोलिये ।
8. EITHER pay me money OR give me the books. *(mujhe yā to paise dījiye athavā kitābẽ dījiye)* मुझे या तो पैसे दीजिये अथवा किताबें दीजिये ।
9. It is NEITHER good, NOR beautiful. *(na to yah achchhā hai na hī sundar hai)* न तो यह अच्छा है न ही सुंदर है ।
10. WHETHER you like it OR NOT, it will happen. *(āp kī ichhā ho yā nahĩ ho, yah hogā hī)* आपकी इच्छा हो या नहीं हो, यह होगा ही ।
11. I had no idea THAT he was in America. *(maĩ nahĩ jānatā thā ki vah amerikā mẽ thā)* मैं नहीं जानता था कि वह अमेरिका में था ।
12. He told me THAT it is not right. *(us ne mujh se kahā, ki yah ṭhīk nahĩ hai)* उसने मुझसे कहा,

कि यह ठीक नहीं है ।

13. He said that he would not go. *(us ne kahā ki vah nahīn jāyegā)* उसने कहा कि वह नहीं जाएगा ।

14. He said, 'I will not go.' *(us ne kahā, 'maĩ nahĩ jāūngā')* उसने कहा, 'मैं नहीं जाऊँगा ।'

15. Sit down OR ELSE go. *(nīche baiṭhiye anyathā jāiye)* नीचे बैठिए अन्यथा जाइये ।

16. Give me money, OTHERWISE I am going. *(mujhe paise dījiye varanā maĩ jā rahā-rahī hũ)* मुझे पैसे दीजिये वरना मैं जा रहा/रही हूँ ।

17. We are not rich BUT our heart is big. *(ham amīr nahĩ haĩ magar hamārā dil baḍā hai)* हम अमीर नहीं हैं, मगर हमारा दिल बड़ा है ।

18. I told him, BUT he did not stop. *(maĩ ne us se kahā, lekin vah nahĩ rukā)* मैंने उससे कहा, लेकिन वह नहीं रुका । (*ruk* रुक = stop)

19. He is uneducated, BUT intelligent. *(vah anapaḍha hai, par buddhimān hai)* वह अनपढ़ है, पर बुद्धिमान् है ।

20. She is trailing, BUT will win. *(vah pīchhe hai, lekin jītegī)* वह पीछे है, लेकिन जीतेगी ।

21. I have eaten, BUT I am still hungry. *(maĩ ne khānā khāyā hai, kintu maĩ abhī bhī bhūkhā hũ)* मैंने खाना खाया है, किंतु मैं अभी भी भूखा हूँ ।

22. He has severe pain, YET he is quiet. *(us ko kāfī dukh hai, magar vah shānt hai)* उसको काफी दु:ख है, मगर वह शांत है ।

23. ALTHOUGH he did not ask, I gave him money. *(yadyapi us ne nahĩ mānge, tathāpi maĩ ne us ko paise diye)* यद्यपि उसने नहीं माँगे, तथापि मैंने उसको पैसे दिये ।

24. THOUGH he wanted to, he could not go out. *(hālānki vah chāhatā thā, par vah bāhar nahĩ jā sakā)* हालाँकि वहं चाहता था, पर वह बाहर नहीं जा सका ।

25. He slept enough, STILL he is tired. *(vah kāfī soyā fir bhī thakā hai)* वह काफी सोया फिर भी थका है ।

26. Notice was given IN ORDER THAT everyone may be aware. *(notice diyā gayā thā, tā ki sab ko patā ho)* नोटिस दिया गया था, ताकि सबको पता हो ।

27. AS SOON AS the bell rang, I went inside. *(jyõ hī ghanṭī bajī, maĩ andar gayā-gayī)* ज्योंही घंटी बजी, मैं अंदर गया/गयी ।

28. He is walking AS THOUGH he is lame. *(vah aise chal rahā hai jaise langaḍā ho)* वह ऐसे चल रहा जैसे लँगड़ा हो ।

29. I need ONLY five Rupees. *(mujhu kewal pāñch rupaye chāhiye)* मुझे केवल पाँच रुपये चाहिये ।

30. I do not need ONLY money. *(mujhe sirf paise hī nahĩ chāhiye)* मुझे सिर्फ पैसे ही नहीं चाहिये ।

31. Something certainly fell down, FOR I heard the noise. *(kuchh to avashya nīche girā, kyoṁ ki maiṁ ne āwāj sunī)* कुछ तो अवश्य नीचे गिरा, क्योंकि मैंने आवाज सुनी ।

32. He sat down BECAUSE he was tired. *(vah nīche baiṭhā kyoṁ ki vah thakā thā)* वह नीचे बैठा क्योंकि वह थका था ।

33. AFTER rain, the sun shone again. *(varṣā ke bād sūraj fir nikalā)* वर्षा के बाद सूरज फिर निकला ।

34. WHEN I was young, I used to work very hard. *(jab maiṁ jawān thā-thī, (tab) bahut kām kartā thā, kartī thī)* जब मैं जवान था/थी (तब) बहुत काम करता था (करती थी) ।

35. His watch is WHERE he kept it. *(us kī ghaḍī vahīṁ hai jahāṁ us ne rakhī thī)* उसकी घड़ी वहीं है जहाँ उसने रखी थी ।

36. Let us give charity, WHILE we have money. *(jab tak apane pās paisā hai, ham dān deṁ)* जब तक अपने पास पैसा है, हम दान दें ।

37. WHENEVER I see him, he is happy. *(jab bhī maiṁ us ko dekhatā hūṁ, vah khush hotā hai)* जब भी मैं उसको देखता हूँ, वह खुश होता है ।

38. WHEREVER the rain falls, the water goes to the ocean only. *(jahāṁ kahīṁ bhī varṣā hotī hai, pānī sāgar kī or hī jātā hai)* जहाँ कहीं भी वर्षा होती है, पानी सागर की ओर ही जाता है ।

39. He said yes, THEREFORE, I went there. *(us ne hāṁ kahā, is liye maiṁ vahāṁ gayā-gayī)* उसने हाँ कहा, इसलिये मैं वहाँ गया/गई ।

17.2 USE OF THE SUFFIX - कर *kar*

Attachment of the powerful suffix ***kar*** कर (-ing) gives a meaning of (a gerund) 'having done,' 'did and then,' 'after doing' ...etc.

e.g. I eat *(maiṁ khātā hūṁ)* मैं खाता हूँ । I eat after taking a bath (having taken a bath, I take bath and then) *(maiṁ nahā kar khātā hūṁ)* मैं नहा कर खाता हूँ ।

EXERCISE 44 : Translate the English sentences into Hindī (Answers are given for your help)

1. Go and give him the money. *(jā kar us ko paise dījiye)* जा कर उसको पैसे दीजिये ।
2. Do not drive drunk (after drinking). *(pī kar gāḍī mat chalāiye)* पी कर गाड़ी मत चलाइये ।

3. Seeing the tiger, I got scared. *(sher ko dekh kar maĩ dar gayā)* शेर को देख कर मैं डर गया ।

4. I pray Sarasvatī and then I study. *(sarasvatī ko pūj kar maĩ paḍhatā hū̃)* सरस्वती को पूज कर मै पढ़ता हूँ ।

5. Sit and then drink the milk. *(baiṭh kar dūdh pījiye).* बैठ कर दूध पीजिये ।

17.2 USE OF THE SUFFIX - चाहिये *chāhiye*

चाहिये *(chāhiye)* is used for expressing a need, want or a desire. चाहिये is always attached to an object noun that is in the Dative (4th) case.

To impart a meaning of 'ought to,' the verb stem (eg. जा) must be first converted into a verbal noun *(jānā)* जाना by attaching the suffix *nā* (ना). Then add *chāhiye* (चाहिये) to it. e.g. (i) verb stem जा = go. (ii) verb stem √जा + suffix ना = verbal noun जाना to go (iii) verbal noun जाना + suffix चाहिये = adjective◦ 'ought to go,' मुझे जाना चाहिये = I ought to go.

1. I want. *(mujhe chāhiye)* मुझे चाहिये ।
2. I want tea. *(mujhe chāy chāhiye)* मुझे चाय चाहिये ।
3. Do you want tea? *(kyā āpako chāy chāhiye?)* क्या आपको चाय चाहिये?
4. She would want tea. *(use chāy chāhiye hogī)* उसे चाय चाहिये होगी ।
5. What does she want. *(use kyā chāhiye?)* उसे क्या चाहिये?
6. I should go. *(mujhe jānā chāhiye)* मुझे जाना चाहिये ।
7. I should sleep now. *(mujhe ab sonā chāhiye)* मुझे अब सोना चाहिये ।
8. She should not go. *(use nahĩ jānā chāhiye)* उसे नहीं जाना चाहिये ।
9. They should work. *(unhẽ kām karnā chāhiye)* उन्हें काम करना चाहिये ।
10. You should come too. *(āp kop bhī ānā chāhiye)* आपको भी आना चाहिये ।

GOOD NEWS

Even if you JUST READ **each and every** word of this book, patiently and thoughtfully, you will be able to understand Hindī.

EXERCISE 45 : Read the following Sanskrit sayings. Learn them and remember them well.

(1) सत्यमेव जयते नानृतम् । *satyameva jayate nānṛtam.* (सत्यम् एव जयते, न अनृतम्)

Only the truth wins, not the false.

(2) परोपकारार्थम् इदं शरीरम् । *paropakārārtham idaṁ sharīram.* The body is for service to others.

(3) लोभः पापस्य कारणम् । *lobhaḥ pāpasya kāraṇam.* Greed is the root of sins.

(4) जननी जन्मभूमिश्च स्वर्गादपि गरीयसी । *jananī janmabhūmishcha svargādapi garīyasī.* (जननी जन्म-भूमिः च स्वर्गात् अपि गरीयसी) The Mother and the Mother-earth are superior to heaven.

(5) शीलं परं भूषणम् । *shīlaṁ paraṁ bhūṣaṇam.* Character is the best adornment.

(6) अति सर्वत्र वर्जयेत् । *ati sarvatra varjayet.* Too much should always be avoided.

(7) न गृहं गृहिणीहीनं गृहिणी गृहम् उच्यते । *na gṛhaṁ gṛhiṇī-hīnaṁ, gṛhiṇī gṛhaṁ uchyate.*

It is not a home without a lady, with a lady a house is called a home.

(8) दीर्घसूत्री विनश्यति । *dīrghasūtrī vinashyati.* The procastinator perishes.

(9) अक्रोधेन जयेत् क्रोधम् । *akrodhena jayet krodham.* Violence should be defeated with peace.

(10) अहिंसा परमो धर्मः । *ahiṁsā paramo dharmaḥ.* Non-violence is the greatest righteousness.

(11) अकरणान्मन्दकरणं श्रेयः । *akaraṇānmandakaraṇaṁ shreyaḥ.* (अकरणात् मन्दकरणं श्रेयः) ।

Better late than never.

(12) अनर्थः संघचारिणः । *anarthaḥ saṅgha-chāriṇaḥ.* Calamities occur in groups.

(13) मूर्खस्य नास्त्यौषधम् । *mūrkhasya nāsi-auṣadham.* (मूर्खस्य नास्ति औषधम्)

You can not cure fools. Brains are not injected.

(14) वरमद्य कपोतो न श्वो मयूरः । *varamadya kapoto na shvo mayūraḥ.* (वरम् अद्य कपोतः न श्वः मयूरः)

A pigeon today is better than a peacock tomorrow.

(15) कोऽतिभारः समर्थानां किं दूरं व्यवसायिनाम् ।
को विदेशः सविद्यानां कः परः प्रियवादिनाम् ।।120।।

(कः अति-भारः समर्थानाम्? किं दूरं व्यवसायिनाम्? कः विदेशः स-विद्यानाम्? कः परः प्रिय-वादिनाम्?)

For able people what is too difficult? (Nothing). For industrious people what is inaccessible? (None). For the learned people where is there foreign land? (Nowhere). For agreeable people who is a foreigner? (Nobody).

(16) तावद्भयस्य भेतव्यं यावद्भयमनागतम् । आगतं तु भयं वीक्ष्य नरः कुर्याद्यथोचितम् ।।121।।

One should fear, as long as there is no calamity. But, seeing the calamity a person should act appropriately)

(18) अक्रोधेन जयेत्क्रुद्धमसाधुं साधुना जयेत् । जयेत्कदर्यं दानेन जयेत्सत्येन चानृतम् ।।123।।

Violence should be won with non-violence; the unrighteous should be won being righteous, a miser should be won over with charity; the false should be won with truth)

EXERCISE 46 : **Learn about the following Mudrās and write a paragraph (in any language) on any one Mudrā (मुद्रा).**

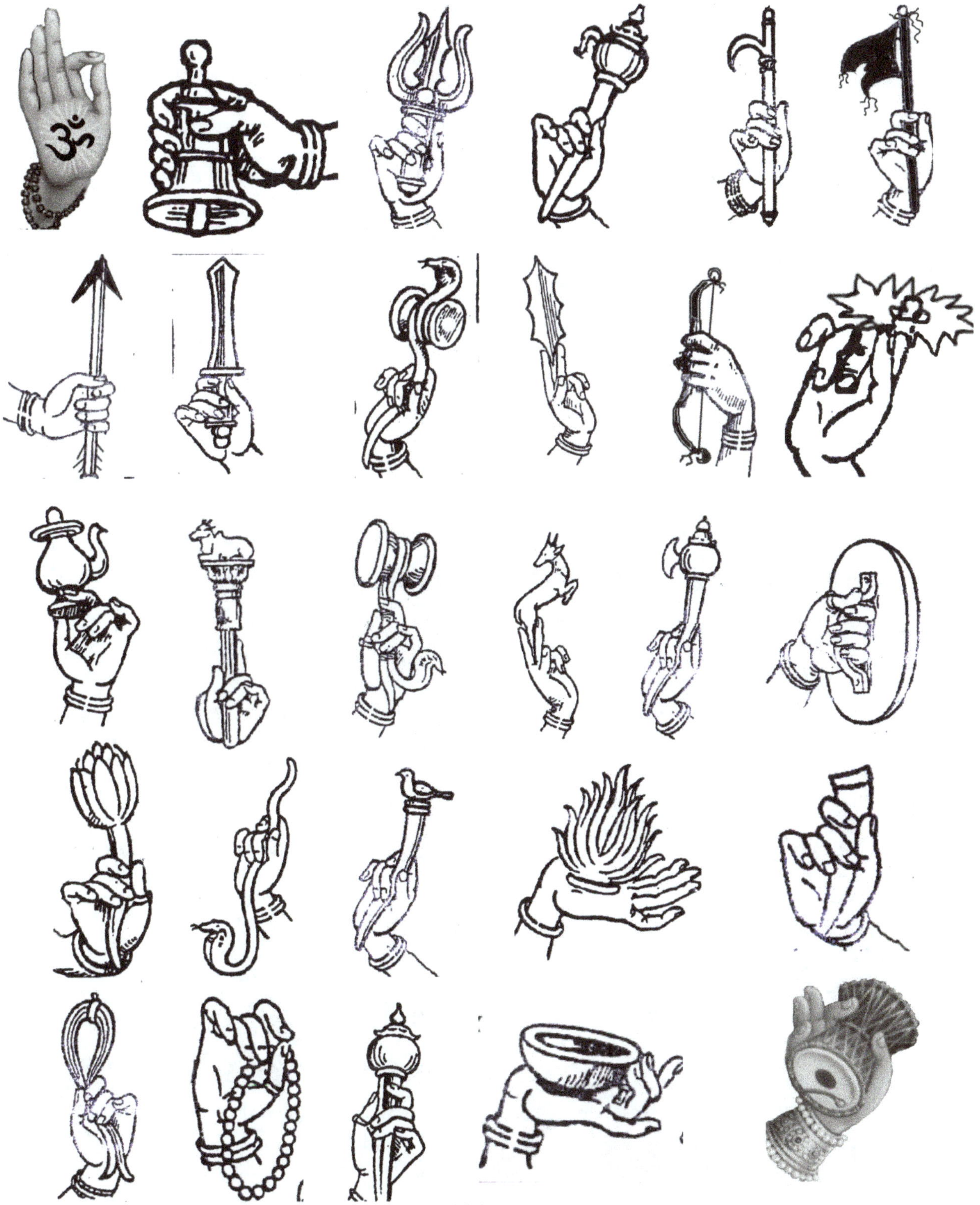

LESSON 18

GENERAL KNOWLEDGE

18.1 NAMES OF THE SEVEN DAYS OF THE WEEK

(1) Sunday	*ravivār*	रविवार	(2) Monday	*somavār*	सोमवार
(3) Tuesday	*mangalavār*	मंगलवार	(4) Wednesday	*budhavār*	बुधवार
(5) Thursday	*guruvār*	गुरुवार	(6) Friday	*shukravār*	शुक्रवार
(7) Saturday	*shanivār*	शनिवार			

18.2 NAMES OF THE TWELVE MONTHS OF THE YEAR

(1) March-April	*chaitra*	चैत्र	(2) April-May	*vaishākh*	वैशाख
(3) May-June	*jyeṣṭha*	ज्येष्ठ	(4) June-july	*āṣāḍh*	आषाढ़
(5) July-August	*shrāvaṇ*	श्रावण	(6) August-September	*bhādrapad*	भाद्रपद
(7) September-October	*āshvin*	आश्विन	(8) October-November	*kārtik*	कार्तिक
(9) November-December	*mārgashīrṣ*	मार्गशीर्ष	(10) December-January	*pauṣ*	पौष
(11) January-February	*māgh*	माघ	(12) February-March	*phālgun*	फाल्गुन

18.3 NAMES OF THE SIX SEASONS OF THE YEAR

(1) Spring	*vasant*	वसंत	(2) Summer	*grīṣma*	ग्रीष्म
(3) Rainy season	*varṣā*	वर्षा	(4) Autumn	*sharad*	शरद्
(5) Winter(Nov-Jan)	*hemant*	हेमंत	(6) Winter(Jan-Mar)	*shishir*	शिशिर

18.4 NAMES OF THE DIRECTIONS

East	*pūrab, pūrva*	पूरब, पूर्व	West	*pashchim*	पश्चिम
North	*uttar*	उत्तर	South	*dakṣiṇ*	दक्षिण
North east	*īshān*	ईशान	South east	*vāyavya*	वायव्य
South west	*āgney*	आग्नेय	North west	*nairṛtya*	नैऋत्य

18.5 THE RELATIONSHIPS

Bride	*vadhū, dūlhan*	वधू , दूल्हन	Brother	*bhāī, bhaiyā*	भाई, भैया
Brother elder	*agraj*	अग्रज	Brother younger	*anuj*	अनुज
Brother' son	*bhatījā*	भतीजा	Brother's daughter	*bhatījī*	भतीजी
Brother's wife	bhābhī	भाभी	Child	*bachchā*	बच्चा
Daughter	*beṭī*	बेटी	Daughter-in-law	*bahū*	बहू
Family	*parivār*	परिवार	Father-in-law	*shvashura*	श्वशुर
Father's elder brother	*tāyā*	ताया	Father's younger brother	chāchā	चाचा
Father's father	*dādā*	दादा	Father's mother	*dādī*	दादी
Father's sister	*būā*	बूआ	Friend	*mitra, dost*	मित्र, दोस्त
Husband	*pati*	पति	Husband's brother	*devar*	देवर
Husband's sister	*nanand*	ननन्द	Lover	*premī, premikā*	प्रेमी, प्रेमिका
Mother	*mā̃*	माँ	Mother-in-law	*sās*	सास
Mother's brother	*māmā*	मामा	Mother's brother's wife	*māmī*	मामी
Mother's father	*nānā*	नाना	Mother's mother	*nānī*	नानी
Mother's sister	*mausī*	मौसी	Neighbor	*paḍosī*	पड़ोसी
Parents	*mātā-pitā*	माता-पिता	Relative	*bandhu*	बंधु
Sister	*bahin*	बहिन	Sister, elder	*dīdī*	दीदी
Sister, younger	*anujā*	अनुजा	Sister's daughter	*bhā̃ñjī*	भाँजी
Sister's husband	*jījā*	जीजा	Sister's son	*bhā̃ñjā*	भाँजा
Son	*beṭā*	बेटा	Son-in-law	*dāmād*	दामाद
Son's daughter	*potī*	पोती	Son's son	*pautra*	पौत्र
Stranger	*paradeshī*	परदेशी	Step xx	*sautelā-*	सौतेला-
Wife	*patnī*	पत्नी	Wife's brother	*sālā*	साला
Wife's sister	*sālī*	साली	Girl friend	*premika*	प्रेमिका
			Boy friend	*premī*	प्रेमी

EXERCISE 47 : **Identify and study the following pictures. Arrange the pictures names (from नमस्ते to रंगोली) in Hindi Alphabetical order.**

LESSON 19

19.1 GENERAL DIALOGUES : **Common Pre-made 'Pet-Sentences'**

Having learned previous 18 lessons, now you can make these and similar sentence. For you, these are not pet-sentences anymore. If you have done prevoius lessons, treat this lesson as an Exercise where the answers are provided. If this is where you are starting the book, then memorize the sentences and hope you will be able to speak Hiondī.

(1) Hello! *(namaste!)* नमस्ते। What is your name? *(āpakā nām kyā hai?)* आपका नाम क्या है?

(2) My name is *(merā nām -------------------- hai)* मेरा नाम -------------------- है ।

(3) How are you. How do you do? *(āp kaise haĩ? kyā hāl hai?)* आप कैसे हैं? क्या हाल है?

(4) I am fine. I am alright. *(maĩ ṭhīk hū̃)* मैं ठीक हूँ । Thank you. *dhanyavād!* धन्यवाद! You are welcome. *āp kā svāgat hai.* आपका स्वागत है ।

(5) Where do you live? *(āp kahā̃ rahate haĩ?)* आप कहाँ रहते हैं?

(6) I live in Kanpur. *(maĩ Kānpur mẽ rahatā hū̃)* मैं कानपुर में रहता हूँ ।

(7) Where is your house? *(āpa kā ghar kahā̃ hai?)* आपका घर कहाँ है?

(8) What is your address? *(āp kā patā kyā hai?)* आपका पता क्या है?

(9) Who is he-she? *(yah kaun hai?)* यह कौन है?

(10) What is his-her name? *(in kā nām kyā hai?)* इनका क्या नाम है?

(11) He-She is my friend *(yah merā dost, merī sahelī hai)* यह मेरा दोस्त (मेरी सहेली) है ।

(12) His-her name is *(is kā nām -------------------- hai)* इसका नाम -------------------- है ।

(13) Will you take tea? *(kyā āp chāy leṅge?)* क्या आप चाय लेंगे?

(14) No, thanks! *(ji nahĩ, dhanyavād! shukriyā!)* जी नहीं, धन्यवाद! जी नहीं शुक्रिया!

(15) I do not drink tea. *(maĩ chāy nahĩ pītā/pītī)* मैं चाय नहीं पीता/पीती ।

(16) Do you smoke? *(kyā āp dhūmrapān karte haĩ? kyā āp sigareṭ pīte haĩ?)* क्या आप धूम्रपान करते हैं? क्या आप सिगरेट पीते हैं?

(17) I do not smoke. *(maĩ sigareṭ nahĩ pītā)* मैं सिगरेट नहीं पीता ।

(18) Are you a vegetarian? *(kyā āp shākāhārī haĩ?)* क्या आप शाकाहारी हैं?

(19) I have heard that he is sick. *(maĩ ne sunā hai ki vah bīmār hai)* मैंने सुना है कि वह बीमार है ।

(20) Is it true? *(kyā yah sacha hai?)* क्या यह सच है?

(21) You are right. *(āp sahī haĩ)* आप सही हैं ।

(22) I know it. *(maĩ yah jānatā hū̃)* मैं यह जनता हूँ ।

(23) Do not tell this to anyone. *(yah bāt kisī ko mat batāiye)* यह बात किसी को मत बताइये ।

(24) I promise you. *(maĩ āp se vādā kartā hū̃)* मैं आप से वादा करता हूँ ।

(25) Your poem is very nice. *(āp ki kavitā bahut achchhī hai)* आपकी कविता बहुत अच्छी है ।

(26) You are making noise. *(āp shor kar rahe haĩ)* आप शोर कर रहे हैं ।

(27) Excuse me. Pardon me. *(mujhe māf-kṣamā kījiye)* मुझे माफ कीजिये । मुझे क्षमा कीजिये ।

(28) She refused it. *(us ne asvīkār kiyā)* उसने अस्वीकार किया ।

(29) I said no. I refused it. *(maĩ ne inkār kiyā)* मैंने इन्कार किया ।

(30) I am sorry. *(mujhe afsos hai)* मुझे अफसोस है ।

(31) That was my mistake. *(vah merī galatī thī)* वह मेरी गलती थी ।

(32) Who was that person? *(vah kaun thā)* वह कौन था?

(33) What are you doing? *(āp kyā kar rahe haĩ?)* आप क्या कर रहे हैं?

(34) What is the matter? *(kyā bāt hai?)* क्या बात है?

(35) What do you have? *(āp ke pās kyā hai?)* आपके पास क्या है?

(36) What do you mean? *(āp kā matalab kyā hai?)* आपका मतलब क्या है?

(37) What does it mean? *(is ka matlab kyā hai?)* इसका मतलब क्या है? (meaning = मतलब *matlab*)

(38) How do you say "water" in Hindi? *(Hindī mẽ "water" ko kyā kahte haĩ?)* हिंदी में "water" को क्या कहते हैं?

(39) In Hindī water is called pānī. *(Hindī mẽ water ko pānī kahte haĩ)* हिंदी में "water" को पानी कहते हैं ।

(40) How do you say "xx" in Hindi? *(Hindī mẽ "xx" kaise kahte haĩ?)* हिंदी में "xx" कैसे कहते हैं?

(41) Are you coming with us? *(kyā āp hamāre sāth ā rahe haĩ?)* क्या आप हमारे साथ आ रहे हैं?

(42) It is very nice. *(yah bahut baḍhiyā hai, yah bahut achchhā hai)* यह बहुत बढ़िया है, यह बहुत अच्छा है । What a coincidence! *(kyā ittafāk hai!)* क्या इत्तफाक है!

(43) Should I close it? Should I open it? *(kyā maĩ yah band karū̃? kyā maĩ yah kholū̃?)* क्या मैं यह बंद करूँ? क्या मैं यह खोलूँ? Please warn me. *mujhe chetāvanī dījiye.* मुझे चेतावनी दीजिये ।

(44) Wait for me. *(mere liye rukiye, merā intajār kījiye)* मेरे लिये रुकिए, मेरा इंतजार कीजिये ।

(45) Do you trust him? I trust him fully *(kyā āp us par bharosā karte haĩ? merā us par pūrā bharosā hai)* क्या आप उस पर भरोसा करते हैं? मेरा उस पर पूरा भरोसा है ।)

(46) That is completely wrong. This is very correct. *(vah pūrī tarah se galat hai. Yah bilkul ṭhīk hai)* वह पूरी तरह से ग़लत है । यह बिल्कुल ठीक है ।)

(47) I think so too. *(maĩ bhī yahī sochatā hūn)* मैं भी यही सोचता हूँ ।

(48) Is it possible. *(kyā yah sambhav hai)* क्या यह संभव है? क्या यह हो सकता है?

(49) He is not well. *(us kī tabīyat ṭhīk nahĩ hai)* उसकी तबीयत ठीक नहीं है ।

(50) Let him go. *(use jāne dījiye)* उसे जाने दीजिये ।

(51) I must go now. *(mujhe ab jānā chāhiye)* मुझे अब जाना चाहिये ।

(52) I am in a rush. *(maĩ jaldī mẽ hũ)* मैं जल्दी में हूँ ।

(53) You are lucky. *(āp bhāgyavān haĩ)* आप भाग्यवान् हैं ।

(54) He surprised me. *(us ne mujhe acharaj mẽ ḍālā)* उसने मुझे अचरज में डाला ।

(55) He fooled me. *(us ne mujhe bevakūf banāyā)* उसने मुझे बेवकूफ बनाया ।

(56) What a shame? *(kitanī sharma kī bāt hai)* कितनी शर्म की बात है!

(57) I am angry. *(maĩ nārāj hũ)* मैं नाराज हूँ ।

(58) What could be the reason? *(kyā kāraṇ ho sakatā hai?)* क्या कारण हो सकता है?

(59) Please, be patient. *(kṛpayā dhīraj rakhiye)* कृपया धीरज रखिये ।

(60) Please do not do it again. *(kṛpayā yah fir se mat kījiye)* कृपया यह फिर से मत कीजिये ।

(61) Try to improve it. *(ise sudhārane kī koshisha kījiye)* इसे सुधारने की कोशिश कीजिये ।

(62) It is very hard for me. *(yah mere liye bahut mushkil hai)* यह मेरे लिये बहुत मुश्किल है ।

(63) Don't try to be more smart. *(jyādā hoshiyār banane kī koshish mat kījiye)* ज्यादा होशियार बनने की कोशिश मत कीजिये । I remember. *(muze yād hai)* मुझे याद है ।

(64) Let us go for a walk. *(chaliye ṭahalane ke liye chalte haĩ, chaliye sair ke liye chalte haĩ)* चलिये टहलने के लिये चलते हैं, चलिये सैर के लिये चलते हैं ।

(65) Please, walk a bit faster. *(kṛpayā jarā tej chaliye)* जरा तेज चलिये ।

(66) It is thundering, let us go back. *(bijalī chamak rahī hai, chaliye vāpas chalte haĩ)* बिजली चमक रही है, चलिये वापस चलते हैं ।

(67) May be a storm is coming. *(shāyad tūfān āne wālā hai)* शायद तूफान आनेवाला है?

(68) How does it work? *(yah kaise kām kartā hai?)* यह कैसे काम करता है?

(69) We should be careful. *(hamẽ sāvadhān rahanā chahiye)* हमें सावधान रहना चाहिये ।

(70) I forgot to tell you one thing. *(maĩ āp se ek bāt kahanā bhūl gayā)* मैं आपसे एक बात कहना भूल गया । I forgot to bring one thing. *(maĩ ek chīj lānā bhūl gayā)* मैं एक चीज लाना भूल गया ।

(71) What is the use of waiting here? *(yahā̃ intajār karne se kyā lābh?)* यहाँ इंतजार करने से क्या लाभ? The child is crying constantly. *bachchā roe jā rahā hai.* बच्चा रोए जा रहा है ।

(72) Do not worry, I will take care of that. *(chintā mat kījiye, maĩ vah dekh lūṅgā)* चिंता मत कीजिये, मैं वह देख लूँगा । Have a nice journey! *(yātrā sukhamaya ho!)* यात्रा सुखमय हो ।

(73) What is the news? *(kyā khabar hai? kyā samaāchār hai?)* क्या खबर है? क्या समाचार है?

(74) Everything is OK. *(sab kuchh ṭhīk hai)* सब कुछ ठीक है ।

(75) We will wait for you. *(ham āp kī rāha dekheṅge)* हम आपकी राह देखेंगे ।

(76) Why are you late? *(āp ko der kyõ huī?)* आपको देर क्यों हुई?

(77) Did you get my letter? *(kyā āp ko merā patra milā? āp ko merī chiṭṭhī milī kyā?)* क्या आपको मेरा पत्र मिला? आपको मेरी चिट्ठी मिली क्या? Be happy! *(khush rahiye!)* खुश रहिये!

(78) Diwali is tomorrow. *(kal diwālī hai)* कल दिवाली है ।

(79) I will go to Temple. *(maĩ mandir jāūṅga/jāūṅgī)* मैं मंदिर जाऊँगा/जाऊँगी ।

(80) How quickly time passes! *(samay kitnā jaldī bītatā hai!)* समय कितना जल्दी बीतता है!

(81) I will return quickly. *(maĩ jaldī lauṭūṅgā)* मैं जल्दी लौटूँगा ।

(82) Brother! Move a bit forward. *(Bhaī sāhab! jarā āge baḍhīye)* भाई साहब! जरा आगे बढ़िये ।

(83) Could you help me? *(kyā āp merī madad kar sakate haĩ?)* क्या आप मेरी मदद कर सकते हैं? Please do me a favour. *(merā ek kām kījiye)* मेरा एक काम कीजिये ।

(84) How is your health? *(āp ka svāsthya kaisā hai? āp kī tabaīyat kaisī hai?)* आपका स्वास्थ्य कैसा है? आपकी तबीयत कैसी है?

(85) How did your bone break? *(āp kī haḍḍī kaise ṭūṭī?)* आपकी हड्डी कैसे टूटी?

(86) Come in. *(andar āiye)* अंदर आइये । Welcome. *susvāgatam.* सुस्वागतम् ।

(87) Wish you a happy Diwālī. *(diwālī kī shubh kāmanāẽ)* दिवाली/दीपावली की शुभ कामनाएँ ।

(88) OK! We will meet again. *(achchhā ji! ham fir mileṅge)* अच्छा जी! हम फिर मिलेंगे ।

(89) Say our hello to everyone. *(sab ko hamārī namaste kahanā)* सबको हमारी नमस्ते कहना ।

(90) OK! Sir (Madam). *(ṭhīk hai shrīmān! ṭhīk hai shrīmatī jī!)* ठीक है श्रीमान्! ठीक है श्रीमतीजी!

(91) Hi *(namaste ji!)* नमस्ते जी । Happy Birthday! *(janmadin mubārak!)* जन्मदिन मुबारक!

(92) Good morning. *(suprabhāt)* सुप्रभात । Good night *(shubha rātri)* शुभ रात्रि ।

(93) How is your father? *(āpke pitājī kaise haĩ)* आपके पिताजी कैसे हैं?

(94) He is fine. *(ve kushal haĩ)* वे कुशल हैं ।

(95) Is everything well at home? *(kyā ghar par sab ṭhīk-ṭhāk hai?)* क्या घर पर सब ठीक ठाक है? Everything is fine. *(sab kushal hai)* सब कुशल है ।

(96) Where are you coming from? *(āp kahā̃ se ā rahe haĩ?)* आप कहां से आ रहे हैं?

(97) I am coming from office. *(maĩ daftar se ā rahā hū̃)* मैं दफ्तर से आ रहा हूँ ।

(98) Please come in and have a seat. *(kṛpayā andar ā kar baiṭhiye)* कृपया अंदर आकर बैठिये ।

(99) What was he saying? *(vah kyā kah rahā thā?)* वह क्या कह रहा था?

(100) He said that I do not want anything. *(vah kah rahā thā ki mujhe kuchh nahī̃ chāhiye)* वह कह रहा था कि मुझे कुछ नहीं चाहिये ।

(101) What is your opinion? *(āp kī kyā rāy hai?)* आप की क्या राय है?

(102) Let us see what happens. *(dekhate haĩ kyā hotā hai)* देखते हैं क्या होता है ।

(103) I will try my best. *(maĩ pūrī koshīsh karūṅgā, karūṅgī)* मैं पूरी कोशिश करूँगा, करूँगी ।

(104) It will never happen. *(yah kabhī nahī̃ hogā).* यह कभी नहीं होगा । It can not happen. *(yah nahī̃ ho sakatā)* यह नहीं हो सकता ।

(105) It is not possible. *(yah sambhav nahī̃ hai)* यह संभव नहीं है । यह असंभव है ।

(106) There is no doubt about it. *(is meẽ koī sandeh nahī̃ hai)* इसमें कोई संदेह नहीं है ।

(107) I did not know it. *(maĩ yah nahī̃ jānatā thā)* मैं यह नहीं जानता था ।

(108) How should I say it to you? *(maĩ āp se yah kaise kahū̃?)* मैं आपसे यह कैसे कहूँ?

(109) Do you have time? *(kyā āp ke pās samay hai?)* क्या आपके पास समय है?

(110) What is your program tomorrow? *(kal āp kā kyā kāryakram hai?)* कल आपका क्या कार्यक्रम है? I am not sure. *(muze pakkā patā nahī̃ hai)* मुझे पक्का पता नहीं है ।

(111) I will go once again. *(maĩ ek bār fir jaūṅgā-jāūṅgī)* मैं एक बार फिर जाऊँगा, जाऊँगी ।

(112) It happens sometimes. *(kabhī-kabhī aisā hotā hai)* कभी-कभी ऐसा होता है ।

(113) Who does not want it? *(yah kaun nahī̃ chāhatā hai?)* यह कौन नहीं चाहता है?

(114) I have no objection. *(mujhe āpatti nahī̃ hai)* मुझे आपत्ति नहीं है ।

(115) I will do it, even if it is difficult. *(yah mushkil hai fir bhī maĩ karūṅgā)* यह मुश्किल है फिर भी मैं करूँगा । It does not matter. *(koī bāt nahī̃)* कोई बात नहीं ।

(116) Please do not worry. *(kṛpayā āp chintā mat kījiye.* कृपया आप चिंता मत कीजिये ।

(117) Please listen to me. *(kṛpayā merī bāt suniye)* कृपया मेरी बात सुनिये ।

(118) What does it mean? *(is kā matalab kyā hai)* इसका मतलब क्या है?

(119) What is the reason for this? *(is kā kāraṇ kyā hai?)* इसका कारण क्या है?

(120) Why did it happen? *(yah kyō̃ huā?)* यह क्यों हुआ? How did it happen? *(yah kaise huā?)* यह कैसे हुआ? You have no right. *āp ko koī hak nahī̃ hai.* आपको कोई हक नहीं है ।

(121) Is it true? *(yah sach hai yā nahī̃?)* क्या यह सच है? यह सच है या नहीं?

(122) That I also know. *(vah to maĩ bhī jānatā hũ)* वह तो मैं भी जानता हूँ ।

(123) Why did you not say so before? *(yah āp ne pahale kyõ nahĩ kahā?)* यह आपने पहले क्यों नहीं कहा? Say it again. *(fir se kahiye)* फिर से कहिये ।

(124) Where were you that time? *(tab āp kahā̃ the?)* तब आप कहाँ थे?

(125) It is not my fault. *(yah merā doṣ nahĩ hai)* यह मेरा दोष नहीं है । It is my mistake. *(yah merī galatī hai)* यह मेरी गलती है ।

(126) I have no idea. *(mujhe patā nahĩ)* मुझे पता नहीं ।

(127) Please do not get serious like this. *(aise gambhīr mat hoīye)* ऐसे गंभीर मत होइये ।

(128) It is only a rumour. *(yah kewal afwāh, uḍatī khabar hai)* यह तो केवल अफवाह (उड़ती खबर) है । I think so. *(merā yah khyāl hai)* मेरा यह ख्याल है ।

(129) You are right. *(āp kī bāt sahī hai)* आपकी बात सही है ।

(130) At that time I could not think of anything. *(us samay maĩ kuchh soch nahĩ sakā-sakī)* उस समय मैं कुछ सोच नहीं सका/सकी ।

(131) It should not have happened. *(yah nahĩ honā chāhiye thā)* यह नहीं होना चाहिये था ।

(132) I do not have your address. *(mere pās āp kā patā nahĩ hai)* मेरे पास आपका पता नहीं है ।

(133) I was thinking of you yesterday. *(kal maĩ āp ko yād kar rahā thā)* कल मैं आपको याद कर रहा था । I am alone. *(maĩ akelā hũ)* मैं अकेला हूँ ।

(134) There was an accident on the way, that is why I became late. *(rāste mẽ durghaṭanā huī thī, is liye muze āne mẽ derī huī)* रास्ते में एक दुर्घटना हुई थी, इसलिये मुझे आने में देरी हुई ।

(135) Have you finished your housework? *(kyā āp ne ghar kā kām kiyā hai?)* क्या आपने घर का काम किया है?

(136) I have to work too. *(mujhe bhī kām karanā hai)* मुझे भी काम करना है ।

(137) I have to go to the office too. *(mujhe kāryālay bhī jānā hai)* मुझे दफ्तर भी जाना है ।

(138) I will talk to you about this. *(maĩ āp se is bāre mẽ fir bāt karū̃gā)* मैं आपसे इस बारे में बात करूँगा । Still there is plenty of time. *(abhī bhī kāfī samaya hai)* अभी भी काफी समय है।

(139) Did you call me yesterday? *(kyā āp ne mujhe kal bulāya?* क्या आपने मुझे कल बुलाया?

(140) Were there any calls for me. *(kyā mere liye koī phon āyā thā?)* क्या मेरे लिये कोई फोन आया था? My sympothy! *(merī sahānubhuti!)* मेरी सहानुभुति ।

(141) See me next week. *(mujh se agale hafte miliye)* मुझसे अगले हफ्ते मिलिये ।

(142) We should sit and think about it. *(hamẽ baiṭh kar is bāre mẽ sochnā chāhiye)* हमें बैठकर

इस बारे में सोचना चाहिये । He will not refrain. *vaha bāz nahī̃ āegā.* वह बाज नहीं आएगा ।

(143) Today I am not feeling well. *(āj maĩ ṭhīk mahasūs nahī̃ kar rahā hū̃)* आज मैं ठीक महसूस नहीं कर रहा हूँ ।

(144) I am sick. *(maĩ bīmār hū̃)* मैं बीमार हूँ ।

(145) Yesterday it snowed all night. *(kal rāt bhar barf girī)* कल रात भर बर्फ गिरी ।

(146) And today it is very foggy. *(aur āj bahut dhũndhalā hai)* और आज बहुत धुँधला है ।

(147) Drive carefully. *(sāvadhānī se gāḍī chalāiye)* सावधानी से गाड़ी चलाइये ।

(148) It is slippery outside. *(bāhar fisalan hai)* बाहर फिसलन है ।

(149) It snowed almost four inches. *(lagabhag chār inch barf girī)* लगभग चार इंच बर्फ गिरी ।

(150) Many roads are not cleared yet. *(kaī saḍakẽ abhī tak sāf nahī̃ huī̃ haĩ)* कई सड़कें अभी तक साफ नहीं हुई हैं ।

(151) Tomorrow it is going to be warm. *(kal garam hone wālā hai)* कल गरम होनेवाला है ।

(152) Tomorrow we will wash our car. *(kal ham apanī gaḍī dhoenge)* कल हम अपनी गाड़ी धोएँगे । He is a government servant. *vah sarakārī naukar hai.* वह सरकारी नौकर है ।

(153) I organized my room. *(maĩ ne apanā kamrā ṭhīk kiyā)* मैंने अपना कमरा ठीक किया ।

(154) I sleep near the window. *(maĩ khiḍakī ke pās sotā hū̃)* मैं खिड़की के पास सोता हूँ ।

(155) I will keep the door open. *(maĩ daravājā khulā rakhū̃gā)* मैं दरवाजा खुला रखूँगा ।

(156) I read Hindī everyday. *(maĩ roj Hindī paḍhatā hū̃)* मैं रोज हिंदी पढ़ता हूँ ।

(157) Our neighbor is a good person. *(hamārā paḍosī achchhā hai)* हमारा पड़ोसी अच्छा है ।

(158) They know Hindī, they can speak Hindī. *(ve Hindī jānate haĩ, ve Hindī bol sakate haĩ)* वे हिंदी जानते हैं, वे हिंदी बोल सकते हैं ।

(159) They have learned Hindī. *(unhõ ne Hindī sīkhī hai)* उन्हों ने हिंदी सीखी है ।

(160) They want to learn Hindī. *(ve Hindī sīkhanā chāhate haĩ)* वे हिंदी सीखना चाहते हैं ।

(161) Do you want to learn Hindī? *(kyā āp Hindī sīkhanā chāhate haĩ?)* क्या आप हिंदी सीखना चाहते हैं? Congratulations! *(badhāī! badhāī ho!)* बधाई! बधाई हो । बधाइयाँ हों ।

(162) We can most certainly learn Hindī with this book. *(ham is kitāb-pustak se Hindī avashya sīkh sakate haĩ)* हम इस किताब/पुस्तक से हिंदी अवश्य सीख सकते हैं ।

(163) How do we go from here to there? *(yahā̃ se vahā̃ kaise jāte haĩ?* यहाँ से वहाँ कैसे जाते हैं?

(164) How will I come to your house from my home? *(maĩ apne ghar se āpke ghar kaise āū̃gā?* मैं अपने घर से आपके घर कैसे आऊँगां?

19.1 EATING OUT

बाहर खाना । *bāhar khānā*

1. Can you recommend us a good restaurant? *(kyā āp hamẽ koī achchhā sā restarā̃-bhojanālaya batā sakate haĩ?)* क्या आप हमें कोई अच्छा सा रेस्तराँ (भोजनालय) बता सकते हैं?

2. Is there any vegetarian (or non-vegetarian, Chinese, Italian) restaurant near here? *(yahā̃ najadīk koī shākāhārī-māṁsāhārī-chīnī-italian- restarā̃ hai?)* यहाँ नजदीक में कोई शाकाहारी (मांसाहारी, चीनी, इटालियन) रेस्तराँ है?

3. How do we get there? *(vahā̃ kaise pahuñchate haĩ?)* वहाँ कैसे पहुँचते हैं?

5. Hello, I would like to reserve a table for tomorrow 7pm for four please *(Hello! maĩ kal shām sāt baje ke liye, chār logõ ke liye mej ārakṣit karanā) chāhatā hū̃* हेलो जी! मैं कल शाम सात बजे के लिए चार लोगों के लिए मेज आरक्षित करना चाहता हूँ ।

6. Where would you like to sit? *(āp kahā̃ baiṭhanā chāhẽge?)* आप कहाँ बैठना चाहेंगे? Over there, in non-smoking section *(vahā̃, dhūmrapān niṣedha bhāga mẽ)* वहाँ, धूम्रपान निषेध भाग में ।

7. May I take your order please? *(kyā maĩ āp kā order le sakatā hū̃?)* क्या मैं आपका आदेश ले सकता हूँ?

8. What would you like to drink? *(āp kyā pīnā chāhẽge?)* आप क्या पीना चाहेंगे?

9. Enjoy your meals. *(bhojan kā ānand lījiye)* भोजन का आनंद लीजिए ।

10. Thank you! *(dhanyavād!)* धन्यवाद!

19.2 STAYING OUT

बाहर रहना *bāhar rahanā*

1. Which is a decent motel in Kingstone? *(Kĩgstone mẽ achchhā motel kaun sā hai?)* किंगस्टन में अच्छा मोटल कौन सा कौन सा है?

2. How far is it from downtown? *(vah shahar se kitanā dūr hai?)* वह शहर से कितना दूर है?

3. How much is the rent for one night for a room? *(ek rāt ke liye kamare kā kirāyā kitanā hai?)* एक रात के लिए कमरे का किराया कितना है?

4. Do you have a cheaper room? *(kyā āp ke pās aur sastā kamarā hai?)* क्या आपके पास और सस्ता कमरा है?

5. Will there be a TV, fan and phone in the room? *(kyā kamare mẽ TV, pãkhā aur phone hogā?)*

क्या कमरे में टीवी, पंखा और फोन होगा?

6. Can I first see the room please? *(kyā maĩ pahale kamarā dekh sakatā hū̃?)* क्या मैं पहले कमरा देख सकता हूँ? That's fine. *(ṭhīk hai)* ठीक है ।

19.3 TRAVEL BY RAILWAY
रेल की यात्रा *rel kī yātrā*

1. Is there any train going to Banāras from here? *(yahā̃ se Banāras ke liye koī relagāḍī hai?)* यहाँ से बनारस के लिए कोई रेलगाड़ी है?
2. How long does it take to reach Banāras? *(Banāras pahuchane mẽ kitanā samay lagatā hai?)* बनारस पहुँचने में कितना समय लगता है?
3. Can I leave my car at the station? *(kyā maĩ apanī kār station par chhoḍ sakatā hū̃?)* क्या मैं अपनी कार–गाड़ी स्टेशन पर (रेल अड्डे पर) छोड़ सकता हूँ?
4. How much baggage can we carry? *(ham kitanā sāmān le sakate haĩ)* हम कितना सामान ले सकते हैं ।
5. What is the price (how much does it cost) for a round trip? *(donõ or kī yātrā kā kirāyā kitanā hai?)* दोनों ओर की यात्रा का किराया कितना है?
6. Is there any discount for senior citizens (children, students)? *(kyā bujurg logõ, bachchõ, chhātrõ ke liye koī chhūṭ hai?)* क्या बुजुर्ग लोगों, बच्चों, छात्रों के लिए कोई छूट है?
7. Can I get a window seat please? *(kyā mujhe khiḍakī wālī kurasī mil sakatī hai?)* क्या मुझे खिड़कीवाली कुरसी मिल सकती है?
8. Is this an express train (bus)? *(kyā yah dṛtagāmī gāḍī hai?)* क्या यह द्रुतगामी गाड़ी है?
9. What is the eating arrangement on the train? *(gāḍī mẽ khāne kī kyā vyavasthā hai?)* गाड़ी में खाने की क्या व्यवस्था है?
10. When does the last train (bus) leave? *(ākhirī gāḍī kab jātī hai?)* आखिरी गाड़ी कब जाती है?

19.4 CAR RENTAL
गाड़ी किराए से *gāḍī kirāye se*

1. Where will I get a car on rent? *(Mujhe kirāye par gāḍī kahā̃ milegī?)* मुझे किराए पर गाड़ी कहाँ मिलेगी?
2. I would like to rent a small car. *(Maĩ ek chhoṭī gāḍī kirāye par lenā chāhatā hū̃)* मैं एक छोटी गाड़ी किराए पर लेना चाहता हूँ ।
3. Is it air conditioned? *(kyā yah vātānukūlit hai?)* क्या यह वातानुकूलित है?
4. I need it for a day. *(mujhe yah ek din ke liye chāhiye)* मुझे यह एक दिन के लिए चाहिए ।
5. What sort of fuel does it take? *(yah kaunasā ī̃dhan letī hai?)* यह कौन सा ईंधन लेती है?
6. Do I need a separate insurance? *(kyā mujhe alag se bīmā lenā hoga?)* क्या मुझे अलग से बीमा लेना होगा?
7. Can I return the car in New York? *(kyā maĩ gāḍī ko New York maĩ vāpas kar sakatā hū̃?)* क्या मैं गाड़ी को न्यूयॉर्क में वापस कर सकता हूँ?
8. Please give me the address for that place. *(Kṛpayā mujhe us jagah kā patā dījiye)* कृपया मुझे उस जगह का पता दीजिए ।
9. Thank you Sir! *(dhanyavād sāhab!)* धन्यवाद साहब ।
10. See you again. *(fir mileg̃e)* फिर मिलेंगे ।

19.5 AT THE GAS STATION
पेट्रोल पंप पर *peṭrol pamp par*

1. Fill it up, please *(Kṛpayā pūrī ṭankī bhar dījiye)* कृपया पूरी टंकी भर दीजिए ।
2. Please check the oil too. *(aur tel bhī dekh lījiyae)* और तेल भी देख लीजिए ।
3. No, Thanks. I do not want car wash today. *(Jī nahī̃, dhanyavād! āj gāḍī nahī̃ dhulawānī hai)* जी नहीं, धन्यवाद । आज गाड़ी नहीं धुलवानी है ।
4. Please clean the car windows also. *(kṛpayā āp gāḍī ke shīshe bhī sāf kar dījiye)* कृपया आप गाड़ी के शीशे भी साफ कर दीजिए ।
5. Also give us a case of Coca Cola also. *(Kokā Kolā kī ek peṭī bhī hamẽ dījiye)* कोका कोला की एक पेटी भी हमें दीजिए ।

6. Please sigh here. *(kṛpayā yahā̃ hastākṣar dījiye)* कृपया यहाँ हस्ताक्षर दीजिए । Here is your receipt and your Visa card *(yah rahī āpakī rasīd aur yah rahā āpakā VISA card.* यह रही आपकी रसीद और यह रहा आपका वीजा कार्ड ।

7. Should I keep the Coke at the back? *(kyā maĩ Coke pīchhe rakh dū̃?)* क्या मैं कोक पीछे रख दूँ? Yes, please. *(jī hā̃)* जी, हाँ ।

8. Thank you! *dhanyavād! (shukriyā!)* धन्यवाद! (शुक्रिया!)

9. Please dirve carefully. *(kṛpayā gāḍī sāvadhānī se chalāẽ)* कृपया गाड़ी सावधानी से चलाएँ ।

SHORT ESSAYS लघु निबंध

19.6 THE HORSE
अश्व

अश्व को घोड़ा भी कहते हैं । यह एक विनीत पशु है । *(ashva ko ghoḍā bhī kahate haĩ. yah ek vinīta pashu hai)* Horse is also called *ghoḍā*. Horse is a disciplined animal. यह गाय की तरह एक उपयोगी जानवर है । *(yah gāy kī tarah ek upayogī jānavar hai)* He is a useful animal like a cow. गाय और घोड़े में क्या भेद होता है? *(gāy aur ghoḍe mẽ kyā bhed hotā hai?)* What is the difference between a cow and a horse. घोड़े के दो सींग नहीं होते हैं । *(ghoḍe ke do sĩg nahĩ hote haĩ)* Horse does not have two horns. उसकी गरदन पर लंबे एवं घने बाल होते हैं । *(us kī garadan par lambe evaṁ ghane bāl hote haĩ)* His neck has a hairy mane. गाय के खुर दो हिस्सों में बँटे होते हैं, घोड़े के खुर उस तरह नहीं होते हैं । *(gāy ke khur do hissõ mẽ bãṭe hote haĩ, ghoḍe ke khur us tarah nahĩ hote haĩ)* Cow's hoof is divided into two halves, but not the horse's. इस कारण अश्व तेज भाग सकता है । *(is kāraṇ ashva tej bhāg sakatā hai)* Therefore, the horse runs faster. वह बलवान् भी होता है । *(vah balavān bhī hotā hai)* He is strong too.

अश्व चतुर पशु होता है । *(ashva chatur pashu hotā hai)* The horse is a smart animal. लोग उसपर सवारी (आरोहण) करते हैं । *(log us par savārī karate haĩ)* People ride him. वे उसकी पीठ पर बैठकर यात्रा करते हैं । *(ve us kī pīṭh par baiṭh kar yātrā karate haĩ)* They travel sitting on his back. वह मनुष्य का एक अच्छा मित्र होता है । *(vah manuṣya kā ek achchhā mitra hotā hai)* He is a good friend of human beings. प्राचीन काल में राजा लोग इसे युद्ध के काम में लाते थे । *(prāchīn kāl mẽ rājā log ise yuddha ke kām mẽ lāte the)* In old days kings were using horse in the battles. किसी कवि ने कहा है : *(kisī kavi ne kahā hai)* A poet has said :

"अश्व जिसका विजय उसकी, जिसका अश्व धरती उसकी ।
अश्व जिसका यश उसका, जिसका अश्व सोना उसका ।"

'ashva jis kā vijay us kī, jis kā ashva dharatī us kī,
ashva jis kā yasha us kā, jis kā ashva sonā us kā.

Victory is his who has horse,
who has horse on land he has hold,
Success is his who has horse,
who has horse his is gold.

EXERCISE 48 : Fill in the blanks :

(1) अश्व को ------------ भी कहते हैं ।

(2) घोड़े के दो सींग ------------ होते हैं ।

(3) लोग उसकी ------------ पर बैठ कर यात्रा करते हैं ।

19.7 THE SUN
सूर्य

सूर्य गगन का एक अलंकार है । उसका उदय पूर्व की दिशा में होता है । उस समय उसका प्रकाश लाल एवं कोमल होता है । उभरता हुआ सूर्य अंधकार को नष्ट करता है, प्राणियों को जगाता है और फूलों को खिलाता है । धीरे-धीरे बढ़ता हुआ सूर्य जब आकाश के मध्य में आता है तब मध्याह्न होता है । मध्याह्न में धूप तीखी होती है । यहाँ से सूर्य क्रमशः पश्चिम दिशा की ओर नीचे उतरता हुआ दिखाई देता है । और अंत में सूर्य पश्चिम दिशा में डूब जाता है ।

The sun is an adornment of the sky. It rises in the East. At this time its light is red and soft. The rising sun destroys the darkness, wakes the animals up and blooms the flowers. Marching up gradually when the sun reaches at the center of the sky then becomes noon. At noon the sunlight is hard. From here, the sun gradually comes down to the West, and eventually the sun sets in the West.

सूर्य स्वयं ही प्रकाशमान होता है । सूर्य का प्रकाश पूरी सृष्टि को प्रकाशित करता है । सूर्य जगत् को उष्णता देता है । सूर्य के समान अन्य कुछ भी तेजस्वी नहीं होता है ।

The sun shines by itself. The sunlight shines entire universe. The sun gives warmth to the world. There is nothing as brilliant as the sun.

EXERCISE 49 :

(A) Fill in the blanks:

(1) सूर्य ------------------ का एक अलंकार है ।

(2) सूर्य का उदय पूर्व की ------------------ में होता है ।

(3) सूर्य ------------------ ही प्रकाशमान होता है ।

(B) Translate into Hindī:

(1) This world is born from the sun. ------------ ।

(2) Sun light reaches earth in nine minutes. ------------ ।

(3) Sun is the cause of rain and wind. ------------ ।

(4) Sun is very large. ------------ ।

(5) Sun is very far from here. ------------ ।

(C) Translate into English:

(1) धरती सूर्य की बेटी है । ------------

(2) सूर्य जब दिखाई नहीं देता तब चाँद दिखाई देता है ------ ।

19.8 THE Hindī WORLD
हिंदी जगत्

हिंदी केवल भारत की ही भाषा नहीं है । *(Hindī kewal Bhārat kī hī bhāṣā nahī̐ hai)* Hindī is not the language of India only. हिंदी विश्व में सभी देशों में कमोबेश बोली जाती है । *(Hindī vishva me̐ sabhī desho̐ me̐ kamobesh bolī jātī hai)* Hindī is spoken more or less in the entire world. गुयाना, ट्रिनिडाड, सूरीनाम और फीजी में तो हिंदी का विशेष महत्त्व है । *(Guyanā, Trinidād, Sūrīnam aur Fijī me̐ to Hindī kā visheṣ mahattva hai)* In Guyana, Trinidad, Surinam and Fiji the Hindī language has special importance. इसलिए इन चारों देशों के बारे में हमें जानकारी होनी आवश्यक है । *(is liye in chāro̐ deshon ke bāre me̐ hame̐ jānakārī honī āvashyak hai)* Therefore, it is important that we know about these countries.

कोलंबस जब अमेरिका पहुँचे तो उन्होंने समझा कि वे इंडिया पहुँचे हैं । उनके कहने पर ही वहाँ के पूर्व

लोगों को 'इंडियन' नाम मिला । *(Kolambas jab Amerikā pahuñche to unhoँne samajhā ki ve India pahuñche haiँ. un ke kahane par hī vahāँ ke pūrva logoँ ko 'Indian' nām milā)* When Columbus reached America, he thought that it was India, from his dicsovery the original people of America became known as 'Indians.'

कोलंबस के बाद सन् 1500 में वेस्पुची वेस्ट इंडीज पहुँचे तब उन्होंने भी समझा कि वे एशिया के पूर्वी किनारे से इंडिया की ओर जा रहे हैं । *(Kolambas ke bād san 1500 meँ vespuchī west inḍīj pahuñche tab unhoँne bhī samajhā ki ve eshiyā ke pūrvī kināre se India kī or jā rahe haiँ)* After Columbus, Vespucci travelled to West Indies in 1500 AD. He thought that he was at the east coast of Asia and he was going towards India. उन्होंने गुयाना और वेस्ट इंडीज के लोगों को हिंदुस्तानी समझा । *(unhoँne Guyānā aur West Inḍīj ke logoँ ko hindustānī samajhā)* They thought the people of Guyana and West Indies were Indian people.

वेस्ट इंडीज अटलांटिक महासागर में डूबी हुई कैरिबियन एंडीज पर्वत शृंखला की ऊपर उठी हुई चोटियाँ हैं । *(West Inḍīj aṭalānṭik mahāsāgar meँ dūbī huī Caribbean Andese parvat shṛankhalā kī ūpar uṭhī huī choṭiyāँ haiँ)* The West Indies are the peaks of semi-submerged chaiँ of Caribbean Andese mountain. एक समय वे दक्षिण और उत्तरी अमेरिका को जोड़ती थीं । *(ek samay ve dakṣiṇa aur uttarī amerikā ko joḍatī thīँ)* at one time they connected the South America to the North America. इनमें क्यूबा से लेकर बहामास, जमैका, हैटी, डोमिनिकन रिपब्लिक, परटोरिको और ट्रिनिडाड तक सभी देश आते हैं । *(in meँ Cūbā se le kar Bahāmās, Jamaicā, Haiti, Dominican Republic, Puerto Rico aur Trinidād tak sabhī desha āte haiँ)* In it comes all countries from Cuba, Bahamas, Jamaica, Haiti, Dominican republic, Puerto Rico to Trinidad. गुयाना और सूरीनाम दक्षिण अमेरिका में आते हैं । *(Guyānā aur Sūrīnām dakṣiṇ amerikā meँ āte haiँ)* Guyana and Surinam are in the South America.

फिजी देश ऑस्ट्रेलिया के पूर्व में और न्यूजीलैंड के उत्तर में है । *(Fijī desh Australlia ke pūrva meँ aur New Zealand ke uttar meँ hai)* Fiji is on the east of Australia and North of New Zealand.

फीजी की मुख्य भाषा अंग्रेजी है और दूसरी भाषा हिंदी है । *(fijī kī mukhya bhāṣā angrezī aur dūsarī bhāṣā hindī hai)* In fiji the maiँ language is English and the second language is Hindī .

19.9 THE GOLDEN RULE
सुवर्ण सिद्धांत

(1) दूसरों के साथ वह नहीं करना चाहिए, जो यदि आपके साथ किया जाय तो आपको दुःख हो । यही धर्म का सुवर्ण सिद्धांत है ।

Do naught unto others which would cause pain if done to you. This is the Golden Rule of the righteousness.

(Mahābhārat : Hinduism)

(2) आप चाहते हैं कि लोग जो भी व्यवहार आपके साथ करें, वही लोगों के साथ आप करें ।

All things, therefore, whatsoever ye would
that men should do to you.

(Bible : Christianity)

(3) दूसरों के प्रति वही बरताव अच्छा है जो हमें उस चीज से दूर रखे । जो चीज स्वयं हमारे लिए उचित न हो ।

That nature alone is not good which refrains one from doing unto others whatsoever is not good for itself. *(Dadistan : Zoroastrianism)*

(4) जो व्यवहार आपके लिए दुःखदायक है, वह आप अपने साथियों के साथ न करें ।

What ia hateful to you, do not to your fellowmen. *(Talmud : Judaism)*

(5) दूसरों के साथ वह काम न करें जो स्वतः के लिए दुःख दायक लगता हो ।

Act not with others in ways
that you yourself would find hurtful.

(Udana : Buddhism)

(6) दूसरों के साथ वह न करें जो आप चाहते हैं कि वे आपके साथ न करें ।

Do not unto others
that you would not have them do unto you.

(Analects : Confucianiasm)

(7) पड़ोसी के लाभ में ही अपना लाभ जानिए और पड़ोसी की हानि में अपनी हानि जानिए ।

Regard your neighbour's gain as your own gain
and your neighbour's loss as your own loss.

(Tai Shan Kan : Taoism)

EXERCISE 50 : Read the following Shlokas from the Gita Chapter 12. Remember them all.

12.12 श्रेयो हि ज्ञानमभ्यासाज्ज्ञानाद्ध्यानं विशिष्यते । ध्यानात्कर्मफलत्यागस्त्यागाच्छान्तिरनन्तरम् ।।

shreyo hi jñānamabhyāsājjñānāddhyānaṁ vishiṣyate,

dhyānātkarmaphalatyāgastyāgāchchhāntiranantaram̥.

12.13 अद्वेष्टा सर्वभूतानां मैत्रः करुण एव च । निर्ममो निरहङ्कारः समदुःखसुखः क्षमी ।।

adveṣṭā sarvabhūtānāṁ maitraḥ: karuṇa eva cha,

nirmamo nirahaṅkāraḥ: samaduḥ:khasukhaḥ: kṣamī;

12.14 सन्तुष्टः सततं योगी यतात्मा दृढनिश्चयः । मय्यर्पितमनोबुद्धिर्यो मद्भक्तः स मे प्रियः ।।

santuṣṭaḥ: satataṁ yogī yatātmā dṛḍhanishchayaḥ:,

mayyarpitamanobuddhiryo madbhaktaḥ: sa me priyaḥ:;

12.15 यस्मान्नोद्विजते लोको लोकान्नोद्विजते च यः । हर्षामर्षभयोद्वेगैर्मुक्तो यः स च मे प्रियः ।।

yasmannodvijate loko lokānnodvijate cha yaḥ:,

harṣāmarṣabhayodvegairmukto yaḥ: sa cha me priyaḥ:;

12.16 अनपेक्षः शुचिर्दक्ष उदासीनो गतव्यथः । सर्वारम्भपरित्यागी यो मद्भक्तः स मे प्रियः ।।

anapekṣa shuchirdakṣa udāsīno gatavyathaḥ:,

sarvārambhaparityāgī yo madbhaktaḥ: sa me priyaḥ:;

12.17 यो न हृष्यति न द्वेष्टि न शोचति न काङ्क्षति ।ुभाशुभपरित्यागी भक्तिमान्यः स मे प्रियः ।।

yo na hṛṣyati na dveṣṭi na shochati na kāṅkṣati,

shubhāshubhaparityāgī bhaktimānyaḥ: sa me priyaḥ:;

12.18 समः शत्रौ च मित्रे च तथा मानापमानयोः ।

शीतोष्णसुखदुःखेषु समः सङ्गविवर्जितः ।।

samaḥ: shatrau cha mitre cha tathā mānāpamānayoḥ:,

shītoṣṇasukhaduḥ:kheṣu samaḥ: saṅgavivarjitaḥ:;

12.19 तुल्यनिन्दास्तुतिर्मौनी सन्तुष्टो येन केनचित् ।

अनिकेतः स्थिरमतिर्भक्तिमान्मे प्रियो नरः ।।

tulyanindāstutirmaunī santuṣṭo yena kenachit̥,

aniketaḥ: sthiramatirbhaktimānme priyo naraḥ:.

12.20 ये तु धर्म्यामृतमिदं यथोक्तं पर्युपासते ।

श्रद्दधाना मत्परमा भक्तास्तेऽतीव मे प्रियाः ।।

ye tu dharmyāmṛtamidaṁ yathoktaṁ paryupāsate,

shraddadhānā matparamā bhaktāste'tīva me priyaḥ:.

EXERCISE 51 : Identify the following figures. Learn the Historical and culturel aspects in each picture. Write a two lines (in any language) on each figure.

हमारे वीर हिंदु धर्म संरक्षक

Pt. M. M. Malviya, Founder of Banaras Hindu University

Guru Nanak
1469-1539

Guru Angad
1504-1552

Guru Amardas
1479-1574

Guru Ramdas
1534-1581

Guru ArjunDev
1563-1606

Guru Hargobind
1595-1664

Guru Har Rai
1630-1661

Guru Harkrishan
1565-1664

Guru Tegbahadur
1621-1675

Guru Gobindsingh
1666-1708

LESSON 20

HINGLISH FOR ENGLISH SPEAKING PEOPLE

You do not have to abandon English in order to speak Hindī. Having understood the basics given in this book, you could speak the popular HINGLISH language to a certain extent, for the purpose of carrying on a converasation with the people who understand English.

Just remember the following Five Easy Rules :

(1) Make sure you clearly know the Hindī pronouns (Table 23-24). Use them, along with their case suffixes, in Hindī only. The basic ones are : I (*maĩ*), we (ham), you (*āp*), he, she and that (*vah*), it and this (*yah*), they and those (*ve*)

(2) Make sure you clearly know the Hindī case suffixes. You must use them in Hindī only. The basic ones are : 'to' (को); 'with,' 'by' and 'from' (से); 'together with' (के साथ); 'near' (के पास); 'for' (के लिये); 'of' (m॰ का, f॰ की); 'in' (में); 'on,' 'at' (पर).

(3) For popular nouns such as boy, girl, man, water, house, book, money, tea, milk, mother, father ...etc. you must use the Hindī words. For uncommon nouns you may use English words as if they were Hindī words by attaching the Hindī case suffixes to them.

e.g. On a tractor → tractor पर; in a chamber → chamber में; to a shareholder → shareholder को; from a pump → pump से; for an interview → interview के लिये; with the partner → partner के साथ; near the axle → axle के पास ...etc.

Similarly, common adjectives and adverbs must be in Hindī. The uncommon adjectives may be English. e.g. अच्छा, गरम, बहुत, popular, serious, expensive, modern etc.

(4) Make sure you clearly know the Hindī tense mode suffixes (Table 18). You must use them in Hindī only. The basic ones are : habitual mode (ता), a continuous mode (रहा); was, had, used to (था); future actions (ऊँगा, एगा, एगी, एँगे); potential (ऊँ, ए, एँ); interrogative (क्या).

(5) You must use the Hindī words for popular verbs such as eat, drink, go, come, sleep, write, read, walk, speak, see, hear ...etc. You may convert the English verbs into Hindī verbs by attaching one of the following two Hindī suffixes. e.g. Operation किया, puncture हुआ etc.

(5A) When an action is performed by someone, add the Hindī verb √कर as a suffix to convert the English verb into a Hindī verb and then attach the required tense and mode suffixes to this modified verb. e.g.

* I upgrade the PC = मैं PC upgrade करता हूँ (कर+ता+हूँ) । * She is typing a memo = वह memo

type कर रही है । * I was shovelling snow = मैं snow shovel कर रहा था । * We will plug the battery = हम battery को plug करेंगे । * They stamped the forms = उन्होंने forms stamp किये ।

(5B) When an action happens, occurs, becomes, befalls or takes place by itself, then add the Hindī verb √हो as a suffix to convert the English verb into a Hindī verb and then attach the required tense and mode suffixes to this modified verb. e.g.

* Earthquakes occur in Japan. जापान में earthquakes होते हैं (हो+ते+हैं)। * Meeting took place in two parties yesterday. कल दो पार्टियों में meeting हुई। * Rusting will take place with water. पानी से rusting होगी। * Here lunch breaks at 12 O' clock. यहाँ 12 बजे lunch break होती है ।

EXAMPLES :

(1) राम IBM में programmer है । (2) आप Model Town में कहाँ रहते हैं?

(3) हम आज बहुत busy (व्यस्त) हैं । (4) कल वह कुतुब मीनार से Parachute से jump करेगा (कूदेगा) ।

(5) मनोज highway पर speeding कर रहा था । (6) सोनिया जी दो cup चाय लाइये ।

(7) अजीत का lawn mower पेट्रोल पर चलता है । (8) गोपाल को greeting card नहीं मिला ।

(9) सीमा गाने tape कर रही है । (10) सोनू movies record कर चुका है ।

(11) चाचा जी का दिल्ली में transfer हुआ है ।

(12) मुझे इसकी एक Xerox copy दीजिये । मुझे इसकी दो Xerox कापियाँ दीजिये ।

(13) इसका cover discard मत कीजिये । (14) दो potatoes (आलू) boil कीजिये (उबालिये) ।

(15) रमेश Civil Engineer बन गया । (16) उसका भाई army में गया है । (17) यह wonderful चीज है ।

(18) U.S. President हमारे प्रधानमंत्री (Prime Minister) से मिले ।

(19) कल George की engagement हुई । (20) बाबूजी tour (दौरे) पर गये हुए हैं ।

(21) बरफ melt हो रही है (पिघल रही है) । पानी freeze हो रहा है (जम रहा है) ।

(22) यहाँ से Zoo जाने के लिये कौन सा highway (रास्ता) अच्छा होगा?

(23) अब दिल्ली में polution (प्रदूषण) कम हो रहा है । (24) आपका telephone number क्या है?

(25) कल sky diving करते हुए रमेश की हड्डी fracture हुई (टूटी) ।

(26) उन्होंने company के नाम से दो million का cheque लिखा ।

(27) हमने अमिताभ बच्चन का चित्र internet पर देखा ।

(28) इस साल माधुरी दीक्षित को Film Fare Award मिला ।

(29) आपने इस किताब की binding कहाँ से करवाई है? (30) परसों रीतेश को 102 degree बुखार था ।

(31) मैं आपकी शर्टस् press करवाकर लाया हूँ । (32) इसकी तीन कॉपियाँ हमें CD या DVD पर दीजिये ।

(33) यहाँ टैक्सियाँ खड़ी करना मना है, केवल कारें ही खड़ी होती हैं ।

(34) आजकल pure हिंदी कोई भी नहीं बोलता, सभी लोग Hinglish बोलते हैं ।

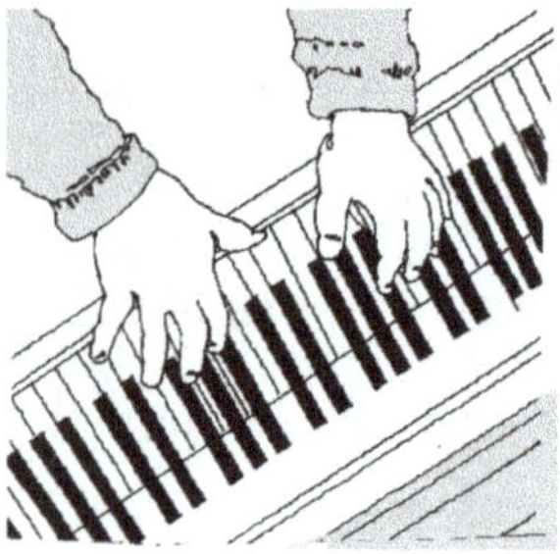

रत्नाकर के सस्वर सुस्वर भजन

(Composed by Ratnakar Narale)

1. राग : भैरवी

वन्दे मातरम् ।

(Harmonium keys)

ग–ग– ग–ग– गग–रे –मग–। म–म– मम–ग रे–मग ।
पप–प पपप– म– ग– । गग–ग रेसाऩि– ऩिरेसा– ।

भजन

(वन्दे भारतमातरम्)

वामे च दक्षिणे यस्या रत्नाकरेस्ति पादयोः ।
हिमाद्रिर्मुकुटो शुभ्रो, वन्दे भारतमातरम् ।।

राधा सीता सुकन्यासु कालीन्दिर्जाह्नवी तथा ।
नर्मदा ब्रह्मपुत्री च, वन्दे भारतमातरम् ।।

रामकृष्णौ सुपुत्रेषु भीमार्जुनश्च मारुतिः ।
वाल्मीकिः पाणिनिर्व्यासो, वन्दे भारतमातरम् ।।

परस्त्री मातृवद्यत्र परकन्या स्वकन्यका ।
आत्मवच्च परा जामिः, वन्दे भारतमातरम् ।।

यत्र पत्नी महालक्ष्मीः पतिश्च परमेश्वरः ।
सुता रत्नं सुतः सिंहः, वन्दे भारतमातरम् ।।

वाङ्मये वेदवेदाङ्गे रामायणं च भारतम् ।
पञ्चतन्त्रं निघण्टुश्च, वन्दे भारतमातरम् ।।

भूमिः स्वर्णमया यत्र जलममृतवत्तथा ।
वायौ च सौरभं यस्याः, वन्दे भारतमातरम् ।।

कर्मभूमिं, धर्मभूमिं, रणभूमिं, तपोधराम् ।
पुण्यभूमिं, मातृभूमिं, वन्दे भारतमातरम् ।।

2. राग : आसावरी

मुरली वाला ।

स्थायी : (Harmonium keys)

सारेमम प–प– पमपसां ध–प– । म–मम प–प– धधमप ग–रेसा

लाल गुलाली फूल की माला, डाले गले में मुरली वाला ।

गोकुल वाला बालक ग्वाला, झूलत झूलेपर व्रजबाला ।

अन्तरा : (Harmonium keys)

म–पप धधनीध सां–सांसां रेंनीसां–। नीनीनीनी सांसांसां– नीसारेंसां ध–प–

जूहीचमेली कोमल कलिका ।
कृष्णलला के बालों में काले ।।

तिल काजल का वनमाली के ।
लाल गुलाबी गाल पेकाला ।।

संदल तिलक है मंगल लगता ।
शामलहरि के भाल पे पीला ।।

जल केलि में ललिता ललना ।
नंद का लाला खेलत लीला ।।

2. राग : बिहाग

लक्ष्मी वन्दना

स्थायी : (Harmonium keys)

सासामग प–नीसां नी–पम गमग– । नीनीपप प–गम पमंगम गरेसा– ।
जय लछमी धनदायिनी जय हो । जन गण जीवन शुभ सुख मय हो ।।
जय जननी वरदायिनी वर दे । सत् चित से मम तन मन भर दे ।।

अंतरा : (Harmonium keys)

ममगम प–नी– सांसांसांसां सारेंसां– । नीसांगंरें सांनीधप गमपम गरेसा– ।
करकमलों में पदम तुहारे । लाल कमल पर पद हैं तुम्हारे ।।

केयूर कंठी मुंदरी माला । हार मुकुट नथ काजल काला ।।

धन की राशी कर में तुम्हारे। भाग जगाती है पल में हमारे।।

जय जय देवी जय जगदंबे । तेरी शरण में हैं भगतन बंदे ।।

3. राग : यमन–कल्याण

श्रीकृष्ण वन्दना

स्थायी : नीनीपप रे–सासा गगगमं नीधप– । गपगप पधमंप नीधपप रेरेसा– ।
जन गण वंदन करते हैं तुमको । देवकी नंदन कहते हैं तुम को ।।

अंतरा : प–गग पपनीध सां–सांसां नीरेसांसां । नीरेंगंरें सांनीधप गमंधप रेरेसा– ।
नाथ जगत के तारक तुम हो । विघ्न विनाशक केशव जय हो ।।

ज्ञान योग के द्योतक तुम हो । विश्व विनायक यादव जय हो ।।

कर्म योग के दर्शक तुम हो । विधि के विधायक माधव जय हो ।।

भक्ति योग के दायक तुम हो । भगत सखा प्रभु नागर जय हो ।।

लोकप्रिय पुराने भजन

1. वंदे मातरम्

वन्दे मातरम् सुजलां सुफलां मलयजशीतलाम्
शस्यशामलां मातरम् ।
शुभ्रज्योत्स्नापुलकितयामिनीं फुल्लकुसुमितद्रुमदलशोभिनीं
सुहासिनीं सुमधुर भाषिणीं
सुखदां वरदां मातरम् ।। १ ।। वन्दे मातरम् ।

कोटि-कोटि-कण्ठ-कल-कल-निनाद-कराले कोटि-कोटि-भुजैर्धृत-खरकरवाले,
अबला केन मा एत बले ।
बहुबलधारिणीं नमामि तारिणीं रिपुदलवारिणीं मातरम् ।। २ ।। वन्दे मातरम् ।

तुमि विद्या, तुमि धर्म तुमि हृदि, तुमि मर्म
त्वं हि प्राणाः शरीरे बाहुते तुमि मा शक्ति,
हृदये तुमि मा भक्ति, तोमारई प्रतिमा गडि मन्दिरे-मन्दिरे
त्वं हि दुर्गा दशप्रहरणधारिणी कमला कमलदलविहारिणी वाणी विद्यादायिनी, नमामि त्वाम्
नमामि कमलां अमलां अतुलां सुजलां सुफलां मातरम् ।। ४ ।। वन्दे मातरम् ।

श्यामलां सरलां सुस्मितां भूषितां धरणीं भरणीं मातरम् ।। ५ ।। वन्दे मातरम् ।।

2. ओम् जय जगदीश हरे

जय जगदीश हरे, स्वामी जय जगदीश हरे ।
भक्त जनों के संकट, दास जनों के संकट । क्षण में दूर करे । ॐ जय जगदीश हरे ।।

जो ध्यावे फल पावे, दुख विनशे मन का, स्वामी दुख विनशे मन का ।
सम्पति घर आवे, सुख सम्पति घर आवे, कष्ट मिटे तन का, ॐ जय जगदीश हरे ।।

मात पिता तुम मेरे, शरण गहूँ मैं किसकी, स्वामी शरण गहूँ मैं किसकी ।
तुम बिन और न दूजा, प्रभु बिन और न दूजा, आस करूँ मैं जिसकी, ॐ जय जगदीश हरे ।।

तुम पूरण परमातमा, तुम अन्तरयामी, स्वामी तुम अन्तरयामी ।
पारब्रह्म परमेश्वर, पारब्रह्म परमेश्वर, तुम सबके स्वामी, ॐ जय जगदीश हरे ।।

तुम करुणा के सागर, तुम पालन करता, स्वामी तुम रक्षण करता ।
मैं सेवक तुम स्वामी, मैं सेवक तुम स्वामी, कृपा करो भरता, ॐ जय जगदीश हरे ।।

तुम हो एक अगोचर, सबके प्राणपति, स्वामी सबके प्राणपति ।
किस विध मिलूँ दयामय, किस विध मिलूँ दयामय, मुझको दो सुमति, ॐ जय जगदीश हरे ।।

दीन बन्धु दुख-हरता, तुम रक्षक मेरे, स्वामी तुम रक्षक मेरे ।
करुणा हस्त बढ़ावो, अपनी शरण लगावो, द्वार पडूँ मैं तेरे, ॐ जय जगदीश हरे ।।

विषय विकार मिटावो, पाप हरो देवा, स्वामी पाप हरो देवा ।
श्रद्धा भक्ति बढ़ावो, श्रद्धा प्रेम बढ़ावो, सन्तन की सेवा, ॐ जय जगदीश हरे ।।

3. मंगल मूरती राम दुलारे

मंगल मूरती राम दुलारे, आन पड़ा अब तेरे द्वारे ।
हे बजरंग बली हनुमान, हे महावीर करो कल्यान ।।

तीनों लोक तेरा उजियारा, दुखियों का तूने काज सँवारा ।
हे जग वंदन केसरी नंदन, कष्ट हरो हे कृपा निधान ।। मंगल॰

तेरे द्वारे जो भी आया, खाली नहीं कोई लौटाया ।
दुर्गम काज बनावन हारे, मंगल मय दीजो वरदान ।। मंगल॰

तेरा सुमिरन हनुमत वीरा, नासै रोग हरै सब पीरा ।
राम लखन सीता मन बसिया , शरण पड़े की कीजै ध्यान ।। मंगल॰

4. प्रभुजी तुम चंदन हम पानी

प्रभुजी, तुम चंदन हम पानी । जाकी अंग अंग बास समानी ।।

प्रभुजी, तुम घन बन हम मोरा, जैसे चितवत चंद्र-चकोरा ।

प्रभुजी, तुम दीपक हम बाती, जाकी जौत बरै दिन राती ।

प्रभुजी, तुम मोती हम धागा, जैसे सोने में मिलत सुहागा ।

प्रभुजी, तुम स्वामी हम दासा, ऐसी भक्ति करै रैदासा ।

5. तेरा राम जी करेंगे बेड़ा पार

राम नाम सोही जानि ये, रमता सकल जहान ।
घट घट में जो रम रहा, उसको राम पहचान ।।

तेरा राम जी करेंगे बेड़ा पार । उदासी मन काहे को करे ।।

नैया तेरी राम हवाले, लहर लहर हरि आपु सँभाले ।
हरि आप ही उठायें तेरा भार, उदासी मन काहे को करे रे ।।

काबू में मँझधार उसी के, हाथों में पतवार उसी के ।।
तेरी हार भी नहीं है तेरी हार, उदासी मन काहे को करे रे ।।

सहज किनारा मिल जायेगा, परम सहारा मिल जायेगा ।
डोरी सौंप के तो देख एक बार, उदासी मन काहे को करे रे ।।

6. साईं तेरी याद महा सुखदायी

साईं तेरी याद महा सुखदायी ।
एक तू ही रखवाला जग में, तू ही सदा सहाई ।।

तुमको भूला जग दुखियारा । सुमिरन बिन मन में अँधियारा ।।
तूने कृपा बरसाई । साईं तेरी याद महा सुखदायी ।

मन ही है ये तेरा द्वारा । बैठ यहाँ पे तुझको पुकारा ।।
प्रेम की ज्योत जलाई । साईं तेरी याद महा सुखदायी ।

साँची प्रीत तुम्हारी दाता । इस जग का सब झूठा नाता ।।
हूँ चरण शरणाई । साईं तेरी याद महा सुखदायी ।

7. ऐ मालिक तेरे बंदे हम

ऐ मालिक तेरे बंदे हम, ऐसे हों हमारे करम ।
नेकी पर चलें और बदी से टलें, ताकि हँसते हुए निकले दम ।।

ये अँधेरा घना छा रहा, तेरा इन्सान घबरा रहा ।
हो रहा बेखबर, कुछ न आता नज़र, सुख का सूरज छिपा जा रहा ।
है तेरी रोशनी में जो दम, जो अमावस को करदे पूनम । नेकी पर चलें ...

जब जुल्मों का हो सामना, तब तू ही हमें थामना ।
वो बुराई करें, हम भलाई करें, नहीं बदले की हो कामना ।
बढ़ उठे प्यार का हर कदम, और मिटे बैर का ये भरम । नेकी पर चलें ...

बड़ा कमज़ोर है आदमी, अभी लाखों हैं उसमें कमी ।
पर तू जो खड़ा, है दयालू बड़ा, तेरी किरपा से धरती थमी ।
दिया तूने जो हमको जनम, तू ही झेलेगा हम सबके गम । नेकी पर चलें ...

8. हे दुख भंजन

हे दुख भंजन, मारुति नंदन, सुनलो पुकार ।
पवन सुत विनती बरम्बार ।।

अष्ट सिद्धि नव निधि के दाता, दुखियों के तुम भाग्य विधाता ।
सिया राम के काज सँवारे, मेरा कर उद्धार ।।

अपरंपार है शक्ति तुम्हारी, तुम पर रीझें अवध बिहारी,
भक्ति भाव से ध्याऊँ तोहे, करो दुखों से पार ।।

जपूँ निरंतर नाम तिहारा, अब नही छोड़ूँ तेरा द्वारा,
राम भक्त मोहे शरण में लीज्यो, भवसागर से तार ।।

9. जय गणेश

जय गणेश जय गणेश जय गणेश देवा ।
माता तेरी पार्वती पिता महादेवा ।
लड्डुवन का भोग लगे सन्त करें सेवा ।

एकदंत दयावंत चार भुजा धारी ।
माथे पे सिंदूर सोहे मूसे की सवारी ।
दुखियों के दुःख हरत परमानंद देवा ।
जय गणेश जय गणेश जय गणेश देवा ।।

अंधन को आँख देत कोढ़ियन को काया ।
बांझन को पुत्र देत निर्धन को माया ।
भव से पार करे नाथ भजन करूँ तेरा ।
जय गणेश जय गणेश जय गणेश देवा ।।

जो तेरा ध्यान करे ज्ञान मिले उसको ।
छोड़ तुझे और भला ध्याऊँ मैं किसको ।
हे देव कृपा करो कष्ट हरो मेरा ।
जय गणेश जय गणेश जय गणेश देवा ।।

10. ओ दुनिया के रखवाले

ओ दुनिया के रखवाले, सुन दर्द भरे मेरे नाले ।

आश निराश के दो रंगों में दुनिया तूने सजाई,
नैया संग तूफान बनाया, मिलन के साथ जुदाई,
जा देख लिया हरजाई ।
लुट गई मेरे प्यार की नगरी, अब तो नीर बहाले ।।

चाँद को ढूँढे पागल सूरज, शाम को ढूँढे सवेरा,
मैं भी ढूँढू उस प्रीतम को, हो न सका जो मेरा,
भगवान् भला हो तेरा ।
किसमत फूटी, आस न टूटी, पाँव में पड़ गये छाले ।।

महल उदास और गलियाँ सूनी, चुप चुप हैं दीवारें,
दिल क्या उजड़ा, दुनिया उजड़ी, रूठ गयी हैं बहारें,
हम जीवन कैसे गुजारें ।
मंदिर गिरता, फिर बन जाता, दिल को कौन सँभाले ।।

11. रामायण चौपाई

मंगल भवन अमंगल हारी, द्रवहु सु दसरथ अजिर बिहारी ।
राम सिय राम, सिय राम, जै जै राम ।।

हो, होई है वही जो राम रची राखा, को करे तरफ बढ़ाये साखा ।
हो, धीरज धरम मित्र अरु नारी, आपद् काल परखिये चारी ।
हो, जेहिके जेहि पर सत्य सनेहु, सो तेहि मिलाय न कछु संदेहु ।
हो, जाकी रही भावना जैसी, रघु मूरती देखी तिन तैसी ।
हो, रघुकुल रीत सदा चली आयी, प्रान जायी पर बचनन जायी ।
गे हरि अनंत हरि कथा अनंता, कहहि सुनहि बहुविधि सब संता ।
राम सिय राम, सिय राम, जै जै राम ।।

12. श्री राम चंद्र कृपालु

श्री राम चंद्र कृपालु भजु मन, हरण भव भय दारुणम् ।
नव कंज लोचन कंज मुख, कर कंज पद कंजारुणम् ।।

कंदर्प अगणित अमित छवि, नव नील नीरद सुंदरम् ।
पत पीत मानहूँ तरित रुचि, सुचि नौमि जनक सुता वरम् ।।

भज दीन बंधु दिनेश, दानव दैत्य वंश निकंदनम् ।
रघुनंद आनंद कंद, कौशल चंद्र दशरथ नंदनम् ।।

13. वैष्णव जन तो

वैष्णव जन तो तेने कहिये जे पीड परायी जाणे रे।
पर दुःखे उपकार करे तो ये मन अभिमान न आणे रे॥

सकळ लोकमां सहुने, वंदे निंदा न करे केनी रे।
वाच काछ मन निश्चळ राखे, धन धन जननी तेनी रे॥

समदृष्टि ने तृष्णा त्यागी, परस्त्री जेने मात रे।
जिह्वा थकी असत्य न बोले, परधन नव झाले हाथ रे॥

मोह माया व्यापे नहि जेने, दृढ़ वैराग्य जेना मनमां रे।
रामनाम शुं ताळी रे लागी, सकळ तीरथ तेना तनमां रे॥

वणलोभी ने कपटरहित छे, काम क्रोध निवार्या रे।
भणे नरसैयों तेनुं दरसन करतां, कुळ एकोतेर तार्या रे॥

दिवाली का उत्सव

Diwali Festival
Rama's Return to Ayodhya

श्री राम जी सत्य और सदाचार की देवता हैं । वे आदर्श पुत्र और पति थे । रामचंद्र आदर्श राजा थे । दस दिन के घनघोर युद्ध के पश्चात श्री राम ने रावण को जीत कर सीता को मुक्त किया । वीर हनुमान और बंधु लक्ष्मण के साथ राम सीता चोदश वर्ष वनवास करके अयोध्या लौटे । तब स्वर्ग की सभी देवताओं ने राम सिया पर आनंद से पुष्प बरसाये ।

Rama is the embodiment of truth and morality, the ideal son, the ideal husband, and above all, the ideal king. After ten days of fierce war with Ravana, the victorious **Rama**, **Laxmana** and **Sita** returned to Ayodhya with Hanumana. There were joyous shouts of **Victory to Rama**, **Victory to Hanuman**. Gods from the Heaven poured flowers and garlands to celebrate and show their pleasure.

अयोध्या में, भरत कुमार श्री राम की राह देख रहे थे । अयोध्या वासी जनों ने राम के स्वागत के लिये नगरी सुशोभित की हुई थी । घर घर को साफ करके रंगित किया हुआ था । संपूर्ण नगरी रंग और सुगंध से भरी हुई थी । अयोध्या में आते ही श्री राम ने भरत को आलिंगन दिया और आँसू बहाये । जनता ने हर्ष से ताली बजाई और बधाईयाँ दीं ।

In Ayodhya, Ram's beloved brother Bharat, eagerly waited for the arrival of Rama for fourteen years. He and people of Ayodhya celebrated the return of Rama with pomp and show. The whole city was decorated with lights and flowers. Houses were decorated and lighted with lamps. Perfumes and scent filled the air. Every street was washed and cleaned, Houses were decorated with hand-painted colorful designs. Bharat and Rama hugged each other, tears flowing down their eyes.

कौसल्या माता तथा जनता ने लक्ष्मी और गणेश पूजन किया । फिर श्री राम को अवध का सदाचारी राजा बनाया । सारी जनता तथा पशु पक्षी सभी प्रसन्न थे ।

Mother Kausalya and people first performed Lakshmi and Ganesh puja. Then ceremony was performed to anoint Rama as the righteous king of Ayodhya. Everyone including animals were happy.

अखिल विश्व के हिंदु दिवाली (दीपावली) का उत्सव (त्यौहार) मनाते हैं । इस दिन लोग दिये जलाकर, नये कपड़े पहन कर, मिठाई बाँट कर और आतिशबाजी से मोद प्रकट करते हैं । यह उत्सव असत्य पर सत्य की विजय का द्योतक है ।

Hindus across the world celebrate the festival of Diwali in honour of Lord Rama by lighting up their houses. They wear new clothes, give sweets and burst crackers and fireworks. This festival symbolizes the 'victory of good over evil.'

दिवाली भजन

Diwali Bhajan by Ratnakar Narale

(चाल और संपूर्ण संगीत स्वर लिपि के लिये देखिये हमारी "*नयी संगीत रोशनी*" का गीत 81)

स्थायी

पपपप पनिधप म–मम मपमग म–प– ध– – –

सांसांसांसां सां–सांनि ध–धध धधधम –मधनिरेंसां ध–पम

प–पप पनिधप म–मम मपमग म–प– ध–पम

घर घर दीप जलाओ सखी री, आज दीवाली ।

आतशबाज़ी जलाओ रे भैया, आज दीवाली ।।

अंतरा–1

–ग–ग– गमम– मधधप पमम– –सां–धनि सां–सांध –धनिरेंसां ध–पम

पपपप पनिधप म–मम मपमग म–प– ध– – –

लक्ष्मी पूजा करो रे भैया, मृदंग ढोल बजाओ, सखी री ।।

अंतरा–2

धन देवी की आरती मंगल, कीर्तन गान सुनाओ, सखी री ।।

अंतरा–3

आज घर आयो दशरथ नंदन, अवध में आनंद छायो, सखी री ।।

अंतरा–4

बाल बालिका वनिता सुंदर, रंग रंगोली सजायो, सखी री ।।

Sthayi : ***Ghar ghar deep jalaao Sakhi ri, aaj Diwali,***
Aatashbaazi jalaao re Bhaiya, aaj Diwali.

Antara : 1. ***Lakshmi pooja karo re Bhaiya, Mridang Dhol bajaao, Sakhi ri.***
2. ***Dhan Devi ki Aarti mangal, Keertan gaan sunaao, Sakhi ri.***
3. ***Aaj ghar aayo Dasharath Nandan, Awadh men aanand chhaayo, Sakhi ri.***
4. ***Baal Baalika vanita sundar, Rang rangoli sajaayo, Sakhi ri.***

Sthayi : *Let's light lamps at every house. O Sakhi! Today it's Diwali.*

Antara : 1. *Let's do pooja of Lakshmi. O Brother! Please play your Dholak and Mridang. O Sakhi!*
2. *Let's sing Kirtans and songs and do auspicious Aarti of Dhan Devi Mata Lakshmi. O Sakhi!*
3. *Today Dasharatha's son Rama has come home from the forest. There is joy in Ayodhya. O Sakhi!*
4. *Small girls and boys and beautiful ladies are drawing colourful Rangolis, O Sakhi!*

Transliterated

ENGLISH-HINDI DICTIONARY

PLEASE NOTE : As this Dictionary is constructed for the use of Hindi Learners, (i) gender of each noun is shown to help the new users; (ii) Transliteration is given according to phonetic rules, to produce proper Hindi pronunciation of each syllable; (iii) While giving Hindi meanings, only popular & easy Hindi words chosen (eg॰ Water has many Hindi names, eg॰ अम्बु, अम्भस, आप, उद, उदक, जल, जीवन, तोय, नीर, पय, पानी, पुष्कर, वारि, सलिल, क्षीर, ...etc. but only पानी and जल are given in this Dictionary); and (iv) for Hindi meanings, instead of giving definitions, only a single Hindi word or phrase is give.

In order to obtain the verb-stems for making tenses, just remove the *nā* (ना) attached at the end of the Verbal-noun / Infinitive and then attach the tense suffixe to this verb-stem. For Examples: (1) Infinitive *pīnā* पीना = to drink, (2) removing the *nā* (ना) gives you the verb *pī* (पी) = drink, (3) attach required tense suffix to this verb-stem *pī* (पी) + *tā hū̃* (ता हूँ) = *pītā hū̃* (पीता हूँ), and thus (4) *maĩ pānī pītā hū̃* = मैं पानी पीता हूँ = I drink water. (5) *maĩ pānī pī* ***rahā*** *hū̃* = मैं

KEY: v॰ = Verbal-noun / Infinitive, aj॰ = Adjective, av॰ = adverb, f॰ = feminine, m॰ = masculine, * = Transitive action.

A

Abandon (v॰) *tyāgnā, chhoḍnā* त्यागना, छोड़ना*

Abbreviated (aj॰) *saṅkṣipta* संक्षिप्त

Abbreviation (m॰) *saṅkṣep* संक्षेप

Abdomen (m॰) *udar, peṭ* उदर, पेट

Abduction (m॰) *apaharaṇ, bhagānā* अपहरण, भगाना

Abide (v॰) *sahanā, bardāśta karnā* सहना, बर्दाश्त करना*

Ability (f॰) *kṣamatā,* (m॰) *sāmarthya* क्षमता, सामर्थ्य

Able (aj॰) *sakṣam, samartha, kābil* सक्षम, समर्थ, काबिल

Abnormal (aj॰) *asāmānya, alag* असामान्य, अलग

Abode (m॰) *ghar, āvās* घर, आवास

Abolish (v॰) *samāpta karnā, ukāḍnā* समाप्त करना, उखाड़ना*

Abortion (m॰) *garbhapāt* गर्भपात

Abortive (aj॰) *nisphal* निष्फल

About (av॰) 1. *karīb, āsapās, lagbhag* करीब, आसपास, लगभग (about ten k.m. = *lagbhag das k.m.*); 2. *ke bāre me̐* के बारे में (a book about India = *bhārat ke bāre me̐ kitāb*)

Above (av॰) *ūpar* ऊपर

Abroad (m॰) *pardeśa* परदेश

Abrupt (aj॰) *ākismak* आकस्मिक

Abruptly (av॰) *ekāek, ekdam, achānak* एकाएक, एकदम, अचानक

Absence (f॰) *anupasthiti, gairhājirī* अनुपस्थिति, गैरहाजिरी

Absent (aj॰) *anupasthit, gairhājir* अनुपस्थित, गैरहाजिर

Absolutely (av॰) *bilkul* बिलकुल

Absorption (m॰) *śoṣaṇ* शोषण

Abstinence (f॰) *parhez, tyāg* परहेज़, त्याग

Absurd (aj॰) *asaṅgat, betukā* असंगत, बेतुका

Abundant (aj॰) *prachur, adhik, bahut* प्रचुर, अधिक, बहुत

Abuse (m॰) *durupayog* दुरुपयोग

Accept (v॰) *kabūl karnā, mānanā* कबूल करना, मानना*

Acceptance (m॰) *svīkār, svikṛti manzurī* स्वीकार, स्वीकृति, मंज़ूरी

Accident (f॰) *durghaṭnā* दुर्घटना

Accidental (aj॰) *ākasmik* आकस्मिक

Accomodation, place (m॰) *āvās* आवास (a place of accomodation for today = *āj ke āvās ke liye jagah*)

Accomplishment (f॰) *safaltā, prāpti, upalabdhi* सफलता, प्राप्ति, उपलब्धि

According (prep॰) *ke anusār* के अनुसार

Account (m॰) *hisāb* हिसाब

Accountant (m॰) *munīm* मुनीम

Accumulated (aj॰) *ikaṭṭhā, jamā, sañchit* इकट्ठा, जमा, संचित

Accurate (aj॰) *sahī, śuddha* सही, शुद्ध

Ache (m॰) *dard, pīḍā, vednā, śūl* दर्द, पीड़ा, वेदना, शूल

Achieve (v॰) *pānā, prāpta karnā* पाना, प्राप्त करना*

Acid (m॰) *tezāb, amla* तेज़ाब, अम्ल

Acknowledge (v॰) *mānanā, kabūl karnā, svīkār karnā* मानना, कबूल करना, स्वीकार करना*

Acknowledgement (f॰) *kabūlī, svīkār, svīkṛti* कबूली, स्वीकार, स्वीकृति

Acquaintance (m॰) *parichay,* (f॰) *jānakārī* परिचय, जानकारी

Acquire (v॰) *pānā, prāpta karnā* पाना,

प्राप्त करना*

Acronym (m∘) *sanksep* संक्षेप

Across (av∘) *ke pār* के पार

Act (m∘) *kām, kārya, karma* काम, कार्य, कर्म

Act (v∘) *karnā* करना*

Acting (m∘) *abhinay* अभिनय

Action (f∘) *kriyā, kām* क्रिया, काम

Active (aj∘) *sakrīya, furtīlā, chapal* सक्रीय, फुरतीला, चपल

Activity (f∘) *kriyā, kām* क्रिया, काम

Actor (m∘ f∘) *kalākār* कलाकार

Actual (aj∘) *aslī, sach* असली, सच

Actuality (f∘) *aslīyat, sachāī, satyatā* असलीयत, सचाई, सत्यता

Acute (aj∘) *ghor, tez, tīkṣṇa, prakhar* घोर, तेज़, तीक्ष्ण, प्रखर

Adamant (aj∘) *aṭal, dṛdha; ziddī, aḍiyal* अटल, दृढ़; जिद्दी, अड़ियल

Add (v∘) *milānā, joḍnā, kul karnā* मिलाना, जोड़ना, कुल करना*

Addict (aj∘) *āsakt, vyasanī, laṭṭū* आसक्त, व्यसनी, लट्टू

Addiction (f∘) *āsakti, naśā,* (m∘) *vyasan* आसक्ति, नशा, व्यसन,

Addictive (aj∘) *mādk, naśīlā* मादक, नशीला

Address (m∘) *patā* पता (my address in Delhi = *merā Dillī kā patā*)

Adequate (aj∘) *kāfī* काफी

Adhere (v∘) *juḍnā, chipaknā, sāth lagnā* जुड़ना, चिपकना, साथ लगना

Adhesive (m∘) *gond* गोंद

Adjective (m∘) *viśeṣaṇ* विशेषण

Adjoin (v∘) *joḍnā, milānā, lagānā* जोड़ना, मिलाना, लगाना*

Adjust (v∘) *anukūl honā; ṭhīk karnā** अनुकूल होना; ठीक करना*

Adjustment (m∘) *sudhār* सुधार

Administration (m∘) *śāsan* शासन

Admiration (f∘) *stuti, praśansā* स्तुति, प्रशंसा

Admire (v∘) *stuti karnā* स्तुति करना*

Admission (m∘) *dākhilā* दाखिला (the admission charge is ten Rupees = *dākhile kā shulk das Rupaye hai*)

Adoration (m∘) *prem;* (f∘) *pūjā, bhakti* प्रेम, पूजा, भक्ति

Adulteration (f∘) *milāvaṭ* मिलावट

Advance (f∘) *peśgī* पेशगी (please give ten Rupees as advance = *peśgī ke das Rupaye dījiye*)

Advance (v∘) *āge baḍhanā* आगे बढ़ना

Advancement (f∘) *pragati, unnati* (m∘) *vikās, utkarṣa* प्रगति, उन्नति, विकास, उत्कर्ष (India's advancement in 2007 = *2007 meṁ Bhārat kī pragati*)

Advantage (m∘) *lābh,* (f∘) *suvidhā* लाभ, सुविधा

Adventure (m∘) *sāhas* साहस

Adventurous (aj∘) *sāhasī* साहसी

Adverb (m∘) *kriyāviśeṣaṇ* क्रियाविशेषण

Advertisement (f∘) *ghoṣaṇā;* (m∘) *vigyāpan* घोषणा; विज्ञापन

Advice (m∘) *upadeś* उपदेश

Advise (v∘) *upadeśa denā* उपदेश देना*

Affection (m∘) *lagāv, pyār, prem* लगाव, प्यार, प्रेम

Affluence (f∘) *amīrī, samṛiddhi* अमीरी, समृद्धि

Affluent (aj∘) *amīr, samṛddha* अमीर, समृद्ध

Afraid (aj∘) *ḍarā, bhayabhīta, trast* डरा (डरा हुआ), भयभीत, त्रस्त

After (av∘) *bād, bād meṁ, fir, pīchhe* बाद, बाद में, फिर, पीछे

Afternoon (f∘) *dopahar* दोपहर

Afterwards (av∘) *fir, bād meṁ* फिर, बाद में

Again (av∘) *punaḥ, fir, fir se, aur bhī* पुनः, फिर, फिर से, और भी

Again and again (av∘) *bārambār* बारंबार

Against (av∘) *pratikūl, viparīt, viruddha* प्रतिकूल, विपरित, विरुद्ध

Age (f∘) *umar, āyu* उमर, आयु

Agenda (m∘) *kāryakram* कार्यक्रम

Agent (m∘) *munīm; sādhan* मुनीम; साधन

Aggravation (m∘) *bhaḍkāv* भड़काव

Aggressive (aj∘) *ākramak* आक्रमक

Agile (aj∘) *chapal, chañchal* चपल, चंचल

Ago (av∘) *pahale* पहले

Agree (v∘) *kabūl karnā, mānanā* कबूल करना, मानना*

Agriculture (f∘) *khetī* खेती

Ahead (av∘) *āge* आगे

Aid (f∘) *madad, sahāyatā* मदद, सहायता

Aim (m∘) *dhyeya, hetu, lakṣya* ध्येय, हेतु, लक्ष्य

Air (f∘) *havā* हवा

Airconditioned (aj∘) *vātānukūlit* वातानुकूलित

Airmail (f∘) *havāī ḍāk* हवाई डाक

Airplane (m∘) *vimān* विमान

Airport (m∘) *havāī aḍḍā* हवाई अड्डा

Alarm (f∘) *pukār, sūchanā* पुकार, सूचना

Albeit (conj∘) *yadyapi* यद्यपि

Alcoholic drink (f∘) *śarāb* शराब

Alert (aj∘) *sāvadhān, sajag* सावधान, सजग

Algebra (m∘) *bījgaṇit* बीजगणित

Alien (aj∘) *pardesī* परदेसी

Alike (aj∘) *samānm, sama* समान, सम

Alive (aj∘) *sajīv, jīvita* सजीव, जीवित

All (aj∘) *sab, pūrā, pūrṇa, sārā, kul, sarva* सब, पूरा, पूर्ण, सारा, कुल, सर्व

All along (av∘) *nirantar, lagātār, sadā* निरंतर, लगातार, सदा

All around (av∘) *sab or se* सब ओर से

All at once (av∘) *ekadam, yakāyak* एकदम, यकायक

All of a sudden (av∘) *akasmāt, ekadam* अकस्मात्, एकदम

All over (av∘) *pūrṇa rūp se, sarvatra* पूर्ण रूप से, सर्वत्र

All right (av∘) *ṭhīk* ठीक

Alley (f∘) *galī* गली

Alliance (f∘) *sandhi, samjhautā* संधि, समझौता

Alligation (m∘) *ārop* आरोप

Alligator (m∘) *ghaḍiyāl* घड़ियाल

Allocate (v∘) *bāṁṭanā* बाँटना*

Allow (v◦) *mānanā, anumodan denā* मानना, अनुमोदन देना*

Allowance (m◦) *bhattā, mujrā, dalālī, chhūt;* भत्ता, मुजरा, दलाली, छूट

Almighty (m◦) *sarvaśaktimān* सर्वशक्तिमान्

Almond (f◦) *bādām* बादाम

Almost (av◦) *lagabhag, takrīban, prāyaḥ* लगभग, तकरीबन, प्राय:

Alone (aj◦) *akelā* अकेला (av◦) *akele,* अकेले

Along (av◦) *barābar, sāthsāth* बराबर, साथसाथ

Alphabet (f◦) *varṇamālā* वर्णमाला

Already (av◦) *pahale se* पहले से

Also (av◦) *aur, bhī, sivāy* ओर, भी, सिवाय

Alter (v◦) *badalnā* बदलना*

Alternately (av◦) *pārī pārī se* पारी पारी से, *yathākram* यथाक्रम

Although (av◦) *hālāki, yadyapi* हालाकि, यद्यपि

Altogether (av◦) *kul, sarvathā* कुल, सर्वथा

Always (av◦) *sadā, hameśā* सदा, हमेशा

Am (v◦) *hū̃* हूँ

Amature (aj◦) *anipuṇ* अनिपुण

Amaze (v◦) *chakit honā, chakit karnā** चकित होना, चकित करना*

Amazement (m◦) *achambhā, āścharya, vismay, tājjub* अचंभा, आश्चर्य, विस्मय, ताज्जुब

Amazing (aj◦) *adbhut* अद्भुत

Ambiguous (m◦) *aspaṣṭa* अस्पष्ट

Ambition (f◦) *ichhā, abhilāṣā, abhilāśā* इच्छा, आकांक्षा, अभिलाशा

Amen (inter◦) *tathāstu, bhavatu* तथास्तु, भवतु

Amiable (aj◦) *pyārā, ramaṇīya* प्यारा, रमणीय

Amicable (aj◦) *mitravat, suhṛd* मित्रवत्, सुहृद्

Amid (prep◦) *bīch mẽ, sāth mẽ* बीच में, साथ में

Amity (m◦) *bandhutva, mitratā* बंधुत्व, मित्रता

Ammunition (f◦) *yuddha sāmagrī* युद्ध सामग्री

Amnesty (m◦) *kṣamā dān* क्षमा दान

Among (av◦) *bīch mẽ* बीच में

Amoral (aj◦) *adharmī* अधर्मी

Amorous (aj◦) *rasik, kāmuk* रसिक, कामुक

Amount (f◦) *rakam, tādād* रकम, तादाद

Amplification (m◦) *vistār, vṛddhi* विस्तार, वृद्धि

Analysia (m◦) *viśleṣaṇ* विश्लेषण

Anarchy (f◦) *arājaktā* अराजकता

Ancestor (m◦) *purkhā, pitar* पुरखा, पितर

Anchor (m◦) *laṅgar* लंगर

Ancient (aj◦) *purānā, prāchīn* पुराना, प्राचीन

And (con◦) *aur* और

Angel (m◦) *devadūt,* (f◦) *apsarā* देवदूत, अप्सरा

Anger (m◦) *krodh, gussā* क्रोध, गुस्सा

Angle (m◦) *konā, koṇa* कोना, कोण

Angry (aj◦) *nārāz* नाराज़

Anguish (m◦) *dukh, santāp;* (f◦) *vednā* दुख, संताप; वेदना

Animal (m◦) *jānvar, paśu, jantu* जानवर, पशु, जंतु

Animosity (f◦) *śatrutā* शत्रुता

Annihilate (v◦) *miṭānā* मिटाना*

Anniversary (f◦) *sālgirāh* सालगिराह

Announcement (f◦) *ghoṣaṇa, sūchanā,* (m◦) *vigyāpan* घोषणा, सूचना, विज्ञापन

Annoy (v◦) *dukhānā* दुखाना*

Annoyance (f◦) *pareśānī* परेशानी

Annual (aj◦) *vārṣik* वार्षिक

Anonymous (aj◦) *gumnām* गुमनाम

Another (aj◦) *dūsrā* दूसरा

Answer (m◦) *jawāb, uttar* जवाब, उत्तर

Answer (v◦) *jawāb denā* जवाब देना*

Ant (f◦) *chīṇṭī* चींटी

Anthem (m◦) *stutigān* स्तुतिगान

Anticipate (v◦) *āśā karnā* आशा करना*

Antique (aj◦) *purānā, prāchīn* पुराना, प्राचीन

Antonym (m◦) *viruddhārthī śabda* विरुद्धार्थी शब्द

Any (av◦) *kuchh, koī, koī bhī* कुछ, कोई, कोई भी

Anybody (pr◦) *koī bhī* कोई भी

Anyhow (av◦) *kisī tarah se* किसी तरह से

Anything (av◦) *kuchh bhī* कुछ भी

Anyway (av◦) *kisī tarah se* किसी तरह से

Anywhere (av◦) *kahī̃ bhī* कहीं भी

Apart (av◦) *alag, pṛthak, bhinna* अलग, पृथक्, भिन्न

Apex (f◦) *choṭī,* (m◦) *śikhar* चोटी, शिखर

Apology (m◦) *kṣamā yāchanā* क्षमा याचना

Apparent (aj◦) *prakaṭ, spaṣṭa* प्रकट, स्पष्ट

Appear (v◦) *dikhnā* दिखना

Append (v◦) *joḍnā, milānā* जोड़ना, मिलाना*

Appetite (f◦) *bhūkh* भूख

Applaud (v◦) *tālī bajānā* ताली बजाना*

Applause (f◦) *stuti* स्तुति

Apple (m◦) *seb* सेब

Application (f◦) *prārthanāpatra* प्रार्थनापत्र

Appoint (v◦) *niyukta karnā* नियुक्त करना*

Appointment (f◦) *niyukti* नियुक्ति

Appreciation (m◦) *mūlyāṅkan* मूल्यांकन

Approach (m◦) *kī or jānā* की ओर जाना

Approval (m◦) *Anaumāedna* (f◦) *svīkṛti* अनुमोदन, स्वीकृति

Approximately (av◦) *takrīban* तकरीबन

Aquatic (aj◦) *jalchar* ज लचर

Arch (f◦) *kamān* कमान

Archaeology (m◦) *purātattva* पुरातत्त्व

Architect (m◦) *śilpakār* शिल्पकार

Architecture (m∘) *śilpavidyā* शिल्पविद्या

Ardent (aj∘) *prakhar* प्रखर

Are (v∘) *haĩ* हैं

Arguement (m∘) *vivād, tark* विवाद, तर्क

Aristocrat (aj∘) *kulīn* कुलीन

Arithmatic (m∘) *gaṇit, aṅkgaṇit* गणित, अंकगणित

Arm (m∘) *hāth, bāhu, bhujā* हाथ, बाहु, भुजा

Aroma (m∘) *sugandh* सुगंध

Around (av∘) *chārõ or, samīp, bāharī or* चारों ओर, समीप, बाहरी ओर

Arrange (v∘) *rachanā* रचना*

Arrangement (f∘) *rachanā* रचना

Arrival (m∘) आना, पहुँचना

Arrive (v∘) *ānā, pahũnchanā* आना, पहुँचना

Arrogant (aj∘) *haṭhī, ahamkārī* हठी, अहंकारी

Arrow (m∘) *tīr, bāṇ* तीर, बाण

Art (f∘) *kalā, kārīgarī* कला, कारीगरी

Artful (aj∘) *chatur* चतुर

Artificial (aj∘) *kṛtrim, banāvaṭī* कृत्रिम, बनावटी

Artisan (m∘) *kārīgar* कारीगर

As (av∘) *yathā, jis tarah se* यथा, जिस तरह से

As far as (av∘) *jab tak, jahā̃ tak* जब तक, जहाँ तक

As if (av∘) *jaise* जैसे

As though (av∘) *jaise* जैसे

As well as (av∘) *bhī* भी

Ascetic (m∘) *yogī, tapasvī* योगी, तपस्वी

Ash (f∘) *rakṣā, rākh* रक्षा, राख

Ashamed (aj∘) *lajjit* लज्जित

Aside (av∘) *ek or* एक ओर

Ask (v∘) *pūchhanā* पूछना*

Asleep (aj∘) *nidrit, soyā* निद्रित, सोया

Assassin (m∘) *htyāra, ghātak* हत्यारा, घातक

Assembly (f∘) *sabhā, maṇḍlī* सभा, मंडली

Assention (f∘) *anumati, svīkṛti* अनुमति, स्वीकृति

Assets (f∘) *pū̃jī, sampati* पूँजी, संपति

Assignment (f∘) *niyukti* नियुक्ति

Assistance (m∘) *sahārā* (f∘) *madad* सहारा, मदद

Association (f∘) *sabhā, pariṣad* सभा, परिषद्

Assult (m∘) *dhāvā* (f∘) *chaḍhāī* धावा, चढ़ाई

Assumption (f∘) *kalpanā* कल्पना

Assurance (m∘) *viśvās, bīmā* विश्वास, बीमा

Asthma (m∘) *damā* दमा

Astonishment (m∘) *āścharya, achambhā* आश्चर्य, अचम्भा

Astrology (m∘) *jyotiṣ* ज्योतिष

Astronomy (f∘) *khagol vidyā* खगोल विद्या

Asylum (m∘) *āśraya, śaraṇ* आश्रय, शरण

At (prep∘) *mẽ, se, pās, or* में, से, पास, ओर

At any time (av∘) *kabhī bhī* कभी भी

At last (av∘) *ant mẽ, ākhir* अंत में, आखिर

At least (av∘) *kam se kam* कम से कम

At night (av∘) *rāt mẽ* रात में

At once (av∘) *turant, ekadam* तुरंत, एकदम

At one time (av∘) *ekadā, ek bār* एकदा, एक बार

At present (av∘) *ab, abhī, āj, hāl mẽ* अब, अभी, आज, हाल में

At the same time (av∘) *sāth sāth, sāth hī* साथ साथ, साथ ही

At this time (av∘) *ab, abhī* अब, अभी

At what time (av∘) *kab* कब

Atheist (aj∘) *nāstik* नास्तिक

Atmosphere (m∘) *vātāvaraṇ* वातावरण

Atom (m∘) *aṇu, paramāṇu* अणु, परमाणु

Attach (v∘) *bāndhanā, joḍnā* बाँधना, जोड़ना*

Attain (v∘) *pānā, prāpta karanā* पाना, प्राप्त करना*

Attempt (m∘) *prayatna* प्रयत्न, *yatna* यत्न

Attempt (v∘) *prayatna karanā* प्रयत्न करना*

Attention (m∘) *dhyān* ध्यान

Attentive (aj∘) *sāvadhān* सावधान

Attitude (f∘) *vṛtti* वृत्ति

Attraction (m∘) *ākarṣaṇ, lubhāv, moha* आकर्षण, लुभाव, मोह

Attractive (aj∘) *ākarṣak, lubhāvanā, mohak* आकर्षक, लुभावना, मोहक

Attribute (m∘) *guṇa, dharma* गुण, धर्म

Auction (m∘) *nīlām* नीलाम

Audience (m∘) *śrotāgaṇa* श्रोतागण

Auspicious (aj∘) *śubha, maṅgal* शुभ, मंगल

Authentic (aj∘) *sachchā* सच्चा

Author (m∘) *lekhak* लेखक

Authority (m∘) *adhikār* अधिकार

Autobiography (m∘) *ātmacharitra* आत्मचरित्र

Autumn (m∘) *śarad ṛtu* शरद् ऋतु

Available (aj∘) *sulabh, sugam* सुलभ, सुगम

Avarage (m∘) *ausat* औसत

Awake (v∘) *jāganā* जागना

Award (m∘) *Pāritoshak* पारितोषक

Aware (aj∘) *sachet, sajag* सचेत, सजग

Away (av∘) *dūr* दूर

Aweful (aj∘) *bhayaṅkar* भयंकर

Ax (f∘) *kulhāḍī* कुल्हाड़ी

B

Babble (f∘) *bakbak. bakvād, gappa* बकबक, बकवाद, गप्प

Babble (v∘) *baḍbaḍānā* बड़बड़ाना

Baboon (m∘) *laṅgūr* लंगूर

Bachelor (aj∘) 1. (single) *avivāhit, chhaḍā* अविवाहित, छड़ा; 2. (graduate) *snātak* स्नातक

Back (f∘) *pīṭh* पीठ

Backbone (f∘) *rīḍh* रीढ़

Background (f∘) *pārśvabhūmi* पार्श्वभूमी

Backing (m॰) *āśray, sahārā, samarthan, anumodan* आश्रय, सहारा, समर्थन, अनुमोदन

Backward (aj॰) *pichhaḍa* पिछड़ा

Backwards (av॰) *pichhalī or, pīchhe* पिछली ओर, पीछे

Bad (aj॰) *burā, kharāb* बुरा, खराब

Badly (av॰) *burī tarah se* बुरी तरह से

Baffle (v॰) *ghabaḍānā* घबड़ाना

Bag (m॰) *thailā* थैला

Balance (m॰) *tarājū* तराजू

Balance (v॰) *taulnā* तौलना*

Bald (m॰) *gañjā* गंजा

Ball (f॰) *gend* गेंद

Balloon (m॰) *gubbārā* गुब्बारा

Balm (m॰) *malham* मलहम

Bamboo (m॰) *bā̃s* बाँस

Banana (m॰) *kelā* केला

Band (m॰) *bandhan, tasmā, paṭṭā, peṭī* बंधन, तस्मा, पट्टा, पेटी

Bangle (f॰) *chūḍī* चूड़ी

Banyan (m॰) *bargad* बरगद

Bar (m॰) *ḍaṇḍā, chhaḍ* डंडा, छड़

Barbaric (aj॰) *janglī, asabhya* जंगली, असभ्य

Barber (m॰) *nāī, hajjām* नाई, हज्जाम

Bare (aj॰) *naṅgā, khālī* नंगा, खाली

Bark (v॰) *bhõknā* भोंकना

Barn (m॰) *khalihān* खलिहान

Barrel (m॰) *pīpā, kaṭharā* पीपा, कठरा

Base, foundation (m॰) *mūl,* (f॰) *nı̃va* मूल, नींव

Base, lowly (aj॰) *nīch, kamīnā* नीच, कमीना

Basil (f॰) *tulsī* तुलसी

Basis (m॰) *mūl, ādhār* मूल, आधार

Basket (f॰) *ṭokrī, ḍaliyā* टोकरी, डलिया

Bat (m॰) *chamgādaḍ* चमगादड़

Bat, sport (m॰) *ballā* बल्ला

Bathe (v॰) *nahānā* नहाना

Battle (f॰) *yuddha, laḍāī* लड़ाई

Battlefield (f॰) *raṇabhūmi* रणभूमि

Be (v॰) *rahanā, honā* रहना, होना*

Be born (v॰) *janma lenā* जन्म लेना

Bead (m॰) *maṇī* मणी

Beak (f॰) *choñch* चोंच

Beans (f॰) *sem* सेम

Bear (m॰) *bhālū, rīchh* भालू, रीछ

Bear (v॰) *sahnā* सहना*

Beard (f॰) *dāḍhī* दाढ़ी

Beast (m॰) *paśu* पशु

Beat (v॰) *pīṭnā, mārnā* पीटना, मारना*

Beautiful (aj॰) *sundar, suśobhit* सुंदर, सुशोभित

Beautify (v॰) *sajānā* सजाना*

Beauty (f॰) *sundartā, śobhā* सूंदरता, शोभा

Beaver (m॰) *udbilāv* उदबिलाव

Because (av॰) *kyõki, is kāraṇ se* क्योंकि, इस कारण से

Becoming (aj॰) *uchit, yogya* उचित, योग्य

Bed (m॰) *bistar* बिस्तर

Bedroom (m॰) *śayanāgār* शयनागार

Bee (f॰) *makkhī, bhramar* मक्खी, भ्रमर

Beet (m॰) *chukandar* चुकन्दर

Before (av॰) *āge, sāmne, pahle* आगे, सामने, पहले

Before, time-place (av॰) *pahale, pūrva* पहले, पुर्व

Beg (v॰) *yāchanā karanā* याचना करना*

Beggar (m॰) *bhikhārī, mangtā* भिखारी, मंगता

Behaviour (m॰) *ācharaṇ* आचरण

Behead (v॰) *katal karnā* कतल करना*

Behind (av॰) *pīchhe* पीछे

Behold (v॰) *dekhanā* देखना*

Being (m॰) *jīv, prāṇī* जीव, प्राणी

Belch (v॰) *ḍakārnā, oknā* डकारना, ओकना

Believe (v॰) *viśvās karnā* विश्वास करना*

Bell (f॰) *ghaṇṭī* घंटी

Bellybutton (f॰) *nābhī* नाभी

Beloved (m॰) *priya, pyārā* प्रिय, प्यारा

Below *(av॰) nīche* नीचे

Belt (m॰) *peṭī* पेटी

Bend (v॰) *jhuknā, jhukānā** झुकना; झुकाना*

Beneath (av॰) *nīche* नीचे

Benediction (m॰) *āśīrvād* आशीर्वाद

Benefactor (m॰) *dātā, hitkārī* दाता, हितकारी

Benefit (m॰) *lābh, hit* लाभ, हित

Benevolence (f॰) *dayā, kṛpā* दया, कृपा

Bent (aj॰) *jhukā* झुका

Beside (prep॰) *nikaṭ, pās* निकट, पास

Besides (av॰) *sivāy* सिवाय

Best (aj॰) *uttam, śreṣṭha* उत्तम, श्रेष्ठ

Bet (m॰) *dā̃v, paṇ, bājī* दाँव, पण, बाजी

Better (aj॰) *baḍhiyā* बढिया

Between (prep॰) *bīch mẽ* बीच में

Beverage (m॰) *peya* पेय

Beyond (prep॰) *pār* पार

Bi fold (aj॰) *do parat* दो परत

Bias (m॰) *pakṣapāt* पक्षपात

Bible (m॰) *Iñjīl* इञ्जील

Bibliography (f॰) *grantha-sūchī* ग्रंथ-सूची

Bicycle (m॰) *sāyakil* सायकील

Bide (v॰) *ṭharnā, rahnā* ठहरना, रहना

Big (aj॰) *baḍā* बड़ा

Bill (f॰) *parchī* परची

Billingual (aj॰) *do bhāṣī* दो भाषी

Bin (f॰) *khattī, ṭokrī* खत्ती, टोकरी

Bind (v॰) *bāndhanā* बाँधना*

Binding (m॰) *bandhan* बंधन

Binocular (m॰) *dūrbīn* दूरबीन

Biography (m॰) *jīvanī* जीवनी

Biology (m॰) *prāṇiśāstra* प्राणीशास्त्र

Bird (m॰) *pakṣi, pañchhī* पक्षी, पंछी

Birth (m॰) *janma, janam* जन्म, जनम

Bite, cut (v॰) *kāṭanā* काटना*

Bitter (aj॰) *kaṭu, tītā* कटु, तीता

Bittergourd (m॰) *karelā* करेला

Black (aj॰) *kālā* काला

Blacksmith (m॰) *luhār* लुहार

Blame (v॰) *doṣ lagānā* दोष लगाना*

Blank (aj॰) *khālī, korā, śūnya, rikt*

खाली, कोरा, शून्य, रीक्त (blank space = खाली स्थान; ◦ papar = कोरा कागज; ◦ expression = शून्य चेहरा, ◦ account = रिक्त खाता)

Blanket (m◦) *kambal* कंबल

Blast (m◦) *dhamākā, visphot* धमाका, विस्फोट

Blaze (v◦) *bhaḍaknā, jalnā* भड़कना, जलना

Bleed (v◦) *khūn bahanā* खून बहना

Blemish (m◦) *dhabbā, dāg* धब्ब, दाग

Blessing (m◦) *vardān, kṛpā* वरदान, कृपा

Blind (aj◦) *andhā* अंधा

Blink (v◦) *ṭimṭimāna* टिमटिमाना

Bliss (m◦) *kṛpā* कृपा

Blister (m◦) *chhālā, fafolā* छाला, फफोला

Blizzard (m◦) *tūfān* तूफ़ान

Blob (m◦) *chhīṭā* छींटा

Block (m◦) *avarodh, pratirodh, rok* अवरोध, प्रतिरोध, रोक

Blockade (m◦) *nākabandī, gherāo* नाकाबंदी, घेराव

Blood (m◦) *khūn, rakt* खून, रक्त

Bloom (m◦) *bahār* बहार

Blossom (v◦) *khilanā* खिलना

Blot (m◦) *dhabbā, dāg* धब्बा, दाग

Blotch (m◦) *dhabbā, dāg* धब्बा, दाग

Blow (m◦) *āghāt, dhakkā, vār, prahār* आघात, धक्का, वार, प्रहार

Blow (v◦) *fūँknā* फूँकना*

Blue (aj◦) *nīlā* नीला

Bluff (m◦) *jhāँsā, dhauँs* झाँसा, धौंस

Blunder (m◦) *baḍī galtī* बड़ी गलती

Blunt (aj◦) *rūkhā, atīkṣna* रूखा, अतीक्ष्ण

Blur (aj◦) *aspaṣṭa, dhundhalā* अस्पष्ट, धूँधला

Blush (f◦) *lālimā* लालिमा

Board (m◦) *takhtā, faṭṭa* तख्ता, फट्टा

Boast (v◦) *ḍīng mārnā* डींग मारना*

Boat (f◦) *nāv, naukā, kiśtī, jahāz* नाव, नौका, किश्ती, जहाज

Body (m◦) *śarīr, deh* शरीर, देह

Boil (v◦) *ubalnā, ubālanā** उबलना, उबालना*

Bold (aj◦) *nidar, sāhsal; baeoarma* निडर, साहसी; बेशरम

Bomb (m◦) *bam, barūd golā* बम, बारूद गोला

Bombard (m◦) *bambārī karnā, golābārI karnā* बमबारी करना, गोलाबारी करना

Bombay (f◦) *Mumbaī* मुंबई

Bondage (f◦) *dāsatā, gulāmī* दासता, गुलामी

Bone (f◦) *haḍḍī* हड्डी

Book (f◦) *kitāb, paustak* किताब, पुस्तक

Boon (m◦) *vardāb* वरदान

Boost (m◦) *baḍhāvā* बढ़ावा

Boot (m◦) *jūtā* जूता

Booze (f◦) *śarāb, dārū* शराब, दारू

Bore (aj◦) *ubāne vālā* उबाने वाला

Borrow (v◦) *udhār lenā* उधार लेना*

Borrowed (aj◦) *udhār* उधार

Bosom (f◦) *chhātī* छाती

Boss (m◦) *mālik* मालिक

Botany (m◦) *vanaspati śastra* वनस्पति शास्त्र

Both (aj◦) *donॅ* दोनों

Bother (v◦) *tang karnā, pareśān karnā* तंग करना, परेशान करना*

Bottle (f◦) *śīśī* शीशी

Bottom (m◦) *tal* तल

Bounce (v◦) *uchhalnā; uchhālnā** उछलना, उछालना*

Boundry (f◦) *sīmā, sarhad* सीमा, सरहद

Bow (m◦) *dhanuṣ* धनुष

Bow (v◦) *jhuknā* झुकना

Bowl (m◦) *kaṭorā* कटोरा

Box (m◦) *baksā, ḍibbā, sandūk* बक्सा, डिब्बा, संदूक

Boy (m◦) *laḍakā, bālak* लड़का, बालक

Boycott (m◦) *bahiṣkār* बहिष्कार

Brag (v◦) *ḍīng mārnā, śekhī baghārnā* डींग मारना, शेखी बघारना*

Brain (m◦) *dināg, magaz* दिमाग, मग़ज़

Branch (f◦) *ḍālī, śakhā, ṭahnī* डाली, शाखा, टहनी

Brave (aj◦) *bahādur* बहादुर

Bread (f◦) *roṭī* रोटी

Break (v◦) *ṭūṭanā, toḍanā** टूटना, तोड़ना*

Breakfast (m◦) *nāśtā* नाश्ता

Breath (m◦) *sāँs* साँस

Breathless (aj◦) *bedam* बेदम

Breeze (f◦) *mand havā* मंद हवा

Bribe (f◦) *riśvat, ghūs* रिश्वत, घूस

Brick (f◦) *īnṭ* ईंट

Bride (f◦) *dūlhan, vadhū* दूल्हन, वधू

Bridge (m◦) *pul, setu* पुल, सेतु

Brief (aj◦) *alpa, sankṣipta* अल्प, संक्षिप्त

Bright (aj◦) *tez, chamkīlā* तेज़, चमकीला

Brilliant (aj◦) *prakhar, prabhāvī* प्रखर, प्रभावी

Brim (m◦) *kinārā* किनारा

Bring (v◦) *lānā* लाना*

Brink (m◦) *kinārā, sirā* किनारा, सिरा

Brisk (aj◦) *tez, furtilā* तेज़, फुरतीला

Brittle (aj◦) *bhangur, kurkurā* भंगुर, कुरकुरा

Broad (aj◦) *chauḍā* चौड़ा

Broke (aj◦) *kangāk; ṭūṭā* कंगाल, टूटा (He is broke = *vah kangāl hai;* The glass broke = *gilās ṭūṭā*)

Broker (m◦) *dalāl* दलाल

Brokerage (f◦) *dalālī* दलाली

Bronze (m◦) *kāँsā* काँसा

Broom (m◦) *jhaḍū, buhārī* झाडू, बुहारी

Brother (m◦) *bhāī, bhaiyā* भाई, भैया

Brother-in-law (m◦) *sālā, dewar* साला, देवर

Brown (aj◦) *bhūrā* भूरा

Brush (m◦) *kūchī, tūkikā* कुची, तूलिका

Bucket (f◦) *bālṭī* बाल्टी

Bud (f◦) *kalī* कली

Buffalo (f◦) *bhains* भैंस

Bug (m◦) *kīḍā* कीड़ा

Building (f◦) *imārat, bhavan* इमारत, भवन

Bunch (m◦) *guchhā* गुच्छा

Bundle (f.) *poṭlī* पोटली
Bungalow (m.) *banglā* बंगला
Burden (m.) *bhār* भार
Bureaucracy (f.) *daftarśāhī, naukarśāhī* दफ्तरशाही, नौकरशाही
Burglar (m.) *sendhmār* सेंधमार
Burglary (f.) *sendhmārī* सेंधमारी
Burial (m.) *dafan* दफ्न
Burn (v.) *jalnā, jalānā** जलना, जलाना*
Burp (m.) *ḍakār* डकार
Burrow (m.) *bil* बिल
Burst (m.) *visphoṭ* विस्फोट
Bury (av.) *dafnānā, gāḍnā* दफनाना, गाड़ना
Bush (f.) *jhāḍī* झाड़ी
Busy (aj.) *vyasta* व्यस्त
But (av.) *kintu, magar, lekin, to bhī* किंतु, मगर, लेकिन, तो भी
Butter (m.) *makkhan* मक्खन
Butterfly (f.) *titalī* तितली
Buttock (m.) *chūtaḍ, nitamb* चूतड़, नितंब
Buy (v.) *kharīdanā* खरीदना*
Buzz (f.) *bhinbhināhaṭ* भिनभिनाहट
By (prep.) *pās, samīp* पास, समीप
By day (av.) *din meṁ, savere* दिन में, सवेरे
By night (av.) *rāt meṁ* रात में
Bypass (m.) *upa-mārg* उपमार्ग

C

Cabbage (f.) *band-gobhī* बंदगोभी
Cable (f.) *tār* तार
Cafe (m.) *jalpāngṛha* जलपानगृह
Cage (m.) *pinjarā* पिंजरा
Cajole (v.) *fuslānā* फुसलाना*
Calamity (m.) *sankaṭ* (f.) *vipatti* संकट, विपत्ति
Calcium (m.) *chūnā* चूना
Calculation (m.) *hisāb* हिसाब
Calcutta (m.) *kolkātā* कोलकाता
Calf (m.) *bachhaḍā* बछड़ा
Call (v.) *bulānā* बुलाना*
Calm (aj.) *śānt* शांत; (f.) *śānti* शांति

Camel (m.) *ūnṭ* ऊँट
Camp (m.) *śivir* शिविर
Campaign (m.) *abhiyān* अभियान
Can (m.) *dibba, ṭīn* डिब्बा, टीन
Canal (m.) *nahar* नहर
Cancel (v.) *radd karnā* रद्द करना*
Candid (aj.) *spaṣṭa* स्पष्ट
Candidate (m.) *ummidvār* उम्मीदवार
Candle (f.) *mombattī* मोमबत्ती
Cane (f.) *chhaḍī* छड़ी
Cannon (f.) *top* तोप
Canoe (f.) *ḍongī* डोंगी
Cap (f.) *ṭopī* टोपी
Capability (f.) *kṣamatā* क्षमता
Capacity (f.) *kṣamatā* क्षमता
Capital (f.) *rājdhānī* राजधानी
Capitalism (m.) *pūñjīvād* पूँजीवाद
Capsize (v.) *ḍūbnā* डूबना
Captivated (aj.) *mugdha, mohit* मुग्ध, मोहित
Capture (v.) *pakaḍnā* पकड़ना*
Car (f.) *gāḍī* गाड़ी
Cardamom (f.) *ilāyachī* इलायची
Care (f.) *parvāh, dekhbhāl* परवाह, देखभाल
Career (m.) *peśā* पेशा
Careful (aj.) *sāvadhān* सावधान
Careless (aj.) *lāparvāh* लापरवाह
Caretaker (m.) *rakhavālā* रखवाला
Carpenter (m.) *baḍhai* बढ़ई
Carpet (f.) *darī* दरी
Carrot (m.) *gājar* गाजर
Carry (v.) *ḍhonā* ढोना*
Carry away (v.) *le jānā* ले जाना*
Case (f.) *ghaṭnā, māmalā, viṣay, samasyā, mukadmā* घटना, मामला, विषय, समस्या, मुकदमा
Cash (aj.) *nakad, rokaḍ* नकद, रोकड़
Cashew (m.) *kājū* काजू
Cast (v.) *feṁknā* फेंकना*
Caste (f.) *jāti* जाति
Castle (m.) *kīlā, durg* कीला, दुर्ग
Casual (aj.) *anaupacharik* अनौपचारिक

Cat (f.) *billī* बिल्ली
Catch (v.) *pakaḍnā* पकड़ना*
Catsup (f.) *chaṭnī* चटनी
Cattle (m.) *ḍhor* ढोर
Caugh (f.) *khāṁsī* खाँसी
Cauliflower (f.) *fūlgobhī* फूलगोभी
Cause (m.) *kāraṇ* कारण
Caustic (aj.) *dāhak, tīkhā* दाहक, तीखा
Caution (f.) *sāvadhānī* सावधानी
Cautious (aj.) *sāvadhān* सावधान
Cave (f.) *gufā, kandar* गुफा, कन्दर
Celebrate (v.) *manānā* मनाना*
Cell-phone जंगम-दूरवाणी (f.) *jangama-dūravāṇī*
Centenary (f.) *śatābdī* शताब्दी
Central (aj.) *kendrīya, madhya* केन्द्रीय, मध्य
Century (f.) *śatābdī* शताब्दी
Ceremony (m.) *samāroh* समारोह
Certainly (av.) *avaśya, nischit* अवश्य, निश्चित
Certainty (m.) *niśchay* निश्चय
Certificate (m.) *pramāṇ-patra* प्रमाण-पत्र
Chain (f.) *jañjīr* जंजीर
Chair (f.) *kurasī* कुरसी
Chairman (m.) *sabhāpati, adhyakṣa* सभापति, अध्यक्ष
Chalk (f.) *khaḍiyā* खड़िया
Challange (f.) *chunautī* चुनौती
Chamber (m.) *kamrā, kakṣa* कमरा, कक्ष
Chance (m.) *sambhāvanā, maukā* संभावना (possibility), मौका (opportunity)
Change (m.) *badal, parivartan; rejgārī, chhuṭṭā* बदल, परिवर्तन; रेजगारी, छुट्टा (I changed my name = *maiṁ ne apnā nām badlā*; Take change for a Dollar = *ek dālar kī rejgārī lījiye, chhuṭṭā lījiye*)
Change (v.) *badalnā* बदलना
Chaos (m.) *uljhan* उलझन
Chapter (m.) *pāṭh, adhyāy* पाठ, अध्याय
Chariot (m.) *rath* रथ

Charm (m∘) *ākarṣaṇ, jādū, moha* आकर्षण, जादू, मोह

Chat (f∘) *gapśap* गपशप

Chatter (f∘) *bakvās, kiṭkiṭ* बकवास, किटकिट

Cheap (aj∘) *sastā* सस्ता

Cheat (v∘) *ṭhagānā* ठगाना*

Check (v∘) *jā̃chanā* जाँचना*

Cheek (m∘) *gāl* गाल

Cheer (m∘) *jayghoṣ, vāhvāhī* जयघोष, वाहवाही

Cheerful (aj∘) *prasanna* प्रसन्न

Cheerless (aj∘) *khinna, udās* खिन्न, उदास

Cheese (m∘) *panīr* पनीर

Cheetah (m∘) *chītā* चीता

Chemical (m∘) *rasāyan* रसायन

Chemistry (m∘) *rasāyan-śāstra* रसायनशास्त्र

Chess (f∘) *śatrañj* शतरंज

Chest (f∘) *chhātī* छाती

Chew (v∘) *chabānā* चबाना*

Chicken (f∘) *muragī,* (m∘) *muragā* मुर्गी, मुर्गा

Chief (m∘) *mukhiyā* मुखिया, *mukhya* मुख्य

Child (m∘) *bachchā, bālak* बच्चा, बालक

Chill (f∘) *siharan* सिहरन

Chilly (f∘) *mirchī* मिरची

Chin (f∘) *thuḍḍī* ठुड्डी

Chisel (f∘) *chhenī* छेनी

Choice (m∘) *chunāv, varaṇ* चुनाव, वरण

Choke (v∘) *ghuṭnā* घुटना

Choose (v∘) *chunanā* चुनना*

Chop (v∘) *kāṭnā* काटना*

Christ (m∘) *īsā masīh* ईसा मसीह

Christian (aj∘) *īsāī* ईसाई

Chronicle (m∘) *itihās* इतिहास

Chronology (m∘) *kālkram* कालक्रम

Chubby (aj∘) *gol-maṭol* गोल-मटोल

Chum (m∘) *dost* दोस्त

Chunk (m∘) *ṭukḍā* टुकड़ा

Church (m∘) *girjāghar* गिरजाघर

Churn (v∘) *mathnā* मथना*

Churner (f∘) *mathnī* मथनी

Cinamon (f∘) *dālchīnī* दालचीनी

Circle (m∘) *gol, vṛtta* गोल, वृत्त

Circumference (f∘) *paridhi* परिधि

Circumstance (f∘) *paristhiti* परिस्थिति

Citizen (m∘) *nāgarik* नागरिक

City (m∘) *nagar, śahar* नगर, शहर

Civilization (f∘) *sabhyatā* सभ्यता

Claim (m∘) *adhikār* अधिकार

Claim (v∘) *dāvā karnā* दावा करना*

Clamour (m∘) *śor, hohallā* शोर, होहल्ला

Clamp (m∘) *śikañjā* शिकंजा

Clap (v∘) *tālī bajanā* ताली बजाना*

Clarified-butter (m∘) *ghee* घी

Clarify (m∘) *spaṣṭa karnā* स्पष्ट करना

Clarity (f∘) *spaṣṭtā* स्पष्टता

Clash (f∘) *ṭakkar* टक्कर

Class (m∘) *kakṣā* कक्षा

Classification (m∘) *vargīkaraṇ* वर्गीकरण

Claw (m∘) *pañjā, changul* पंजा, चंगुल

Clean (aj∘) *sāf, svachha* साफ़, स्वच्छ

Clean (v∘) *sāf-karanā* साफ करना*

Cleanliness (f∘) *svachhatā* स्वच्छता

Clear (aj∘) *spaṣṭa* स्पष्ट

Clearly (av∘) *sāf-sāf* साफ़-साफ़

Clerk (m∘) *munīm* मुनीम

Cliant (m∘) *grāhak* ग्राहक

Cliff (f∘) *chaṭṭān* चट्टान

Climate (m∘) *vātāvaraṇ* वातावरण

Climax (f∘) *parākāṣṭhā* पराकाष्ठा

Climb (v∘) *chaḍhanā* चढ़ना

Cling (v∘) *chipaknā, lipaṭnā* चिपकना, लिपटना

Cloak (m∘) *labādā* लबादा

Clock, watch (f∘) *ghaḍī* घड़ी

Close (aj∘) *najadīk, samīp* नजदीक, समीप

Close (av∘) *pād mẽ* पास में

Closed (aj∘) *band* बंद

Clot (m∘) *thakkā* थक्का

Cloth (m∘) *kapaḍā* कपड़ा

Cloud (m∘) *bādal* बादल

Clove (f∘) *lauang* लौंग

Clown (m∘) *viduṣak* विदुषक

Club (m∘) *mudgar* मुद्गर

Clue (m∘) *sanket* संकेत

Clumsy (aj∘) *beḍaul, beḍhangā* बेडौल, बेढंगा

Cluster (m∘) *guchhā* गुच्छा

Clutch (m∘) *śikañjā, pakaḍ, changul* शिकंजा, पकड़, चंगुल

Clutter (f∘) *astavyastatā* अस्तव्यस्तता

Coagulate (v∘) *jamanā* जमना

Coal (m∘) *koylā* कोयला

Coarse (aj∘) *ghaṭiyā* घटिया

Coast (m∘) *samudrataṭ* समुद्रतट

Coax (v∘) *fusalānā* फुसलाना*

Cob (m∘) *bhuṭṭā* भुट्टा

Cobra (m∘) *nāg* नाग

Cock (m∘) *murgā* मुर्गा

Cock-eyed (aj∘) *bewakūf* बेवकूफ़

Cockroach (m∘) *tilchaṭṭā* तिलचट्टा

Coconut (m∘) *nāriyal* नारियल

Coffee (m∘) *kahavā* कहवा

Coin (m∘) *sikkā* सिक्का

Coincidence (m∘) *sañjog* संजोग

Cold (aj∘) *ṭhanḍā, śītal* ठंडा, शीतल

Cold (f∘) *sardī, ṭhanḍak* सर्दी, ठंडक

Collapse (v∘) *girnā* गिरना

Colleague (m∘) *sahayogī* सहयोगी

Collection (m∘) *sangraha* संग्रह

College (m∘) *vidyālay* विद्यालय

Collide (v∘) *ṭakrānā* टकराना

Collision (f∘) *ṭakkar* टक्कर

Colour (m∘) *rang* रंग

Colour (v∘) *rangānā* रँगाना*

Column (m∘) *khambhā, stambh* खंबा, स्तंभ

Comb (f∘) *kanghā* कंघा

Combat (f∘) *laḍāī* लड़ाई

Combat (v∘) *laḍnā* लड़ना*

Combine (v∘) *milānā* मिलाना*

Come (v.) *ānā* आना

Comfort (m.) *ārām, chain* आराम, चैन

Comfortable (aj.) *sukhdāyak* सुखदायक

Comical (f.) *hāsyamay* हास्यमय

Command (m.) *adhikār; ādeś, hukma* अधिकार; आदेश, हुक्म

Comment (f.) *ṭippaṇī* टिप्पणी

Commentary (f.) *ṭīkā* टीका

Commerce (m.) *vāṇijja* वाणिज्य

Commission (m.) *baṭṭā* (f.) *dalālī* बट्टा, दलाली

Committee (f.) *samiti* समिति

Common (aj.) *sādhāraṇ* साधारण

Commonwealth (m.) *rājyasaṅgha* राज्यसंघ

Commotion (m.) *śorgul* शोरगुल

Communal (aj.) *sāmudāyik* सामुदायिक

Communication (m.) *sañcharaṇ* संचरण

Communism (m.) *sāmyavād* साम्यवाद

Community (m.) *samāj* समाज

Companion (m.) *sāthī* साथी

Comparable (aj.) *tulya, samān* तुल्य, समान

Compare (v.) *tulnā karnā* तुलना करना*

Comparison (f.) *tulnā* तुलना

Compass (m.) *kutubnumā* कुतुबनुमा

Compassion (f.) *dayā* दया

Compatible (aj.) *anukūl* अनुकूल

Compatriot (m.) *hamvatan* हमवतन

Compel (v.) *bādhya karnā, majbūr karnā* बाध्य करना, मजबूर करना*

Compete (v.) *spardhā karnā* स्पर्धा करना*

Competition (f.) *spardhā, mukābalā, hoḍ* स्पर्धा, मुकाबला, होड़

Competitor (m.) *pratiyogī* प्रतियोगी

Compilation (m.) *saṅkalan* संकलन

Complain (v.) *śikāyat karnā* शिकायत करना*

Complaint (f.) *śikāyat* शिकायत

Complementary (m.) *pūrak* पूरक

Complete (aj.) *purṇa* पूर्ण

Complete (v.) *purṇa karnā* पूर्ण करना*

Complex (aj.) *jaṭil* जटिल

Complexion (m.) *raṅg-rūp* रंग-रूप

Complicated (aj.) *jaṭil* जटिल

Component (m.) *avayava, ghaṭak* अवयव, घटक

Compose (v.) *rachanā* रचना*

Composition (f.) *rachanā* रचना

Compound (m.) *miśraṇ* मिश्रण

Compress (v.) *ṭhū̃sanā* ठूँसना*

Compromise (f.) *sulah* सुलह

Compulsion (m.) *dabāv, majabūrī* दबाव, मजबूरी

Compulsory (aj.) *āvaśyak, anivārya* आवश्यक, अनिवार्य

Computer (m.) *saṅgaṇak* संगणक

Comred (m.) *sāthī* साथी

Con (v.) *ṭhagnā* ठगना*

Concede (v.) *kabūl karnā* कबूल करना*

Conceit (m.) *ghamaṇḍ, ahamkār* घमंड, अहंकार

Concentration (f.) *ekāgratā* एकाग्रता

Conception (f.) *dhāraṇā* धारणा

Concern (f.) *chintā* चिंता

Concerted (aj.) *saṅgaṭhit* संगठित

Concession (f.) *chhūṭ, riyāyat* छूट, रियायत

Concise (aj.) *saṅkṣipta* संक्षिप्त

Conclude (v.) *nirṇay lenā* निर्णय लेना*

Conclusion (m.) *niṣkarṣa* निष्कर्ष

Condemn (v.) *nindā karnā* निंदा करना*

Condensed (aj.) *ghana* घन

Condiment (m.) *masālā* मसला

Condition (f.) *sthiti, avasthā* स्थिति, अवस्था

Condolence (m.) *śok* शोक

Conduct (m.) *ācharaṇ* आचरण

Conduction (m.) *pravāh* प्रवाह

Conductive (aj.) *sahāyak* सहायक

Conductor (m.) *sañchālak* संचालक

Cone (m.) *śaṅku* शंकु

Confederation (m.) *mahāsaṅgha* महासंघ

Confer (v.) *pradān karnā* प्रदान करना*

Confess (m.) *kabūl karnā* कबूल करना*

Confession (m.) *svīkār,* (f.) *kabūlī* स्वीकार, कबूली

Confidence (m.) *bharosā* भरोसा

Confident (aj.) *viśvasta* विश्वस्त

Confidential (aj.) *gopanīya* गोपनीय

Confirmation (m.) *pakkā karnā* पक्का करना

Confiscate (v.) *kabjā karnā* कब्जा करना*

Conflict (m.) *saṅgharṣa, matabhed* संघर्ष, मतभेद

Conform (m.) *pālan karnā* पालन करना

Confound (v.) *gaḍbaḍānā* गड़बड़ाना

Confront (v.) *sāmanā karnā* सामना करना

Confuse (v.) *gaḍbaḍānā* गड़बड़ाना

Confusion (f.) *gaḍbaḍa* गड़बड़

Congestion (f.) *bhīḍ* भीड़

Congratulation (m.) *badhāī, abhinandan* बधाई, अभिनंदन

Congress (m.) *sammelan* संम्मेलन

Conjunction (m.) *joḍ* जोड़

Connect (v.) *joḍnā* जोड़ना*

Connection (m.) *sambandha, joḍ* संबंध, जोड़

Conquer (v.) *jītnā* जीतना*

Conquest (f.) *jīt* जीत

Conscious (aj.) *satark* सतर्क

Consciousness (f.) *chetnā* चेतना

Consecutive (aj.) *Lagātār* लगातार

Consensus (f.) *sarvānumati* सर्वानुमति

Consent (f.) *anumati* अनुमति

Consequence (m.) *pariṇām* परिणाम

Conservative (aj.) *rūḍhivādī* रूढीवादी

Consider (v.) *lihāz karnā* लिहाज़ करना*

Considerable (aj.) *kāfī* काफी

Consideration (m.) *lihāz* लिहाज़

Consign (v.) *saũpanā* सौंपना*

Consistent (aj.) *niyamit* नियमित
Consolation (f.) *dilāsā* दिलासा
Console (v.) *idlāsā denā* दिलासा देना*
Consolidation (f.) *chakbandī* चकबंदी
Consonant (m.) *vyañjan* व्यंजन
Conspiracy (m.) *ṣaḍyantra* षड्यंत्र
Constable (m.) *sipāhī* सिपाही
Constant (aj.) *sthir, aṭal* स्थिर, अटल
Constantly (av.) *nitya, nirantar, lagātār* नित्य, निरंतर, लगातार
Constipation (m.) *kabj* कब्ज
Constituent (m.) *ghaṭak, avayav* घटक, अवयव
Constitution (m.) *saṁvidhān* संविधान
Consul (m.) *dūt* दूत
Consulate (m.) *dūtāvās* दूतावास
Consumer (m.) *upa-bhoktā* उपभोक्ता
Consumption (m.) *upa-bhog* उपभोग
Contact (m.) *sparśa, sampark* स्पर्श, संपर्क
Container (m.) *pātra* पात्र
Contamination (m.) *dūṣaṇ* दूषण
Contemporary (aj.) *samakalīn* समकालीन
Contempt (m.) *apamān* अपमान
Contension (m.) *jhagḍā, saṅgharṣa* झगड़ा, संघर्ष
Content (aj.) *santuṣṭa* संतुष्ट
Contest (f.) *spardhā* स्पर्धा
Context (m.) *sandarbha* संदर्भ
Continent (m.) *khaṇḍa* खंड
Contingent (aj.) *sambhāvit* संभावित
Continue (v.) *jārī rakhanā* जारी रखना*
Continuity (f.) *akhaṇḍtā* अखंडता
Continuous (aj.) *akhaṇḍ* अखंड
Contract (m.) *ikrār* इकरार
Contractor (m.) *ṭhekedār* ठेकेदार
Contrary (aj.) *viparīt* विपरीत
Contrast (m.) *vaiṣamya* वैषम्य
Contribution (m.) *yogdān* योगदान
Control (m.) *niyantraṇ* नियंत्रण
Controversy (m.) *vād* वाद
Convenience (f.) *suvidhā* सुविधा
Convenient (aj.) *upa-yukta* उपयुक्त
Convention (m.) *sammelan,* (f.) *sabhā* सम्मेलन, सभा
Conversation (m.) *vārtālāp* (f.) *bātchīt* वार्तालाप, बातचीत
Conversion (m.) *parivartan* परिवर्तन
Convert (v.) *badalnā, badak karnā** बदलना; बदल करना*
Convice (m.) *aparādhī, doṣī* अपराधी, दोषी
Cook (v.) *pakānā* पकाना*
Cool (aj.) *ṭhaṇḍā* ठंडा
Cooperation (m.) *sahayog* सहयोग
Copper (m.) *tāmā* तामा
Copy (f.) *nakal* नकल
Copy (v.) *nakal karnā* नकल करना*
Cord (m.) *tār,* (f.) *ḍorī* तार, ड़ोरी
Coriander (m.) *dhaniyā* धनिया
Corn (f.) *makkī* मक्की
Corner (m.) *konā, nukkaḍ* कोना, नुक्कड़
Corporation (m.) *nigam* निगम
Corpse (f.) *lāś* लाश
Correct (aj.) *ṭhīk karnā, sahī karnā* ठीक करना, सही करना
Correct (aj.) *ṭhīk, sahī* ठीक, सही
Correction (f.) *śuddhi* शुद्धि
Corrugated (aj.) *lahardār* लहरदार
Corrupt (aj.) *beīmān* बेईमान
Corrupt (aj.) *bhraṣṭa* भ्रष्ट
Corruption (m.) *bhrāṣṭāchār* भ्रष्टाचार
Cosmatics (m.) *saundarya prasādhan* सौंदर्य प्रसाधन
Cosmos (m.) *brahmāṇd* ब्रह्मांड
Cost (m.) *dām,* (f.) *kīmat* दाम, कीमत
Costly (aj.) *mahaṅgā* महंगा
Costume (m.) *pośāk* पोशाक
Cot (f.) *khaṭiyā* खटिया
Cottage (f.) *kuṭiyā* कुटिया
Cotton (f.) *ruī, kapās* रुई, कपास
Couch (m.) *palaṅg* पलंग
Could (v.) *saknā* सकना
Council (f.) *pariṣad* परिषद्
Counsel (f.) *salāh* सलाह
Counsel (v.) *samjhānā, suljhānā* समझाना, सुलझाना*
Count (v.) *ginanā* गिनना*
Country (m.) *deś* देश
Countryman (m.) *hamvatan* हमवतन
Couple (m.) *yugma, joḍa* युग्म, जोड़ा
Courage (m.) *sāhas* साहस
Court (f.) *kachaharī, nyāyālay* कचहरी, न्यायालय
Courtious (aj.) *bhadra, śiṣṭa* भद्र, शिष्ट
Courtsy (m.) *saujanya, śiṣṭāchār* सौजन्य, शिष्टाचार
Cousult (v.) *salāh lenā* सलाह लेना*
Cousultation (f.) *salāh* सलाह
Cover (m.) *ḍhakkan, āvaraṇ* ढक्कन, आवरण
Cover (v.) *ḍhakanā* ढकना*
Covert (aj.) *gupta* गुप्त
Covet (v.) *lalchānā* ललचाना
Cow (f.) *gāy, gau* गाय, गो
Coward (aj.) *ḍarpok* ड़रपोक
Crab (m.) *kekḍā* केकड़ा
Crack (f.) *darār, chīr* दरार, चीर
Cradle (m.) *palnā* पालना
Craft (f.) *kalā* कला
Cram (v.) *ṭhūँsnā* ठूँसना*
Cramp (f.) *śūl, aiँthan* शूल, ऐंठन
Crane (m.) *bagulā, sāras* बगुला, सारस
Crank (aj.) *jhakkī* झक्की
Crash (m.) *ṭakkar* टक्कर
Crave (v.) *tarasnā* तरसना
Crease (f.) *chunnaṭ, tah* चुन्नट, तह
Creation (f.) *utpatti, sṛṣṭi* उत्पत्ति; सृष्टि
Creative (aj.) *utpādak* उत्पादक
Creativity (m.) *utpādan* उत्पादन
Creator (m.) *kartā* कर्ता
Creature (m.) *prāṇī, jīv* प्राणी, जीव
Credible (aj.) *viśvasanīya* विश्वसनीय
Credit (f.) *pratīti* प्रतीति

Creditor (m∘) *lendār, mahājan. ṛṇadātā* लेनदार, महाजन, ऋणदाता
Credulity (m∘) *bholāpan* भोलापन
Creduluous (aj∘) *bhola-bhālā* भोला-भाला
Creed (m∘) *pantha, dharma* पंथ, धर्म
Creek (m∘) *nālā* नाला
Creep (v∘) *reṅgnā* रेंगना
Creeper (f∘) *latā, bel* लता, बेल
Cremation (m∘) *dahan* दहन
Crime (m∘) *aprādh* अपराध
Criminal (m∘) *aparādhī* अपराधी
Crimson (aj∘) *kirmijī* किरमिजी
Crinkle (f∘) *chunnaṭ* चुन्नट
Cripple (m∘) *apaṅg* अपंग
Crippled (aj∘) *lūlā* लूला
Crisis (m∘) *saṅkaṭ* संकट
Crisp (aj∘) *kurkurā, khastā* कुरकुरा, खस्ता
Critic (m∘) *ṭīkākār, nindak* टीकाकार, निंदक
Criticism (f∘) *nindā, ālochanā* निंदा, आलोचना
Crocodile (m∘) *magar-machchha, ghaḍiyāl* मगरमच्छ, घड़ियाल
Crook (m∘) *dhūrta* धूर्त
Crooked (aj∘) *kapaṭī, beīmān* कपटी, बेईमान
Crop (f∘) *fasal* फ़सल
Cross (v∘) *pār karanā* पार करना*
Cross, the (f∘) *sūlī* सूली
Crow (m∘) *kauā* कौआ
Crowd (f∘) *bhīḍ* भीड़
Cruel (aj∘) *rrūr, nirday* क्रूर, निर्दय
Cruelty (f∘) *krūratā* क्रूरता
Crush (v∘) *kuchalnā* कुचलना*
Cry (m∘) *ronā, chīkhanā* रोना, चीखना
Cry (v∘) *ronā* रोना
Crystal (m∘) *billor, sphaṭik* बिल्लोर, स्फटिक
Cube (m∘) *ghana* घन
Cubic (aj∘) *ghanākār* घनाकार
Cuckoo (f∘) *koyal* कोयल
Cucumber (m∘) *khīrā, kakḍī* खीरा, ककड़ी
Cud (f∘) *jugālī* जुगाली
Cue (m∘) *saṅkei, iśārā* संकेत, इशारा
Culmination (f∘) *parākaṣṭhā* पराकाष्ठा
Culprit (m∘) *doṣī, aprādhī* दोषी, अपराधी
Cultivation (f∘) *khetī, jutāī* खेती, जुताई
Cultural (aj∘) *sānskṛtik* सांस्कृतिक
Culture (f∘) *sanskṛti* संस्कृति
Culvert (m∘) *nālā* नाला
Cumbersome (aj∘) *kaṭhin, bhārī* कठिन, भारी
Cumulative (aj∘) *sañchit* संचित
Cunbustible (aj∘) *jwālāgrahī* ज्वालाग्रही
Cunning (aj∘) *dhūrta, chatur* धूर्त, चतुर
Cup (m∘) *pyālā, gilās* प्याल, गिलास
Curable (aj∘) *sādhya* साध्य
Curd (m∘) *dahī* दही
Cure (m∘) *ilāj, upchār* इलाज, उपचार
Curiosity (m∘) *kutuhal* कुतुहल
Curious (aj∘) *utsuk* उत्सुक
Curl (v∘) *muḍnā, moḍnā** मुडना, मोड़ना*
Curly (aj∘) *ghuṅgharālā* घुंघराला
Currency (f∘) *mudrā* मुद्रा
Current (aj∘) *vartamān, prachalit* वर्तमान, प्रचलित
Current (m∘) *pravāha* प्रवाह
Curriculum (m∘) *pāṭhyakram* पाठ्यक्रम
Curry (f∘) *sabjī* सब्जी
Curse (m∘) *śāp* शाप
Curtail (v∘) *ghaṭāna* घटाना*
Curtain (m∘) *pardā* परदा
Curve (m∘) *ghumāv, moḍ* घुमाव, मोड़
Curved (aj∘) *vakra* वक्र
Cushion (f∘) *gaddī* गद्दी
Custard apple (m∘) *sītāfal* सीताफल
Custodian (m∘) *rakṣak* रक्षक
Custody (f∘) *hirāsat* हिरासत
Customer (m∘) *grāhak* ग्राहक
Cut, bite (v∘) *kāṭnā* काटना*
Cute (aj∘) *sundar* सुंदर
Cycle (m∘) *krama* क्रम
Cyclone (m∘) *bavanḍar, chakravāt* बवंडर, चक्रवात
Cymbal (m∘) *mañjīrā* मंजीरा

D

Dad, Daddy (m∘) *pitājī* पिताजी
Daggar (f∘) *kaṭār, chhurā* कटार, छुरा
Daily (aj∘) *dainik* दैनिका
Daily (av∘) *pratidin, nitya, roz* प्रतिदिन, नित्य, रोज़
Dairy (m∘) *dugdhālay* दुग्धालय
Dall (f∘) *guḍiyā* गुड़िया
Dam (m∘) *bāndh* बाँध
Damage (m∘) *nuksān, hāni* नुक़सान, हानि
Damnation (f∘) *tabāhī* तबाही
Damp (aj∘) *nam, sīlā* नम, सीला
Dampness (f∘) *namī, sīlan* नमी, सीलन
Dance (m∘) *nāch, nṛtya* नाच, नृत्य
Dance (v∘) *nāchanā* नाचना
Dancer (f∘) *nartakī* नर्तकी
Danger (m∘) *dhokhā, khatra, saṅkaṭ* धोखा, ख़तरा, संकट
Dangerous (aj∘) *khatarnāk* ख़तरनाक
Dangle (v∘) *laṭaknā, jhūlnā* लटकना, झूलना
Dare (m∘) *chunautī* चुनौती
Daring (aj∘) *sāhasī, nidar* साहसी, निडर
Dark (aj∘) *gaḍhā; kālā* गाढ़ा; काला
Dark (m∘) *andherā* अँधेरा
Darling (aj∘) *priya, pyārā* प्रिय, प्यारा
Dash (v∘) *jhapaṭnā* झपटना
Date (f∘) *tithi, tārīkh* तिथि, तारीख
Daughter (f∘) *laḍkī, beṭī* लड़की, बेटी
Daughter-in-law (f∘) *bahū* बहू
Dawn (m∘) *saverā* सवेरा
Day (m∘) *vār, din* वार, दिन
Day after tomorrow(av∘) *parsõ* परसों
Day before yesterday (av∘) *parsõ* परसों
Dead (aj∘) *mṛt, arā* मृत, मरा, मरा हुआ

Deadly (aj॰) *ghātak* घातक
Deaf (aj॰) *bahrā, badhir* बहरा, बधिर
Deal (m॰) *samjhautā* समझौता
Deal (v॰) *nipaṭnā* निपटना*
Dealing (m॰) *vyavahār* व्यवहार
Dear (aj॰) *pyāra, priya* प्यारा, प्रिय
Dearth (f॰) *kamī* कमी
Death (m॰) *mṛtyua* (f॰) *maut* मृत्यु, मौत
Debacle (f॰) *hār* हार
Debanture (m॰) *ṛṇapatra* ऋणपत्र
Debate (m॰) *vād-ivād* वाद-विवाद
Debris (m॰) *malvā* मलवा
Debt (m॰) *ṛṇ, udhār, karj* ऋण, उधार, कर्ज
Decade (m॰) *daśak* दशक
Decay (m॰) hrās, (f॰) *avanati* अवनति, ह्रास
Decay (v॰) *saḍnā* सड़ना
Deceased (aj॰) *mṛt, arā* मृत, मरा हुआ
Deceit (m॰) *dhokhā, beīmānī* धोखा, बेईमानी
Deceive (v॰) *dhokhā denā* धोखा देना*
December (m॰) *disambar* दिसंबर
Decency (m॰) *śiṣṭāchār* शिष्टाचार
Decent (aj॰) *śiṣṭa, uchit* शिष्ट, उचित
Deception (m॰) *dhokhebāzī* धोखेबाज़ी
Deceptive (aj॰) *dhokhebāz* धोखेबाज़
Decide (m॰) *inaśchay karnā* निश्चय करना
Decimal (aj॰) *daśamlav* दशमलव
Decision (m॰) *nirṇay* निर्णय
Decisive (aj॰) *nirṇayātmak* निर्णयात्मक
Declaration (f॰) *ghoṣaṇā* घोषणा
Declare (v॰) *ghoṣit karna* घोषित करना*
Decline (f॰) *avanati,* (m॰) *kṣaya* अवनति, क्षय
Decline, decrease (v॰) *ghaṭnā* घटना
Decompose (v॰) *saḍnā, galnā* सड़ना, गलना
Decor (f॰) *sajāvaṭ* सजावट
Decorate (f॰) *sajānā* सजाना
Decoration (f॰) *sajāvaṭ* सजावट
Decorativen (f॰) *sajāvaṭī* सजावटी
Decoy (m॰) *fā̃sā* फाँसा
Decrease (v॰) *ghaṭnā* घटना
Dedication (m॰) *samarpaṇ* समर्पण
Deduct (m॰) *kamī karnā* कमी करना
Deduction (f॰) *kamī, kaṭautī* कमी, कटौती
Deed (m॰) *kārya, kām* कार्य, काम
Deep (aj॰) *gahrā* गहरा
Deer (m॰) *harin* हरिन
Defame (f॰) *badnāmī* बदनामी
Defeat (v॰) *hranā, jītnā* हराना, जीतना*
Defect (m॰) *doṣ* (f॰) *kharābī* दोष, खराबी
Defence (f॰) *rakṣā* रक्षा
Defend (v॰) *rakṣa karnā* रक्षा करना*
Defer (v॰) *sthagit larnā* स्थगित करना*
Defiance (m॰) *virodh, inkār* विरोध, इनकार
Deficiency (f॰) *kamī, abhāv* कमी, अभाव
Deficit (m॰) *kamī, ghāṭā* कमी, घाटा
Definite (aj॰) *pakkā, nischit* पक्का, निश्चित
Definition (f॰) *vyākhyā* व्याख्या
Deformation (m॰) *bigāḍ,* (f॰) *vikṛti* बिगाड़, विकृति
Defraud (v॰) *ṭhagnā* ठगना*
Defunct (aj॰) *anupayukta* अनुपयुक्त
Deity (f॰) *devatā* देवता
Dejected (aj॰) *māyūs, nirāś* मायूस, निराश
Dejection (f॰) *nirāśā, māyūsī* निराशा, मायूसी
Delay (f॰) *derī* देरी
Delhi (f॰) *Dillī* दिल्ली
Delicate (aj॰) *nājuk* नाजुक
Delicious (aj॰) *svādiṣṭa* स्वादिष्ट
Delight (f॰) *prasannatā* प्रसन्नता
Deluge (f॰) *bāḍh* बाढ़
Delusion (f॰) *bhrānti* भ्रांति
Demand (f॰) *mā̇ng* माँग
Demand (v॰) *mā̇ngnā* माँगना*
Demeanour (m॰) *bartāv* बरताव
Demise (m॰) *mṛtyu,* (f॰) *maut* मृत्यु, मौत
Democracy (m॰) *loktantra* लोकतंत्र
Demolish (v॰) *girānā* गिराना*
Demon (m॰) *rākṣas* राक्षस
Demonstrate (v॰) *dikhānā* दिखाना*
Demonstration (m॰) *pradarśan* प्रदर्शन
Demotion (f॰) *padāvnati* पदावनति
Den (f॰) *gufā, mā̇nd* गुफा, माँद
Dense (aj॰) *gāḍhā, ghana* गाढ़ा, घन
Density (m॰) *ghanatva* घनत्व
Dent (m॰) *pichkā* पिचका
Dentist (m॰) *dant-vaidya* दंत-वैद्य
Deny (v॰) *nakārnā* नकारना*
Depart (v॰) *prasthān karnā, jānā* प्रस्थान करना, जाना
Department (m॰) *vibhāg* विभाग
Departure (m॰) *prasthān* प्रस्थान
Depend (v॰) *bharosā karnā* भरोसा करना*
Dependent (aj॰) *āśrit* आश्रित
Deplorable (aj॰) *nindanīya* निंदनीय
Deplore (v॰) *nindā karnā* निंदा करना*
Deposit (f॰) *jamā rakam* जमा रकम
Deposit (v॰) *jamā karnā* जमा करना*
Depot (m॰) *gudām* गुदाम
Depression (f॰) *udāsī* उदासी
Depth (f॰) *gaharāī* गहराई
Descend (v॰) *utarnā* उतरना
Describe (v॰) *varṇan karnā* वर्णन करना*
Description (m॰) *varṇan* वर्णन
Desert (m॰) *registān* रेगिस्तान
Deserve (v॰) *lāyak honā* लायक होना
Design (f॰) *yojnā, rūpreṣā* योजना, रूपरेषा
Designation (m॰) *pad* पद
Desirable (aj॰) *iṣta* इष्ट
Desire, want (f॰) *chāh, ichhā* चाह, इच्छा
Desire, want (v॰) *chāhanā* चाहना*
Desk, table (m॰) *mez* मेज़
Despair (f॰) *inarāśā* निराशा
Desperate (aj॰) *uddaṇḍ, nirāś* उद्दंड, निराश

Despise (v∘) *tiraskār karnā* तिरस्कार करना*
Despite (prep∘) *ke bāvajūd* के बावजूद
Despondent (aj∘) *udās* उदास
Destination (m∘) *lakṣya* लक्ष्य
Destiny (m∘) *niyati, bhāgya* नियति, भाग्य
Destroy (v∘) *naṣṭa karnā* नष्ट करना*
Destruction (m∘) *vināś* विनाश
Destructive (aj∘) *nāśkārī* नाशकारी
Detach (v∘) *alag karnā* अलग करना*
Detail (m∘) *byorā* ब्योरा
Detariorate (v∘) *kṣaya honā* क्षय होना
Detarioration (m∘) *kṣaya* क्षय
Detect (v∘) *patā lagānā* पता लगाना*
Detective (m∘) *jāsūs* जासूस
Detention (f∘) *kaid* कैद
Determination (m∘) *saṅkalpa* संकल्प
Determine (v∘) *nischay karnā* निश्चय करना*
Deterrent (f∘) *bādhā* बाधा
Detest (v∘) *ghṛṇā karnā* घृणा करना*
Detestation (f∘) *ghṛṇa* घृणा
Detonation (m∘) *visphoṭ* विस्फोट
Detriment (f∘) *hāni* हानि
Devastation (f∘) *tabāhī* तबाही
Develop (v∘) *baḍhānā* बढ़ाना*
Development (m∘) *vikās* विकास
Deviate (v∘) *haṭnā* हटना
Device (f∘) *yukti, sādhan* युक्ति, साधन
Devil (m∘) *duṣṭātmā* दुष्टात्मा
Devious (aj∘) *beīmān* बेईमान
Devoid (aj∘) *rahit* रहित
Devote (v∘) *arpit karnā* अर्पित करना*
Devotee (m∘) *bhakta* भक्त
Devotion (f∘) *bhakti* भक्ति
Devour (v∘) *nigalnā* निगलना*
Devout (aj∘) *śraddhālu* श्रद्धालु
Dew (f∘) *os* ओस
Dexterity (f∘) *nipuṇatā* निपुणता
Dexterous (aj∘) *nipuṇ* निपुण
Diabetes (m∘) *madhumeh* मधुमेह
Diagram (m∘) *ākṛti* आकृति
Dialogue (m∘) *sambhāṣaṇ, vārtālāp* संभाषण, वार्तालाप
Diameter (m∘) *vyās* व्यास
Diamond, gem (m∘) *hīrā* हीरा
Diarrhoea (f∘) *dast* दस्त
Diary (f∘) *dainikī* दैनिकी
Dice (m∘) *pāsā* पासा
Dictator (m∘) *tānāśāh* तानाशाह
Dictionary (m∘) *śabda koś* शब्दकोश
Die (v∘) *maranā* मरना
Diet (f∘) *pathya* पथ्य
Difference (m∘) *antar, bhinnatā* अंतर, भिन्नता
Different (aj∘) *bhinna, alag* भिन्न, अलग
Difficult (aj∘) *kaṭhin* कठिन
Difficulty (f∘) *kaṭhināī* कठिनाई
Dig (v∘) *khodnā* खोदना*
Digest (v∘) *pachānā* पचाना*
Digest, summary (m∘) *sārāṁśa* सारांश
Digestion (m∘) *pachan* पचन
Digit (m∘) *aṅk* अंक
Dignity (f∘) *pratiṣṭhā, mān* प्रतिष्ठा, मान
Dilemma (f∘) *duvidhā* दुविधा
Diligent (aj∘) *sāvadhān* सावधान
Dilly-dally (v∘) *hichakichānā* हिचकिचाना
Dilute (aj∘) *patlā* पतला
Dim (aj∘) *dhundhalā* धुँधला
Dimension (m∘) *āyām* आयाम
Diminish (v∘) *ghaṭnā, kam honā* घटना, कम होना
Dine (v∘) *bhojan karnā* भोजन करना*
Dinghy (f∘) *ḍoṅgī* डोंगी
Dinner (m∘) *bhojan* भोजन
Dip (v∘) *ḍubonā* डुबोना*
Diploma (m∘) *pramāṇ-patra* प्रमाण-पत्र
Diplomacy (f∘) *kūṭnīti* कूटनीति
Dire (aj∘) *bhayaṅkar* भयंकर
Direct (aj∘) *sīdhā* सीधा
Direction (f∘) *diśā* दिशा
Director (m∘) *nirdeśak, digdarśak* निर्देशक, दिग्दर्शक
Directory (f∘) *sūchī* सूची
Disappear (v∘) *gāyab honā, adṛśya honā* गायब होना, अदृश्य होना
Disappointment (f∘) *nirāśā* निराशा
Disapprove (v∘) *nākārnā* नाकारना*
Disarmed (aj∘) *nihatthā* निहत्था
Disassociation (f∘) *asahamati* असहमति
Disaster (f∘) *durghaṭnā, āfat* दुर्घटना, आफ़त
Disbelief (m∘) *aviśvās* अविश्वास
Discard (v∘) *tyāgnā* त्यागना*
Discern (v∘) *jānanā* जानना*
Disciple (m∘) *anuyāyī* अनुयायी
Discipline (m∘) *anuśāsan* अनुशासन
Disclose (v∘) *prakaṭ karnā* प्रकट करना*
Discomfort (f∘) *asuvidhā* असुविधा
Disconcert (f∘) *gaḍbaḍ* गड़बड़
Disconnected (aj∘) *alag, pṛthak* अलग, पृथक्
Discord (f∘) *asahamati* असहमति
Discount (f∘) *chhūṭ, kaṭautī* छूट, कटौती
Discouraged (aj∘) *hatotsāhit* हतोत्साहित
Discourse (m∘) *pravachan* प्रवचन
Discourteous (aj∘) *abhadra, aśiṣṭa* अभद्र, अशिष्ट
Discover (v∘) *patā lagānā* पता लगाना*
Discovery (m∘) *khoj* खोज
Discreet (aj∘) *satark, sāvadhān* सतर्क, सावधान
Discrepancy (m∘) *antar* अंतर
Discretion (m∘) *vivek* विवेक
Discrimanation (m∘) *bhedbhāva* भेदभाव
Discriminate (v∘) *bhed karnā* भेद करना*
Discus (m∘) *vichār-ivamarśa* विचार-विमर्श
Disease (m∘) *rog, bīmārī* रोग, बीमारी
Disengage (v∘) *chhuḍānā* छुड़ाना*
Disgrace (f∘) *badnāmī* बदनामी
Disgruntled (aj∘) *nārāz* नाराज़
Disguise (m∘) *svāṅg* स्वाँग

Disgust (m∘) *khed,* (f∘) *jugupsā* खेद, जुगुप्सा
Dish (f∘) *thālī* थाली
Dishonest (aj∘) *beīmān, dhokhebāz* बेईमान, धोखेबाज़
Dishonour (m∘) *badnāmī* बदनामी
Disillusion (m∘) *bhram* भ्रम
Dislike (f∘) *nāpasandgī* नापसंदगी
Disloyal (aj∘) *namakharām* नमकहराम
Dismay (m∘) *udveg* उद्वेग
Dismiss (v∘) *barkhāst karnā* बरखास्त करना*
Disobey (v∘) *āgyā bhaṅg karnā* आज्ञा भंग करना*
Disorder (f∘) *gaḍbaḍī* गड़बड़ी
Disparity (f∘) *asamānatā* असमानता
Dispatch (v∘) *bhejnā* भेजना*
Dispensary (m∘) *davākhānā* दवाखाना
Dispersion (m∘) *vitaraṇ* वितरण
Display (m∘) *pradarśan* प्रदर्शन
Display (v∘) *dikhāna* दिखाना*
Displeasure (f∘) *nārāzagī* नाराज़गी
Disposition (f∘) *chitta-vṛtti* चित्त-वृत्ति
Dispute (m∘) *mata-bhed* मत-भेद
Disregard (f∘) *upekṣā* उपेक्षा
Disrepute (f∘) *badnāmī* बदनामी
Disrespect (m∘) *anādar* अनादर
Disrupt (v∘) *bhaṅg karnā* भंग करना*
Dissatisfaction (f∘) *nārāzgī* नाराज़गी
Disseration (m∘) *prabandh* प्रबंध
Dissimilar (aj∘) *asamān* असमान
Dissolve (v∘) *ghulnā, gholnā** घुलना, घोलना*
Dissuade (v∘) *parāvṛtta karnā* परावृत्त करना*
Distance (f∘) *dūrī* दूरी
Distant (aj∘) *dUr kā* दूर का
Distinct (aj∘) *spaṣṭa* स्पष्ट
Distortion (f∘) *vikṛti* विकृति
Distraction (m∘) *vighna* विघ्न
Distress (f∘) *pīḍā* पीड़ा
Distribution (m∘) *vitaraṇ* वितरण
District (m∘) *zilā* ज़िला
Distrust (m∘) *śaṅkā* शंका
Disturbance (f∘) *aśānti* अशांति
Dive (m∘) *gotā* गोता
Diverse (aj∘) *vividh* विविध
Diversity (f∘) *vividhatā* विविधता
Divesion (m∘) *vibhājan* विभाजन
Divide (v∘) *vibhājan karnā* विभाजन करना*
Divine (aj∘) *daivī* दैवी
Divinity (f∘) *devatā* देवता
Divisive (aj∘) *vibhājak* विभाजक
Divorce (m∘) *talāk* तलाक
Dizzy (aj∘) *chakrāyā huā* चकराया हुआ
Do (v∘) *karanā* करना*
Do not (va∘) *mat* मत
Doctor (m∘) *vaidya* वैद्य
Document (m∘) *kāgjhāt, dastāvez* कागज़ात, दस्तावेज़
Documentry (m∘) *vṛtta-chitra* वृत्त-चित्र
Dodge (v∘) *vār bachānā* वार बचाना*
Doe (f∘) *hariṇī* हरिणी
Dog (m∘) *kuttā* कुत्ता
Dogma (m∘) *haṭhadharma* हठधर्म
Dominion (m∘) *svāmitva* स्वामित्व
Don't (va∘) *mat* मत
Donate (v∘) *dān denā* दान देना*
Donation (m∘) *dān* दान
Donkey (m∘) *gadhā* गधा
Donor (m∘) *dātā* दाता
Don't (av∘) *mat* मत
Door (m∘) *darawājhā* दरवाज़ा
Dot (f∘) *bindī,* (m∘) *bindu* बिंदी, बिंदु
Double (aj∘) *dugunā* दुगुना
Doubt (m∘) *sandeha* संदेह
Doubtful (aj∘) *sandigdha* संदिग्ध
Doubtless (aj∘) *asandigdha* असंदिग्ध
Dove (m∘) *kabūtar* कबूतर
Down (av∘) *nīche* नीचे
Doze (v∘) *ūṅghanā, jhapkī lenā** ऊँघना, झपकी लेना*
Dozen (m∘) *darjan* दर्जन
Drab (aj∘) *niras* निरस
Drag (v∘) *ghasīṭnā* घसीटना*
Drain (f∘) *nālī* नाली
Drama (m∘) *nāṭak* नाटक
Draw (v∘) *nikālanā* निकालना*
Dream (m∘) *sapnā* सपना
Drench (v∘) *bhigonā* भिगोना*
Dress (m∘) *pośāk* पोशाक
Drink (m∘) *pāna* पान, *peya* पेय
Drink (v∘) *pīnā* पीना*
Drip (v∘) *ṭapkanā* टपकना
Drive (v∘) *chalānā* चलाना*
Driver (m∘) *hchālak* चालक
Drizzle (f∘) *fuhār* फुहार
Droop (v∘) *jhuknā* झुकना
Drop (m∘) *būnd* बूँद
Drug (f∘) *davā* दवा
Drum (m∘) *tablā* तबला
Drunk (aj∘) *madhoś* मदहोश
Dry (aj∘) *sūkhā* सूखा
Dry (v∘) *sūkhanā, sukhānā** सूखना, सुखाना*
Duck (m∘) *batakh* बतख
Due (aj∘) *deya* देय
Duel (m∘) *dvandva* द्वंद्व
Dull (aj∘) *mand, sust* मंद, सुस्त
Dumb (aj∘) *gūṅgā* गूँगा
Dung (m∘) *gobar* गोबर
Duplicate (f∘) *pratikṛti* प्रतिकृति
Duplicity (m∘) *chhal* छल
Dust (f∘) *dhūl* धूल
Duty (m∘) *kartavya, farz* कर्तव्य, फ़र्ज़
Dye, paint (v∘) *raṅgānā* रँगाना*
Dynasty (m∘) *rājvamśa* राजवंश
Dysentry (m∘) *pechiś* पेचिश

E

Each (aj∘) *pratyek, har ek* प्रत्येक, हर एक
Eager (aj∘) *utsuk, ātur* उत्सुक, आतुर
Eagle (m∘) *chīl, bāz* चील, बाज़
Ear (m∘) *kān* कान
Early (av∘) *pahale, jaldī* पहले, जल्दी

Earn (v.) *kamānā* कमाना*
Earnest (aj.) *gambhīr* गंभीर
Earning (f.) *kamāī* कमाई
Earth (f.) *zamīn, dhartī, pṛthvī* ज़मीन, धरती, पृथ्वी
Earthquake (m.) *bhūkamp* भूकंप
Ease (f.) *āsānī* आसानी
East (f.) *pūrva, pūrab* पूर्व, पूरब
Easy (aj.) *āsān, saral* आसान, सरल
Eat (v.) *khānā* खाना*
Eccentric (aj.) *saṅkī, jhakkī* सनकी, झक्की
Echo (m.) *gūñj* गूँज
Eclipse (m.) *grahaṇ* ग्रहण
Economic (aj.) *ārthik* आर्थिक
Economics (m.) *arthaśāstra* अर्थशास्त्र
Economy (f.) *kifāyat* किफ़ायत
Eczema (m.) *charma rog* चर्म रोग
Edge (m.) *kinārā* किनारा
Edible (aj.) *khādya* खाद्य
Edifice (m.) *prāsād, bhavan* प्रासाद, भवन
Edit (v.) *sampādan karnā* संपादन करना*
Edition (m.) *sanskaraṇ* संस्करण
Editor (m.) *sampādak* संपादक
Editorial (m.) *sampādakīya* संपादकीय
Education (f.) *śikṣā* शिक्षा
Eecology (m.) *paryāvaraṇ* पर्यावरण
Eemerge (v.) *ubharnā* उभरना
Effect (m.) *prabhāv, asar, pariṇām* प्रभाव, असर, परिणाम
Effective (aj.) *prabhāvī* प्रभावी
Efficiency (f.) *kṣamatā* क्षमता
Efficient (m.) *sakṣam* सक्षम
Effort (m.) *prayās, prayatna* प्रयास, प्रयत्न
Egg (m.) *aṇḍā* अंडा
Eggplant (m.) *baigan* बैगन
Ego (m.) *ahaṃkār* अहंकार
Egocentric (aj.) *ahaṃkārī* अहंकारी
Eight (aj.) *āṭh* आठ
Eighteen (aj.) *athārah* अठारह
Eighty (aj.) *assī* अस्सी

Either (pron.) *do mẽ se ek* दो में से एक
Elaboration (m.) *vistār* विस्तार
Elapse (v.) *guzarnā, bītnā* गुज़रना, बीतना
Elastic (aj.) *lachīlā* लचीला
Elbow (f.) *kuhanī* कुहनी
Elder (aj.) *jyeṣṭha* ज्येष्ठ
Elderly (aj.) *adheḍ* अधेड़
Eldest (aj.) *agraj* अग्रज
Elect (v.) *chunnā* चुनना*
Election (m.) *chunāv* चुनाव
Electricity (f.) *bijlī, vidyut* बिजली, विद्युत
Elegant (aj.) *lalit* ललित
Elegible (m.) *upayukta, yogya* उपयुक्त, योग्य
Element (m.) *tattva* तत्त्व
Elementary (aj.) *prārambhik* प्रारंभिक
Elemiante (v.) *haṭānā* हटाना*
Elemination (m.) *haṭāv, lop* हटाव, लोप
Elephant (m.) *hāthī* हाथी
Eleven (aj.) *gyārah* ग्यारह
Ellipse (m.) *aṇḍākār* अंडाकार
Elocution (m.) *vaktṛtva* वक्तृत्व
Elongate (v.) *baḍhnā, baḍhānā* बढ़ना, बढ़ाना*
Elongation (m.) *baḍhāv, vṛddhi* बढ़ाव, वृद्धि
Eloquent (aj.) *vākpaṭu* वाक्पटु
Else (av.) *anyathā* अन्यथा
Elsewhere (av.) *anyatra, aur kahī̃* अन्यत्र, और कहीं
Emanate (v.) *nikalnā* निकलना
Emancipation (f.) *mukti* मुक्ति
Embargo (f.) *rok* रोक
Embark (v.) *savār honā* सवार होना*
Embassy (m.) *dūtāvās* दूतावास
Embelish (v.) *sajānā* सजाना*
Emblem (m.) *pratīk, chihna* प्रतीक, चिह्न
Embrace (v.) *gale lagānā* गले लगाना*
Embracement (f.) *lajjā* लज्जा
Embryo (m.) *bhrūṇa* भ्रूण

Emergency (m.) *āpatkāl* आपतकाल
Emigrant (aj.) *āvāsī* आवासी
Emigration (m.) *āvās* आवास
Emission (m.) *nissaraṇ* निस्सरण
Emotion (m.) *manobhāv* मनोभाव
Empathy (f.) *sahānubhūti* सहानुभूति
Emperor (m.) *mahārājā* महाराजा
Emphasis (m.) *mahattva* महत्त्व
Empire (m.) *sāmrājya* साम्राज्य
Employment (f.) *naukarī, kam* नौकरी, काम
Empty (aj.) *khālī* खाली
Encircle (v.) *ghernā* घेरना*
Encore (int.) *mukarrar* मुकर्रर
Encounter (f.) *muṭhbheḍ* मुठभेड़
Encouragement (m.) *protsāhan* प्रोत्साहन
Encyclopedia (m.) *viśvakoś* विश्वकोश
End (m.) *ant, sirā, chhor* अंत, सिरा, छोर
End (v.) *samāpta karnā* समाप्त करना*
Endavour (m.) *prayās* प्रयास
Endless (aj.) *anthīn* अंतहीन
Endorsement (m.) *samarthan* समर्थन
Endurance (f.) *sahanśakti* सहनशक्ति
Endure (v.) *sahanā* सहना*
Enemy (m.) *śatru, duśman* शत्रु, दुश्मन
Energetic (aj.) *utsāhī* उत्साही
Enfold (v.) *lapeṭnā* लपेटना*
Enforce (v.) *lāgu karnā* लागु करना*
Engage (v.) *lagānā* लगाना*
Engagement (f.) *sagāī* सगाई
Engine (m.) *piñjan* ईंजन
Engineer (m.) *abhiyantā* अभियंता
English (aj.) *aṅgrezī* अंग्रेज़ी
Engrave (v.) *kurednā* कुरेदना*
Engrossed (aj.) *tallīn* तल्लीन
Engrossment (f.) *tallīnatā* तल्लीनता
Enhance (v.) *baḍhnā, aḍhānā* बढ़ना, बढ़ाना*
Enjoin (v.) *lāgu karnā* लागु करना*
Enjoy (v.) *lābh uṭhānā* लाभ उठाना*
Enlarge (v.) *baḍhnā, aḍhānā* बढ़ना,

बढ़ाना*

Enlighten (v∘) *prabuddha karnā* प्रबुद्ध करना*

Enlist (v∘) *bhartī karnā* भरती करना*

Enlistment (f∘) *bhartī* भरती

Enmity (m∘) *vair, bair* वैर, बैर

Enormous (aj∘) *viśāl* विशाल

Enough (av∘) *bas, kāfī* बस, काफी

Enrichment (f∘) *samṛddhī* समृद्धि

Ensure (v∘) *niśchit karnā* निश्चित करना*

Enter (v∘) *praveś karanā* प्रवेश करना*

Enterprise (m∘) *udyam* उद्यम

Entertain (v∘) *bahalānā* बहलाना*

Entertainment (m∘) *manorañjan* मनोरंजन

Enthusiasm (m∘) *utsāh, umaṅg* उत्साह, उमंग

Entice (v∘) *fuslānā* फुसलाना*

Entire (m∘) *sab, sampurṇa* सब, संपूर्ण

Entirely (av∘) *purī tarah se* पुरी तरह से

Entrance, door (m∘) *dvār* द्वार

Entry (m∘) *praveś* प्रवेश

Enumerate (v∘) *ginanā* गिनना*

Envelop (m∘) *lifāfā* लिफ़ाफ़ा

Environment (m∘) *vātāvaraṇ* वातावरण

Envoy (m∘) *dūt* दूत

Envy (m∘) *īrṣā, jalan* ईर्ष्या, जलन

Epic (m∘) *mahākāvya* महाकाव्य

Epidemic (f∘) *mahāmārī* महामारी

Epigram (m∘) *subhāṣit, sūkti* सुभाषित, सूक्ति

Epilogue (m∘) *upasaṁhār* उपसंहार

Episode (m∘) *vṛttānt* वृत्तांत

Epithet (f∘) *upādhi* उपाधि

Epoch (m∘) *yug, kāl* युग, काल

Equal (aj∘) *barābar, samān* बराबर, समान

Equality (f∘) *samānatā* समानता

Equanimity (f∘) *samabuddhi* समबुद्धि

Equation (m∘) *samīkaraṇ, sutra* समीकरण, सूत्र

Equator (f∘) *bhūmadhya rekhā* भूमध्य रेखा

Equidistant (aj∘) *samadūrastha* समदूरस्थ

Equilateral (m∘) *samabhuja* समभुज

Equilibrium (m∘) *santulan* संतुलन

Equipment (m∘) *pukaraṇ, sāmān* उपकरण, सामान

Equipped (aj∘) *sajja* सज्ज

Equitanle (aj∘) *uchit* उचित

Equivalent (aj∘) *barābar, samatulya* बराबर, समतुल्य

Era (m∘) *saṁvat, yug* संवत्, युग

Erase (v∘) *miṭānā* मिटाना*

Erratic (aj∘) *matvālā* मतवाला

Erroneous (aj∘) *galat* ग़लत

Error (f∘) *galatī, bhūl* गलती, भूल

Erudite (aj∘) *paṇḍit* पंडित

Escalate (v∘) *baḍhanā, aḍhānā** बढ़ना, बढ़ाना*

Escalator (f∘) *sīḍhī* सीढ़ी

Escape (v∘) *bhāgnā* भागना

Especial (aj∘) *viśiṣṭa* विशिष्ट

Espionage (f∘) *jāsūsī* जासूसी

Essay (m∘) *nibandh* निबंध

Essence (m∘) *sār, tattva* सार, तत्त्व

Establish (v∘) *sthāpan karnā* स्थापन करना*

Estate (f∘) *jāgīr, jāyadād* जागीर, जायदाद

Estimate (m∘) *anumān, andāz* अनुमान, अंदाज

Eternal (aj∘) *nitya* नित्य

Eternally (av∘) *nitya, sadā, nirantar* नित्य, सदा, निरंतर

Ethic (f∘) *nīti* नीति

Ethics (m∘) *nītiśastra* नीतिशास्त्र

Ethnic (aj∘) *jātīy* जातीय

Etiquate (m∘) *śiṣṭāchār* शिष्टाचार

Evade (v∘) *ṭālnā* टालना*

Evaluation (m∘) *mūlyāṅkan* मूल्यांकन

Evaporation (m∘) *bāṣpan* बाष्पन

Evaquation (m∘) *khālī karnā* खाली करना

Eve (f∘) *pūrvasandhyā* पूर्वसंध्या

Even (aj∘) *sama, ekrūp* सम, एकरूप

Even (av∘) *fir bhī* फिर भी

Even if, even though (av∘) *yadyapi* यद्यपि

Evening (f∘) *sandhyā, śām* संध्या, शाम

Event (f∘) *ghaṭnā* घटना

Ever (av∘) *sarvadā* सर्वदा

Every (av∘) *pratyek, har ek* प्रत्येक, हर एक

Everyday (av∘) *pratidin, roj* प्रतिदिन, रोज

Everytime (av∘) *yadā-yadā, jab-jab, jaba bhī, hameśā* यदा-यदा, जब-जब, जब भी, हमेशा

Everywhere (av∘) *sarvatr, sabhī jagah* सर्वत्र, सभी जगह

Evidence (m∘) *pramāṇ, gavāhī* प्रमाण, गवाही

Evil (aj∘) *pāpī, duṣṭa* पापी, दुष्ट

Evolution (m∘) *vikās* विकास

Evolve (v∘) *vikasit honā* विकसित होना

Exact (aj∘) *ṭhīk-ṭhīk* ठीक-ठीक

Exaggeration (f∘) *atiśayokti* अतिशयोक्ति

Examination (f∘) *parīkṣā* परीक्षा

Examine (v∘) *parakhnā, jāc̃hnā* परखना, जाँचना*

Example (m∘) *namūnā, udāharaṇ* नमूना, उदाहरण

Excavation (m∘) *khodnā* खोदना

Exceed (v∘) *adhik honā* अधिक होना

Excellence (f∘) *śreṣthatā* श्रेष्ठता

Excellent (aj∘) *uttam* उत्तम

Excellently (av∘) *uttam rūp se* उत्तम रूप से

Except (av∘) *atirikta, sivāy* अतिरिक्त, सिवाय

Exception (m∘) *apvād* अपवाद

Excess (f∘) *adhiktā* अधिकता

Exchange (v∘) *badalnā* बदलना*

Excitement (m∘) *uttejan* उत्तेजन

Exclamation (m∘) *chitkār* चित्कार

Excrement (f∘) *viṣṭhā, mal* विष्ठा, मल

Excuse (m∘) *bahānā, māfī* बहाना, माफ़ी

Execution (f∘) 1. *fānsī* (death verdict)

फाँसी; 2. *amal* (obey an order) अमल

Executive (m∘) *prabandhak* प्रबंधक

Exemption (f∘) *chhūṭ, māfī* छूट, माफ़ी

EXERCISE (m∘) *vyāyām,* (f∘) *kasrat* कसरत

Exist (v∘) *rahnā, honā* रहना, होना

Expedient (aj∘) *hitkar* हितकर

Expedition (m∘) *abhiyān* अभियान

Expel (v∘) *nikālnā* निकालना*

Expenditure (m∘) *kharchā* खर्चा

Experience (m∘) *anubhav* अनुभव

Experient (m∘) *prayog* प्रयोग

Expert (aj∘) *nipuṇ* निपुण

Expire (v∘) *samāpta honā* समाप्त होना

Explain (v∘) *samajhānā* समझाना*

Explicit (aj∘) *spaṣṭa* स्पष्ट

Exploration (f∘) *khoj* खोज

Explosion (m∘) *sphoṭ* स्फोट

Explosive (aj∘) *sphoṭak* स्फोटक

Export (f∘) *niryāt* निर्यात

Expose (v∘) *dikhānā* दिखाना*

Exposure (m∘) *pradarśan* प्रदर्शन

Expression (f∘) *abhivyakti* अभिव्यक्ति

Extend (v∘) *failānā* फैलाना*

Extension (m∘) *vistār* विस्तार

Extensive (aj∘) *vistīrṇa* विस्तीर्ण

Extensively (av∘) *vistār se* विस्तार से

Extent (m∘) *had* हद

Exterior (aj∘) *bāharī* बाहरी

External (aj∘) *bāhya* बाह्य

Extince (aj∘) *lupta* लुप्त

Extinguish (v∘) *būjhnā, bujhānā** बूझना, बुझाना*

Extra (aj∘) *adhik* अधिक

Extract (aj∘) *sār* सार

Extraordinary (aj∘) *asādhāraṇ* असाधारण

Extravagent (aj∘) *fizūlkharchī* फ़िज़ूलखर्ची

Extreme (aj∘) *param, charam* परम, चरम

Extremist (m∘) *ugravādī* उग्रवादी

Eye (f∘) *ā̃nkh* आँख

Eyeball (f∘) *putalī* पुतली

Eyebrow (f∘) *bhõha* भौंह

Eyeglasses (m∘) *chaśmā,* (f∘) *ainak* चश्मा, ऐनक

Eyelid (f∘) *palak* पलक

F

Fable (f∘) *laghukathā, nītikathā* लघुकथा, नीतिकथा

Fabric (m∘) *kapḍā* कपड़ा

Fabricate (v∘) *taiyār karnā* तैयार करना*

Fabulous (aj∘) *bahut achhā* बहुत अच्छा

Face (m∘) *chehارā* चेहरा

Facet (m∘) *pahalu* पहलू

Facial (aj∘) *maukhik* मौखिक

Facility (f∘) *suvidhā* सुविधा

Facinating (aj∘) *ākarṣak* आकर्षक

Facination (m∘) *ākarṣaṇ* आकर्षण

Fact (m∘) *tathya* तथ्य

Faction (m∘) *dal* दल

Factor (m∘) *ghaṭak* घटक

Factory (m∘) *kārkhānā* कारखाना

Faculty (m∘) *vibhāg* विभाग

Fad (f∘) *jhak* झक

Fade (v∘) *murjhānā* मुरझाना

Failure (f∘) *asafalatā* असफलता

Faint (aj∘) *dhũdhalā, aspaṣṭa* धुँधला, अस्पष्ट

Fair (aj∘) *suhāvanā* सुहावना

Fair (m∘) *melā* मेला

Fairy (f∘) *parī* परी

Faith (f∘) *śraddhā, niṣṭhā* श्रद्धा, निष्ठा

Fake (aj∘) *kālī, naklī* जाली, नकली

Falcon (m∘) *bāj* बाज

Fall (v∘) *giranā* गिरना

Fallacy (f∘) *bhrānti* भ्रान्ति

False (aj∘) *jhūṭhā, galat* झूठा, गलत

Falsely (av∘) *jhūṭhī tarah se, mithyā rūp mẽ* झूठी तरह से, मिथ्या रूप में

Falter (v∘) *hichkichānā, gaḍbaḍānā* हिचकिचाना, गड़बड़ाना

Fame (f∘) *prasiddhi, kīrti* प्रसिद्धि, कीर्ति

Famed (aj∘) *prasiddha* प्रसिद्ध

Familiar (aj∘) *parichit* परिचित

Family (m∘) *parīwār* परिवार

Famine (m∘) *akāl* अकाल

Famous (aj∘) *prasiddha* प्रसिद्ध

Fan (f∘) *paṅkhā* पंखा

Fanatic (aj∘) *kaṭṭar* कट्टर

Fantastic (aj∘) *ajīb, vilakṣaṇ, asāmānya* अजीब, विलक्षण, असामान्य

Fantasy (f∘) *kalpanā* कल्पना

Far (av∘) *dūr* दूर

Farce (m∘) *svāṅg, nāṭak* स्वाँग, नाटक

Fare (m∘) *kirāyā, bhāḍā* किराया, भाड़ा

Farewell (m∘) *alvidā* अलविदा

Farm (m∘) *khet* खेत

Farmer (m∘) *kisān* किसान

Fashion (f∘) *śailī* शैली

Fashionable (aj∘) *śaukin* शौकिन

Fast (aj∘) *tez* तेज़

Fast (m∘) *upvās, anśan* उपवास, अनशन

Fasten (v∘) *bāndhanā* बाँधना*

Fat (aj∘) *moṭa* मोटा

Fat (f∘) *charbī* चरबी

Father (m∘) *pitā* पिता

Father-in-law (m∘) *sasur* ससुर

Fault (m∘) *doṣ, aparādh* दोष, अपराध

Faulty (aj∘) *doṣī, aparādhī* दोषी, अपराधी

Favour (f∘) *sahāyatā* सहायता

Favourable (aj∘) *anukūl* अनुकूल

Favoutite (aj∘) *pyāra, pasand* प्यारा, पसंद

Fear (m∘) *ḍar, bhay* डर, भय

Fear (v∘) *ḍarnā* डरना

Feast (f∘) *dāvat* दावत

Feat (m∘) *kartab, kamāl* करतब, कमाल

Feather (m∘) *paṅkh* पंख

Feature (m∘) *lakṣaṇ* लक्षण

February (m∘) *farvarī* फ़रवरी

Fed up (aj∘) *ūbā huā* ऊबा हुआ

Federation (m∘) *saṅghaṭan* संघटन

Fee (m∘) *fīs, śulk* फ़ीस, शुल्क

Feed (m∘) *khānā, chārā* खाना, चारा

Feed (v.) *khilānā* खिलाना*
Feel (m.) *anubhav* अनुभव
Feel (v.) *mahasūs karnā* महसूस करना*
Feeling (f.) *bhāvanā* भावना
Fellow (m.) *sāthī* साथी
Female (f.) *mādā, nārī* मादा, नारी
Ferocious (aj.) *krūr, khū̃khār* क्रूर, खूँखार
Fertile (aj.) *upajāū* उपजाऊ
Fertilizer (m.) *khād* खाद
Fervent (aj.) *jośīlā* जोशीला
Fervour (m.) *joś* जोश
Festival (m.) *utsav, tyauhār* उत्सव, त्यौहार
Fever (m.) *bukhār, jwar* बुखार, ज्वर
Few (aj.) *kuchh, thoḍā sā* कुछ, थोड़ा सा
Fez (f.) *ṭopī* टोपी
Fiance (f.) *maṅgetar* मँगेतर
Fib (m.) *jhūṭh* झूठ
Fibre (m.) *tantu* तंतु
Fickle (aj.) *asthir* अस्थिर
Fiction (m.) *upanyās* उपन्यास
Fictitious (aj.) *kālpanik* काल्पनिक
Fiddle (f.) *belā* बेला
Fidelity (f.) *īmāndārī* ईमानदारी
Field (m.) *khet, maidān* खेत, मैदान
Fierce (aj.) *ugra, tīvra* उग्र, तीव्र
Fifteen (aj.) *pandraha* पंद्रह
Fifth (aj.) *pā̃chavā̃* पाँचवाँ
Fig (m.) *añjīr* अंजीर
Fighre (f.) *ākṛti,* (m.) *aṅka* आकृति, अंक
Fight (f.) *laḍāī* लड़ाई
Fight (v.) *laḍanā* लड़ना
Fill (v.) *bharnā* भरना
Filling (f.) *bharāī* भराई
Filth (f.) *gandagī, mail* गंदगी, मैल
Final (aj.) *antim* अंतिम
Finale (m.) *samāpan* समापन
Finance (m.) *pūñjī* पूँजी
Find (v.) *pānā; dhūndhanā* पाना, ढूँढ़ना*
Fine (aj.) *umdā* उम्दा
Fine (m.) *juramānā* जुरमाना
Finger (f.) *uṅglī* उँगली
Fire (f.) *āg,* (m.) *agni* आग, अग्नि
Firefly (m.) *juganu* जुगनु
Firework (f.) *ātiśbāzī* आतिशबाज़ी
Firm (aj.) *pakkā, mazbūt* पक्का, मज़बूत
First (aj.) *pratham, pahalā* प्रथम, पहला
Fish (f.) *machhalī* मछली
Fisherman (m.) *machhuā* मछुआ
Fissure (f.) *darār* दरार
Fist (f.) *muṭṭhī* मुठ्ठी
Fit (aj.) *lāyak, upayukta, uchit, yogya, anukūl* लायक, उपयुक्त, उचित, योग्य, अनुकूल
Fit (f.) *mūrchhā,* (m.) *daurā* मूर्छा, दौरा
Fitness (f.) *yogyatā* योग्यता
Five (aj.) *pā̃ch* पाँच
Fix (v.) *ṭhīk karanā* ठीक करना*
Fixation (f.) *sthirtā* स्थिरता
Fixture (m.) *jaḍī hī vastu* जड़ी हुई वस्तु
Flabbergasted (aj.) *bhaũchakkā* भौंचक्का
Flag (m.) *jhaṇḍā* झंडा
Flagrant (aj.) *lajjājanak* लज्जाजनक
Flair (f.) *śailī* शैली
Flake (f.) *pāpḍī, parat* पापड़ी, परत
Flamboyant (aj.) *ākarṣak* आकर्षक
Flame (f.) *lapaṭ, jwālā* लपट, ज्वाला
Flamingo (m.) *marāl* मराल
Flammable (aj.) *jwālāgrahī* ज्वालाग्रही
Flap (f.) *faḍfaḍāhaṭ* फड़फड़ाहट
Flap (m.) *pallā* पल्ला
Flap (v.) *faḍfaḍnā* फड़फड़ना
Flash (f.) *chamak* चमक
Flat (aj.) 1. *samtal, sapāṭ* (flat surface) समतल, सपाट; 2. *niras, fīkā* (flat drink) निरस, फीका; 3. *besurā* (flat voice) बेसुरा
Flattering (f.) *chāplūsī* चापलूसी
Flavour (m.) *svād, sugandh* स्वाद, सुगंध
Flaw (m.) *aib, doṣ, truṭi* ऐब, दोष, त्रुटि
Flee (v.) *bhāg jānā* भाग जाना
Fleece (f.) *ūn* ऊन
Fleet (f.) *nau-senā* नौ-सेना
Flesh (m.) *mā̃s, gośt* मांस, गोश्त
Flexible (aj.) *lachilā, parivartanśīl* लचीला, परिवर्तनशील
Flicker(v.) *ṭimṭimānā* टिमटिमाना
Flight (f.) *uḍān* उड़ान
Flimsy (aj.) *kamzor* कमज़ोर
Flip (v.) *palaṭnā, palaṭānā** पलटना, पलटाना*
Flirt (f.) *iśkbāzī* इश्कबाज़ी
Float (v.) *tirnā* तिरना
Flock (m.) *jhuṇḍ* झुंड
Flood (f.) *bāḍh* बाढ़
Floor (f.) 1. *zamīn, farś* (sit on floor) ज़मीन, फर्श; 2. satah, manzil (live on 2nd floor) सतह, मंझिल
Flour (m.) *āṭā* आटा
Flow (f.) *dhārā,* (m.) *pravāh* धारा, प्रवाह
Flow (v.) *bahanā* बहना
Flower (m.) *fūl* फूल
Fluctuation (m.) *chaḍhāv-utār* चढ़ाव-उतार
Fluid (m.) *drava* द्रव
Flute (f.) *bā̃surī, murlī* बाँसुरी, मुरली
Flutter (v.) *maṇḍarānā* मँडराना
Fly (m.) *makkhī* मक्खी
Fly (v.) *uḍanā, uḍānā** उड़ना, उड़ाना*
Foam (m.) *jhāg, fen* झाग, फेन
Focus (m.) *kendra bindu* केन्द्र बिंदु
Fodder (m.) *chārā* चारा
Foe (m.) *śatru, duṣman* शत्रु, दुश्मन
Foetus (m.) *bhrūṇa, garbha* भ्रूण, गर्भ
Fog (m.) *kohrā* कोहरा
Fold (f.) *tah* तह
Fold (v.) *tahānā, moḍnā* तहाना, मोड़ना*
Folk (m.) *log* लोग
Follow (f.) 1. *anusaraṇ karnā* (follow a mentor) अनुसरण करना 2. *pīchhe jānā* (follow to catch) पीछे जाना 3. *samaznā* (understand) समझना
Following (aj.) 1. *aglā* (next) अगला; 2. *nimna-* (given below) निम्न-
Folly (f.) *mūrkhatā* मूर्खता
Fond (aj.) *priya* प्रिय
Fondle (v.) *dulārnā* दुलारना*

Food (m◦) *ahār, bhojan* आहार, भोजन
Fool (m◦) *bewakūf, mūrkh* बेवकूफ़, मूर्ख
Foolish (aj◦) *mūrkha* मूर्ख
Foot (m◦) *charaṇ* चरण
Foot (m◦) *pair, pā̃v* पैर, पाँव
Footnote (f◦) *pād-ṭippaṇī* पाद–टिप्पणी
For (prep◦) *ke liye* के लिये
Forbid (v◦) *manā karnā* मना करना*
Force (f◦) *śakti* (m◦) *bal* शक्ति, बल
Forceps (m◦) *chimṭā* चिमटा
Forcibly (av◦) *balapūrvak, jor se* बलपूर्वक, जोर से
Fore (aj◦) *aglā, āge kā* अगला, आगे का
Forecast (f◦) *pūrva-sūchanā* पूर्वसूचना
Forefather (f◦) *pūrvaj* पूर्वज
Forefinger (f◦) *tarjanī* तर्जनी
Forehead (m◦) *lalāṭ, māthā* ललाट, माथा
Foreigh (m◦) *videś* विदेश
Foremost (aj◦) *sabse pahalā* सबसे पहला
Forename (m◦) *pahalā nām* पहला नाम
Foresight (f◦) *dūr-dṛṣṭi* दूरदृष्टि
Forest (m◦) *jaṅgal* जंगल
Forever (av◦) *sadā, sarvadā* सदा, सर्वदा
Forge (v◦) *nakal karnā* नकल करना*
Forgery (f◦) *nakal, jālsāzī* नकल, जालसाज़ी
Forget (v◦) *bhūlnā* भूलना*
Forgive (v◦) *māf karnā* माफ करना*
Fork (m◦) *kā̃ṭā* (knife & fork) काँटा
Form (m◦) *rūp* रूप
Form (v◦) *rūp denā* रूप देना*
Formal (aj◦) *aupachārik* औपचारिक
Formality (m◦) *śiṣṭāchār* शिष्टाचार
Format (m◦) *rūprekā* रूपरेखा
Formation (m◦) *nirmāṇ* निर्माण
Former (aj◦) *pahlā, pūrva* पहला, पूर्व
Formerly (av◦) *pahle* पहले
Formidable (aj◦) *ajeya* अजेय
Formula (m◦) *sūtra, samīkaraṇ* सूत्र, समीकरण
Forsake (v◦) *tyāgnā* त्यागना*
Fort (m◦) *kīlā, gaḍh* कीला, गढ़
Forthcoming (aj◦) *āgāmī* आगामी
Forthright (aj◦) *kharā, spaṣṭa* खरा, स्पष्ट
Forthwith (av◦) *turant, jhaṭ se* तुरंत, झट से
Fortniht (m◦) *pakhvāḍā* पखवाड़ा
Fortress (m◦) *kīlā, gaḍhī* कीला, गढ़ी
Fortunately (av◦) *daivayog se* दैवयोग से
Fortune (f◦) *takdīr* तकदीर (m◦) *bhāgya* भाग्य
Fortutide (m◦) *sāhas* साहस
Forty (aj◦) *chālīs* चालीस
Forward (av◦) *āge* आगे
Foul (aj◦) *gandā* गंदा
Foundation (m◦) *nīv, buniyād* नीव, बुनियाद
Founder (f◦) *sansthāpak* संस्थापक
Fountain (m◦) *favvārā* फव्वारा
Four (aj◦) *four* चार
Fourteen (aj◦) *chaudah* चौदह
Fowl (m◦) *murgā,* (f◦) *murgī* मुर्गा, मुर्गी
Fox (f◦) *lomḍī* लोमड़ी
Fraction (m◦) *amśa, hissā* अंश, हिस्सा
Free (v◦) *chhoḍnā* छोड़ना
Frequency (f◦) *āvṛtti* आवृत्ति
Frequently (av◦) *punaḥ-punaḥ, bārambār* पुन: पुन:, बारंबार
Friction (f◦) *ragaḍ* रगड़
Friday (m◦) *śukravār* शुक्रवार
Friend (m◦) *mitra, dost* मित्र, दोस्त
Friendship (f◦) *dosti* दोस्ती
Frightful (aj◦) *ḍarāvanā* डरावना
Frog (m◦) *menḍhak* मेंढक
From (prep◦) *se* से
Front (m◦) *moharā* मोहरा
Frsh (aj◦) *tāzā, nayā* ताज़ा, नया
Fruit (m◦) *fal* फल
Fruitful (aj◦) *safal* सफल
Frustration (m◦) *nirutsāh* निरुत्साह
Fry (v◦) *talnā, bhūnanā* तलना, भूनना*
Frying-pan (m◦) *kaḍāhī* कड़ाही
Fuel (m◦) *īndhan* ईंधन
Fully (av◦) Fully (av◦) *bilkul, purī tarah se* बिलकुल, पुरी तरह से
Fumes (m◦) *dhuā̃,* (f◦) *bhāp* धूँआ, भाप
Fun (m◦) *ānand* आनंद
Function (m◦) 1. (event) *samāroh;* समारोह, 2. (duty) *kāra* कार्य
Fund (f◦) *dhanrāśi* धनराशि
Fundamental (aj◦) *mūlbhūt* मूलभूत
Fundamentalism (m◦) *rūḍhivād* रूढ़िवाद
Funds (m◦) *nidhi, koṣ* निधि, कोष
Funnel (f◦) *kīp,* (m◦) *choṅgā* कीप, चोंगा
Funny (aj◦) *hāsya-janak* हास्यजनक
Furious (aj◦) *krodhit* क्रोधित
Furnace (f◦) *bhaṭṭī* भट्टी
Further (av◦) *āge, āge kī or* आगे, आगे की ओर
Fury (m◦) *unmād* उन्माद
Fuss (f◦) *ghabarāhaṭ* घबराहट
Futile (aj◦) *vyartha* व्यर्थ
Fuzzy (aj) *aspaṣṭa* अस्पष्ट

G

Gadget (m◦) *auzār* औज़ार
Gain (m◦) *lābh* लाभ
Gain (v◦) *pānā* पाना*
Gala (m◦) *ānandotsav* आनंदोत्सव
Gallant (aj◦) *bahādur* बहादुर
Gallows (f◦) *sūlī* सूली
Gambit (f◦) *pahlī chāl* पहली चाल
Garden (m◦) *bagīchā* बगीचा
Garland (m◦) *hār* (f◦) *mālā* हार, माला
Garlic (m◦) *lahasun* लहसुन
Garment (m◦) *vastra, kapḍe* वस्त्र, कपड़े
Gas (m◦) *vāyu, peṭrol* वायु, पेट्रोल
Gash (m◦) *ghāv* घाव
Gate (m◦) *fāṭak, dvār* फाटक, द्वार
Gather (v◦) *ikaṭṭhā honā, ikaṭṭhā*

*karnā** इकट्ठा होना, इकट्ठा करना*
Gathering (m॰) *jamāv* जमाव
Gauge (m॰) *māp* माप
Gear (m॰) 1. *dā̃tedār chakra* (machine gear) दाँतेदार चक्र 2. *sāmān* (sport gear) सामान
Gem (m॰) *maṇi, ratna* मणि, रत्न
Gemini (f॰) *mithun rāśi* मिथुन राशि
Geneology (f॰) *vaṁśāvalī* वंशावली
General (aj॰) *sāmānya, ām* सामान्य, आम
Generality (f॰) *sāmānyatā* समान्यता
Generation (f॰) *utpatti* (production) उत्पत्ति; 2. *pīḍhī* (age group) पीढ़ी
Generosity (f॰) *udārtā* उदारता
Genesis (m॰) *prārambha* प्रारंभ
Genius (f॰) *pratibhā* प्रतिभा
Genocide (m॰) *jātisaṁhār* जातिसंहार
Gentle (aj॰) *saumya, śānt* सौम्य, शांत
Gentleman (m॰) *sajjan* सज्जन
Geography (m॰) *bhūgol* भूगोल
Geology (m॰) *bhūmiśāstra* भूमिशास्त्र
Geometry (f॰) *bhūmiti* भूमिति
Geophysics (m॰) *bhautikī* भौतिकी
Germ (m॰) *jīvāṇu* जीवाणु
Germinate (v॰) *uganā* उगना
Gesture (m॰) *bhāv* भाव
Get (v॰) *pānā* पाना*
Ghost (m॰) *bhūt* भूत
Giant (aj॰) *viśāl* विशाल
Gift (f॰) *bhē̃ṭ* (m॰) *upahār* भेंट, उपहार
Gigantic (aj॰) *bhīmakāy* भीमकाय
Ginger (f॰) *adarak* अदरक
Girl (f॰) *laḍakī* लड़की
Give (v॰) *denā* देना*
Glad (aj॰) *khuś* खुश
Gladly (av॰) *khuśī se* खुशी से
Glance (m॰) *jhalak* झलक
Gland (f॰) *granthi* ग्रंथि
Glass, (m॰) 1. *śīśā, kā̃ch* शीशा, काँच; 2. (tumbler) *pyālā* प्याला
Glasses (m॰) *chaṣmā* चष्मा
Glide (v॰) *fisalnā* फिसलना
Glimpse (f॰) *jhalak* झलक
Glitter (f॰) *chamak* चमक
Glitter (v॰) *chamaknā* चमकना
Global (aj॰) *jāgatik* जागतिक
Gloom (f॰) *udāsī* उदासी
Glorification (f॰) *stuti* स्तुति
Glory (f॰) *kīrti* कीर्ति
Glossary (f॰) *artha sūchī* अर्थ सूची
Glossy (aj॰) *chiknā* चिकना
Glove (m॰) *dastānā* दस्ताना
Glow (f॰) *chamak, tez* चमक, तेज़
Glow (v॰) *chamaknā* चमकना
Glue (f॰) *sares* सरेस
Glue (v॰) *chipakānā* चिपकाना*
Gnat (m॰) *ḍā̃s* डाँस
Go (v॰) *jānā* जाना
Goad (m॰) *ankuś* अंकुश
Goal (m॰) *dhyeya, lakṣya* ध्येय, लक्ष्य
Goat (f॰) *bakarī, (m॰) bakrā* बकरी, बकरा
God (m॰) *bhagwān* भगवान्
Goddess (f॰) *devī* देवी
Gold (m॰) *sonā* सोना
Goldsmith (m॰) *sunār* सुनार
Good (aj॰) *achchhā* अच्छा
Goodbye (m॰) *alvidā, ṭāṭā* अलविदा, टाटा
Goodness (f॰) *achchhāī* अच्छाई
Goose (f॰) *haṁsanī* हंसनी
Gorgeous (aj॰) *śāndār* शानदार
Gossip (f॰) *gap* गप
Gourd (m॰) *kaddū, peṭhā* कद्दू, पेठा
Government (f॰) *sarkār* सरकार
Governor (m॰) *rājyapāl* राज्यपाल
Gown (m॰) *chogā* चोगा
Grab (v॰) *pakaḍnā* पकड़ना*
Grace (f॰) *kṛpā* कृपा, कृपादृष्टि
Graceful (aj॰) *manoram* मनोरम
Gracious (aj॰) *udār* उदार
Grade (f॰) *śreṇī* श्रेणी
Gradual (aj॰) *kramik* क्रमिक
Graduate (m॰) *snātak* स्नातक
Graft (f॰) *kalam* कलम
Grain (m॰) *dānā, kaṇ, ravā* दाना, कण, रवा
Gram, chickpea (m॰) *chanā* चना
Grammar (m॰) *vyākaraṇ* व्याकरण
Grand (aj॰) *bhavya, śāndār* भव्य, शानदार
Granddaughter (f॰) *potī* पोती
Grandeur (m॰) *vaibhav* (f॰) *śān* वैभव, शान
Grandfather (m॰) *nānā, dādā* नाना, दादा
Grandmother (m॰) *nānī, dādī* नानी, दादी
Grandson (m॰) *potā* पोता
Grant (v॰) *anumati denā* अनुमति देना
Grape (m॰) *angūr* अंगूर
Grass (f॰) *ghās* घास
Grass (f॰) *ghās* घास
Grasshopper (m॰) *ṭiḍḍhā* टिड्डा
Grating (f॰) *jālī* जाली
Gratitude (f॰) *kṛtaguatā* कृतज्ञता
Gratuity (m॰) *inām* इनाम
Grave (aj॰) *gambhīr* गंभीर
Grave (f॰) *kabr* कब्र
Gravel (f॰) *bajrī* बजरी
Gravity (m॰) *gurutvākarṣaṇ* गुरुत्वाकर्षण
Gravy (f॰) *tarī* तरी
Graze (v॰) *charnā* चरना
Grease (f॰) *charbī* चरबी
Greasy (aj॰) *fisalnā* फिसलना
Great (aj॰) *kbaḍā, mahān* बड़ा, महान
Greed (f॰) *lālach* लालच
Green (aj॰) *harā* हरा
Greeting (m॰) *abhinandan* अभिनंदन
Grey (aj॰) *dhūsar* धूसर
Grid (m॰) *jālā* जाला
Grief (m॰) *śok, santāp* शोक, संताप
Grievance (f॰) *śikāyat* शिकायत
Grind (v॰) *pīsanā* पीसना*
Grip (f॰) *pakaḍ* पकड़

Grocery *kirānā* किराना

Groom (m∘) *dūlhā* दूल्हा

Groove (m∘) *khām̐chā* (f∘) *nālī* खाँचा, नाली

Grotesque (aj∘) *betukā* बेतुका

Ground (m∘) *maidān* (f∘) *zamīn* मैदान, ज़मीन

Group (m∘) *samūha, saṅgha* समूह, संघ

Grow (v∘) *ugnā, baḍhna;, baḍhānā** उगना, बढ़ना; बढ़ाना*

Growth (m∘) *vikās*, (f∘) *vṛddhi* विकास, वृद्धि

Grumble (v∘) *bhunbhunānā* भुनभुनाना*

Grumpy (aj∘) *badmizāj* बदमिज़ाज

Gtuesome (aj∘) *bībhatsa* बीभत्स

Guarantee (f∘) *zamānat* ज़मानत

Guarantor (m∘) *zāmin* ज़ामिन

Guard (m∘) *pahredār, santrī* पहरेदार, संतरी

Guard (v∘) *pahrā denā* पहरा देना*

Guardian (m∘) *rakṣak* रक्षक

Guava (m∘) *amrūd* अमरूद

Guess (m∘) *anumān, andāzā* अनुमान, अंदाज़ा

Guest (m∘) *mehmān, atithi* मेहमान, अतिथि

Guidance (m∘) *upadeś* उपदेश

Guide (m∘) *mārga-darśak* मार्गदर्शक

Guilt (m∘) *doṣ, aparādh* दोष, अपराध

Guilty (aj∘) *doṣī, aparādhī* दोषी, अपराधी

Gulp (v∘) *nigalnā* निगलना*

Gum, on teeth (m∘) *masūḍā* मसूड़ा

Gumnasuim (f∘) *vyāyāma-śālā* व्यायामशाला

Gun (f∘) *bandūk, top* बंदूक, तोप

Gust (m∘) *jhom̐kā* झोंका

Gut (f∘) *ām̐ta* आँत

Gutter (f∘) *nālī* नाली

Guy (m∘) *ādmī* आदमी

Gymnastics (m∘) *kasrat* कसरत

H

Habit (f∘) *ādat* आदत

Habitat (m∘) *āvās* आवास

Habiyual (aj∘) *niyamit* नियमित

Had (v∘) *thā, thī, the* था, थी, थे

Hag (f∘) *chuḍail* चुड़ैल

Haggard (aj∘) *mariyal* मरियल

Hair (m∘) *bāl* बाल

Half (aj∘) *ādhā* आधा

Hall (m∘) *narak* नरक

Halt (v∘) *ruknā* रुकना

Halve (v∘) *adhiyānā* अधियाना*

Hamdle (m∘) *dastā* (f∘) *muṭh* दस्ता, मुठ

Hamlet (m∘) *purvā, gām̐v* पुरवा, गाँव

Hammer (m∘) *hathauḍā* हथौड़ा

Hand (m∘) *hāth* हाथ

Handcuff (f∘) *hathkaḍī* हथकड़ी

Handicap (f∘) *vikalāṅgtā* विकलांगता

Handicapped (aj∘) *vikalāṅg* विकलांग

Handicraft (f∘) *dastkārī* दस्तकारी

Handkerchief (m∘) *rumāl* रुमाल

Handloom (m∘) *hath-karghā* हथ-करघा

Handy (aj∘) *suvidhā-janak* सुविधाजनक

Hang (v∘) *laṭaknā, laṭakānā** लटकना, लटकाना*

Hanker (v∘) *lalchānā* ललचाना

Haphazzard (aj∘) *avyavasthit* अव्यवस्थित

Happen, have (v∘) *honā* होना

Happily (av∘) *khuśī se* खुशी से

Happy (aj∘) *khuś, prasanna* खुश, प्रसन्न

Harass (v∘) *satānā* सताना

Harbinger (m∘) *agradūt* अग्रदूत

Harbour (m∘) *bandargāh* बंदरगाह

Hard (aj∘) *kaḍā, kaṭhin* कड़ा, कठिन

Hare (m∘) *kharagoś* खरगोश

Harsh (aj∘) *kaṭhor* कठोर

Harvest (f∘) *fasal* फसल

Harvest (v∘) *fasal kāṭnā* फसल काटना*

Has (v∘) *hai, haim̐* है, हैं

Hashish (m∘) *gām̐jā* गाँजा

Hassle (f∘) *pareśānī* परेशानी

Haste (f∘) *jaldī* जल्दी

Hastily (av∘) *jaldī se* जल्दी से

Hat (f∘ m∘) *ṭopī, ṭop* टोपी, टोप

Hatchet (f∘) *kulhāḍī* कुल्हाड़ी

Hatred (f∘) *ghṛṇā* घृणा

Have (v∘) *hai, haim̐, pās honā* है, हैं, पास होना

Head (m∘) *sir* सिर

Health (m∘) *svāsthya* स्वास्थ्य

Healthy (aj∘) *svastha* स्वस्थ

Heap (f∘) *rāśi, ḍher* राशि, ढेर

Hear (v∘) *sunanā* सुनना*

Heart (m∘) *dil* दिल

Hearty (aj∘) *hārdik* हार्दिक

Heat (f∘) *garamī* गरमी

Heaven (m∘) *svarg* स्वर्ग

Heavy (aj∘) *bhārī* भारी

Hedge (m∘) *bāḍā* बाड़ा

Hedgehog (f∘) *sāhī* साही

Heed (v∘) *dhyān denā* ध्यान देना*

Heel (f∘) *eḍī* एडी

Hefty (aj∘) *bhārī* भारी

Heifer (f∘) *bachhiyā* बछिया

Height (aj∘) *ūchāī* ऊँचाई

Heighten (v∘) *baḍhānā* बढ़ाना*

Heir (m∘) *vāris* वारिस

Help (f∘) *madad* मदद

Hemisphere (m∘) *ardhavṛtta* अर्धवृत्त

Hen (m∘) *murgī* मुर्गी

Hence (av∘) *ab se* अब से

Her (prep∘) *uskā* उसका

Herdly (av∘) *muśkil se* मुश्किल से

Here (av∘) *yahām̐* यहाँ

Here and there (av∘) *idhar-udhar, jahām̐-tahām̐, yahām̐-vahām̐* इधर-उधर, जहाँ-तहाँ, यहाँ-वहाँ

Hereafter (av∘) *is ke bād* इसके बाद

Hermit (m∘) *yati, ṛṣi* यति, ऋषि

Hero (m∘) *nāyak* नायक

Hero (m∘) *vīr, bahādur* वीर, बहादुर

Heroin (f∘) *nāyikā* नायिका

Hesitate (v∘) *hichakichānā* हिचकिचाना

Hexagon (m∘) *shaṭkoṇa* षट्कोण

Hhurdle (f∘) *bādhā* बाधा

Hide (f∘) *chamṛī* चमड़ी
Hide (v∘) *chhupnā, chhupānā** छुपना, छुपाना*
Hierarchy (m∘) *padānukram* पदानुक्रम
High (aj∘) *uccha, ūchā* उच्च, ऊँचा
Highly (av∘) *bahut, kāfī* बहुत, काफी
Hill (f∘) *pahāḍī* पहाड़ी
Him (m∘) *usko* उसको
Hinge (m∘) *kabzā* कब्ज़ा
Hint (m∘) *iṣārā, saṅket* इषारा, संकेत
Hippo (m∘) *kariyād* करियाद
Hire (v∘) *bhaḍe se lenā* भाड़े से लेना
His (m∘) *uskā* उसका
History (m∘) *itihās* इतिहास
Hit (v∘) *māranā* मारना*
Hive (m∘) *chhattā* छत्ता
Hobby (m∘) *śauk* शौक
Hoe (f∘) *kudālī* कुदाली
Hog (m∘) *sūar* सूअर
Hold, catch (v∘) *pakaḍanā* पकड़ना
Hole (m∘) *chhed* (f∘) *surākh* छेद, सुराख़
Holiday (f∘) *chhuṭṭī* छुट्टी
Hollow (aj∘) *khokhlā, polā* खोखला, पोला
Holy (aj∘) *pavitra* पवित्र
Homage (f∘) *śraddhāñjali* श्रद्धांजलि
Home, house (m∘) *ghar* घर
Homely (aj∘) *gharelu* घरेलु
Homicide (f∘) *nar-hatyā* नरहत्या
Homogeneous (aj∘) *ek-rūp* एकरूप
Honest (aj∘) *īmāndār, nek* ईमानदार, नेक
Honesty (f∘) *īmānadārī, nekī* ईमानदारी, नेकी
Honey (m∘) *śahad, madhu* शहद, मधु
Honey, darling (aj∘) (f∘) *gorī, sakhī* गोरी, सखी; (m∘) *piyā, sanam* पिया, सनम
Honour (m∘) *sammān, ādar* सम्मान, आदर
Honourable (aj∘) *ādarṇīya* आदरणीय
Hoof (m∘) *khur* खुर
Hooligan (m∘) *guṇḍā* गुंडा
Hope (f∘) *āśā* आशा
Horizon (m∘) *kṣitij* क्षितिज

Horizontal (aj∘) *samatal, sapāṭ* समतल, सपाट
Horn (m∘) *siṅg* सिंग
Horoscope (f∘) *janmakuṇḍalī* जन्मकुंडली
Horrendous (aj∘) *bhayānak* भयानक
Horrible (aj∘) *bhayānak* भयानक
Horrific (aj∘) *bhayānak* भयानक
Horror (f∘) *jugupsā* जुगुप्सा
Horse (m∘) *ghoḍā* घोड़ा
Horsepower (f∘) *aśvaśakti* अश्वशक्ति
Hospital (m∘) *davākhānā* दवाखाना
Hospitality (m∘) *atithi-satkār* अतिथि-सत्कार
Host (m∘) *mezbān* मेज़बान
Hostel (m∘) *chhātrāvās* छात्रावास
Hot (aj∘) *garam* गरम
Hothead (aj∘) *tunak-mizāz* तुनकमिज़ाज़
Hour (m∘) *ghaṇṭā* घंटा
House (m∘) *ghar* घर
How (av∘) *kis tarah se, kaise* किस तरह से, कैसे
How else (av∘) *aur kaise, nahī̃ to kaise* ओर कैसे, नहीं तो कैसे
However (av∘) *fir bhī, kintu* फिर भी, किंतु
Hrru (f∘) *jaldī* जल्दी
Hug (v∘) *gale lagānā* गले लगाना*
Huge (aj∘) *viśāl* विशाल
Hum (v∘) *gunagunānā* गुनगुनाना
Human (m∘) *mānava* मानव
Humane (aj∘) *dyāmaya* दयामय
Humanity (f∘) *mānav jāti* मानव जाति
Humble (aj∘) *namra* नम्र
Humility (f∘) *namratā* नम्रता
Humour (m∘) *vinod* विनोद
Hump (m∘) *kubaḍ* कूबड़
Humudity (f∘) *sīlan* सीलन
Hundred (aj∘) *sau* सौ
Hunger (f∘) *bhūkh* भूख
Hungry (aj∘) *bhūkhā* भूखा
Hunt (v∘) *śikār karnā* शिकार करना*
Hunter (m∘) *śikārī* शिकारी

Hurt (aj∘) *dukhī* दुखी
Hurt (v∘) *dukhānā* दुखाना*
Husband (m∘) *pati* पति
Husk (m∘) *bhūsā* भूसा
Hut (f∘) *kuṭiyā* कुटिया
Hybrid (aj∘) *saṅkar* संकर
Hyena (m∘) *lakaḍbaghā* लकड़बग्घा
Hygine (f∘) *safāī* सफाई
Hymn (m∘) *ślok* श्लोक
Hypocrisy (m∘) *pākhaṇḍ* पाखंड
Hysteria (m∘) *unmād* उन्माद

I

I (pron∘) *maĩ* मैं
Ice (f∘) *baraf* बरफ
Idea (f∘) *kalpanā* कल्पना
Ideal (aj∘) *ādarśa* आदर्श
Identical (aj∘) *samān* समान
Identity (f∘) *pahachān* पहचान
Ideology (f∘) *vichārdhārā* विचारधारा
Idiom (m∘) *muhāvrā* मुहावरा
Idiot (aj∘) *mūrkha* मूर्ख
Idle (aj∘) *bekār* बेकार
Idly (av∘) *ālasya se, vṛthā* आलस्य से, वृथा
Idol (f∘) *mūrti* मूर्ति
If (av∘) *agar, yadi* अगर, यदि
If not (av∘) *nahī̃ to, anyathā* नहीं तो, अन्यथा
Ignite (v∘) *sulgānā* सुलगाना*
Ignomity (f∘) *badnāmī* बदनामी
Ignorance (m∘) *agyān* अज्ञान
Ignorant (aj∘) *agyānī* अज्ञानी
Ignorantly (av∘) *ajgyānatā se* अज्ञानता से
Ignore (v∘) *upekṣā karnā* उपेक्षा करना*
Iiem (m∘) *chīz* चीज़
Iicit (aj∘) *avaidh* अवैध
Iindefinite (aj∘) *aniśchit* अनिश्चित
Iinteresting (aj∘) *dilchasp* दिलचस्प
Iivasion (m∘) *ākramaṇ, hamlā, dhāvā* आक्रमण, हमला, धावा

Ill (aj॰) *bīmār* बीमार
Illegal (aj॰) *avaidh* अवैध
Illegitimate (aj॰) *avaidh* अवैध
Illiterate (aj॰) *anpaḍh, nirakṣar* अनपढ़, निरक्षर
Illness (f॰) *bīmārī* बीमारी
Illuminate (v॰) *prakāśit larnā* प्रकाशित करना*
Illusion (f॰) *māyā, bhrānti* माया, भ्रांति
Illustration (m॰) *udāharaṇ* उदाहरण
Illustrious (m॰) *prasiddha* प्रसिद्ध
Image (f॰) *pratimā, mūrti* प्रतिमा, मूर्ति
Imagination (f॰) *kalpanā* कल्पना
Imagine (v॰) *kalpanā karnā* कल्पना करना*
Imbecile (aj॰) *mūrkha* मूर्ख
Imitate (v॰) *nakal karnā* नकल करना*
Imitattion (f॰) *nakal* नकल
Immaculate (aj॰) *truṭihīn* त्रुटीहीन
Immature (aj॰) *kacchā* कच्चा
Immediately (av॰) *tatkāl, turant, tabhī* तत्काल, तुरंत, तभी
Immense (aj॰) *viśāl* विशाल
Immerse (v॰) *ḍubonā* डुबोना*
Immigrant (m॰) *āpravāsī* आप्रवासी
Immigration (m॰) *āpravās* आप्रवास
Immobile (aj॰) *achal, sthir* अचल, स्थिर
Immoral (aj॰) *anaitik* अनैतीक
Immortal (aj॰) *amar* अमर
Immune (aj॰) *mukta* मुक्त
Immunity (f॰) *mukti* मुक्ति
Impact (m॰) *asar, prabhāv* असर, प्रभाव
Impaired (aj॰) *durbal* दुर्बल
Impartial (aj॰) *taṭastha* तटस्थ
Impatient (aj॰) *ātur, utāvlā* आतुर, उतावला
Impediment (f॰) *aḍchan* अड़चन
Imperfect (aj॰) *adhūrā* अधूरा
Imperialism (m॰) *sāmrājya-vād* साम्राज्यवाद
Impervious (m॰) *abhedya* अभेद्य
Impetus (m॰) *preraṇā* प्रेरणा
Implement (m॰) *aujār, upakaraṇ* औजार, उपकरण
Implement (v॰) *lagu karnā* लागु करना
Implication (m॰) *āśay* आशय
Implore (v॰) *prārthanā karnā* प्रार्थना करना*
Import (f॰) *āyāt* आयात
Important (aj॰) *mahattvapūrṇa* महत्त्वपूर्ण
Imposter (m॰) *ḍhongī, pākhanḍī* ढोंगी, पाखंडी
Impotent (aj॰) *napunsak* नपुंसक
Impregnable (aj॰) *abhedya* अभेद्य
Impression (f॰) *chhāp* छाप
Impressive (aj॰) *prabhāvī* प्रभावी
Improper (aj॰) *anuchit* अनुचित
Improperly (av॰) *anuchitatā se* अनुचितता से
Improve (v॰) *sudhārnā* सुधारना*
Impulse (m॰) *āveg,* (f॰) *prerṇā* आवेग, प्रेरणा
Impure (aj॰) *aśuddha* अशुद्ध
Imsolent (aj॰) *badtamīz* बदतमीज़
In (prep॰) *me̐* में
In a short time (av॰) *tabhī, usī vakta* तभी, उसी वक्त
In front of (av॰) *āge, sāmane* आगे, सामने
In the morning (av॰) *savere* सवेरे
Inability (f॰) *aśakti* अशक्ति
Inaccessible (aj॰) *agamya* अगम्य
Inaccurate (aj॰) *galat* ग़लत
Inadequate (aj॰) *aparyāpta* अपर्याप्त
Inadvertantly (av॰) *anjāne me̐* अनजाने में
Inappropriate (aj॰) *anuchit* अनुचित
Inasmuch as (conj॰) *kyo̐ki, chū̐ki* क्योंकि, चूँकि
Inauguration (m॰) *udghāṭan* उद्घाटन
Incapable (aj॰) *asamartha* असमर्थ
Incarnation (m॰) *avatār* अवतार
Incentive (m॰) *protsāhan* प्रोत्साहन
Inception (f॰) *śuruāt* शुरुआत
Incessant (aj॰) *nirantar* निरंतर
Incessantly (av॰) *nirantar, lagātār* निरंतर, लगातार
Incident (f॰) *ghaṭnā* घटना
Incite (v॰) *bhaḍkānā* भड़काना*
Inclination (m॰) *jhukāv* झुकाव
Incline (v॰) *jhukānā* झुकाना*
Include (v॰) *sāth milānā* साथ मिलाना*
Inclusion (m॰) *samāveś* समावेश
Inclusive (aj॰) *sammilit* संमिलित
Income (f॰) *āya, āmadānī* आय, आमदानी
Incompetent (aj॰) *akṣam* अक्षम
Incomplete (aj॰) *adhūrā* अधूरा
Incongruous (aj॰) *bemel* बेमेल
Inconsistent (aj॰) *bemel* बेमेल
Inconspicuous (aj॰) *nagaṇya* नगण्य
Incorrect (aj॰) *galat* ग़लत
Increase (f॰) *vṛddhi, baḍhat* वृद्धि, बढ़त
Increase (v॰) *baḍhnā, baḍhānā** बढ़ना, बढ़ाना*
Incredible (aj॰) *aviśvasanīya* अविश्वसनीय
Incursion (m॰) *ākramaṇ* आक्रमण
Indebted (aj॰) *ābhārī, ṛṇī* आभारी, ऋणी
Indecision (f॰) *hichkichāhaṭ* हिचकिचाहट
Indecisive (aj॰) *aniśchit* अनिश्चित
Indeed (av॰) *vastutaḥ, sachamuch* वस्तुत:, सचमुच
Indefinitely (av॰) *hameśā ke liye* हमेशा के लिये
Independent (aj॰) *āzād* आज़ाद
Index (m॰) *suchak* (f॰) *suchī* सूचक, सूची
India (m॰) *bhārat, hindustān* भारत, हिंदुस्थान
Indian (m॰) *bhāratīya* भारतीय
Indicate (v॰) *dikhānā* दिखाना*
Indicator (m॰) *sanket, lakṣaṇ* संकेत, लक्षण
Indifferent (aj॰) *taṭastha* तटस्थ
Indigenous (m॰) *deśī, desī* देशी, देसी
Indigestion (m॰) *apachan, badhazmī* अपचन, बदहज़मी
Indirect (aj॰) *apratyakṣa* अप्रत्यक्ष
Inference (m॰) *anumān* अनुमान

Infertile (aj∘) *bāñjh* बांझ
Infiltration (f∘) *ghuspaiṭh* घुसपैठ
Infinite (aj∘) *anant* अनंत
Inflame (v∘) *bhaḍkānā* भड़काना*
Inflammable (aj∘) *dāhya* दाह्य
Inflammation (f∘) *sūjan* सूजन
Inflexible (aj∘) *kaḍā, kaṭhor* कड़ा, कठोर
Infliction (f∘) *pīḍā* पीड़ा
Influence (m∘) *prabhāv* प्रभाव
Influencial (aj∘) *prabhāvī* प्रभावी
Information (f∘) *sūchanā, khabar, jānakārī* सूचना, खबर, जानकारी
Infrastructure (m∘) *ḍhāchā* ढाचा
Infringement (m∘) *ākramaṇ* आक्रमण
Ingenuity (f∘) *kuśaltā* कुशलता
Ingredient (m∘) *ghaṭak* घटक
Input (m∘) *yogdān* योगदान
Inquiry (f∘) *pūchhtāchh* पूछताछ
Insane (aj∘) *pāgal* पागल
Insect (m∘) *kīḍā* कीड़ा
Insecure (aj∘) *asurakṣit* असुरक्षित
Insert (v∘) *ghuseḍnā* घुसेड़ना*
Inside (av∘) *bhītar* भीतर
Insignificant (aj∘) *nagaṇya* नगण्य
Insipid (aj∘) *fīkā* फीका
Insist (v∘) *āgraha karnā* आग्रह करना*
Inspect (v∘) *parakhanā* परखना*
Inspection (m∘) *parīkṣaṇ* परीक्षण
Inspector (m∘) *parīkṣak* परीक्षक
Inspiration (f∘) *preraṇā* प्रेरणा
Inspire (v∘) *prerit karnā* प्रेरित करना*
Integration (m∘) *ekīkaraṇ* एकीकरण
Integrity (f∘) *ektā* एकता
Intellect (f∘) *buddhi* बुद्धि
Intelligence (f∘) *buddhi* बुद्धि
Intense (aj∘) *tīvra* तीव्र
Intent (m∘) *hetu* हेतु
Intention (m∘) *hetu, irādā* हेतु, इरादा
Intercourse (m∘) *samāgam* समागम
Interest (m∘) *ruchi, dilchaspī* रुचि, दिलचस्पी
Interim (aj∘) *antarim* अंतरिम
Interior (m∘) *bhītarī bhāg* भीतरी भाग
Interlock (v∘) *gū̃thanā* गूँथना*
Intermediate (aj∘) *mādhyamik* माध्यमिक
Intermission (m∘) *madhyāntar* मध्यांतर
Intermittent (aj∘) *savirām* सविराम
Internal (aj∘) *āntarik* आंतरिक
International (aj∘) *antar-rāṣṭrīya* अंतर्राष्ट्रीय
Interpretation (f∘) *vyākhyā* व्याख्या
Interrogate (v∘) *praśna krnā* प्रश्न करना*
Interrupt (v∘) *bādhā ḍālnā* बाधा डालना*
Interruption (f∘) *bādhā* बाधा
Intersection (m∘) *chaurāhā* चौराहा
Interval (m∘) *madhyāntar* मध्यांतर
Interview (f∘) *bheṫ, mulākat* भेंट, मुलाकत
Intestine (f∘) *ā̃t* आँत
Intimate (aj∘) *ghaniṣtha* घनिष्ट
Intimate (v∘) *sūchit karnā* सूचित करना*
Intimidate (v∘) *darānā, dhamkānā* डराना, धमकाना*
Intimidation (f∘) *dhamkī* धमकी
Into (prep∘) *ke bhītar* के भीतर
Intolerable (aj∘) *asahanīya* असहनीय
Intoxication (m∘) *naśā* नशा
Intrepid (aj∘) *sāhasī* साहसी
Intricate (aj∘) *jaṭil* जटिल
Intrigue (m∘) *ṣaḍyantra* षड्यंत्र
Intrinsic (aj∘) *āntarik* आंतरिक
Introduce (v∘) *kprastut karnā* प्रस्तुत करना*
Introduction (m∘) *parichay* (f∘) *prastāvanā* परिचय, प्रस्तावना
Introductory (aj∘) *prārambhik* प्रारंभिक
Intrusion (m∘) *ākramaṇ* आक्रमण
Intuition (f∘) *sahajbuddhi* सहजबुद्धि
Invalid (aj∘) *agrāhya* अग्राह्य
Invariable (aj∘) *sthir* स्थिर
Invencible (aj∘) *ajay, ajeya* अजय, अजेय
Invention (m∘) *āviṣkār* आविष्कार
Inverse (aj∘) *ulṭā* उल्टा
Investigate (v∘) *khoj karnā* खोज करना*
Investigation (f∘) *khoj* खोज
Investment (f∘) *pū̃jī* पूँजी
Invisible (aj∘) *agochar* अगोचर
Involve (v∘) *śāmil honā* शामिल होना
Invonvenience (f∘) *asuvidhā* असुविधा
Inward (aj∘) *bhītarī* भीतरी
Ire (m∘) *krodh* क्रोध
Iron (f∘) *istarī;* (m∘) *lohā* इस्तरी; लोहा
Irony (f∘) *viḍambanā* विडंबना
Irrational (aj∘) *tarkhīn* तर्कहीन
Irregular (aj∘) *aniyamit* अनियमित
Irrelevant (aj∘) *asaṅgat* असंगत
Irrigation (f∘) *sı̃chāī* सींचाई
Is (v∘) *hai* है
Island (m∘) *dvīp* द्वीप
Isolate (v∘) *alag karnā* अलग करना*
Issue (m∘) 1. *viṣay* (subject) विषय; 2. (publication) *prachālan* प्रचालन 3. (child) (f∘) *santān* संतान
It (pron∘) *yah* यह
Itch (f∘) *khujlī* खुजली
Itself (pron∘) *svayam* स्वयं
Ivitation (m∘) *āmantraṇ* आमंत्रण

J

Jab (m∘) *mukkā, ghūsā, dhakkā* मुक्का, घूसा, धक्का
Jackel (m∘) *siyār, gīdaḍ* सियार, गीदड़
Jacket (f∘) *mirjaī* मिरजई
Jackfruit (m∘) *kaṭhal* कटहल
Jaelousy (f∘) *īrṣā, ḍāh* ईर्ष्या, डाह
Jagged (aj∘) *dā̃tedār* दाँतेदार
Jail (m∘) *kārāgār,* (f∘) *kaid* कारागार, कैद
January (m∘) *janavarī* जनवरी
Jar (m∘) *bartan* बरतन

Jasmine (f∘) *chamelī* चमेली

Jaundice (m∘) *pīliyā* पीलिया

Javelin (m∘) *bhālā* भाला

Jaw (m∘) *jabḍā* जबड़ा

Jay bird (m∘) *bulbul* बुलबुल

Jeopardy (m∘) *saṅkaṭ* संकट

Jerk (aj∘) *mūrkha* मूर्ख

Jerk (m∘) *jhaṭkā* झटका

Jet (f∘) *dhārā* धारा

Jew (m∘) *yahūdī* यहूदी

Jewel (m∘) *ratna, jawāhar* रत्न, जवाहर

Jingle (f∘) *chhanchhanāhaṭ* छनछनाहट

Jinx (m∘) *abhiśāp* अभिशाप

Jjmble (m∘) *gaḍbaḍjhālā* गड़बड़झाला

Job (f∘) *anukarī* (m∘) *kām* नौकरी, काम

Join (v∘) *juḍnā, joḍnā** जुड़ना, जोड़ना*

Joint (m∘) *joḍ* जोड़

Joke (m∘) *mazāk* मज़ाक

Joker (m∘) *viduṣak* विदुषक

Jolly (aj∘) *ānandit* आनंदित

Jolt (m∘) *jhaṭkā, dhakkā* झटका, धक्का

Journey (f∘) *yātrā,* (m∘) *safar* यात्रा, सफर

Joy (m∘) *harṣa,* (f∘) *khuśī* हर्ष, खुशी

Jubilant (aj∘) *ullāsit* उल्लासित

Jubilation (m∘) *ullās* उल्लास

Judge (m∘) *nyāyādhīś* न्यायाधीश

Judgement (m∘) *nyāya* न्याय

Judicial (aj∘) *adālatī* अदालती

Judiciary, court (f∘) *adālat* अदालत

Judisdiction (f∘) *sīmā* सीमा

Jug (f∘) *surāhī, ghaḍā* सुराही, घड़ा

Juggling (f∘) *bāzīgarī* बाज़ीगरी

Juice (m∘) *ras* रस

Juicy (aj∘) *rasdār* रसदार

July (m∘) *julāī* जुलाई

Jumbo (aj∘) *viśal* विशाल

Jump (v∘) *kūdanā* कूदना

Junction (m∘) *sandhi-sthān* संधि-स्थान

Juncture (m∘) *ghaṭnāchakra* घटनाचक्र

Junior (aj∘) *chhoṭa, avar* छोटा, अवर

Junk (m∘) *kūḍā-karkaṭ* कूड़ा-करकट

Jupitor (m∘) *bṛhaspati* बृहस्पति

Jury (m∘) *pañch* पंच

Just (av∘) 1. (now) *abhī-abhī, turant* अभी-अभी, तुरंत 2. (only) *keval* केवल 3. (fair) *vaidh, uchit* वैध, उचित

Justice (m∘) *nyāy, insāf* न्याय, इंसाफ़

Justification (m∘) *samarthan* समर्थन

Juvenile (m∘) *kiśor, taruṇ* किशोर, तरुण

Juxtapose (v∘) *lagānā* लगाना*

K

Keen (aj∘) *utkaṭ* उत्कट

Keep (v∘) *rakhanā* रखना*

Keeper (m∘) *rakhavālā* रखवाला

Kernel (f∘) *garī* गरी

Kerosene (m∘) *miṭṭī kā tel* मिट्टी का तेल

Kettle (f∘) *ketali* केतली

Key (f∘) *chābī* चाबी

Kick (f∘) *ṭhokar* ठोकर

Kick (v∘) *ṭhokar māranā* ठोकर मारना*

Kid (m∘) *bacchā, bāl* बच्चा, बाल

Kidnap (m∘) *apaharaṇ* अपहरण

Kidney (m∘) *gurdā* गुरदा

Kill (v∘) *māranā* मारना*

Kiln (f∘) *bhaṭṭī* भट्टी

Kin (m∘) *riśtedār* रिश्तेदार

Kind (aj∘) *dayālu* दयालु

Kind (m∘) *prakār* (f∘) *jāti* प्रकार, जाति

Kindle (v∘) *uksānā* उकसाना*

Kindness (f∘) *dayā* दया

King (m∘) *rājā* राजा

Kingdom (m∘) *rājya* राज्य

Kink (m∘) *bal* बल

Kinship (m∘) *riśtā* रिश्ता

Kiss (m∘) *chumban* चुंबन

Kitchen (f∘) *rasoī* रसोई

Kite (f∘) 1. *pataṅg* पतंग, 2. (bird) *chīl* चील

Knack (f∘) *kalā* कला

Knapsack (m∘) *thailā* थैला

Knee (m∘) *ghuṭnā* घुटना

Kneed (v∘) *gū̃dhanā* गूँधना*

Kneel (v∘) *ghuṭne ṭeknā* घुटने टेकना*

Knife (f∘) *chhurī* छुरी (m∘) *chāku* चाकु

Knit (v∘) *bunanā* बुनना*

Knob (m∘) *muṭh* मुठ

Knock (f∘) *khaṭkhaṭāhaṭ* खटखटाहट

Knock (v∘) *khaṭkhaṭānā* खटखटाना

Knot (f∘) *gā̃th* गाँठ

Know (v∘) *jānanā* जानना*

Knowledge (m∘) *gyān, bodh* ज्ञान, बोध

L

Label (f∘) *chippī* चिप्पी

Laboratory (f∘) *prayogśālā* प्रयोगशाला

Labour (f∘) *mehnat* मेहनत

Labourer (m∘) *majdūr* मजदूर

Lace (f∘) *fītā, jālī* फ़ीता, जाली

Lack (f∘) *kamī* कमी

Lad (m∘) *laḍkā, bālak* लड़का, बालक

Ladder (f∘) *sīḍhī* सीढ़ी

Ladle (f∘) *kaḍchī* कडछी

Lady (f∘) *strī, aurat, mahilā* स्त्री, औरत, महिला

Lagoon (m∘) *jhīl* झील

Lake (m∘) *jhīl, sarovar* झील, सरोवर

Lamb (m∘) *memnā* मेमना

Lame (aj∘) *laṅgḍā* लँगड़ा

Lamp (m∘) *dīyā* दीया

Language (f∘) *bhāṣā* भाषा

Lap (f∘) *god* गोद

Lapse (f∘) *bhūl, chūk* भूल, चूक

Lard (f∘) *charbī* चरबी

Large (aj∘) *baḍā, viśāl* बड़ा, विशाल

Last (aj∘) *antim, ākharī* अंतिम, आखरी

Last (v∘) *ṭiknā* टिकना

Latch (f∘) *chiṭkanī* चिटकनी

Late (aj∘) 1. (time) *der kā* देर का 2. (passed away) *mṛt* मृत

Lately (av∘) *ājakal* आजकल

Later (av∘) *bād mẽ, fir* बाद में, फिर

Laugh (f∘) *hansī* हँसी

laugh (v∘) *hasanā* हँसना
Law (m∘) *kānūn* कानून
Lawyer (m∘) *vakīl* वकील
Lazy (aj∘) *ālasī* आलसी
Lead (m∘) *sīsā* सीसा
Lead (v∘) *āge rahnā* आगे रहना
Leader (m∘) *netā* नेता
Leading (aj∘) *mukhya* मुख्य
Leaf (m∘) *pattā* पत्ता
League (m∘) *sangh* संघ
Lean (aj∘) *dublā-patlā* दुबला-पतला
Leap (v∘) *kūdna* कूदना
Learn (v∘) *sīkhnā* सीखना*
Lease (m∘) *izārā* इज़ारा
Least (pron∘) *kam se kam* कम से कम
Leave (f∘) *chhuṭṭī* छुट्टी
Leave (v∘) *chale jānā* चले जाना
Lecture (m∘) *bhāṣaṇ* भाषण
Left (aj∘) *bāyā* बाँया
Leg (f∘) *ṭāng* टांग; (m∘) *pair* पैर
Legal (aj∘) *vaidh, kānūnī* वैध, कानूनी
Legend (f∘) *dantakathā* दंतकथा
Legible (aj∘) *suvācchya* सुवाच्य
Legislature (f∘) *vidhansabhā* विधानसभा
Legitimate (aj∘) *vaigh* वैध
Leisure (f∘) *fursat* फुरसत
Lemon (m∘) *nīmbū* नींबू
Lend (v∘) *udhār denā* उधार देना*
Length (f∘) *lambāī* लंबाई
Lengthy (aj∘) *lambā* लंबा
Leniecy (f∘) *udārtā* उदारता
Lenient (aj∘) *udār, saumya* उदार, सौम्य
Lentil (m∘) *masūr* मसूर
Leopard (m∘) *chītā* चीता, *tenduā* तेंदुआ
Less (aj∘) *kam* कम
Lessen (m∘) *kam hona, kam karnā** कम होना, कम करना*
LESSON (m∘) *pāṭh* पाठ
Lethargy (m∘) *ālas* आलस
Letter 1. (m∘ alphabet) *akṣar* अक्षर 2. (f∘ mail) *hiṭṭhī* चिट्ठी

Level (aj∘) *samtal, sapāṭ* समतल, सपाट
Level (m∘) *star* स्तर
Levy (m∘) *kar* कर
Liability (m∘) *uttardāyītva* उत्तरदायीत्व
Liable (aj∘) *uttardāyī* उत्तरदायी
Liar (aj∘) *jhūṭhā* झूठा
Liberal (aj∘) *udār* उदार
Liberate (v∘) *mukta karnā* मुक्त करना*
Liberation (f∘) *mukti* मुक्ति
Liberty (f∘) *mukti, svātantrya* मुक्ति, स्वातंत्र्य
Libra (f∘) *tulā raśi* तुला राशि
Library (m∘) *pustakālay* पुस्तकालय
Licence (f∘) *anumati* अनुमति
Lick (v∘) *chāṭnā* चाटना*
Lid (m∘) *ḍhakanā* ढकना
Lie (v∘) 1. (speaking) *jhuṭh bolnā* झूठ बोलना* 2. (rest) *leṭnā* लेटना
Life (m∘) *prāṇ jīvan* प्राण, जीवन
Lift (v∘) *uṭhānā* उठाना*
Ligament (m∘) *snāyu* स्नायु
Light (aj∘) 1. (weight) *halkā* हलका 2. (colour) *phīkā* फीका
Light (m∘) *prakāś, rośanī* प्रकाश, रोशनी
Lightning (f∘) *bijlī* बिजली
Like (aj∘) *samān* समान
Like (v∘) *chāhanā* चाहना*
Like that (av∘) *vaise* वैसे
Like this (av∘) *aise* ऐसे
Like what (av∘) *kaise* कैसे
Likely (aj∘) *sambhāvya* संभाव्य
Likelyhood (f∘) *sambhāvanā* संभावना
Likewise (av∘) *bhī, vaise hī* भी, वैसे ही
Lily (f∘) *kumudinī* कुमुदिनी
Lime (m∘) 1. (fruit) *nimbū* निंबू 2. (chemical) *chūnā* चूना
Limit (f∘) *sīmā* सीमा
Limited (aj∘) *sīmit* सीमित
Limp (v∘) *langdānā* लँगड़ाना
Line (f∘) *rekhā, katār* रेखा, कतार
Lining (m∘) *astar* अस्तर
Link (f∘) *kaḍī* कड़ी

Lint (m∘) *fāhā* फाहा
Lion (m∘) *śer, simha* शेर, सिंह
Lioness (f∘) *śeranī, simhanī* शेरनी, सिंहनी
Lip (m∘) *oṭh* ओठ
Liquid (m∘) *drav* द्रव
Liquidation (m∘) *diwālā* दिवाला
Liquor (f∘) *śarāb, madya* शराब, मद्य
List (f∘) *sūchī, tālikā* सूची, तालिका
Listen (v∘) *sunanā* सुनना*
Literacy (f∘) *sākṣartā* साक्षरता
Literal (aj∘) *śābdik* शाब्दिक
Little (aj∘) *chhoṭā* छोटा
Little (av∘) *kiñchit, jarā* किंचित्, जरा
Little finger (f∘) *kanakī* कनीका
Live (aj∘) *jīvit, zindā* जीवित, ज़िंदा
Live (v∘) *jīnā* जीना
Lively (aj∘) *furtīlā* फुरतीला
Livelyhood (f∘) *jīvikā* जीविका
Liver (m∘) *kalejā* कलेजा
Living (aj∘) *jīvit, zindā* जीवित, ज़िंदा
Living (f∘) *jīvikā* जीविका
Lizard (f∘) *chipakalī* छिपकली
Load (m∘) *bhār* भार
Loan (m∘) *karj, ṛṇ* कर्ज, ऋण
Local (aj∘) *sthānik* स्थानिक
Locality (m∘) *muhallā, ilākā* मुहल्ला, इलाका
Locate (v∘) *patā lagānā* पता लगाना*
Location (m∘) *sthān, jagah* स्थान, जगह
Lock (m∘) *tālā* ताला
Locust (f∘) *ṭiddī* टिड्डी
Loft (f∘) *aṭārī* अटारी
Lofty (aj∘) *aleśān* अलेशान
Logic (m∘) *tark* तर्क
Logo (m∘) *pratīk-chihna* प्रतीक-चिह्न
Loitering (f∘) *maṭargaśtī, āwārāgardī* मटरगश्ती, आवारागर्दी
London (m∘) *Landan* लंदन
Lone (aj∘) *akelā* अकेला
Lonely (aj∘) *akelā* अकेला
Lonesome (aj∘) *akelā, sūnā* अकेला, सूना

Long (aj◦) *lambā* लंबा
Look (v◦) *dekhnā* देखना*
Loom (m◦) *karghā* करघा
Loose (aj◦) *ḍhīlā* ढीला
Lopsided (aj◦) *ektarfā* एकतरफ़ा
Lord (m◦) *mālik, swāmī* मालिक, स्वामी
Lose (v◦) *khonā* खोना*
Loss (m◦) *nuksān* नुकसान
Lost (aj◦) *khoyā huā* खोया हुआ
Lot (aj◦) *bahut* बहुत
Lotus (m◦) *kamal* कमल
Loud (aj◦) *śor vālā* शोर वाला
Louse (f◦) *jūn* जूँ
Lovable (aj◦) *pyārā* प्यारा
Love (m◦) *pyār, sneha* प्यार, स्नेह
Love (v◦) *pyār karanā* प्यार करना*
Lovely (aj◦) *pyārā, sundar* प्यारा, सुंदर
Lover (m◦ f◦) *premī, premikā* प्रेमी, प्रेमिका
Low (aj◦) *nīchā* नीचा
Loyal (aj◦) *īmāndār* ईमानदार
Lucid (aj◦) *subodh* सुबोध
Lucious (aj◦) *sumadhur* सुमधुर
Luck (m◦) *bhāgya, bhāg* भाग्य, भाग
Luckily (av◦) *bhāgyavaśa, saubhāgya se* भाग्यवश, सोभाग्य से
Lucky (aj◦) *bhāgyaśālī* भाग्यशाली
Lucrative (aj◦) *fāyademand* फायदेमंद
Lump (m◦) *ḍhelā* ढेला
Lunatic (aj◦) *pāgal* पागल
Lung (m◦) *fefaḍā* फेफड़ा
Lure (m◦) *pralobhan* प्रलोभन
Lust (f◦) *lālsā* लालसा
Luxuriant (aj◦) *prachur* प्रचुर
Luxury (m◦) *vilās* विलास
Lyric (f◦) *kavitā* कविता

M

Machine (m◦) *yantra* यंत्र
Mad (aj◦) *pāgal* पागल
Madam (f◦) *mahilā* महिला
Madium (aj◦) *madhyam* मध्यम
Madium (m◦) *mādhyam* माध्यम
Magazine (f◦) *patrikā* पत्रिका
Magic (f◦) *jādū* जादू
Magician (m◦) *jādūgar* जादूगर
Magnet (m◦) *chumbak* चुंबक
Magnificient (aj◦) *śāndār* शानदार
Magnify (v◦) *baḍhānā* बढ़ाना*
Magnitude (f◦) *mahattā* महत्ता
Maid (f◦) *dāsī* दासी
Mail (f◦) *ḍāk* डाक
Mailman (m◦) *ḍākiyā* डाकिया
Main (aj◦) *mukhya* मुख्य
Maize, corn (m◦) *makkā* मक्का
Major (aj◦) *mukhya* मुख्य
Majority (m◦) *bahumata* बहुमत
Make (v◦) *banānā* बनाना*
Maker (m◦) *kartā* कर्ता
Male (aj◦) *nar* नर
Malice (m◦) *dveṣ* द्वेष
Malign (v◦) *nindā karnā* निंदा करना*
Mammoth (aj◦) *viśāl* विशाल
Man (m◦) *ādmī* आदमी
Management (m◦) *vyavasthā* व्यवस्था
Manager (m◦) *vyavasthāpak* व्यवस्थापक
Mane (m◦) *ayāl, kesar* अयाल, केसर
Mango (m◦) *ām* आम
Mania (f◦) *sanak* सनक
Mankind (f◦) *mānava jāti* मानव जाति
Manner (f◦) *rīti, ḍhang* रीति, ढंग
Mansion (f◦) *havelī, koṭhī* हवेली, कोठी
Manslaughter (f◦) *narhatyā* नरहत्या
Manufacture (m◦) *utpādan* उत्पादन
Manure (m◦) *khād, gobar* खाद, गोबर
Many (pron◦) *kaī* कई
Map (m◦) *nakśā* नक्शा
Mar (v◦) *bigāḍnā* बिगाड़ना*
Marble (m◦) *saṅgamaramar* संगमरमर
March (m◦) *julūs, prayāṇ* जुलूस, प्रयाण
Margin (m◦) *kinārā* किनारा
Maritime (aj◦) *samudrī* समुद्री
Mark (m◦) *niśān* निशान
Market (m◦) *bāzār* बाज़ार
Marquee (m◦) *śāmiyānā* शामियाना
Marriage (m◦) *vivāha*, (f◦) *śādī* विवाह, शादी
Marrow (f◦) *majjā* मज्जा
Marry (v◦) *vivāh-śādī karnā* विवाह-शादी करना*
Mars (m◦) *mangal* मंगल
Martyr (m◦) *śahīd* शहीद
Marvel (m◦) *chamatkār* चमत्कार
Marvelous (aj◦) *chamatkārik* चमत्कारिक
Mascara (m◦) *añjan* अंजन
Mask (m◦) *nakāb* नक़ाब
Massacre (f◦) *katal* कतल
Massage (f◦) *māliś* मालिश
Massiah (m◦) *masīh* मसीह
Massive (aj◦) *mahākāy* महाकाय
Master (m◦) *swāmī* स्वामी
Mat (f◦) *chaṭāī* चटाई
Match (f◦) *spardhā* स्पर्धा
Matchbox (f◦) *māchis* माचिस
Mate (m◦ f◦) *sāthī* साथी
Material (m◦) *sāmān* सामान
Materialism (m◦) *bhautikvād* भौतिकवाद
Maternal uncle (m◦) *māmā* मामा
Mathematics (m◦) *gaṇit* गणित
Matter (m◦) *viṣay*, (f◦) *bāt* विषय, बात
Mattress (f◦) *gaddī* गद्दी
Mattress (m◦) *gaddā* गद्दा
Mature (aj◦) *pakva, prauḍh* पक्व, प्रौढ़
Maximum (m◦) *adhiktam* अधिकतम
May, month (m◦) *amī* मई
Maybe (av◦) *śāyad* शायद
Maze (f◦) *bhūl-bhulaiyā* भूल-भुलैया
Me (pron◦) *mujhe* मुझे
Meal (m◦) *bhojan* भोजन
Mean (aj◦) *ghaṭiyā* घटिया
Meaning (m◦) *arth, matalab* अर्थ, मतलब
Means (m◦) *upāy* उपाय
Measles (f◦) *chechak* चेचक

Measure (m◦) *upāy* उपाय
Measure (v◦) *nāpanā* नापमा*
Measurement (m◦) *nāp* नाप
Meat (m◦) *mā̃s* मांस
Medal (m◦) *padak* पदक
Meddling (m◦) *hastakṣep* हस्तक्षेप
Media (m◦) *mādhyam* माध्यम
Medication (f◦) *davāī, auṣadhī* दवाई, औषधि
Medicine (f◦) *davāī, auṣadhī* दवाई, औषधि
Medicine (m◦) *auṣadh* औषध
Medoicre (aj◦) *māmulī* मामुली
Meet (v◦) *milanā* मिलना
Meeting (f◦) *sabhā* सभा
Melancholy (f◦) *udāsī* उदासी
Melody (f◦) *dhun* धुन
Melon (m◦) *kharbūzā* खरबूज़ा
Melt (v◦) *pighalanā* पिघलना
Melt (v◦) *pighalnā,ghulnā* पिघलना, घुलना
Member (m◦) *sadsya* सदस्य
Membrane (f◦) *jhilli* झिल्ली
Memento (f◦) *yādgār* यदगार
Memorable (aj◦) *smaranīya* स्मरणीय
Memorandum (f◦) *gyāpikā* ज्ञापिका
Memorial (m◦) *smārak* स्मारक
Memory (f◦) *yād, smṛti* याद, स्मृति
Menace (m◦) *saṅkaṭ* संकट
Menawhile (av◦) *itne mẽ* इतने में
Mend (v◦) *ṭhīk karnā* ठीक करना*
Mental (aj◦) *mānasik* मानसिक
Mentality (f◦) *manovṛtti* मनोवृत्ति
Merchandise (m◦) *māl* माल
Merchant (m◦) *vyāpārī, saudāgar* व्यापारी, सौदागर
Merciful (aj◦) *dayāvān* दयावान
Mercury, liquid(m◦) *pārā* पारा
Mercury, planet (m◦) *budh* बुध
Mercy (f◦) *dayā* दया
Mere (aj◦) *keval* केवल
Merely (av◦) *keval, sirf* केवल, सिर्फ
Merge (v◦) *ek honā* एक होना

Merit (m◦) *guṇ* गुण
Meritorious (aj◦) *sarāhanīya* सराहनीय
Merry (aj◦) *ānandit* आनंदित
Mesh (f◦) *jālī* जाली
Message (m◦) *sandeś* संदेश
Metal (f◦) *dhātu* धातु
Metaphor (m◦) *rūpak* रूपक
Meteor (f◦) *ulkā* उल्का
Method (m◦) *tarīkā,* (f◦) *rīti* तरीका, रीति
Meticulous (aj◦) *dhyānpūrvak* ध्यानपूर्वक
Microbe (m◦) *jīvāṇu* जीवाणु
Midday (f◦) *dopahar* दोपहर
Middle (m◦) *madhya, bīch* मध्य, बीच
Middle finger (f◦) *madhyamā* मध्यमा
Middleman (m◦) *dalāl* दलाल
Midst (m◦) *bīch mẽ* बीच में
Might (m◦) *bal,* (f◦) *śakti* बल, शक्ति
Mild (aj◦) *saumya* सौम्य
Mile (m◦) *mīl* मील
Militant (aj◦) *laḍākū* लड़ाकू
Military (f◦) *senā* सेना
Milk (m◦) *dūdh* दूध
Milkmaid (f◦) *gwālin* ग्वालिन
Milkman (m◦) *gwālā* ग्वाला
Mill (m◦) *kārkhānā* कारखाना
Mill (v◦) *pīsnā* पीसना*
Millionaire (m◦) *lakhpati* लखपति
Mimic (v◦) *nakal utārnā* नकल उतारना*
Mind (m◦) *man* मन
Mindful (aj◦) *sāvadhān* सावधान
Mine (f◦) *khadān* खदान
Mine (pron◦ m◦ f◦) *merā, merī* मेरा, मेरी
Mineral (aj◦) *khanij* खनिज
Minimum (aj◦) *kma se kam* कम से कम
Minister (m◦) *mantri* मंत्री
Ministry (m◦) *mantrālay* मंत्रालय
Minor (aj◦) *gauṇ* गौण
Mint (f◦ money) *ṭaksāl* टकसाल; (m◦ plant) *pudīnā* पुदीना
Minute (aj◦) *sūkṣma* सूक्ष्म

Miracle (m◦) *chamatkār* चमत्कार
Mire (m◦) *kichaḍ* कीचड़
Mirror (m◦) *āīnā* आईना
Miscellaneous (aj◦) *fuṭkar* फुटकर
Mischief (f◦) *śarārat* शरारत
Mischievous (aj◦) *śarāratī* शरारती
Miscreant (m◦) *badmāś* बदमाश
Miser (aj◦) *kañjūs* कंजूस
Miserable (aj◦) *dayanīya* दयनीय
Misery (f◦) *durdaśā* दुर्दशा
Misfortune (m◦) *durbhāgya* दुर्भाग्य
Misgiving (m◦) *sandeha* संदेह
Misguided (aj◦) *bahkāyā* बहकाया
Mishap (f◦) *durghaṭnā* दुर्घटना
Miss (v◦) *chūknā* चूकना*
Mist (m◦) *kuhrā* कुहरा
Mistake (f◦) *galtī, bhūl* ग़लती, भूल
Mistrust (m◦) *aviśvās* अविश्वास
Misuse (m◦) *durupayog* दुरुपयोग
Mix (v◦) *milnā, milānā** मिलना, मिलाना*
Mixture (m◦) *miśraṇ* मिश्रण
Moan (v◦) *krāhnā* कराहना
Mob (f◦) *bhīḍ* भीड़
Mockery (f◦) *upahās* उपहास
Mode (f◦) *rīti* रीति. (m◦) *ḍhaṅg, tarīkā* ढंग, तरीका
Modern (aj◦) *ādhunik* आधुनिक
Modest (aj◦) *sādhāraṇ* साधारण
Modification (m◦) *parivartan, badal* परिवर्तन, बदल
Moist (aj◦) *gīlā, nam* गीला, नम
Moisture (f◦) *namī, sīl* नमी, सील
Molar (f◦) *dāḍh* दाढ़
Mole (m◦) *til* तिल
Molecule (m◦) *aṇu* अणु
Molestaion (f◦) *chheḍkhānī* छेड़खानी
Moment (m◦) *pal, kṣaṇ* पल, क्षण
Momentary (aj◦) *kṣaṇik* क्षणिक
Momentum (m◦) *saṁveg* संवेग
Monarch (m◦) *rājā* राजा
Monday (m◦) *somwār* सोमवार
Money (m◦) *paise* पैसे

Mongoose (m॰) *nevlā* नेवला
Monitor (m॰) *nirīkṣak* निरीक्षक
Monk (m॰) *bhikṣu* भिक्षु
Monkey (m॰) *bandar* बंदर
Monopoly (m॰) *ekādhikār* एकाधिकार
Monotonous (aj॰) *eksurā* एकसुरा
Monster (m॰) *rākṣas* राक्षस
Month (m॰) *mahīnā* महीना
Monument (m॰) *smārak* स्मारक
Mood (f॰) *manaḥsthiti* मन:स्थिति
Moon (m॰) *chandra, chānd* चंद्र, चाँद
Moral (aj॰) *naitik* नैतिक
Morality (f॰) *naitiktā* नैतिकता
More (aj॰) *jyādā* ज्यादा
More (av॰) *adhikatā se* अधिकता से
Moreover (av॰) *is se adhik, sivāy* इससे अधिक, सिवाय
Morning (m॰) *saverā* सवेरा
Mortal (m॰) *naśvar* नश्वर
Mortgage (m॰) *girvī* गिरवी
Mosquito (m॰) *machchhar* मच्छर
Most (pron॰) *sabse adhik* सबसे अधिक
Mostly (av॰) *prāyaḥ. bahudhā* प्राय:, बहुधा
Moth (m॰) *pataṅg* पतंग
Mother (f॰) *mān̐* माँ
Mother-in-law (f॰) *sās* सास
Motion (f॰) *gati, chāl* गति, चाल
Mountain (m॰) *pahāḍ* पहाड़, *parvat* पर्वत
Mouse (m॰) *chūhā* चूहा
Mouth (m॰) *mun̐h* मुँह
Move (v॰) *hilnā, hilānā** हिलना, हिलाना*
Movement (f॰) *gati-vidhi* गतिविधि
Movie (f॰) *filam* फिलम
Movie (m॰) *chalachitra* चलचित्र
Much (av॰) *bahut, jyādā* बहुत, ज्यादा
Mule (m॰) *khacchar* खच्चर
Multiplication (m॰) *guṇā* गुणा
Mumble (v॰) *budbudānā, fusfusānā* बुदबुदाना, फुसफुसाना
Murder (m॰) *khūn*, (f॰) *hatyā* खून, हत्या
Murmer (v॰) *budbudānā, fusfusānā* बुदबुदाना, फुसफुसाना
Muscle (f॰) *peśī* पेशी
Museum (m॰) *saṅgrahālay, ajāyabghar* संग्रहालय, अजायबघर
Music (m॰) *saṅgīt* संगीत
Musician (av॰) *saṅgītakār* संगीतकार
Must (av॰) *avaśya* अवश्य
Mustache (f॰) *mūchh* मूछ
Mute (aj॰) *gūṅgā* गूँगा
Mutually (av॰) *paraspar* परस्पर
Myself (pron॰) *apne āp* अपने आप
Mysterious (aj॰) *rahasyamay* रहस्यमय
Mystery (m॰) *rahasya* रहस्य
Mythology (m॰) *purāṇaśāstra* पुराणशास्त्र

N

Nab (v॰) *jhapaṭnā* झपटना*
Nag (aj॰) *jhagaḍālū, fasādī* झगड़ालू, फ़सादी
Nail, 1. on finger (m॰) *nākhūn* नाखून 2. to hammer (f॰) *kīl* कील
Naive (aj॰) *bholā* भोला
Naked (aj॰) *naṅgā, khulā* नंगा, खुला
Name (m॰) *nām* नाम
Namely (av॰) *yānī, arthāt* यानी, अर्थात
Nap (f॰) *jhapkī* झपकी
Narration (m॰) *vivaraṇ, varṇan* विवरण, वर्णन
Narrow (aj॰) *patlā, saṅkuchit* पतला, संकुचित
Nasty (aj॰) *gandā* गंदा
Nation (m॰) *deś, rāṣṭra, kaum* देश, राष्ट्र, कौम
National (aj॰) *rāṣṭrīya* राष्ट्रीय
Nationality (f॰) *nāgrīktā* नागरीकता
Nationalization (m॰) *rāṣṭrīyakaraṇ* राष्ट्रीयकरण
Native (aj॰) *desī* देसी
Native (m॰) *nivāsī* निवासी
Natural (aj॰) *naisargik* नैसर्गिक
Nature (f॰) *prakṛti, sṛṣṭi* प्रकृति, सृष्टि
Naughty (aj॰) *naṭkhaṭ, śarārtī* नटखट, शरारती
Nauseate (v॰) *machalnā* मचलना
Navel (f॰) *nābhī* नाभी
Navigation (m॰) *sanchālan* संचालन
Navy (f॰) *nau-senā* नौसेना
Near (aj॰) *nikaṭ, samīp* निकट, समीप
Nearly (av॰) *lagbhag* लगभग
Neat (aj॰) *sāf-suthrā* साफ-सुथरा
Necessary (aj॰) *zarūrī, āvaśyak* ज़रूरी, आवश्यक
Neck (f॰) *gardan* गर्दन
Necklace (m॰) *hār* हार
Nectat (m॰) *śahad, makrand* शहद, मकरंद
Need (f॰) *zarūrat, āvaśyaktā* ज़रूरत, आवश्यकता
Needle (f॰) *sūī, salāī* सूई, सलाई
Needy (aj॰) *zarūratmand* ज़रूरतमंद
Negative (aj॰) *ṛṇ, nakārātmak* ऋण, नकारात्मक
Neglect (f॰) *upekṣā* उपेक्षा
Neglect (v॰) *dhyān na denā* ध्यान न देना*
Negligence (f॰) *lāparvāhī* लापरवाही
Negligent (aj॰) *lāparvāh* लापरवाह
Negotiation (m॰) *vinimay* विनिमय
Neigh (v॰) *hinhinānā* हिनहिनाना
Neighbor (m॰) *paḍosī* पड़ोसी
Neighborly (aj॰) *milansār* मिलनसार
Neighbour (m॰) *paḍosī* पड़ोसी
Neither (pron॰) *do mẽ se ek bhī nahī̃* दो में से एक भी नहीं
Nephew (m॰) *bhatījā, bhā̃jā* भतीजा, भाँजा
Nepotism (f॰) *āpsī laḍāī* आपसी लड़ाई
Neptune (m॰) *varuṇ* वरुण
Nerve (f॰) *nas, snāyu* नस, स्नायु
Nervous (aj॰) *ghabḍāyā huā* घबड़ाया हुआ
Nest (m॰) *ghõsalā* घोंसला
Net (m॰) *jāl* जाल
Neutral (aj॰) *taṭastha* तटस्थ
Never (av॰) *kabhī nahī̃* कभी नहीं

Nevertheless (av◦) *tathāpi* तथापि

News (m◦) *samāchār* (f◦) *khabar* समाचार, खबर

Newspaper (m◦) *akhbār* अखबार

Next (aj◦) *aglā* अगला

Nibble (v◦) *kutarnā* कुतरना*

Nice (aj◦) *bahut acchhā* बहुत अच्छा

Nickname (m◦) *upanām* उपनाम

Niece (f◦) *bhatījī, bhā̃jī* भतीजी, भाँजी

Night (f◦) *rāt* रात

Nightfall (f◦) *sandhyā, śām* संध्या, शाम

Nightingale (f◦) *bulbul* बुलबुल

Nil (m◦) *kuchh nahī̃* कुछ नहीं

Nimble (aj◦) *furtīlā* फुरतीला

Nine (aj◦) *nau* नौ

Nineteen (aj◦) *unnīs* उन्नीस

Ninety (aj◦) *nabbe* नब्बे

Ninth (aj◦) *nauvā̃* नौवाँ

Nipple (m◦) *stanāgra* स्तनाग्र

Nitwit (m◦) *mūrkha, buddhū* मूर्ख, बुद्धू

No (av◦) *na, nahī̃* न, नहीं

Nobility (f◦) *kulīnatā* कुलीनता

Noble (aj◦) *kulīn* कुलीन

Nobody (pron◦) *koī nahī̃* कोई नहीं

Nocturnal (aj◦) *niśāchar* निशाचर

Noise (m◦) *śor* शोर

Nomad (aj◦) *āwārā* आवारा

Nominal (aj◦) *nāmamātra* नाममात्र

Nomination (m◦) *nāmā̇nkan* नामांकन

None (pron◦) *koī bhī nahī̃* कोई भी नहीं

Nose (m◦) *nāk* नाक

Not (av◦) *nahī̃, na* नहीं, न

Not at all (av◦) *bilakul nahī̃* बिलकुल नहीं

Notice (f◦) *sūchanā* सूचना

Notification (f◦) *sūchanā* सूचना

Notify (v◦) *sūchanā denā* सूचना देना*

Novel (m◦) *upanyās* उपन्यास

Now (av◦) *ab* अब

Now a days (av◦) *ājakal* आजकल

Now and then (av◦) *kabhī-kabhī* कभी कभी

Nowhere (av◦) *kahī̃ nahī̃* कहीं नहीं

Nurse (f◦) *parichārikā* परिचारिका

Nutmeg (m◦) *jāyfal* जायफल

Nutrition (m◦) *āhār* आहार

Nymph (f◦) *apsarā* अप्सरा

O

O' Clock (m◦) *baje* बजे

Oasis (m◦) *marudyān* मरुद्यान

Oath (f◦) *śapath* शपथ

Obese (aj◦) *bahut moṭā* बहुत मोटा

Obey (v◦) *kahanā mānanā* कहना मानना*

Object (f◦) *vastu, chīz* वस्तु, चीज़

Objection (m◦) *etrāz* (f◦) *āpatti* एतराज़, आपत्ति

Objective (m◦) *hetu, dhyeya, uddeśya* हेतु, ध्येय, उद्देश्य

Obligation (m◦) *dāyitva* दायित्व

Oblique (m◦) *ṭeḍhā, tirchhā* टेढ़ा, तिरछा

Obliterate (v◦) *miṭānā* मिटाना*

Oblong (m◦) *āyat* आयत

Obscene (aj◦) *aślīl* अश्लील

Obscure (aj◦) *aprasiddha* अप्रसिद्ध

Observation (m◦) *nirīkṣaṇ* निरीक्षण

Observatory (m◦) *vedhaśālā* वेधशाला

Observe (v◦) *inirīkṣaṇ karnā* निरीक्षण करना*

Obsession (f◦) *dhun* धुन

Obsolete (aj◦) *aprachalit* अप्रचलित

Obstacle (f◦) *bādhā* बाधा

Obstinate (aj◦) *ziddī* ज़िद्दी

Obstruct (v◦) *bādhā ḍalnā* बाधा डालना*

Obstruction (f◦) *bādhā, vighna* बाधा, विघ्न

Obtain (v◦) *pānā* पाना*

Obvious (aj◦) *suspaṣṭ, prakaṭ* सुस्पष्ट, प्रकट

Occasion (m◦) *avsar* अवसर

Occupation (m◦) *dhandhā* धंधा

Occupy (v◦) *rahnā* रहना

Occur (v◦) *honā* होना

Occurence (f◦) *ghaṭnā* घटना

Ocean (m◦) *samudra, sāgar* समुद्र, सागर

Octagon (m◦) *aṣṭabhuj* अष्टभुज

Octave (m◦) *aṣṭak* अष्टक

October (m◦) *aktūbar* अक्तूबर

Odd (aj◦) *anūṭhā, vichitra* अनूठा, विचित्र

Odor (m◦) *gandh, mahak* गंध, महक

Of (pron◦) *kā, kī, ke, rā, rī re* का, की के, रा, री, रे

Off (aj◦) *band* बंद

Offence (m◦) *aparādh* अपराध

Offensive (aj◦) *ghātak* घातक

Offensive (m◦) *hamlā* हमला

Offer (m◦) *prastāv* प्रस्ताव

Offer (v◦) *arpaṇ karnā* अर्पण करना*

Office (m◦) *kāryālay, daftar* कार्यालय, दफ्तर

Officer (m◦) *adhikārī* अधिकारी

Official (aj◦) *sarkārī* सरकारी

Offspring (f◦) *santān* संतान

Often (av◦) *bārambār, aksar* बारंबार, अक्सर

Oil (m◦) *tel* तेल

Ok (aj◦ av◦) *ṭhīk* ठीक, ठीक है

Okra (f◦) *bhinḍī* भिंडी

Old (aj◦) *purānā, būḍhā* पुराना, बूढ़ा

Old lady (f◦) *buḍhiyā* बुढ़िया

Old man (m◦) *vṛddha* वृद्ध

Omen (m◦) *sagun* सगुन

Omission (f◦) *bhūl* भूल

Omit (v◦) *choḍnā* छोड़ना*

Omnipotent (aj◦) *sarvaśaktimān* सर्वशक्तिमान

Omniscient (aj◦) *sarvagya* सर्वज्ञ

On (m◦) *-par, ūpar* -पर, ऊपर

On both sides (av◦) *donõ taraf se* दोनों तरफ से

On the contrary (av◦) *dūsarī or* दूसरी ओर

Once (av◦) *ek bār* एक बार

One (aj◦) *ek* एक

Oneself (pron◦) *svayam* स्वयं

Onion (m◦) *pyāz* प्याज़

Only (av◦) *kewal, sirf* केवल, सिर्फ

Onset (m∘) *ārambha* आरंभ
Onslaught (m∘) *hamlā, chaḍhāī* हमला, चढ़ाई
Onto (prep∘) *-par* –पर
Onus (m∘) *dāyitva* दायित्व
Onward (av∘) *āge* आगे
Oodient (aj∘) *āgyākārī* आज्ञाकारी
Ooze (v∘) *ṭapaknā, risnā* टपकना, रिसना
Opaque (aj∘) *apārdarśī* अपारदर्शी
Open (aj∘) *khulā* खुला
Open (v∘) *kholanā* खोलना*
Opening (m∘) 1. (aparture) *chhidra* छिद्र; 2. (opportunity) *avsar* अवसर; 3. (way out) *mārga* मार्ग; 4. (unveiling) *ārambha* आरंभ
Openly (av∘) *khule ām, spaṣṭa* खुलेआम, स्पष्ट
Operate (v∘) *chalānā* चलाना*
Operation (f∘) *kārvāī* कारवाई
Operational (aj∘) *chālū, lāgū* चालू, लागू
Operator (m∘) *chālak* चालक
Opinion (f∘) *rāy* राय
Opium (m∘) *afīm* अफ़ीम
Opponent (m∘) *pratispardhī* प्रतिस्पर्धी
Opportune (aj∘) *upayukta* उपयुक्त
Opportunist (m∘) *avasarvādī* अवसरवादी
Opportunity (m∘) *maukā* मौका
Oppose (v∘) *virodh karnā* विरोध करना*
Opposite (aj∘) *viruddha* विरुद्ध
Opposition (m∘) *virodh* विरोध
Oppress (v∘) *satānā* सताना*
Oppression (m∘) *atyāchār* अत्याचार
Oppulent (aj∘) *samṛddha* समृद्ध
Optimist (m∘) *āśāvādī* आशावादी
Option (m∘) *vikalp* विकल्प
Or (av∘) *athawā, yā* अथवा, या
Oral (aj∘) *zabānī* ज़बानी
Orange (aj∘) *santrā* संतरा
Orange (m∘) *santrā* संतरा
Orator (m∘) *vaktā* वक्ता
Orchard (m∘f∘) *falavāṭikā* फलवाटिका
Order (m∘) *hukum, ādeś* (f∘) *āgyā* हुकुम, आदेश, अज्ञा
Order (v∘) *āgyā denā* आज्ञा देना*
Ordinary (aj∘) *sādā, sādhāraṇ* सादा, साधारण
Ore (m∘) *khanij* खनिज
Organ (m∘) *avayav, ang* अवयव, अंग
Organism (m∘) *jīv* जीव
Organization (f∘) *sansthā* संस्था
Origin (m∘) *udgam* उद्गम
Original (aj∘) *ādim, mūl* आदिम, मूल
Ornament (m∘) *gahnā, ābhūṣaṇ, alankār* गहना, आभूषण, अलंकार
Orphan (aj∘) *anāth* अनाथ
Orthodox (aj∘) *rūḍhivādī* रूढ़िवादी
Ostination (m∘) *āḍambar, pākhaṇḍ* आडंबर, पाखंड
Ostrich (m∘) *śuturmurg* शुतुरमुर्ग
Other (pron∘) *dūsrā* दूसरा
Otherwise (av∘) *athvā, anyathā* अथवा, अन्यथा
Oulandish (aj∘) *ajīb* अजीब
Our (pron∘) *apnā* अपना
Ourselves (pron∘) *ham apne āp* हम अपने आप
Out (av∘) *bāhar* बाहर
Outbreak (m∘) *prakop* प्रकोप
Outcome (m∘) *fal, natījā* फल, नतीजा
Outcome (m∘) *pariṇām, natījā* परिणाम, नतीजा
Outdated (aj∘) *aprachalit* अप्रचलित
Outer (aj∘) *bāharī* बाहरी
Outfit (m∘) *pośāk* पोशाक
Outlaw (aj∘) *bahiṣkṛt* बहिष्कृत
Outlay (m∘) *kharch, vyay* खर्च, व्यय
Outlet (m∘) *dvār* द्वार
Outline (m∘) *khākā* ख़ाका
Outlook (m∘) *dṛṣṭikoṇ* दृष्टिकोण
Out-of-date (aj∘) *aprachalit* अप्रचलित
Outpost (m∘) *nākā* नाका
Outrage (m∘) *gussā* गुस्सा
Outrageous (aj∘) *nindanīya* निंदनीय
Outset (m∘) *prārambha* प्रारंभ
Outside (aj∘) *bāhar* बाहर
Outsider (aj∘) *bāharī* बाहरी
Outstanding (aj∘) *achhā* अच्छा
Outwards (av∘) *bāhar kī or* बाहर की ओर
Oval (m∘) *aṇḍākṛtī* अंडाकृति
Oven (f∘) *bhaṭṭī* भट्टी
Over (av∘) *ūpar* ऊपर
Overall (aj∘) *kul milākar* कुल मिलाकर
Overbaring (aj∘) *uddhat* उद्धत
Overcome (v∘) *jītnā* जीतना*
Overhaul (f∘) *marammat* मरम्मत
Overnight (av∘) *rāt-bhar* रातभर
Overpower (v∘) *kābu meṁ lānā* काबू में लाना*
Overt (aj∘) *gupta* गुप्त
Overturn (v∘) *ulaṭnā* उलटना
Owe (v∘) *ṛṇī honā* ऋणी होना
Owl (m∘) *ullū* उल्लू
Own (pron∘) *apnā, nijī* अपना, निजी
Owner (m∘) *swāmī, mālīk* स्वामी, मालिक
Ox (m∘) *bail* बैल
Oxygen (m∘) *prāṇvāyu* प्राणवायु

P

Pace (m∘) *gatī* (motion) गति
Pacify (v∘) *śānt karnā* शांत करना*
Pack (f∘) 1. (bundle) *poṭlī* पोटली, 2. (group) *jhuṇḍ, samūh* झुंड, समूह
Package, box (m∘) *ḍabbā* डब्बा
Packet (f∘) *poṭlī* पोटली
Pact (m∘) *samjhautā, karār* (f∘) *sandhi* समझौता, करार, संधि
Pad (f∘) *gaddī* गद्दी
Paddy (m∘) *dhān* धान
Page (v∘) *pukārnā* पुकारना*
Page, book (m∘) *pṛṣtha* पृष्ठ
Paint (m∘) *rang* रँग
Painter (m∘) *rangwālā* रंगवाला
Pair (m∘ f∘) *joḍā, joḍī* जोड़ा, जोड़ी
Pal (m∘) *sāthī* साथी
Palace (m∘) *raj-mahal* राजमहल

Palatable (aj∘) *svādiṣṭa* स्वादिष्ट
Palate (f∘) *tālu* तालु
Pale (aj∘) *fīkā, nistej* फीका, निस्तेज
Palm, hand (m∘) *kartal* करतल
Palm, tree (m∘) *tāḍ* ताड़
Palpitation (f∘) *ḍhaḍkan* धड़कन
Pamper (v∘) *laḍ karnā* लाड़ करना*
Pan (m∘) *bartan* बरतन
Pandemonium (m∘) *hullaḍ* हुल्लड़
Panic (f∘) *bhagdaḍ, tahalkā* भगदड़, तहलका
Panther (m∘) *tenduā* तेंदुआ
Pants (f∘) *patlūn* पतलून
Papaya (m∘) *papītā* पपीता
Paper (m∘) *kāgaja* कागज
Paper, news (m∘) *akhabār* अखबार
Parable (f∘) *nītikathā* नीतिकथा
Parade (m∘) *julūs* जुलूस
Paradise (m∘) *svarg* स्वर्ग
Paradox (m∘) *virodhābhās* विरोधाभास
Paragraph (m∘) *anucchhed* अनुच्छेद
Parallel (aj∘) *ksamānāntar* समानांतर
Paralyse (v∘) *bala-hīn karnā* बलहीन करना*
Paralysis (m∘) *lakvā* लकवा
Paramount (aj∘) *sarvocchya* सर्वोच्य
Paranoid (aj∘) *aviśvāsū* अविश्वासू
Paraphernalia (m∘) *sāmagrī* सामग्री
Parch (v∘) *jhulasnā, sūkhnā* झुलसना, सूखना
Pardon (f∘) *kṣamā, māfī* क्षमा, माफ़ी
Pardon (m∘) *kṣmā karnā, māf karnā* क्षमा करना, माफ़ करना
Parent (m∘) *mātā-pitā* माता–पिता
Pariah (m∘) *achhūt* अछूत
Parity (f∘) *samānatā* समानता
Park (m∘) *udyān* उद्यान
Parliament (f∘) *sansad* संसद
Parody (f∘) *nakal* नकल
Parrot (m∘) *totā* तोता
Parson (m∘) *pādrī* पादरी
Part (m∘) *bhāg, hissā* भाग, हिस्सा
Part (v∘) *alag honā* अलग होना
Participate (v∘) *bhāg lenā* भाग लेना*
Partner (m∘) *sāthī* साथी
Partridge (m∘) *tītar* तीतर
Pass (v∘) 1. (go) *guzarnā* गुज़रना; 2. (success) *uttirṇa honā* उत्तीर्ण होना; 3. (time) *bītanā* बीतना; 4. (give) *denā* देना*; 5. (law) *anumodit karnā* अनुमोदित करना*; 6. (excrete) *visarjit karnā* विसर्जित करना*
Passage (m∘) *rastā, mārg* रस्ता, मार्ग
Passenger (m∘) *yātrī, musāfir* यात्री, मुसाफिर
Passion (m∘) *manobhāv* मनोभाव
Past (aj∘) *pichhlā* पिछला
Past (m∘) *bhūtkāl* भूतकाल
Paste (v∘) *chipkānā* चिपकाना*
Pasture (m∘) *charāgāh* चरागाह
Pat (v∘) *thapthapānā* थपथपाना*
Patch (m∘) *paivand* पैवंद
Paternal uncle (m∘) *chāchā* चाचा
Path (m∘) *rastā* रस्ता
Pathetic (aj∘) *dayanīya* दयनीय
Pathology (m∘) *rog vigyān* रोग विज्ञान
Patience (f∘) *sahanśakti* सहनशक्ति
Patient (m∘) *rogī, marīz* रोगी, मरीज़
Patriot (m∘) *deśbhakta* देशभक्त
Patriotism (f∘) *deśbhakti* देशभक्ति
Patrol (f∘) *gaśta* गश्त
Patron (m∘) *āśrayadātā* आश्रयदाता
Patronage (m∘) *āsgray* आश्रय
Pattern (m∘) *ḍhang* ढंग
Paucity (m∘) *abhāv* अभाव
Pauper (m∘) *kangāl* कंगाल
Pause (m∘) *virām* विराम
Pavillion (m∘) *manḍap* मंडप
Paw (m∘) *pañjā* पंजा
Pea (m∘) *maṭar* मटर
Peace (f∘) *śānti* शांति
Peaceful (aj∘) *śānt* शांत
Peach (m∘) *āḍū* आड़ू
Peacock (m∘) *mor* मोर
Peahen (f∘) *mornī* मोरनी
Peak (f∘) *choṭī* चोटी
Peanut (f∘) *mūnfgali* मूँगफली
Pear (f∘) *nāśapātī* नाशपाती
Pearl (m∘) *motī* मोती
Peasant (m∘) *kisān* किसान
Peciliar (m∘) *viśeṣa* विशेष
Peculiarity (f∘) *viśeṣatā* विशेषता
Peek (v∘) *jhā̃knā* झाँकना*
Peel (m∘) *chhilakā* छिलका
Peel (v∘) *cl1anā* छीलना*
Peer (m∘) *sāthī* साथी
Peg (f∘) *khū̃ṭī* खूँटी
Pen (f∘) *kalam* कलम
Penalty (m∘) *daṇḍ* (f∘) *sazā* दंड, सज़ा
Penance (f∘) *tapasyā* तपस्या
Pencil (f∘) *lekhanī* लेखनी
Pendulum (m∘) *lolak* लोलक
Penetrate (v∘) *ghusnā, ghusānā** घुसना, घुसाना*
Penitentiary (m∘) *kārāgār* कारागार
Penitration (m∘) *praveś* प्रवेश
Penniless (aj∘) *kangāl* कंगाल
Pension (f∘) *sevāvṛtti* सेवावृत्ति
Pentagon (m∘) *pañchabhuj* पंचभुज
Penultimate (aj∘) *upāntya* उपान्त्य
Penury (m∘) *garībī* गरीबी
People (m∘) *log* लोग
Perceive (v∘) *dekhnā* देखना*
Percent (aj∘) *pratiśat* प्रतिशत
Perceptible (aj∘) *gochar* गोचर
Perception (m∘) *bodh* बोध
Perfect (aj∘) *paripūrṇa* परिपूर्ण
Perfection (m∘) *paripūrṇatā* परिपूर्णता
Perform (v∘) *krnā* करना*
Performance (m∘) *kārya* कार्य
Perfume (m∘) *itra* इत्र
Perhaps (av∘) *kadāchit, śāyad* कदाचित्, शायद
Peril (m∘) *khatrā* खतरा
Perimeter (f∘) *paridhi* परिधि
Period (m∘) *kāl, avadhi* काल, अवधि
Periodic (aj∘) *āvartī* आवर्ती
Periphery (m∘) *kinārā* किनारा

Perish (v。) *nasta honā* नष्ट होना

Permanent (aj。) *sthir, sthāyī* स्थिर, स्थायी

Permision (f。) *ijāzat* इजाज़त

Permission (f。) *anumati, ijāzat* अनुमति, इजाज़त

Permit (f。) *anumati* अनुमति

Permit (v。) *anumati denā* अनुमति देना*

Perpendicular (aj。) *lamb* लंब

Perpetual (aj。) *anant* अनंत

Perplexed (aj。) *hairān* हैरान

Persecute (v。) *satānā* सताना*

Persecution (m。) *atyāchār* अत्याचार

Person (f。) *vyakti* व्यक्ति

Personality (m。) *vyaktitva* व्यक्तित्व

Perspiration (m。) *pasīnā* पसीना

Persuade (v。) *rāzī karnā* राज़ी करना*

Perturb (v。) *ghabrānā* घबराना

Pervade (v。) *failnā* फैलना

Pessimism (m。) *nirāśā-vād* निराशावाद

Pessimist (m。) *nirāśā-vādī* निराशावादी

Pest (m。) *vināśī* विनाशी

Pester (v。) *satānā* सताना*

Pestilence (f。) *mahamārī* महामारी

Petal (f。) *paṅkhaḍī* पँखड़ी

Pharmact (m。) *auṣadhālay* औषधालय

Phase (f。) *avasthā, sthiti* अवस्था, स्थिति

Pheasant (m。) *titar* तीतर

Phenomenal (aj。) *asādhāraṇ* असाधारण

Philosopher (m。) *tattvagya* तत्वज्ञ

Philosophy (m。) *darśan-śāstra* दर्शन शास्त्र

Phone (m。) *dūrabhāṣ* दूरभाष

Phoney (aj。) *naklī* नकली

Photograoh (m。) *chhāyāchitra* छायाचित्र

Phrase (m。) *padbandha* पदबंध

Physica (m。) *bhautik-śastra* भौतिक शास्त्र

Physical (m。) *bhautik* भौतिक

Pick (v。) *uṭhānā, chunanā* उठाना*, चुनना*

Pickle (m。) *achār* अचार

Pictorial (aj。) *sachitra* सचित्र

Picture (m。) *chitra* चित्र

Piece (m。) *ṭukḍā* टुकड़ा

Pierce (v。) *bhednā* भेदना*

Pig (m。) *sūar* सूअर

Pigeon (m。) *kabūtar* कबूतर

Pigment (m。) *raṅg* रंग

Pile (f。) *ḍher, rāśi* ढेर, राशि

Pilgrim (m。) *tīrthyātrī* तीर्थयात्री

Pill (f。) *golī* गोली

Pillage (f。) *lūṭmār* लूटमार

Pillar (m。) *khambhā* खंभा

Pillow (m。) *takiyā* तकिया

Pimple (f。) *funsī* फुंसी

Pin (f。) *mekh* मेख

Pine (m。) *devadār* देवदार

Pineapple (f。) *anannās* अनन्नास

Pink (aj。) *gulābī* गुलाबी

Pinnacle (m。) *śikhar* शिखर

Pioneer (aj。) *aguā* अगुआ

Pious (aj。) *pavitra* पवित्र

Pipe (m。) *nal,* (f。) *nalī* नल, नली

Pit (m。) *gaḍḍhā* गड्ढा

Pitch (m。) *sur* सुर

Pitcher (f。) *surāhī* सुराही

Pity (m。) *taras* (f。) *dayā* तरस, दया

Pivot (f。) *dhurī* धुरी

Place (m。) *sthān, jagah* स्थान, जगह

Place (v。) *rakhnā* रखना*

Plague (f。) *mahāmārī* महामारी

Plain (aj。) *sādā, saral* सादा, सरल

Plan (f。) *yijnā* योजना

Plane (m。) *havāī jahāz* हवाई जहाज़

Planet (m。) *graha* ग्रह

Plank (m。) *takhtā* तख्ता

Plant (m。) *paudhā* पौधा

Plantation (m。) *bāg, bagīchā* बाग, बगीचा

Plate, dish (f。) *thālī* थाली

Platform (m。) *chabūtarā* चबूतरा

Play (m。) 1. (game) *khel, krīḍā* खेल, क्रीड़ा; 2. (drama) *nāṭak* नाटक

Play (v。) *khelnā* खेलना

Playback Singer (m。) *pārshva-gāyak* पार्श्वगायक

Player (m。) *khilāḍī* खिलाड़ी

Pleasant (aj。) *ramaṇīya* रामणीय

Please (v。) *khuś karnā* खुश करना*

Pleasure (m。) *sukh, ānand* सुख, आनंद

Pledge (f。) *partigyā* प्रतिज्ञा

Plenty (aj。) *prachur, bahut* प्रचुर, बहुत

Pliars (m。) *jamūr* जमूर

Plot (m。) 1. (land) *bhūmi-khaṇḍ* भूमिखंड; 2. (scheme) *ṣaḍyantra* षड्यंत्र; 2. (story) *kathā-vastu* कथावस्तु

Plough (m。) *hal* हल

Pluck (v。) *ukhāḍnā* उखाड़ना*

Plum (m。) *ber* बेर

Plumet (v。) *girnā* गिरना

Plump (aj。) *gol-maṭol* गोल-मटोल

Plunder (v。) *lūṭnā* लूटना*

Plunge (v。) 1. (sink) *ḍūbnā* डूबना* 2. (pierce) *ghuseḍnā* घुसेड़ना*

Plural (m。) *bahuvachan* बहुवचन

Plus (prep。) *aur* और

Plush (f。) *makhamal* मखमल

Pocket (f。) *jeb* जेब

Pocket money (m。) *jeb kharch* जेब खर्च

Pod (f。) *falī* फली

Podium (m。) *mañch* मंच

Poem (f。) *kavitā* कविता

Poet (m。) *kavi* कवि

Poetry (m。) *kāvya* काव्य

Point (m。) 1. (tip) *nok* नोक; 2. (dot) *bindu* बिंदु; 3. (place) *sthān* स्थान; 4. (moment) *kṣaṇa* क्षण; 1. (item) *pad* पद

Pointless (aj。) *vyartha* व्यर्थ

Poison (m。) *viṣ, zahar* विष, ज़हर

Poke (v。) *kurednā* कुरेदना*

Pole (m。) 1. (North or South) *dhruva* ध्रुव 2. (a post) *khambhā* खंभा

Police (m。) *pulis* पुलिस

Police Station (m∘) *thānā* थाना
Polish (f∘) *chamak* चमक
Polish (v∘) *chamkānā* चमकाना*
Polite (aj∘) *namra, śiṣṭa* नम्र, शिष्ट
Politics (f∘) *rājnīti* राजनीति
Poll (m∘) *chunāv* चुनाव
Pollen (m∘) *parāg* पराग
Pollution (m∘) *pradūṣaṇ* प्रदूषण
Pomegranate (m∘) *anār* अनार
Pomp (m∘) *āḍambar* आडंबर
Pond (m∘) *tālāb* तालाब
Ponytail (f∘) *choṭī* चोटी
Pool (m∘) *pokhar* पोखर
Poor (aj∘) *garīb* गरीब
Poppy (f∘) *khaskhas* खसखस
Popular (aj∘) *lokpriya* लोकप्रिय
Population (f∘) *ābādī* आबादी
Porcupine (f∘) *sāhī* साही
Pore (m∘) *chhed* छेद
Porridge (m∘) *daliyā* दलिया
Port (m∘) *bandargāh* बंदरगाह
Portion (m∘) *bhāg, hissā* भाग, हिस्सा
Portray (v∘) *dikhānā* दिखाना*
Position (f∘) *sthiti* स्थिति
Possess (v∘) *pās honā* पास होना
Possession (f∘) *jāyadād* जायदाद
Possibility (f∘) *sambhāvanā* संभावना
Possible (aj∘) *sambhav* संभव
Possibly (av∘) *kadāchit*, sambhavataḥ कदाचित्, संभवत:
Post 1. (mail) (f∘) *ḍāk* डाक; 2. (pole) *khambhā* खंभा 3. (designation) *pad* पद
Post office (m∘) *ḍākghar* डाकघर
Postman (m∘) *ḍākiyā* डाकिया
Post-mortem (f∘) *śav-parīkṣā* शव-परीक्षा
Postpone (v∘) *sthagit karnā* स्थगित करना*
Posture (f∘) *mudrā* मुद्रा
Pot (m∘) *baratan* बरतन
Potato (m∘) *ālu* आलु
Potential (aj∘) *sambhāvya* संभाव्य
Potter (m∘) *kumhār* कुम्हार
Pouch (f∘) *thailī* थैली
Pour (v∘) *ḍālnā, bahānā* डालना*, बहाना*
Poverty (f∘) *garībī* गरीबी
Powder (m∘) *chūrṇa* चूर्ण
Power (f∘) *śakti* शक्ति
Powerful (aj∘) *śaktiśālī* शक्तिशाली
Powerless (aj∘) *śaktihīn* शक्तिहीन
Practice (m∘) 1. (experience) *abhyās* अभ्यास, 2. (work) *vyavahār* व्यवसाय
Praise (f∘) *stuti, sarāhnā* स्तुति, सराहना
Praise (v∘) *sarāhnā* सराहना*
Prank (f∘) *śarārat* शरारत
Prawn (m∘) *jhingā* झिंगा
Prayer (f∘) *prārthanā* प्रार्थना
Precarious (aj∘) *khatarnāk* खतरनाक
Precaution (f∘) *sāvadhānī* सावधानी
Precious (aj∘) *kimtī* कीमती
Precise (aj∘) *ṭhīk-ṭhīk* ठीक-ठीक
Predicate (m∘) *vidheya* विधेय
Prediction (f∘) *bhaviṣya-vāṇī* भविष्यवाणी
Predominant (aj∘) *prabal* प्रबल
Preface (f∘) *prastāvanā* प्रस्तावना
Preference (f∘) *pasand* पसंद
Prefix (m∘) *upasarg* उपसर्ग
Pregnant (aj∘) *garbhavati* गर्भवति
Prejudice (m∘) *pakṣapāt* पक्षपात
Preliminary (aj∘) *prārambhik* प्रारंभिक
Premises (m∘) *bhavan* भवन
Preparation (f∘) *taiyārī* तैयारी
Prepare (v∘) *banānā* बनाना*
Prescription (m∘) *nuskhā* नुसख़ा
Presence (f∘) *upasthiti* उपस्थिति
Present (aj∘) *upasthit, vartamān, vidyamān* उपस्थित, वर्तमान, विद्यमान
Present (f∘) *bheṇṭ*, (m∘) *upahār* भेंट, उपहार
Present (v∘) *prastut karnā* प्रस्तुत करना*
Preserve (v∘) *surakṣit rakhnā* सुरक्षित रखना*
President (m∘) *sabhāpati, rāṣṭrapati* सभापति, राष्ट्रपति
Press (m∘) *chhāpkhānā* छापखाना
Press (v∘) *dabānā* दबाना*
Pressure (m∘) *dabāv* दबाव
Prestige (f∘) *pratiṣṭhā* प्रतिष्ठा
Presumption (f∘) *parikalpanā* परिकल्पना
Pretence (f∘) *bahānebāzī* बहानेबाज़ी
Pretend (v∘) *ḍhong rachnā* ढोंग रचना*
Pretension (m∘) *svāng* स्वाँग
Pretext (m∘) *bahānā* बहाना
Pretty (aj∘) *manoram* मनोरम
Pretty (av∘) *kāfī* काफ़ी
Prevelent (aj∘) *prachalit* प्रचलित
Prevent (v∘) *roknā* रोकना*
Prevention (f∘) *rok, nivāraṇ* रोक, निवारण
Preview (m∘) *pūrvadarśan* पूर्वदर्शन
Previous (aj∘) *pūrva* पूर्व
Prey (m∘) *śikār* शिकार
Price (m∘) *dām* (f∘) kīmat दाम, कीमत
Prickle (m∘) *kāṅṭā* काँटा
Pricy (aj∘) *kīmatī* कीमती
Pride (m∘) *abhimān; ghamaṇḍ* अभिमान, घमंड
Priest (m∘) *pujārī, purohit* पुजारी, पुरोहित
Primary (aj∘) *prāthamik* प्राथमिक
Prime (aj∘) *mukhya* मुख्य
Primitive (aj∘) *ādim* आदिम
Prince (m∘) *rājkumār* राजकुमार
Princess (f∘) *rājkumārī* राजकुमारी
Principal (m∘) *pradhān, mukhya* प्रधान, मुख्य
Principle (m∘) *tattva* तत्त्व
Print (m∘) *mudraṇ* मुद्रण
Print (v∘) *chhāpnā* छापना*
Prior (aj∘) *pūrva* पूर्व
Priority (f∘) *agratā* अग्रता
Prison (f∘) *kaid* कैद
Prisoner (m∘) *kaidī* कैदी
Privacy (f∘) *ekāntatā* एकांतता

Private (aj∘) *nijī, vyaktigat* निजी, व्यक्तिगत

Privilage (f∘) *suvidhā* सुविधा

Prize (m∘) *inām, puraskār* इनाम, पुरस्कार

Pro (aj∘) *peśevar* पेशेवर

Probability (f∘) *sambhāvanā* संभावना

Probably (av∘) *kadāchit* कदाचित्

Probihition (m∘) *niṣedh, rok* निषेध, रोक

Problem (f∘) *samasyā* समस्या

Procedure (f∘) *rīti, paddhati* रीति, पद्धति

Proceed (v∘) *āge jānā, baḍhnā* आगे जाना, बढ़ना

Process (f∘) *ppakriyā, vidhi* प्रक्रिया, विधि

Procession (m∘) *julūs* जुलूस

Proclamation (f∘) *ghoṣaṇā* घोषणा

Procrastinate (v∘) *ṭālnā* टालना*

Procrastination (f∘) *ṭāl-maṭol* टाल-मटोल

Procrastinator (m∘) *dīrghasūtrī* दीर्घसूत्री

Produce (m∘) *utpādan, nirmiti* उत्पादन, निर्मिति

Produce (v∘) *paidā karnā* पैदा करना*

Producer (m∘) *nirmātā* निर्माता

Product (m∘) *utpādan, upaj* उत्पादन, उपज

Production (m∘) *nirmāṇ* (f∘) *nirmiti, upaj* निर्माण, निर्मिति, उपज

Productivity (f∘) *utpādaktā* उत्पादकता

Profess (v∘) *dāvā karnā* दावा करना*

Profession (m∘) *dhandhā, jīvikā* धंधा, जीविका

Professional (aj∘) *vyavasāyik, nipuṇ* व्यवसायिक, निपुण

Professor(m∘) *adhyāpak* अध्यापक

Proficient (aj∘) *nipuṇ. kuśal* निपुण, कुशल

Profit (m∘) *lābh, fāyadā* लाभ, फ़ायदा

Profitable (aj∘) *lābhdāyak* लाभदायक

Profound (aj∘) *gahrā, gahan* गहरा, गहन

Profuse (aj∘) *prachur* प्रचुर

Progeny (f∘) *santān* संतान

Program (m∘) *kāryakram* कार्यक्रम

Progress (f∘) *pragati* प्रगति

Prohibit (v∘) *roknā* रोकना

Project (m∘) *yojnā* योजना

Prolong (v∘) *baḍhānā* बढ़ाना*

Prominent (aj∘) *prasiddha* प्रसिद्ध

Promise (m∘) *pratigyā, vādā, vachan* प्रतिज्ञा, वादा, वचन

Promise (v∘) *pratigyā karnā, vādā karnā, vachan denā* प्रतिज्ञा करना, वादा करना, वचन देना*

Promote (v∘) *pragati karnā, prachār karnā* प्रगति करना, प्रचार करना*

Promoter (m∘) *prachārak* प्रचारक

Promotion (f∘) *pragati, prachār* प्रगति, प्रचार

Prone (aj∘) *grahanśīl, bhedya* ग्रहणशील, भेद्य

Prong (m∘) *kā̃ṭā, śūl* काँटा, शूल

Pronoun (m∘) *sarvanām* सर्वनाम

Pronounce (v∘) *kahnā* कहना*

Pronunciation (m∘) *ucchār* उच्चार

Proof (m∘) *prāmāṇ, sabūta* प्रमाण, सबूत

Propagate (v∘) *prasār karnā* प्रसार करना*

Propagation (m∘) *prasār* प्रसार

Propel (v∘) *ghakelnā* धकेलना*

Proper (aj∘) *yathārtha, uchit, samyak* यथार्थ, उचित, सम्यक्

Properly (av∘) *samyak, ṭhīk se* सम्यक्, ठीक से

Property (m∘) *jāyadād, sampatti, daulat* जायदाद, संपत्ति, दौलत

Prophesy (f∘) *bhaviṣyavāṇī* भविष्यवाणी

Proponent (aj∘) *samarthak* समर्थक

Proportion (m∘) *pramāṇ, anupāt* प्रमाण, अनुपात

Proportional (aj∘) *pramāṇbaddha* प्रमाणबद्ध

Proposal (m∘) *prastāv, sujhāv* प्रस्ताव, सुझाव

Propose (v∘) *prastut karnā, sujhānā* प्रस्तुत करना*, सुझाना*

Proposition (m∘) *prastāv, sujhāv* प्रस्ताव, सुझाव

Proprietor (m∘) *mālik, swāmī* मालिक, स्वामी

Prosaic (aj∘) *ubāū, nīras* उबाऊ, नीरस

Prose (m∘) *gadya* गद्य

Prosecute (v∘) *kārvāī chalānā* कारवाई चलाना*

Prosecution (f∘) *kārvāī* कारवाई

Prospect (m∘) *sambhāvanā* संभावना

Prosper (v∘) *samṛddha honā* समृद्ध होना

Prosperity (f∘) *samṛddhi* समृद्धि

Prosperous (aj∘) *samṛddha* समृद्ध

Prostitute (f∘) *veśyā* वेश्या

Protect (v∘) *rakṣā karanā* रक्षा करना*

Protection (m∘) *saṁrakṣaṇ* (f∘) *rakṣā* संरक्षण, रक्षा

Protector (aj∘) *rakṣak* रक्षक

Protest (m∘) *virodh* विरोध

Protest (v∘) *virodh karnā* विरोध करना*

Proud (aj∘) *abhimānī; ghamaṇḍī* अभिमानी; घमंडी

Prove (m∘) *siddha karnā* सिद्ध करना

Proven (aj∘) *siddha* सिद्ध

Proverb (f∘) *kahāvat* कहावत

Provide (m∘) *pradān karnā, uualabdha karnā* प्रदान करना, उपलब्ध करना

Providence (m∘) *vidhātā, īśvar* विधाता, ईश्वर

Province (m∘) *prades, prānt* प्रदेश, प्रांत

Provincial (aj∘) *prādeśik* प्रादेशिक

Provision (m∘) *prabandh* प्रबंध

Provisional (aj∘) *kām-chalāū* काम-चलाऊ

Proviso (f∘) *śart* शर्त

Provocate (v∘) *uksānā, bhaḍkānā* उकसाना, भड़काना*

Provocation (m∘) *uksāva, bhaḍkāva* उकसाव, भड़काव

Prowess (m∘) *parākram* पराक्रम

Prpaganda (m∘) *duṣprachār* दुष्प्रचार

Psalm (m∘) *stotra* स्तोत्र

Pseudo (aj∘) *chhadma* छद्म

Pseudomym (m∘) *upanām* उपनाम

Psychic (aj∘) *mānasik* मानसिक

Psychology (m∘) *manovigyān* मनोविज्ञान

Psychopath (m∘) *manovikārī* मनोविकारी

Pub (f∘) *madhuśālā* मधुशाला

Public (aj∘) *ām, sārvajanik* आम, सार्वजनिक

Publication (m∘) *prakāśan* प्रकाशन

Publicity (f∘) *prasiddhi* प्रसिद्धि

Publish (m∘) *prakāśiy karnā* प्रकाशित करना

Published (aj∘) *prakāśit* प्रकाशित

Publisher (m∘) *prakāśak* प्रकाशक

Pucker (v∘) *sikuḍnā* सिकुड़ना

Pudding (m∘) *haluā* हलुआ

Puddle (m∘) *pokhari, gaḍhī* पोखरी, गड्ही

Puff (m∘) *jhoṅkā* झोंका

Puff (v∘) *fūlnā* फूलना

Puke (f∘) *ulṭī* उलटी

Puke (v∘) *ulṭī karnā* उलटी करना*

Pull (m∘) *khīṅchāv, ghasīṭā* खींचाव, घसीटा

Pull (v∘) *khīṅchanā, ghasīṭnā* खींचना, घसीटना*

Pully (f∘) *ghirnī* घिरनी

Pulp (m∘) *gūdā, lugdī* गूदा, लुगदी

Pulsate (m∘) *dhaḍknā* धड़कना

Pulsation (m∘) *dhaḍkan* धड़कन

Pulse (f∘) 1. (vein) *nāḍī, nabz* नाड़ी, नब्ज़ 2. (cereal) *dāl* दाल

Pump (m∘) *pichkārī* पिचकारी

Pumpkin (m∘) *kaddu, sītāfal* कद्दु, सीताफल

Punch (c∘) *mukkā mārnā, ghūṅsā mārnā* मुक्का मारना, घूँसा मारना

Punch (m∘) *mukkā, ghūṅsā* मुक्का, घूँसा

Punctual (aj∘) *niyamit* नियमित

Puncture (m∘) *chhed* छेद

Puncture (v∘) *chhed karnā* छेद करना*

Pungent (aj∘) *tīkhā, tikta* तीखा, तिक्त

Punish (v∘) *daṇḍa denā* दंड देना*

Punish (v∘) *sajzā denā* सज़ा देना*

Punishment (f∘) *sajā* सज़ा

Punitive (aj∘) *kaṭhor* कठोर

Puny (m∘) *chhoṭā, nikṛṣṭa* छोटा, निकृष्ट

Pupil (m∘) *vidyārthi, chhatra, śiṣya* विद्यार्थी, छात्र, शिष्य

Puppet (f∘) *kaṭhputlī* कठपुतली

Puppy, pup (aj∘) *pillā* पिल्ला

Purchase (m∘) *kharidārī* खरीदारी

Purchase (v∘) *kharīdnā* खरीदना*

Pure (m∘) *śuddha* शुद्ध

Purification (f∘) *śuddhi* शुद्धि

Purify (v∘) *śuddha karnā* शुद्ध करना*

Purple (aj∘) *jāmunī,baiṅganī* जामुनी, बैंगनी

Purpose (m∘) *irādā, hetu* इरादा, हेतु

Purr (v∘) *ghurghurānā* घुरघुराना

Purse (m∘) *baṭuā* बटुआ

Pursue (m∘) 1. (∘ a person) *pīchhā karna* पीछा करना. 2. (∘ a thing) *lage rahnā* लगे रहना

Pursuit (m∘) 1. (going after) *pīchhā* पीछा 2. (activity) *dhandhā, lakṣya* धंधा, लक्ष्य

Pus (m∘) *mavād* मवाद

Push (m∘) *dhakkā, ṭhelā* धक्का, ठेला

Push (v∘) *dhakelnā* धकेलना*

Put, keep (v∘) *rakhnā* रखना*

Putrify (v∘) *saḍnā* सड़ना

Putty (m∘) *puṭīn* पुटीन

Puzzle (f∘) *pahelī* पहेली

Pyre (f∘) *chitā* चिता

Python (m∘) *ajgar* अजगर

Q

Quack (aj∘) *nim-hakīm* निम-हकीम

Quadrilateral (m∘) *chaturbhuj* चतुर्भुज

Quadruped (f∘) *chaupāī* चौपाई

Quagmire (f∘) *daldal* दलदल

Quail (f∘) *bater* बटेर

Quake (m∘) *kamp* कंप

Qualification (f∘) *yogyatā* योग्यता

Qualified (aj∘) *yogya* योग्य

Quality (m∘) *yogyatā, guṇ* योग्यता, गुण

Qualm (f∘) *śaṅkā* शंका

Quandry (f∘) *uljhan* उलझन

Quantity (m∘) *pramāṇ, mātrā* प्रमाण, मात्रा

Quarrel (m∘) *jhagḍā* झगड़ा

Quarrel (v∘) *jhagaḍnā*, laḍnā* झगड़ना*, लड़ना

Quarry (f∘) *khadān* खदान

Quarter (aj∘) *chauthāī* चौथाई

Quarterly (aj∘) *timāhī* तिमाही

Queen (f∘) *rānī* रानी

Queer (aj∘) *asādhāraṇ* असाधारण

Query (m∘) *praśna* प्रश्न

Quest (f∘) *talāś, khoj* तलाश, खोज

Question (m∘) *praśna* प्रश्न

Question (m∘) *praśna pūchhnā* प्रश्न पूछना

Questionaire (f∘) *praśnāvalī* प्रश्नावली

Queue (m∘) *katār, paṅkti* कतार, पंक्ति

Quick (aj∘) *chañchal* चंचल

Quickly (av∘) *jhaṭ se, turant* झट से, तुरंत

Quiet (aj∘) *śānt* शांत

Quietly (av∘) *śānti se* शांति से

Quietness (m∘) *śānti* शांति

Quilt (f∘) *rajāī* रजाई

Quit (v∘) *tyāgnā, chhoḍnā* त्यागना, छोड़ना*

Quiver (m∘) *tarkas* तरकस

Quiver (v∘) *thartharnā* थरथरना

Quotation (m∘) *uddharaṇ* उद्धरण

R

Rabbit (m∘) *khargoś* खरगोश

Race (f∘) 1. (sport) *pratiyogitā* प्रतियोगिता, 2. (class) *jāti* जाति

Racial (aj∘) *jātīya* जातीय

Racism (m∘) *jativād* जातिवाद

Racket, noise (m∘) *hallā* हल्ला

Radiant (aj∘) *chamakdār* चमकदार

Radiation (m∘) *tāp* ताप

Radical, basic (aj∘) *mūlbhūt* मूलभूत

Radical, view (m∘) *ugravādī* उग्रवादी

Radio (f∘) *ākāśavāṇī* आकाशवाणी

Radish (f∘) *mūlī* मूली

Radius (f∘) *trijyā* त्रिज्या

Rag (m∘) *faṭā kapḍā, lattā, chithaḍā* फटा कपड़ा, लत्ता, चिथड़ा

Rag (v∘) *tang karnā* तंग करना*

Rage (f∘) *hiṁsā* हिंसा

Raid (m∘) *dhāvā, chhāpā* धावा, छापा

Rail (f∘) *relgāḍī* रेलगाड़ी

Railing (m∘) *janglā* जंगला

Rain (f∘) *bāriṣ, varṣā* बारिष, वर्षा

Rain (v∘) *barasnā* बरसना

Rainbow (m∘) *indra-dhanuṣa* इंद्रधनुष

Rainy (aj∘) *barsātī* बरसाती

Raise (f∘) *baḍhotrī* बढोतरी

Raise (v∘) *ūpar ṭhānā* ऊपर उठाना*

Raisin (m∘) *kiśmiś* किशमिश

Ram (m∘) *bheḍā, meḍhā* भेड़ा, मेढ़ा

Ramp (f∘) *ḍhalān* ढलान

Rampage (m∘) *krodh* क्रोध

Range (f∘) *paṅkti* पंक्ति

Rank (m∘) *star, darzā* स्तर, दर्ज़ा

Ransom (f∘) *firautī* फिरौती

Rant (v∘) *baknā* बकना

Rap (v∘) *khaṭkhaṭānā* खटखटाना*

Rape (m∘) *balātkār* बलात्कार

Rapid (aj∘) *tez, śīghra* तेज़. शीघ्र

Raply (m∘) *jawāb, uttar* जवाब, उत्तर

Rare (aj∘) *viral* विरल

Rarely (av∘) *kvachit, viral* क्वचित्, विरल

Raspberry (f∘) *rasbharī* रसभरी

Rat (m∘) *chūhā* चूहा

Rate (m∘) *dar* दर

Rate, speed (f∘) *gati* गति

Rather (av∘) *balki* बल्कि

Ratio (m∘) *anupāt, pramāṇ* अनुपात, प्रमाण

Rational (aj∘) *samajhdār* समझदार

Rattle (m∘) *khaḍkhaḍānā* खड़खड़ाना

Ravage (v∘) *ujāḍnā* उजाड़ना*

Ravine (f∘) *ghāṭī* घाटी

Ravishing (aj∘) *mohak* मोहक

Raw (aj∘) *kacchā* कच्चा

Raw (aj∘) *kachchā* कच्चा

Ray (m∘) *kiraṇ* किरण

Raze (v∘) *miṭānā* मिटाना*

Razor (m∘) *ustarā* उस्तरा

Re (pref∘) *fir se* फिर से

Reach (f∘) *pahu̐ch* पहुँच

Reach (v∘) *pahu̐chanā* पहुँचना

Reaction (f∘) *pratikriyā* प्रतिक्रिया

Read (v∘) *paḍhanā* पढ़ना*

Reader (m∘) *pāṭhak* पाठक

Ready (aj∘) *taiyār* तैयार

Real (aj∘) *aslī* असली

Reality (f∘) *aslīyat* असलीयत

Realization (f∘) *anubhūti* अनुभूति

Really (av∘) *vastutaḥ* वस्तुत:

Reap (v∘) *fasal kāṭnā* फसल काटना*

Rear (m∘) *pichhvāḍā* पिछवाड़ा

Rear (v∘) *poṣaṇ karnā* पोषण करना*

Reason (m∘) *kāraṇ, hetu* कारण, हेतु

Reason (v∘) *tark karnā* तर्क करना*

Reasonable (aj∘) *yathochit* यथोचित

Reassurance (m∘) *āśvāsan* आश्वासन

Rebate (f∘) *chhūṭ* छूट

Rebel (m∘) *bāġī, vidrohī* बाग़ी, विद्रोही

Rebellion (f∘) *bagāvat* बग़ावत

Rebound (v∘) *ṭakrā kar lauṭnā* टकरा कर लौटना

Rebuke (v∘) *ḍāṭnā* डाँटना*

Recede (v∘) *ghaṭnā, haṭnā* घटना, हटना

Receipt (f∘) *rasīd* रसीद

Receipt (f∘) *rasīd, pāvatī* रसीद, पावती

Receive (v∘) *pānā* पाना

Recent (aj∘) *nayā* नया

Recess (m∘) *madhyāvakāś* मध्यावकाश

Recession (f∘) *avanati* अवनति

Reciprocal (aj∘) *pārasparik* पारस्परिक

Recital (m∘) *pāṭh* पाठ

Reckless (aj∘) *lāparvāh* लापरवाह

Recklessness (f∘) *lāparvāhī* लापरवाही

Recline (v∘) *leṭnā* लेटना

Reclusion (m∘) *ekānt* एकांत

Recognition (f∘) *kadar, mānyatā* क़दर, मान्यता

Recognize (v∘) *pahichān* पहिचान*

Recollect (v∘) *yād karnā* याद करना*

Recollection (f∘) *yād, smṛti* याद, स्मृति

Recommendation (f∘) *sifāriś* सिफ़ारिश

Reconing (f∘) *gintī* गिनती

Record (m∘) *lekh* लेख

Record (v∘) *likhnā* लिखना*

Recorded (aj∘) *likhit* लिखित

Recreation (m∘) *manorañjan* मानोरंजन

Recruit (m∘) *raṅgrūṭ* रंगरूट

Rectangle (m∘) *āyat* आयत

Rectum (m∘) *malāśay* मलाशय

Recycling (f∘) *punarnirmiti* पुनर्निर्मिति

Red (aj∘) *lāl* लाल

Redemption (m∘) *uddhār* उद्धार

Red-handed (aj∘) *raṅge-hāth* रंगे-हाथ

Reduce (v∘) *ghaṭnā, ghaṭānā** घटना, घटाना*

Refliction (m∘) *prāvartan* परावर्तन

Reform (v∘) *sudhārnā* सुधारना*

Reformation (m∘) *sudhār* सुधार

Refrain (m∘) *dūr rahnā* दूर रहना

Refresh (v∘) *tāzā karnā* ताज़ा करना*

Refreshed (aj∘) *tarotāzā* तरोताज़ा

Refreshment (m∘) *jal-pān* जलपान

Refreshment (m∘) *nāśtā* नाश्ता

Refuge (m∘) *śaraṇ* शरण

Refugee (m∘) *śaraṇārthī* शरणार्थी

Refund (v∘) *paise lauṭānā* पैसे लौटाना*

Refusal (m∘) *inkār* इनकार

Refuse (m∘) *kūḍā-karkaṭ* कूड़ा-करकट

Refuse (v∘) *inkār karnā* इनकार करना*

Region (m∘) *kṣetra, vibhāg* क्षेत्र, विभाग

Register (f∘) *pañjikā* पंजिका

Register (v∘) *bhartī karna, likhānā* भरती करना, लिखाना*

Registration (m◦) *pañjīkaraṇ* पंजीकरण

Regret (m◦) *khed, dukh* खेद, दुख

Regret (v◦) *dukhī honā* दुखी होना

Regulation (m◦) *niyantraṇ* नियंत्रण

Rein (f◦) *bāgḍor* बागडोर

Reject (v◦) *nakārnā* नकारना*

Rejection (m◦) *nakār, asvīkṛti* नकार, अस्वीकृति

Relation (m◦) *sambandh* संबंध

Relationship (m◦) *nātā, riśtā* नाता, रिश्ता

Relative (m◦) *nātedār, riśtedār* नातेदार, रिश्तेदार

Relax (v◦) *viśrām karnā* विश्राम करना*

Release (v◦) *chhoḍnā* छोड़ना

Relevant (aj◦) *sambaddh, saṅgat* संबद्ध, संगत

Reliable (aj◦) *bharosemand* भरोसेमंद

Relief (m◦) *ārām* आराम

Religion (m◦) *dharma* धर्म

Religious (aj◦) *dhārmik* धार्मिक

Relinquish (v◦) *tyāgnā, chhoḍnā* त्यागना, छोड़ना*

Reluctance (f◦) *anichhā* अनिच्छा

Reluctant (aj◦) *anichhuk* अनिच्छुक

Remain (v◦) *bākī rahnā* बाक़ी रहना

Remainder (m◦) *bākī, śeṣ* बाक़ी, शेष

Remedy (m◦) *ilāj, upāy* इलाज, उपाय

Remember (v◦) *yād karnā* याद करना*

Remembrance (f◦) *yād,* (m◦) *smaraṇ* याद, स्मरण

Remind (v◦) *yād dilānā* याद दिलाना*

Remorse (m◦) *paschātāp, pachhatāvā* पश्चाताप, पछतावा

Remorse (v◦) *pachhatānā* पछताना

Remote (aj◦) *dūr kā* दूर का

Remove (v◦) *haṭānā* हटाना*

Renounce (v◦) *tyāgnā, chhoḍnā* त्यागना, छोड़ना*

Renovation (m◦) *punaruddhār* पुनरुद्धार

Repair (v◦) *ṭhīk karnā* ठीक करना*

Repeat (m◦) *dobārā karnā* दोबारा करना

Repeatedly (av◦) *bārambār, punaḥ-punaḥ* बारंबार, पुनः पुनः

Repeatedly (av◦) *bārbār* बारबार

Repeatition (f◦) *punarāvṛtti* पुनरावृत्ति

Repel (v◦) *radda karnā* रद्द करना*

Repent (v◦) *pachhatānā* पछताना

Repentance (m◦) *pachhatāvā* पछतावा

Repercusision (m◦) *pratighāt* प्रतिघात

Replacement (m◦) *badlā* बदला

Replete (aj◦) *paripūrṇa* परिपूर्ण

Report (m◦) *vṛttānt, vivaraṇ* वृत्तांत, विवरण

Report (v◦) *vṛttānt denā* वृत्तांत देना*

Representative (m◦) *pratinidhi* प्रतिनिधि

Reproach (m◦) *dhikkār* धिक्कार

Reproduce (m◦) *dobārā karnā* दोबारा करना

Republic (m◦) *gaṇatantra* गणतंत्र

Repulsion (f◦) *aruchi, ghṛṇā* अरुचि, घृणा

Reputable (aj◦) *pratiṣṭhit* प्रतिष्ठित

Reputation (m◦) *pratiṣṭhā* प्रतिष्ठा

Request (m◦) *vinati, prārthanā* विनति, प्रार्थना

Request (v◦) *prārthanā karnā* प्रार्थना करना*

Require (v◦) *āvaśyak honā* आवश्यक होना

Requirement (f◦) *āvaśyaktā* आवश्यकता

Requisite (aj◦) *zarūrī* ज़रूरी

Research (m◦) *anusandhān* अनुसंधान

Resemblance (f◦) *samānatā* समानता

Resent (v◦) *nārāz honā* नाराज़ होना

Resentment (f◦) *nārāzgī* नाराज़गी

Reservation (m◦) *ārakṣaṇ* आरक्षण

Reserved (aj◦) *ārakṣit* आरक्षित

Reside (v◦) *rahanā* रहना

Residence (m◦) *nivās-sthān* निवास-स्थान

Resident (m◦) *nivāsī* निवासी

Residue (m◦) *avaśeṣ* अवशेष

Resignation (m◦) *istifā, pad-tyāg* इस्तिफ़ा, पदत्याग

Resist (v◦) *virodh karnā* विरोध करना*

Resistance (m◦) *virodh* विरोध

Resolution (m◦) *saṅkalp* संकल्प

Resourse (m◦) *upāy, sādhan* उपाय, साधन

Respect (m◦) *ādar, sammān* आदर, सम्मान

Respect (v◦) *ādar karnā* आदर करना*

Respite (m◦) *ārām* आराम

Respond (m◦) *uttar denā, javāb denā* उत्तर देना, जवाब देना

Responsibility (f◦) *jimmedārī* जिम्मेदारी

Responsiblr (aj◦) *jimmedār* जिम्मेदार

Rest (m◦) *ārām* आराम

Rest (v◦) *ārāma karnā* आराम करना*

Restless (aj◦) *bechain* बेचैन

Restlessness (f◦) *bechainī* बेचैनी

Restoration (f◦) *marammat* मरम्मत

Restrain (v◦) *roknā* रोकना*

Restraint (m◦) *rok, niyantraṇ* रोक, नियंत्रण

Restricted (aj◦) *sīmiy* सीमित

Restriction (m◦) *pratibandh* प्रतिबंध

Retail (m◦) *khudrā* खुदरा

Retaliate (v◦) *badlā lenā* बदला लेना*

Retarded (aj◦) *mandbuddhi* मंदबुद्धि

Retirement (f◦) *nivṛtti* निवृत्ति

Retreat (v◦) *pīchhe haṭnā* पीछे हटना

Retribution (m◦) *daṇḍ* दंड

Return (v◦) *lauṭnā, lauṭānā** लौटना, लौटाना*

Reveal (v◦) *prakaṭ karnā* प्रकट करना*

Revenge (m◦) *badlā* बदला

Revere (v◦) *ādar krnā* आदर करना*

Reverence (m◦) *ādar* आदर

Reverse (aj◦) *ulṭā* उलटा

Review (m◦) *punar-parīkṣaṇ* पुनर्परीक्षण

Revile (v◦) *gālī denā* गाली देना*

Revival (m◦) *punar-jīvan* पुनर्जीवन

Revoke (v◦) *radda karnā* रद्द करना*

Revolt (m∘) *vidroha* विद्रोह
Revolt (v∘) *vidroha karnā* विद्रोह करना*
Revolution (f∘) *krānti* क्रांति
Revolve (v∘) *ghūmnā* घूमना
Revolver (m∘) *tamañchā* तमंचा
Reward (m∘) *bakṣis, ināṃ* बक्शिस, इनाम
Rhino (m∘) *gendā* गेंडा
Rhyme (f∘) *tuk* तुक
Rhythm (m∘) *lay* लय
Rib (f∘) *paslī* पसली
Ribbon (m∘) *fītā* फ़ीता
Rice (m∘) *chāval* चावल
Rich (aj∘) *dhanī, amīr* धनी, अमीर
Riddle (f∘) *pahelī* पहेली
Ride, drive (v∘) *chalānā* चलाना*
Ridicule (m∘) *uphās* उपहास
Rift (f∘) *darār* दरार
Right, direction (aj∘) *dāhinā* दाहिना
Right, proper (aj∘) *uchit* उचित
Rightly (av∘) *yathā -tathā, samyak* यथातथा, सम्यक्
Rigor (m∘) *saṁyam* संयम
Rind (m∘) *vhhilkā* छिलका
Ring (f∘) *aṅgūṭhī* अंगूठी
Ring finger (f∘) *anāmikā* अनामिका
Riot (m∘) *daṅgā* दंगा
Rip (v∘) *chīrnā* चीरना*
Ripe (aj∘) *pakā* पका
Ripen (v∘) *paknā* पकना
Ripple (f∘) *lahar* लहर
Rise (m∘) *chaḍhāv* चढ़ाव
Rise (v∘) *uṭhnā, uṭhānā** उठना, उठाना*
Risk (m∘) *khatrā* खतरा
Ritual (m∘) *karma-kāṇḍ* कर्मकांड
River (f∘) *nadī* नदी
Road (m∘) *rastā, mārg* रस्ता, मार्ग
Roam (v∘) *ghūmanā* घूमना
Roar (f∘) *garjanā, dahāḍī* गर्जना, दहाड़ी
Roar (v∘) *dahāḍī mārnā* दहाड़ी मारना*
Roast (v∘) *bhūnanā* भूनना*
Rob (v∘) *lūṭnā* लूटना*
Robust (aj∘) *mazbūt* मज़बूत
Rock (f∘) *chaṭṭān* चट्टान
Rod (m∘) *ḍaṇḍā* डंडा
Role (f∘) *bhūmikā* भूमिका
Role (f∘) *bhūmikā* भूमिका
Roll (v∘) *luḍhaknā* लुढ़कना*
Rolling pin (m∘) *belan* बेलन
Romantic (aj∘) *romāñchak* रोमांचक
Romantic (aj∘) *romāñchak* रोमांचक
Roof (m∘) *chhat* छत
Room (m∘) *kamarā* कमरा
Rooster (m∘) *murgā* मुर्गा
Root (f∘) *jaḍ* जड़
Rope (f∘) *rassī* रस्सी
Rose (m∘) *gulāb* गुलाब
Rot (v∘) *saḍanā* सड़ना
Rotate (v∘) *ghūmnā, ghumānā** घूमना, घुमाना
Rotation (m∘) *chakkar* चक्कर
Rough (ajm∘) 1. (not smooth) *khurdarā* खुरदरा, 2. (not final) *kacchā* कच्चा
Roughly (av∘) *lagbhag* लगभग
Round (aj∘) *gol* गोल
Row (f∘) *katār* कतार
Rowdy (m∘) *jhagḍālū* झगड़ालू
Rrliance (m∘) *bharosā* भरोसा
Rub (v∘) *ragaḍnā* रगड़ना*
Rubber (m∘) *rabaḍ* रबड़
Rubbish (m∘) *kūḍā* कूड़ा
Rude (aj∘) *kaṭhor* कठोर
Ruffian (m∘) *guṇḍā, badmāś* गुंडा, बदमाश
Rug (m∘) *galīchā* ग़लीचा
Rugged (aj∘) *mazbūt* मज़बूत
Ruin (m∘) *nāś* नाश
Ruin (v∘) *naṣṭa karnā* नष्ट करना*
Rule (m∘) *niyam, kāydā* नियम, क़ायदा
Ruler, king (aj∘) *śāsak* शासक
Rumble (m∘) *gaḍgaḍānā* गड़गड़ाना
Rumous (f∘) *afavāh* अफ़वाह
Run (v∘) *bhāganā, dauḍnā* भागना, दौड़ना
Rupee (m∘) *rupayā* रुपया
Rural (aj∘) *grāmīṇ* ग्रामीण
Rush (f∘) *haḍbaḍī* हडबड़ी
Rush (v∘) *jhapaṭnā* झपटना
Rust (m∘) *zaṅg* जंग
Ruthless (aj∘) *krūr, nirday* क्रूर, निर्दय

S

Sack (m∘) *thailā, borā* थैला, बोरा
Sacred (aj∘) *pavitra* पवित्र
Sacrifice (m∘) *tyāga* त्याग
Sad (aj∘) *dukhī, udās* दुखी, उदास
Saddle (m∘) *jīn* जीन
Safe (aj∘) *surakṣit, salāmata* सुरक्षित, सलामत
Safeguard (f∘) *surakṣā* सुरक्षा
Safety (f∘) *surakṣā* सुरक्षा
Saffron (aj∘) *kesrī* केसरी
Saffron (m∘) *kesar* केसर
Sage (m∘) *muni* मुनि
Sagittariua (f∘) *dhanu rāśi* धनु राशि
Sailor (m∘) *nāvik* नाविक
Saint (m∘) *sādhu* साधु
Sale (m∘) *bikrī* बिक्री
Saliva (f∘) *thūk* थूक
Salt (m∘) *namak* नमक
Salute (m∘) *naman* नमन
Salute (m∘) *salām, namaste* सलाम, नमस्ते
Salvation (m∘) *mokṣa*, (f∘) *mukti* मोक्ष, मुक्ति
Same (aj∘) *vahī, samān* वही, समान
Sample (m∘) *namūnā* नमूना
Sancity (f∘) *pavitratā* पवित्रता
Sanction (f∘) *anumati* अनुमति
Sanction (v∘) *anumati denā* अनुमति देना*
Sand (f∘) *ret, bālū* रेत, बालू
Sane (aj∘) *samajhdār* समझदार
Sanitation (f∘) *safāī* सफ़ाई
Sanity (m∘) *sanajhdārī* समझदारी
Saphire (m∘) *nīlam* नीलम
Sapling (m∘) *paudhā* पौधा
Sarcasm (m∘) *tānā* ताना
Satisfaction (m∘) *santoṣ* संतोष

Satisfactory (aj.) *santoṣ janak* संतोष जनक

Satisfy (v.) *santuṣṭa karnā* संतुष्ट करना*

Saturday (m.) *śanivār* शनिवार

Saturn (m.) *śani* शनि

Sauce (f.) *chaṭnī* चटनी

Savage (m.) *janglī* जंगली

Save (v.) *bachānā* बचाना

Saving (f.) *bachat* बचत

Savour (m.) *svād* स्वाद

Savoury (aj.) *svādiṣṭa* स्वादिष्ट

Saw (f.) *ārī* आरी

Say (v.) *kahnā* कहना*

Saying (m.) *vachan, kathan* वचन, कथन

Scab (m.) *khuranḍ* खुरंड

Scaf (m.) *dupaṭṭā* दुपट्टा

Scale (m.) 1. (measure) *nāp, māp* नाप, माप; 2. (balance) *tarāzū* तराज़ू; 2. (coat) *kavach* कवच

Scam (m.) *ghoṭālā* घोटाला

Scandal (m.) *badnāmī* बदनामी

Scanty (aj.) *alp, bahut thoḍā* अल्प, बहुत थोड़ा

Scar (m.) *vraṇ, dāg, niśan* व्रण, दाग, निशान

Scarce (aj.) *durlabh* दुर्लभ

Scare (m.) *ātank* आंतक

Scare (v.) *ḍrānā* डराना*

Scarlet (aj.) *sindūrī* सिंदूरी

Scary (m.) *ḍarāvnā, bhayānak* डरावना, भयानक

Scathing (aj.) *kaṭhor* कठोर

Scatter (v.) *failānā, titar-bitar karnā, bikharāna* फैलाना, तितर-बितर करना, बिखराना*

Scenario (m.) *dṛsya, paṭkathā* दृश्य, पटकथा

Scene (m.) *dṛsya* दृश्य

Scenic (aj.) *ramya* रम्य

Scent (m.) *sugandh, mahak* सुगंध, महक

Sceptical (aj.) *śankāyukta* शंकायुक्त

Schedule (f.) *kārya-sūchī* कार्यसूची

Scheme (m.) *yojnā* योजना

Scholar (m.) *paṇḍit, vidvān* पंडित, विद्वान

Scholarship (f.) 1. (aid) *chhātravṛtti* छात्रवृत्ति; 2. (erudition) *pāṇḍitya, vidvattā* पांडित्य, विद्वत्ता

School (m.) *vidyālaya*, (f.) *pāṭhaśālā* विद्यालय, पाठशाला

Science (m.) *śāstra, vigyān* शास्त्र, विज्ञान

Scientific (aj.) *śāstrīya, vaigyānik* शास्त्रीय, वैज्ञानिक

Scientist (m.) *vaigyānik* वैज्ञानिक

Scissors (f.) *kaiñchī* कैंची

Scold (v.) *jhiḍaknā, ḍāṭnā* झिड़कना, डाँटना*

Scoop (m.) *belchā* बेलचा

Scope (f.) 1. (possibility) *guñjāiś* गुंजाइश; 2. (range) *vistār* विस्तार

Scorch (v.) *jhulsānā* झुलसाना*

Score (m.) *hisāb* हिसाब

Score (v.) *pānā* पाना*

Scorn (m.) *apamān* अपमान

Scorpio (f.) *vṛschic rāśi* वृश्चिक राशि

Scorpion (m.) *bichchhu* बिच्छु

Scoundrel (aj.) *badmāś* बदमाश

Scramble (v.) 1. (to crowl) *reṅgnā* रेंगना; 2. (to mix up) *milā denā* मिला देना*; 3. (to strugle) *chhīnā-jhapṭī karnā* छीना-झपटी करना*

Scrap (m.) *kūḍā* कूड़ा

Scrape (v.) *ragaḍnā, khurachnā* रगड़ना, खुरचना*

Scratch (f.) *khujlī* खुजली

Scratch (v.) *khurachnā, kurednā* खुरचना, कुरेदना*

Screen (m.) *chitrapaṭ* चित्रपट

Screw (m.) *pech* पेच

Screwdriver (m.) *pechkaś* पेचकश

Scribble (v.) *ghasīṭnā* घसीटना*

Script (f.) *paṭa-kathā* पटकथा

Scripture (m.) *dharma-granth* धर्मग्रंथ

Scruple (f.) *naitik sankoch* नैतिक संकोच

Scrupulous (aj.) *īmāndār* ईमानदार

Scrutinize (v.) *jāch karnā* जाँच करना*

Scrutiny (f.) *jāch* जाँच

Scuffle (f.) *hāthāpāī* हाथापाई

Sculptor (m.) *mūrtikār* मूर्तिकार

Sculpture (f.) *mūrtī* मूर्ति

Scum (m.) *jhāg, fen* झाग, फेन

Scurry (v.) *bhāgnā* भागना

Sea (m.) *samudra, sāgar* समुद्र, सागर

Seal (f.) *mohar* मोहर

Seam (f.) *sīvan* सीवन

Search (m.) *khoj, talāś* खोज, तलाश

Search (v.) *khojnā, ḍhūḍhanā* खोजना, ढूंढना*

Season (m.) *ṛtu, mausam* ऋतु, मौसम

Seasonal (aj.) *mausamī* मौसमी

Seasoned (aj.) *anubhavī* अनुभवी

Seat (m.) *āsan, sthān* आसन, स्थान

Second (aj.) *dūsrā* दूसरा

Secondary (m.) *duyyam, gauṇ* दुय्यम, गौण

Secret (aj.) *gopanīya, gupt* गोपनीय, गुप्त

Secret (m.) *rahasya, bhed* रहस्य, भेद

Secretary (m.) *sachiv* सचिव

Sect (m.) *sampradāy* संप्रदाय

Section (m.) *vibhāg, khanḍ* विभाग, खंड

Sector (m.) *añchal, kṣetra* अंचल, क्षेत्र

Secular (m.) *dharma-nirapekṣa* धर्म-निरपेक्ष

Secure (aj.) *surakṣit* सुरक्षित

Secure (v.) *pānā* पाना*

Security (f.) *surakṣa* सुरक्षा

See (v.) *dekhanā* देखना*

Seed (m.) *bīj* बीज

Seek (v.) *khojnā, dhūḍhanā* खोजना, ढूंढना*

Seep (v.) *chūnā* चूना

Segment (m.) *hissā, khanḍ* हिस्सा, खंड

Segregation (m.) *pṛthakkaraṇ* पृथक्करण

Seige (f.) *gherābandī* घेराबंदी

Seize (v.) *chhīnanā* छीनना*

Seldom (aj◦) *kadāchit* कदाचित्
Select (v◦) *chunanā* चुनना*
Selection (m◦) *chunāv* चुनाव
Self (pref◦) *āp, ātma, svayam* आप, आत्म, स्वयं
Self-centered (m◦) *āp-matalabī* आप-मतलबी
Self-control (m◦) *ātma-samyam* आत्मसंयम
Self-defence (f◦) *ātma-rakṣā* आत्मरक्षा
Self-inspired (m◦) *svayam-sfurta* स्वयं-स्फूर्त
Selfless (aj◦) *niḥsvārtha* निःस्वार्थ
Self-respect (m◦) *ātma-gaurav* आत्मगौरव
Self-sufficient (aj◦) *ātma-nirbhar* आत्म-निर्भर
Sell (v◦) *bechanā* बेचना*
Seller (m◦) *vikretā* विक्रेता
Semi (pref◦) *ardh-* अर्ध-
Semicolon (m◦) *ardha-virām* अर्धविराम
Seminar (m◦) *goṣthī* गोष्ठी
Senate (f◦) *sanad* सनद
Send (v◦) *bhejanā* भेजना*
Senior (aj◦) *jyeṣtha* ज्येष्ठ
Senriment (f◦) *bhāvuktā* भावुकता
Sense (m◦) *hoś* होश
Senselass (aj◦) *behoś* बेहोश
Sensible (aj◦) *samajhdār* समझदार
Sensitive (maj) *bhāvuk* भावुक
Sentence (m◦) *vākya* वाक्य
Sentry (m◦) *paharedār* पहरेदार
Separate (aj◦) *alag* अलग
Separately (av◦) *alag se* अलग से
Separation (m◦) *pṛthakkaraṇ* पृथक्करण
Separete (v◦) *alag honā, alag karnā** अलग होना, अलग करना*
September (m◦) *sitambar* सितंबर
Sepulture (f◦) *samādhi* समाधि
Sequence (m◦) *kram* क्रम
Serial (aj◦) *kramik* क्रमिक
Series (f◦) *śṛnkhalā* शृंखला
Serinity (f◦) *śāntatā* शांतता
Serious (aj◦) *pgambhīr* गंभीर
Seriously (av◦) *gambhīrtā se* गंभीरता से
Seriousness (m◦) *gāmbhīrya* गांभीर्य
Sermon (m◦) *pravachan* प्रवचन
Serpent (m◦) *sarpa* सर्प
Serrated (aj◦) *dantur* दंतुर
Servant (m◦) *naukar* नौकर
Serve (v◦) *sevā karanā* सेवा करना*
Service (f◦) *naukarī, kām* नौकरी, काम
Sesame (m◦) *til* तिल
Set (m◦) *samucchay* समुच्चय
Set (v◦) *rachnā* रचना*
Settle, compromise (v◦) *nipaṭnā* निपटना
Settlement (m◦) *samjhautā, niptārā* समझौता, निपटारा
Seven (aj◦) *sāt* सात
Seventeen (aj◦) *satrah* सत्रह
Seventy (aj◦) *sattar* सत्तर
Sever (v◦) *kāṭnā* काटना*
Several (aj◦) *kaī* कई
Severally (av◦) *pṛthak* पृथक्
Severe (aj◦) *kaṭhor* कठोर
Sew (v◦) *sīnā* सीना*
Sewer (m◦) *nālā* नाला
Sex (m◦) *ling* लिंग
Sexual (aj◦) *laingik* लैंगिक
Shabby (aj◦) *faṭe-hāl* फटेहाल
Shack (f◦) *kuṭiyā, jhõpaḍī* कुटिया, झोंपड़ी
Shackle (f◦) *beḍī* बेड़ी
Shade (f◦) *chhā̃va, chhāyā* छाँव, छाया
Shadow (f◦) *parchhāī* परछाई
Shaft (m◦) *ḍaṇḍā* डंडा
Shake (v◦) *hilānā* हिलाना*
Shaky (aj◦) *kamzor* कमज़ोर
Shallow (aj◦) *uthlā, chhichhlā* उथला, छिछला
Shame (f◦) *lajjā, śarm* लज्जा, शर्म
Shape (f◦) *ākār, śakal, ākṛtī* आकार, शकल, आकृति
Shapr (v◦) *ākār denā* आकार देना*
Share (m◦) *bhāg, hissā* भाग, हिस्सा
Share (v◦) *bā̃ṭnā* बाँटना*
Sharp (aj◦) *tez* तेज़
Shave (v◦) *hajāmat karnā* हजामत करना*
She (pron◦) *vah* वह
Shear (v◦) *kāṭnā* काटना*
Shears (f◦) *kaiñchī* कैंची
Sheep (f◦) *bheḍ* भेड़
Sheep (m◦ f◦) *bheḍ* भेड़
Sheet, bed sheet (f◦) *chādar* चादर
Shelf (f◦) *kapāṭ* कपाट
Shell (f◦) *sīp, sīpī* सीप, सीपी
Shelter (m◦) *āśray* आश्रय
Shepherd (m◦) *gaḍeria* गडेरिया
Shieft (m◦) *badal* बदल
Shieft (v◦) *badalnā* बदलना*
Shield (m◦) *kavach, () ḍhāl* कवच, ढाल
Shimmer (v◦) *jhilmilānā* झिलमिलाना
Shine (v◦) *chamaknā, chamkānā** चमकना, चमकाना*
Shins (f◦) *chamak* चमक
Ship (m◦) *jahāz* जहाज़
Shirt (f◦) *kamīj,* (m◦) *kuratā* कमीज, कुर्ता
Shock (m◦) *dhakkā, sadmā* धक्का, सदमा
Shoe, boot (m◦) *jūtā* जूता
Shoot (v◦) *golī mārnā* गोली मारना*
Shop (f◦) *dukān* दुकान
Shore (m◦) *taṭ, kinārā* तट, किनारा
Short (aj◦) *chhoṭā, laghu* छोटा, लघु
Shortage (m◦) *abhāv* अभाव
Shortly (av◦) *turant* तुरंत
Shoulder (m◦) *kandhā, skand* कंधा, स्कंद
Shout (f◦) *pukār* पुकार
Shout (v◦) *pukārna*, chillānā* पुकारना*, चिल्लाना
Shovel (m◦) *belchā* बेलचा
Shovel (m◦) *fāvaḍā* फावड़ा
Show (m◦) *pradarśan* प्रदर्शन
Show (v◦) *dikhānā* दिखाना*
Shower (f◦) *bauchhār;* (m◦) *fuhārā* बौछार, फुहारा

Shred (f∘) *dhajjī* धज्जी

Shred (v∘) *dhajjiyā̃ karnā* धज्जियाँ करना*

Shrewd (aj∘) *sayānā, samajhdār* सयाना, समझदार

Shrimp (m∘) *hjingā* झिंगा

Shrine (f∘) *samādhi,* (m∘) *makbarā* समाधि, मकबरा

Shrink (v∘) *sikuḍnā* सिकुड़ना

Shrivel (v∘) *kumhalānā* कुम्हलाना

Shroud (m∘) *kafan, ḍhaknā* कफ़न, ढकना

Shrub (f∘) *jhāḍī* झाड़ी

Shudder (v∘) *thartharānā* थरथराना

Shuffle (v∘) *phẽṭnā* फेंटना*

Shun (v∘) *bachnā* बचना

Shut (v∘) *band karnā* बंद करना*

Shutter (f∘) *jhilmilī* झिलमिली

Shy (aj∘) *lajjāyukta* लज्जायुक्त

Shy (v∘) *lājnā, saṅkoch karnā** लजाना, संकोच करना*

Sick (aj∘) *bīmār, asvastha* बीमार, अस्वस्थ

Sicken (v∘) *ūbānā* ऊबाना

Sickness (f∘) *bīmārī* बीमारी

Side (f∘) *bājū, bagal* बाजू, बगल

Sieve (f∘) *chalnī, chhalnī* चलनी, छलनी

Sift (v∘) *chhānanā* छानना*

Sigh (v∘) *āh bharnā* आह भरना*

Sight (m∘) *dṛṣṭi* दृष्टि

Sign (m∘) *pratik, chihna* प्रतिक, चिह्न

Signal (m∘) *saṅket* संकेत

Signature (f∘) *hastākṣar* हस्ताक्षर

Significance (m∘) *mahattva* महत्त्व

Silence (m∘) *maun* (f∘) *khāmośī* मौन, ख़ामोशी

Silent (aj∘) *khāmoś, chup* ख़ामोश, चुप

Silently (av∘) *chupachāp* चुपचाप

Silk (m∘) *reśam* रेशम

Silky (aj∘) *reśmī* रेशमी

Silly (aj∘) *bevakūf* बेवकूफ़

Silver (f∘) *chāndī* चाँदी

Similar (aj∘) *samān* समान

Similarly (av∘) *usī tarah se* उसी तरह से

Simile (f∘) *upamā* उपमा

Simmer (v∘) *ubalnā* उबलना

Simple (aj∘) *sādā, sādhāraṇ, saral* सादा, साधारण, सरल

Simplicity (f∘) *saraltā* सरलता

Simplify (v∘) *āsāna karnā* आसान करना*

Simultaneous (aj∘) *ek-kālik* एककालिक

Simultaneously (av∘) *sāth-sāth, ek sāth* साथ-साथ, एक साथ

Sin (m∘) *pāp* पाप

Since (m∘) 1. (from) *ke bād se* के बाद से, 2. (because) *kyõ kī* क्योंकि

Sing (v∘) *gānā* गाना*

Singe (v∘) *jhulasnā* झुलसना

Singer (f∘) *gāyikā* गायिका

Singer (m∘) *gāyak* गायक

Singer (m∘) *gāyak* गायक

Single (aj∘) *akelā* अकेला

Singular (aj∘) *ek-vachan* एक वचन

Sinister (aj∘) *kuṭil* कुटिल

Sink (v∘) *ḍūbnā, ḍubonā** डूबना, डुबोना*

Sip (v∘) *chuskī lenā* चुस्की लेना*

Sir (m∘) *mahoday, śrimān* महोदय, श्रीमान

Siren (m∘) *bhõpū* भोंपू

Sister (f∘) *dīdī* दीदी

Sister-in-law (f∘) *sālī, bhābhī* साली, भाभी

Sit (v∘) *baiṭhanā* बैठना

Site (m∘) *sthān, jagah* स्थान, जगह

Situation (f∘) *sthiti, hālat* स्थिति, हालत

Six (aj∘) *chhah* छह

Sixteen (aj∘) *solah* सोलह

Sixty (aj∘) *sāṭh* साठ

Size (m∘) *ākār* आकार

Skeleton (m∘) *kaṅkāl* कंकाल

Sketch (m∘) *khākā,* (f∘) *rūp-rekhā* खाका, रूपरेखा

Skid (v∘) *fisalnā* फिसलना

Skin (f∘) *chamaḍī, tvachā* चमड़ी, त्वचा

Skip (v∘) *fā̃dnā* फाँदना*

Skirmish (f∘) *muṭhbheḍ* मुठभेड़

Skirt (m∘) *ghāgrā* घागरा

Skull (f∘) *khopaḍī* खोपड़ी

Sky (m∘) *ākāś* आकाश

Sky (m∘) *ākāś, āsmān* आकाश, आसमान

Slab (f∘) *paṭrī* पटरी

Slack (f∘) *ḍhīl* ढील

Slam (v∘) *paṭaknā* पटकना*

Slander (f∘) *jhūṭhī nindā* झूठी निंदा

Slant (aj∘) *tirchhā* तिरछा

Slap (f∘) *thappaḍ* थप्पड़

Slap (v∘) *thappaḍ mārnā* थप्पड़ मारना*

Slash (v∘) *kāṭnā* काटना*

Slaughter (f∘) *hatyā* हत्या

Slave (m∘) *dād, gulām* दास, ग़ुलाम

Slay (v∘) *hatyā karnā* हत्या करना*

Sleek (aj∘) *chiknā-chupḍā* चिकना-चुपड़ा

Sleep (f∘) *nind* नींद

Sleep (v∘) sonā सोना

Sleeve (f∘) *bā̃h, āstīn* बाँह, आस्तीन

Slender (aj∘) *patlā* पतला

Slice (f∘) *phā̃k* फाँक

Slide (v∘) *khisaknā, fisalnā* खिसकना, फिसलना

Slight (aj∘) *kiñchit* किंचित

Slightly (av∘) *jarā* जरा

Slimber (f∘) *nīnd* नींद

Slip (v∘) *fisalnā* फिसलना

Slit (f∘) *chīr, darār* चीर, दरार

Slogan (m∘) *nārā* नारा

Slope (f∘) *ḍhalān* ढलान

Sloppy (aj∘) *lāparvāh* लापरवाह

Slot (m∘) *khā̃chā* खाँचा

Slow (aj∘) *mand* मंद

Slowly (av∘) *dhīre-dhīre* धीरे धीरे

Sluggish (aj∘) *sust* सुस्त

Slump (f∘) *mandī* मंदी

Smack (f∘) *thappaḍ,* (m∘) *tamāchā* थप्पड़, तमाचा

Small (aj∘) *chhoṭā* छोटा

Smallpox (m∘) *chechak* चेचक

Smart (aj∘) *hośiyār* होशियार

Smash (f∘) *ṭakkar* टक्कर
Smash (v∘) *ṭakrānā* टकराना
Smear (v∘) *potnā* पोतना
Smell (f∘) *gandh* गंध
Smell (v∘) *sūṅghanā* सूँघना*
Smelt (v∘) *pighālnā* पिघालना*
Smile (f∘) *musakān* मुसकान
Smile (v∘) *musakarānā* मुसकराना
Smoke (m∘) *dhuā̃* धुआँ
Smoke (v∘) *bīḍī pīnā* बीड़ी पीना*
Smooth (aj∘) *chiknā* चिकना
Smoulder (v∘) *sulagnā* सुलगना
Smudge (m∘) *dhabbā, dāg* धब्बा, दाग
Snack (m∘) *nāśtā* नाश्ता
Snail (m∘) *ghoṅghā* घोंघा
Snake (m∘) *sāṁp* साँप
Snap (v∘) *taḍaknā* तड़कना
Snare (m∘) *fandā, jāl* फंदा, जाल
Snarl (v∘) *gurrānā* गुर्राना
Snatch (v∘) *chhīnanā* छीनना*
Sneeze (f∘) *chhīk* छींक
Sneeze (v∘) *chhīknā* छींकना
Sniff (v∘) *sū̃ghanā* सूँघना*
Snip (v∘) *kāṭnā* काटना*
Snivel (v∘) *khījnā* खीजना*
Snoop (v∘) *nigāh rakhanā* निगाह रखना*
Snooty (aj∘) *dambhī* दंभी
Snooze (f∘) *jhapkī* झपकी
Snooze (v∘) *jhapkī lenā* झपकी लेना*
Snore (m∘) *kharrāṭā* खर्राटा
Snore (v∘) *kharrāṭe bharnā* खर्राटे भरना*
Snot (m∘) *reṇṭ* रेंट
Snout (f∘) *sū̃ḍ* सूँड
Snow (f∘) *baraf* बरफ
Snow (v∘) 1. (falling) *baraf girnā* बरफ गिरना, 2. (removing) *baraf sāf karnā* बरफ साफ करना*
Snub (v∘) *ṭhukrānā* ठुकराना*
So (av∘) *tathā* तथा; (aj∘) *itnā* इतना; (conj∘) *isliye* इसलिये
So long (av∘) *tab tak, jahā̃ tak* तब तक, जहाँ तक
So that (av∘) *yathā, isaliye ki, tāki* यथा, इसलिए कि, ताकि)
Soak (v∘) *tarbatar karnā, bhigonā* तरबतर करना, भिगोना*
Soap (f∘) *sābun* साबुन
Soar (v∘) *maṇḍarānā* मँडराना
Sob (v∘) *sisaknā* सिसकना
Sober (aj∘) *saumya* सौम्य
Sociable (aj∘) *milansār* मिलनसार
Social (aj∘) *sāmājik* सामाजिक
Socialism (m∘) *samājvād* समाजवाद
Society (m∘) *samāj* समाज
Sociology (m∘) *samāj-śāstra* समाजशास्त्र
Sock (m∘) *mojā* मोजा
Soft (aj∘) *komal, naram, mulāyam* कोमल, नरम, मुलायम
Soggy (aj∘) *daldalī* दलदली
Soil (f∘) *miṭṭī* मिट्टी
Sojourn (v∘ m∘) *ruknā* रुकना
Solder (m∘) *ṭā̃kā* टाँका
Solder (v∘) *ṭā̃kā lagānā* टाँका लगाना*
Soldier (m∘) *jawān* जवान
Soldier (m∘) *sipāhī* (police), *sainik* (in army) सिपाही, सैनिक
Sole (aj∘) *akelā, ekmātra* अकेला, एकमात्र
Sole (m∘) *talavā* तलवा
Solicit (v∘) *māṅgnā* माँगना*
Solid (aj∘) *ṭhos, ghana* ठोस, घन
Solidarity (f∘) *ektā* एकता
Solitary (aj∘) *akelā* अकेला
Solitude (m∘) *akelāpan* अकेलापन
Solo (av∘) *akele* अकेले
Solution (m∘) 1. (liquid) *ghol* घोल, 2. (answer) *hal* हल
Solve (v∘) *hal nikālnā* हल निकालना*
Somber (aj∘) *khinna, udās* खिन्न, उदास
Some (pron∘) *kuchh, koī* कुछ, कोई
Somehow (av∘) *kisī na kisī prakar* किसी न किसी प्रकार
Somehow (av∘) *kisī tarah se* किसी तरह से
Somersault (f∘) *kalābāzī* कलाबाज़ी
Sometimes (av∘) *kabhī kabhī* कभी कभी
Somewhat (av∘) *kuchh-kuchh* कुछ-कुछ
Somewhere (av∘) *kahī̃* कहीं
Somnolent (aj∘) *nidrālu* निद्रालु
Son (m∘) *putra, beṭā* पुत्र, बेटा
Song (m∘) *gānā* गाना
Son-in-law (m∘) *dāmād* दामाद
Soon (av∘) *tatkāl* तत्काल
Soot (m∘) *kājal* काजल
Soothe (v∘) *śānt karnā* शांत करना*
Sophisticated (aj∘) *kṛtrm* कृत्रिम
Sorcery (f∘) *tāntrīkī* तांत्रीकी
Sordid (aj∘) *faṭe-hāl* फटेहाल
Sore (aj∘) *dardīlā* दर्दीला
Sorry (aj∘) *dukhī* दुखी
Sort (m∘) *prakār, tarah* प्रकार, तरह
Sort (v∘) *chhā̃ṭnā* छाँटना*
Soul (m∘) *ātmā* आत्मा
Sound (aj∘) *achhā* अच्छा
Sound (f∘) *āwāz, dhvani* आवाज़, ध्वनि
Sour (aj∘) *khaṭṭā* खट्टा
Source (m∘) *udgam sthān* उद्गम स्थान
South (f∘) *dakṣiṇ* दक्षिण
Souvenir (f∘) *smārikā* स्मारिका
Sow (v∘) *bonā* बोना*
Spacious (aj∘) *lambā-chauḍā* लंबा-चौड़ा
Spactator (m∘) *darśak* दर्शक
Spade (m∘) *fāvaḍā* फावड़ा
Span (m∘) *failāv, vistār* फैलाव, विस्तार
Spanner (m∘) *jamūr* जमूर
Sparce (aj∘) *chhitrā* छितरा
Spare (aj∘) *khālī* खाली
Spare (v∘) *bachānā* बचाना*
Spark (f∘) *chiṅgārī* चिंगारी
Sparkle (f∘) *jhilmil* झिलमिल
Sparkle (v∘) *jhilmilānā* झिलमिलाना
Sparrow (f∘) *gauraiyā* गौरैया
Spasm (m∘) *daurā* (f∘) *aĩṭhan* दौरा, ऐंठन
Spate (f∘) *bāḍh* बाढ़
Spatter (v∘) *chhiḍaknā* छिड़कना*

Speak (v◦) *bolanā* बोलना
Speaker (m◦) *vaktā* वक्ता
Spear (m◦) *bhālā* भाला
Special (aj◦) *viśeṣ, khās* विशेष, खास
Speciality (f◦) *khāsīyat, viśeṣtā* खासीयत, विशेषता
Species (f◦) *jāti* जाति
Specific (aj◦) *viśiṣṭa* विशिष्ट
Specimen (m◦) *namūnā* नमूना
Spectacle (m◦) *tamāśā* तमाशा
Spectacles (m◦) *chaṣmā*, (f◦) *ainak* चष्मा, ऐनक
Spectacular (aj◦) *śāndār* शानदार
Spectrum (m◦) *varṇakram* वर्णक्रम
Speculate (v◦) *aṭkal lagānā* अटकल लगाना*
Speculation (f◦) *aṭkal* अटकल
Speech (m◦) *bhāṣaṇ* भाषण
Speed (f◦) *gati* गति
Speedily (av◦) *turant* तुरंत
Spellbound (aj◦) *mantramugdha* मंत्रमुग्ध
Spice (m◦) *masālā* मसाला
Spider (f◦) *makaḍī* मकड़ी
Spike (m◦) *kā̃ṭā, kīl* काँटा, कील
Spill (v◦) *chhalaknā* छलकना
Spin (v◦) *ghūmnā, ghumānā** घूमना, घुमाना*
Spinach (f◦) *pālak* पालक
Spindle (f◦) *dhurī* धुरी
Spine (f◦) *rīḍh* रीढ़
Spiral (aj◦) *golākār, kuṇḍlākār* गोलाकार, कुंडलाकार
Spire (m◦) *mīnār* मिनार
Spirit (m◦) 1. (soul) *ātmā* आत्मा, 2. (liquor) *śarāb* शराब
Spiritual (aj◦) *adhyātmik, dhārmik* अध्यात्मिक, धार्मिक
Spleen (f◦) *tillī* तिल्ली
Splendid (aj◦) *śāndār* शानदार
Splendorous (aj◦) *śāndār* शानदार
Splendour (f◦) *śān* शान
Splinter (m◦) *kirach* किरच
Split (v◦) *chīrnā* चीरना*
Spoil (v◦) *bigaḍnā* बिगाड़ना
Spoke (m◦) *ārā* आरा
Spokesman (m◦) *pravaktā* प्रवक्ता
Spontaneous (aj◦) *svābhāvik* स्वाभाविक
Spontaneously (av◦) *svayam, āp hī* स्वयं, आप ही
Spool (f◦) *firkī, charkhī* फिरकी, चरखी
Spoon (m◦) *chammach, camchā* चम्मच, चमचा
Sport (f◦) *khel-kūd* खेल-कूद
Spot (m◦) 1. (mark) *dhabbā, dāg* धब्बा, दाग; 2. (place) *sthān* स्थान
Spring (m◦) 1. (coil) *kamānī* कमानी, 2. (flow) *jharnā* झरना, 3. (season) *vasant* वसंत
Spring (v◦) *uchhalnā* उछलना
Sprinkle (v◦) *chhiḍaknā* छिडकना*
Sprout (m◦) *aṅkur* अंकुर
Spurious (aj◦) *naklī, jālī* नकली, जाली
Spurn (v◦) *ṭhukrānā* ठुकराना*
Spurt (m◦) *fuhārā* फुहारा
Spy (m◦) *jāsūs* जासूस
Squabble (f◦) *tū-tū maĩ-maĩ* तू-तू मैं-मैं
Squad (f◦) *ṭukḍī* टुकड़ी
Squalor (f◦) *gandagī* गंदगी
Square (aj◦) *vargākār, chauras* वर्गाकार, चौरस
Square (m◦) *chaturbhuj* चतुर्भुज
Squash (v◦) *kuchalnā* कुचलना*
Squat (aj◦) *thignā* ठिगना
Squatted (aj◦) *ukḍū̃* उकड़ूँ
Squawk (m◦) *kal-rav* कलरव
Squeak (v◦) *charamarānā* चरमराना
Squeal (f◦) *charamarāhaṭ* चरमराहट
Squeeze (m◦) *nichoḍ, dabāv* निचोड़, दबाव
Squeeze (v◦) *nichoḍnā* निचोड़ना*
Squirm (v◦) *chhaṭpaṭānā* छटपटाना
Squirrel (f◦) *gilharī* गिलहरी
Squirt (m◦) *fuhārā* फुहारा
Squirt (v◦) *fuhārā chhoḍnā* फुहारा छोड़ना*
Sstick (v◦) *chipaknā, chipakānā** चिपकना, चिपकाना*
Ssuperintendent (m◦) *sañchālak* संचालक
Stab (v◦) *bhõknā* भोंकना
Stable (aj◦) *sthir* स्थिर
Stable (m◦) *astabal* अस्तबल
Stack (m◦) *ḍher* ढेर
Stag (m◦) *hiran* हिरन
Stage, condition (f◦) *avasthā* अवस्था
Stage, podium (m◦) *mañch* मंच
Stagger (v◦) *laḍkhaḍānā* लड़खड़ाना
Stagnet (v◦) *ṭharnā* ठहरना
Staid (aj◦) *nīras* नीरस
Stain (m◦) *dhabbā, dāg* धब्बा, दाग
Stair (f◦) *sīḍhī, jīnā* सीढ़ी, जीना
Stake, peg (m◦) *khū̃ṭā* खूँटा
Stale (aj◦) *bāsā* बासा
Stallion (m◦) *ghoḍā* घोड़ा
Stalwart (aj◦) *pakkā* पक्का
Stamina (m◦) *dam* दम
Stammer (v◦) *halkānā, tutlānā* हलकाना, तुतलाना
Stamp (f◦) *ṭikaṭ* टिकट; (m◦) *chhāpā* छापा
Stamp (v◦) *chhāpā lagānā* छापा लगाना*
Stampede (f◦) *bhagdaḍ* भगदड़
Stance (m◦) *dṛṣṭikoṇ* दृष्टिकोण
Stand (v◦) *khaḍā honā* खड़ा होना
Standard (aj◦) *sāmānya* सामान्य
Star (m◦) *tārā* तारा
Starch (m◦) *kalaf* कलफ़
Stare (v◦) *ghūrnā* घूरना
Stark (aj◦) *kaḍā* कड़ा
Start (m◦) *ārambha* आरंभ
Start (v◦) *ārambha karnā* आरंभ करना*
Starvation (f◦) *bhūkhmarī* भूखमरी
Starve (v◦) *bhūkhõ marnā* भूखों मरना
State 1. (m◦ province) *prānt* प्रांत; 2. (condition) *avasthā* अवस्था
Statement (m◦) *kathan* कथन
Static (aj◦) *thamā huā* थमा हुआ
Station (m◦) *aḍḍā*, (f◦) *chaukī* अड्डा,

चौकी
Stationary (aj.) *sthir* स्थिर
Statue (f.) *mūrtī* मूर्ति
Stature (m.) *kad* कद
Status (m.) *darjā, pad* दर्जा, पद
Staunch (aj.) *pakkā* पक्का
Stay (v.) *rahnā, ṭhaharnā* रहना, ठहरना
Steadfast (aj.) *pakkā, aṭal* पक्का, अटल
Steady (aj.) *sthir* स्थिर
Steak (m.) *ṭikkā* टिक्का
Steal (v.) *churānā* चुराना*
Stealth (aj.) *gupt* गुप्त
Steam (f.) *bhāp* भाप
Steel (m.) *faulād, ispāt* फ़ौलाद, इस्पात
Steep (aj.) *chaḍhāī vālā* चढाई वाला
Steeple (m.) *mīnār* मिनार
Stem (m.) *ḍanṭhal, tanā* डंठल, तना
Stench (f.) *badbū* बदबू
Step (m.) *kadam* कदम
Step (v.) *kadam rakhnā* कदम रखना*
Sterile (aj.) *bajnar* बंजर
Stern (aj.) *gambhīr* गंभीर
Stick (f.) *chhaḍī* छड़ी
Sticky (aj.) *chipchipā* चिपचिपा
Stiff (aj.) *sakht* सख़्त
Stigma (m.) *kalaṅk, lāñchhan* कलंक, लांछन
Still (aj.) *sthir* स्थिर
Still (av.) *ab tak, to bhī* अब तक, तो भी
Stimulant (aj.) *prerak, uttejak* प्रेरक, उत्तेजक
Stimulate (v.) *uksānā* उकसाना*
Stimulus (m.) *uttejan* (f.) *prerṇā* उत्तेजन, प्रेरणा
Sting (m.) *ḍaṅk* डंक
Sting (v.) *ḍaṅk mārnā* डंक मारना*
Stingy (aj.) *kañjūs* कंजूस
Stink (f.) *badbū* बदबू
Stir (v.) *vilodnā* विलोड़ना*
Stitch (m.) *ṭā̃kā* टाँका
Stitch (v.) *silnā, sīnā* सिलना, सीना*
Stock (m.) *māl* माल
Stock (v.) *māl rakhnā* माल रखना*
Stolid (aj.) *bhāva-śūnya* भावशून्य
Stomach (m.) *peṭ* पेट
Stomp (v.) *raundnā* रौंदना*
Stone (m.) *patthar* पत्थर
Stony (aj.) *pathrīlā* पथरीला
Stool (f.) *chārpai, tipāī* चारपाई, तिपाई
Stoop (v.) *jhuknā* झुकना
Stop (f.) *rukāvaṭ* रुकावट
Stop (v.) *ruknā* रुकना
Stopper (m.) *kāg, ḍāṭ* काग, डाट
Storage (m.) *godām* गोदाम
Store (f.) *dukān, bhanḍār* दुकान, भंडार
Store (v.) *bharnā, jamā karnā* भरना, जमा करना*
Storey (m.) *tallā,* (f.) *manzil* तल्ला, मंज़िल
Stork (m.) *sāras* सारस
Storm (m.) *tūfān* तूफ़ान
Stormy (aj.) *tūfānī* तूफ़ानी
Story (f.) *kathā, kahānī* कथा, कहानी
Stout (aj.) *pakkā, mazbūt* पक्का, मज़बूत
Stove (m.) *chūlhā* चूल्हा
Straight (aj.) *saral* सरल
Straightforward (aj.) *sīdhā* सीधा
Strain (m.) *tanāv, dabāv* तनाव, दबाव
Stress (m.) *tanāv, dabāv* तनाव, दबाव
Stress (v.) *jor lagānā* जोर लगाना*
Stretch (m.) *tanāv, khĩchāv* तनाव, खींचाव
Stretch (v.) *tānanā. khĩchanā* तानना, खींचना*
Strew (m.) *bikhernā, chhitarnā* बिखेरना, छितरना
Strict (m.) *kaḍā, sakht* कड़ा, सख़्त
Stride (v.) *lā̃ghnā* लाँघना*
Strife (m.) *saṅghars* संघर्ष
Strike (m.) *haḍtāl* हड़ताल
Strike (v.) *mārnā* मारना*
String (f.) *ḍorī, mālā* डोरी, माला
String (v.) *pironā* पिरोना*
Stringent (m.) *kaḍā, sakht* कड़ा, सख़्त
Strip (m.) *naṅgā karnā* नंगा करना
Strip (m.) *paṭṭī* पट्टी
Stripe (f.) *dhār, paṭṭī* धार, पट्टी
Strive (v.) *prayās karnā* प्रयास करना*
Stroke (m.) *āghāt* आघात
Stroke (v.) *thapthapānā* थपथपाना*
Stroll (v.) *ṭahalnā* टहलना
Strong (aj.) *balavān* बलवान्
Structure (m.) 1. (makeup) *banāvaṭ* बनावट; 2. (building) *bhavan* भवन
Struggle (m.) *saṅghars* संघर्ष
Struggle (v.) *khaṭnā* खटना
Stubborn (m.) *aḍiyal, ziddī* अड़ियल, ज़िद्दी
Stud (f.) *kīl* कील
Student (m.) *chhātra* छात्र
Studious (aj.) *mehnatī* मेहनती
Study (f.) *paḍhāī* पढ़ाई
Study (v.) *paḍhanā* पढ़ना*
Stuff (m.) *sāmān,* (f.) *sāmagrī* सामान, सामग्री
Stumble (v.) *ṭhokar khānā* ठोकर खाना
Stun (v.) *hakkā-bakkā honā* हक्का बक्का होना
Stunt (m.) *kartab* करतब
Stupendous (aj.) *mahān* महान
Stupis (aj.) *mūrkh* मूर्ख
Sturdy (aj.) *mazbūt, ṭhos* मज़बूत, ठोस
Stutter (v.) *haklānā, tutlānā* हकलाना, तुतलाना
Style (f.) *śailī, banāvaṭ* शैली, बनावट
Subdue (m.) *kābū karnā* काबू करना
Subject (m.) *viṣay* विषय
Sublime (aj.) *udātta* उदात्त
Submarine (f.) *panḍubbī* पनडुब्बी
Submission (m.) *samarpaṇ* समर्पण
Subsequent (aj.) *bād kā* बाद का
Subside (v.) *ghaṭnā* घटना
Substance (m.) *padārtha* पदार्थ
Subtle (m.) *sūkṣma, mahīn* सूक्ष्म, महीन
Suburb (m.) *upnagar* उपनगर
Subway (m.) *suraṅg-path* सुरंग-पथ
Succed (v.) *uttara!dhikārī honā* उत्तराधिकारी होना

Succeptible (aj॰) *grahanśīl* ग्रहणशील

Success (m॰) *yaśa* यश

Succession (m॰) *uttarādhikār* उत्तराधिकार

Successive (aj॰) *kramik* क्रमिक

Successor (m॰) *uttarādhikārī* उत्तराधिकारी

Such (aj॰) *aisā* ऐसा

Suck (v॰) *chūsnā* चूसना*

Suction (m॰) *chūṣaṇ* चूषण

Sudden (aj॰) *achānak* अचानक

Suddenly (av॰) *ekdam* एकदम

Sue (v॰) *mukadmā karnā* मुकदमा करना*

Suffer (v॰) *bhugatnā* भुगतना

Suffering (f॰) *pīḍā* पीड़ा

Suffice (v॰) *bas honā* बस होना

Sufficient (aj॰) *kāfī* काफ़ी

Sufficiently (av॰) *paryāpta* पर्याप्त

Suffix (m॰) *pratyay* प्रत्यय

Suffocate (v॰) *dam ghuṭnā* दम घुटना

Sugar (f॰) *chīnī, śakkar* चीनी, शक्कर

Sugarcane (m॰) *īkh* ईख, *gannā* गन्ना

Suggest (v॰) *sujhāv denā* सुझाव देना*

Suggestion (m॰) *sujhāv* सुझाव

Suicide (f॰) *ātmahtyā* आत्महत्या

Suit (m॰) *mukadmā* मुकदमा

Suit (v॰) *ṭhīk honā* ठीक होना

Suitable (aj॰) *ṭhīk, uchit* ठीक, उचित

Sulk (v॰) *rūṭhnā* रूठना

Sullen (aj॰) *chiḍchiḍā* चिड़चिड़ा

Sulphur (m॰) *gandhak* गंधक

Sum (m॰) *yog* योग

Sum (v॰) *milānā* मिलाना*

Summary (m॰) *sārāṁś* सारांश

Summer (m॰) *grīṣma* ग्रीष्म

Summit (f॰) *choṭī* चोटी

Summon (v॰) *bulānā* बुलाना*

Summons (m॰) *bulāvā* बुलावा

Sun (m॰) *sūraj, sūrya* सूरज, सूर्य

Sunday (m॰) *ravivār, itwār* रविवार, इतवार

Sundry (aj॰) *fuṭkar, vividh* फुटकर, विविध

Sunflower (f॰) *sūrajmukhī* सूरजमुखी

Super- (pref॰) *atyadhik, asāmānya, asādhāraṇ* अत्यधिक, असामान्य, असाधारण

Superb (aj॰) *baḍhiyā, śreṣṭha* बढ़िया, श्रेष्ठ

Supercilious (aj॰) *magrūr, dambhī* मग़रूर, दंभी

Superficial (aj॰) *ūparī, bāharī, bāhya, chhichhlā* ऊपरी, बाहरी, बाह्य, छिछला

Superfluous (aj॰) *fazūl, fāltū* फ़ज़ूल, फ़ालतू

Superior (aj॰) *behtar, śreṣṭha, uccha* बेहतर, श्रेष्ठ, उच्च

Superiority (f॰) *śreṣṭhatā, ucchatā* श्रेष्ठता, उच्चता

Superlative (m॰) *sarvaśreṣṭha, ucchatama* सर्वश्रेष्ठ, उच्चतम

Supernatural (aj॰) *alaukik* अलौकिक

Supersede (m॰) *kā sthān lenā* का स्थान लेना

Superstition (m॰) *andhaviśvās* अंधविश्वास

Supervise (v॰) *nigrānī karnā* निगरानी करना*

Supervision (f॰) *nigrānī* निगरानी

Supervisor (m॰) *nirīkṣak* निरीक्षक

Supple (aj॰) *lachīlā* लचीला

Supplement (m॰) *pūrak,* (f॰) *pūrti* पूरक, पूर्ति

Supplementary (aj॰) *pūrak, pariśiṣṭ* पूरक, परिशिष्ट

Suppliment (v॰) *pūrti karnā* पूर्ति करना*

Supply (m॰) *pūrti, āpūrti* पूर्ति, आपूर्ति

Supply (v॰) *pūrti karnā* पूर्ति करना*

Support (f॰) *sahāyatā, madad* सहायता, मदद

Supporting Actor (m॰) *upanāyak* उपनायक

Supportive (aj॰) *sahayak* सहायक

Suppose (v॰) *mānanā* मानना*

Supposing (av॰) *agar, yadi* अगर, यदि

Supreme (m॰) *sarvaśreṣtha, ucchatam* सर्वश्रेष्ठ, उच्चतम

Supress (v॰) *dabānā* दबाना*

Supression (m॰) *dabāv* दबाव

Sure (aj॰) *nischit, pakkā* निश्चित, पक्का

Surely (av॰) *niśchit, avaśya* निश्चित, अवश्य

Surface (f॰) *satah, pṛṣṭha* सतह, पृष्ठ

Surge (m॰) *baḍhāvā,* (f॰) *baḍhatī* बढ़ावा, बढ़ती

Surge (v॰) *laharnā, baḍhnā* लहरना, बढ़ना

Surgeon (m॰) *śalya chikitsak* शल्य चिकित्सक

Surgery (f॰) *śalya chikitsā* शल्य चिकित्सा

Surmise (m॰) *andāz, anumān* अंदाज़, अनुमान

Surmount (v॰) *pār karnā* पार करना*

Surname (m॰) *kulanām* कुलनाम

Surpass (v॰) *se āge baḍhnā* से आगे बढ़ना

Surplus (f॰) *bachat* बचत

Surprise (m॰) *āscharya, achambhā* आश्चर्य, अचंभा

Surrender (m॰) *ātmasamarpaṇ,* (f॰) *śaraṇ* आत्मसमर्पण, शरण

Surreptitious (aj॰) *pracchhanna* प्रच्छन्न

Surround (v॰) *ghernā* घेरना*

Surveillance (f॰) *nigrānī* निगरानी

Survey (f॰) *jā̃ch, nirīkṣaṇ, paimāiś* जाँच, निरीक्षण, पैमाइश

Survey (v॰) *nihārnā, jā̃chnā* निहारना, जाँचना*

Survival (m॰) *bachnā* बचना

Survive (v॰) *bachnā* बचना

Survivor (m॰) *bachā huā* बचा हुआ

Suspect (v॰) *sandeha karnā* संदेह करना*

Suspend (v॰) *laṭknā, jaṭkānā,* ṭā̃ngnā* लटकना, लटकाना*, टाँगना*

Suspense (f॰) *duvidhā* (m॰) *saṁśay* दुविधा, संशय

Suspension (m॰) *laṭaknā* लटकना

Suspicion (m॰) *sandeha, śak* संदेह, शक

Suspicious (aj॰) *śankāyukta* शंकायुक्त

Sustain (v∘) *sahanā* सहना
Sustenance (m∘) *sahārā* सहारा
Susurration (m∘) *fusfusānā* फुसफुसाना
Suzerain (m∘) *adhipati, rājā* अधिपति, राजा
Svelte (aj∘) *komal* कोमल
Swab (f∘) *kū̃chī* कूँची
Swainish (aj∘) *dehātī* देहाती
Swallow (v∘) *nigalnā* निगलना*
Swallower (aj∘) *bhukkhaḍ* भुक्खड़
Swamp (f∘) *daldal* दलदल
Swan (m∘) *haṁsa* हंस
Swap (f∘) *adal-badal* अदल-बदल
Swap (v∘) *adal-badal karnā* अदल-बदल करना*
Swash (m∘) *kolāhal, śor* कोलाहल, शोर
Sway (m∘) *jhuknā, jhukānā** झुकना, झुकाना*
Swear (f∘) 1. (vow) *śapath, kasam* शपथ, कसम 2. (rebuke) *gālī* गाली
Swear (v∘) 1. (vow) *śapath khānā* शपथ खाना 2. (rebuke) *gālī baknā* गाली बकना
Sweat (m∘) *pasīnā* पसीना
Sweep (v∘) *jhāḍnā* झाड़ना*
Sweeper, broom (m∘) *jhāḍū* झाड़ू
Sweet (aj∘) *mīṭhā* मीठा
Sweets (f∘) *miṭhāī* मिठाई
Swell (m∘) *fūlnā, sūjnā* फूलना, सूजना
Swelling (f∘) *sūjan* सूजन
Swerve (v∘) *bhaṭaknā* भटकना
Swift (aj∘) *tez* तेज़
Swim (v∘) *tairnā* तैरना
Swindle (v∘) *ṭhagnā* ठगना*
Swindler (aj∘) *ṭhag* ठग
Swine (m∘) *sūar* सूअर
Swing (m∘) *jhūlā* झूला
Swing (v∘) *jhūlnā* झूलना
Swipe (m∘) *āghāt* आघात
Swirl (m∘) *chakkar, bhãvar* चक्कर, भँवर
Swirl (v∘) *ghūmnā, ghumānā** घूमना, घुमाना*
Swish (f∘) *sarsarāhaṭ* सरसराहट

Switch (v∘) *badalnā* बदलना*
Swivel (v∘) *chakrākār ghūmnā* चक्राकार घूमना
Swoon (f∘) *mūrchhā* मूर्छा
Swoon (v∘) *mūrchhit honā* मूर्छित होना
Swoop (m∘) *jhapaṭṭā* झपट्टा
Sword (f∘) *talvār* तलवार
Sycophant (aj∘) *chāplūs, chāṭū* चापलूस, चाटू
Syllabus (m∘) *pāṭhyakram* पाठ्यक्रम
Symbol (m∘) *chihna, pratīk* चिह्न, प्रतीक
Symmetrical (aj∘) *sama-mit* सममित
Symmetry (f∘) *samānatā* समानता
Sympathetic (aj∘) *hamdard* हमदर्द
Sympathy (f∘) *sahānubhūti, hamdardī* सहानुभूति, हमदर्दी
Symphony (m∘) *svarsaṅgīt* स्वरसंगीत
Symposium (m∘) *sammelan* सम्मेलन
Symptom (m∘) *lakṣaṇ* लक्षण
Syndicate (m∘) *jvyāpār saṅgh* व्यापार संघ
Synonym (m∘) *paryāyvāchī śabd* पर्यायवाची शब्द
Synopsis (m∘) *sārāṁś* सारांश
Syntax (f∘) *vākya rachanā* वाक्य रचना
Synthesis (m∘) *saṁyog* संयोग
Synthetic (aj∘) *kṛtṛm* कृत्रिम
Syring (f∘) *pichkārī* पिचकारी
Syrup (f∘) *chāṣnī* चाशनी
System (m∘) *tantra,* (f∘) *vyavasthā* तंत्र, व्यवस्था
Systematic (aj∘) *vyavasthit* व्यवस्थित

T

Table, chart (f∘) *tālikā, sāraṇī* तालिका, सारणी
Table, desk (m∘) *mez* मेज़
Tablet (f∘) *golī* गोली
Tack (f∘) *birañjī* बिरंजी
Tact (m∘) *kauśalya* कौशल्य
Tactic(f∘) *chāl* चाल
Tadpole (f∘) *beṅgchī* बेंगची
Tag (f∘) *parachī* परची

Tail (f∘) *dum, pū̃chh* दुम, पूँछ
Tailor (m∘) *arjī* दर्जी
Take (v∘) *lenā* लेना*
Tale (f∘) *kathā, kahānī* कथा, कहानी
Talent (f∘) *pratibhā* (m∘) *guṇ* प्रतिभा, गुण
Talisman (m∘) *tāviz* ताविज़
Talk (f∘ v∘) *bolanā* बोलना
Tall (aj∘) *lambā* लंबा
Tallow (f∘) *charbī* चरबी
Tally (m∘) *mel, hisāb* मेल, हिसाब
Talon (m∘) *pañjā, chaṅgul* पंजा, चंगुल
Tamarind (f∘) *imlī* इमली
Tamper (v∘) *chheḍnā* छेड़ना*
Tangible (aj∘) *sparśanīya* स्पर्शनीय
Tangle (m∘) *gutthā, uljhan* गुत्था, उलझन
Tank, container (f∘) *ṭaṅkī* टंकी
Tank, reservoir (m∘) *tālāb* तालाब
Tanslation (m∘) *bhāṣāntar, anuvād* भाषांतर, अनुवाद
Tantalize (v∘) *tarasnā, lalchānā* तरसना, ललचाना
Tantamount (aj∘) *barābar* बराबर
Tap, faucet (m∘) *nal, ṭõṭī* नल, टोंटी
Tap, knock (v∘) *khaṭkhaṭānā* खटखटाना*
Tap, pat (f∘) *thapkī* थपकी
Tapia (m∘) *galīchā* गलीचा
Tar (m∘) *tārkol* तारकोल
Tarantula (f∘) *makḍī* मकड़ी
Tardiness (f∘) *susti* सुस्ति
Tardy (aj∘) *sust, dīrghasūtrī* सुस्त, दीर्घसूत्री
Target (m∘) *dhyeya, lakṣya, niśānā* ध्येय, लक्ष्य, निशाना
Tarnish (v∘) *kalaṅk lagānā* कलंक लगाना*
Tarpaulin (m∘) *tirpāl* तिरपाल
Tart (aj∘) *khaṭās* खटास
Task (m∘) *kārya* कार्य
Taste (m∘) *svād, zāykā* स्वाद, ज़ायका
Taste (v∘) *chakhanā* चखना*
Tattoo (v∘) *godnā* गोदना*

Taught (aj.) *kasī, tanī* कसी, तनी
Taunt (m.) *tānā* ताना
Taunt (v.) *tānā mārnā* ताना मारना*
Taurus (f.) *vr̥ṣabh rāśi* वृषभ राशि
Tavern (m.) *śarāb khānā* शराबखाना
Tax (m.) *kar* कर
Tea (f.) *chāy* चाय
Teacher (m.) *gurujī, śikṣak* (f.) *śikṣikā* गुरुजी, शिक्षक, शिक्षिका
Teak, wood (m.) *sāgaun* सागौन
Team (m.) *dal* दल
Tear (f.) *ā̃sū* आँसू
Tear (v.) *fāḍnā* फाड़ना*
Tease (v.) *chiḍhānā* चिढ़ाना*
Technical (aj.) *tāntrīk, taknaīkī* तांत्रिक, तकनीकी
Technique (m.) *tantra, taknīk* तंत्र, तकनीक
Teciturn (aj.) *maunī* मौनी
Tedious (aj.) *thakāū* थकाऊ
Teenage (f.) *kiśorāvasthā* किशोरावस्था
Teenager (m.) *kiśor* किशोर
Teeth (m.) *dānt* दांत
Telegram (f.) *tār* तार
Telepathy (m.) *dūrbodh* दूरबोध
Telephone (m.) *dūrbhāṣ* दूरभाष
Telescopr (f.) *dūrbīn* दूरबीन
Television (m.) *dūrdarśan* दूरदर्शन
Tell (v.) *batānā, batalānā* बताना, बतलाना*
Temper (f.) *mizāj, tabīyat* मिज़ाज, तबीयत
Temperament (m.) (f.) *mizāj, tabīyat* मिज़ाज, तबीयत
Temperamental (aj.) *sankī* सनकी
Temperance (m.) *saṁyam* संयम
Temperature (m.) *tāpmān* तापमान
Tempest (m.) *tūfān* तूफ़ान
Temple (m.) *mandir* मंदिर
Tempo (f.) *gati* गति
Temporal (aj.) *sansārik* सांसारिक
Temporary (aj.) *asthāyī* अस्थायी
Tempt (v.) *bahkānā* बहकाना*
Temptation (m.) *bahkāvā,* (f.) *pralobhanā* प्रलोभना
Ten (aj.) *das* दस
Tenacious (aj.) *pakkā, haṭhī* पक्का, हठी
Tenant (m.) *kirāedār* किराएदार
Tender, bid (m.) *ṭhekā* ठेका
Tender, delicate (aj.) *nazuk* नाज़ुक
Tendon (m.) *kaṇḍarā* कंडरा
Tendril (f.) *pratān* प्रतान
Tenet (m.) *mat* मत
Tenous (aj.) *nāzuk* नाज़ुक
Tense (aj.) *bechain* बेचैन
Tension (m.) *tanāv, dabāv* तनाव, दबाव
Tent (m.) *tambū* तंबू
Tentatively (aj.) *dekhane ke lite* देखने के लिये
Tenure (f.) *avadhi* अवधि
Term 1. period (f.) *avadhi* अवधि; 2. expression (f.) *abhivyakti* अभिव्यक्ति; 3. (relationship) *sambandha* संबंध
Term, name (v.) *kahnā* कहना*
Terminal (aj.) *ākharī, lāilāj* आखरी, लाइलाज
Terminate (v.) *samāpta karnā* समाप्त करना*
Termination (f.) *samāpti* समाप्ति
Terminology (f.) *paribhāṣā* परिभाषा
Terminus (m.) *aḍḍā* अड्डा
Termite (f.) *dīmak* दीमक
Terresterial (aj.) *bhū-jīvī* भूजीवी
Terrible (aj.) *bhayānak* भयानक
Terrific (aj.) *mahān* महान
Terrify (v.) *darnā, rānā** डरना, डराना*
Territory (m.) *kṣetra* क्षेत्र
Terror (m.) *bhay, dar* भय, डर
Terrorism (m.) *ātankvād* आतंकवाद
Terrorist (m.) *ātankvādī* आतंकवादी
Tertiary (aj.) *tīsrā* तीसरा
Test (f.) *parīkṣā* परीक्षा
Test (v.) *jā̃chanā* जाँचना*
Testament, legal (m.) *vasīyatnāmā* वसीयतनामा
Testify (v.) *gavāhī denā, bayān denā* गवाही देना, बयान देना*
Testimonial (m.) *pramāṇpatra* प्रमाणपत्र
Testimony (m.) *bayān,* (f.) *gavāhī* बयान, गवाही
Text (m.) *lekhā* लेखा
Textbook (f.) *pāṭhya-pustak* पाठ्यपुस्तक
Textile (m.) *vastra* वस्त्र
Texture (m.) *banāvaṭ* बनावट
Than (av.) *se* से
Thank (v.) *dhanyavād denā* धन्यवाद देना*
Thankful (aj.) *kr̥tagya* कृतज्ञ
Thanks (m.) *dhanyavād, śukriyā* धन्यवाद, शुक्रिया
That (pron.) *vah* वह
Thaw (v.) *pighalnā* पिघलना
Theatre (f.) *rangśālā* रंगशाला
Theft (f.) *chorī* चोरी
Their (pron.) *unakā* उनका
Them (pron.) *unko* उनको
Theme (m.) *viṣay* विषय
Then (av.) *tab, fir* तब, फिर
Thence (av.) *us kāraṇa se* उस कारण से, *vahā̃ se* वहाँ से
Thenceforward (av.) *us ke bād* उसके बाद
Theology (m.) *āstikvād* आस्तिकवाद
Theorem (m.) *siddhānt* सिद्धांत
Theoritical (aj.) *saiddhāntik* सैद्धांतिक
Theory (m.) *siddhānt* सिद्धांत
Therby (av.) *us se, us tarah se* उससे, उस तरह से
There (av.) *vahā̃, udhar* वहाँ, उधर
Thereafter (av.) *tab se, usake bād* तब से, उसके बाद
Therefore (av.) *ataḥ, isaliye* अतः, इसलिए
Thereupon (av.) *tatkāl, to fir* तत्काल, तो फिर
Thermal (aj.) *garmaī kā* गरमी का
Thermometer (m.) *tāpmāpak* तापमापक

Thesaurus (m॰) *paryāy-koś* पर्यायकोश
These (pron॰) *ye* ये
Thesis (m॰) *prabandh* प्रबंध
Thick (aj॰) 1. (slice) *moṭā,* 2. (dense) *ghanā,* 3. (liquid) *gaḍhā* मोटा, घना, गाढ़ा
Thicket (f॰) *jhāḍī* झाड़ी
Thickness (f॰) *moṭāī, ghanatva, gāḍhāpan* 1. मोटाई, 2. घनत्व, 3. गाढ़ापन
Thief (m॰) *chor* चोर
Thigh (f॰) *jāṅgh, janghā* जाँघ, जंघा
Thin (aj॰) *patalā, bārīk* पतला, बारीक
Thing (f॰) *bāt, chīj* बात, चीज
Think (v॰) *sochanā* सोचना*
Thinker (aj॰) *manīṣī* मनीषी
Thinking (m॰) *vichār* विचार
Third (aj॰) *tīsrā* तीसरा
Third-class (aj॰) *ghatiya* घटिया
Thirteen (aj॰) *terah* तेरह
Thirty (aj॰) *tīs* तीस
This (pron॰) *yah* यह
Thistle (m॰) *bhaṭ-kaṭaiyā* भटकटैया
Thorax (m॰) *chhātī, sīnā* छाती, सीना
Thorn (m॰) *kā̃ṭā* काँटा
Thorney (aj॰) *kā̃ṭedār* काँटेदार
Thorough (aj॰) *pakkā, parioūrṇa* पक्का, परिपूर्ण
Those (pron॰) *ve* वे, वह
Though (av॰) *yadyapi, hālāki, bhale hī* यद्यपि, हालांकि, भले ही
Thought (m॰) *vichār* विचार
Thousand (m॰) *hazār, sahasra* हज़ार, सहस्त्र
Thrash (v॰) *pīṭnā* पीटना*
Thrashing (f॰) *piṭāī* पिटाई
Thread (m॰) *dhāgā* धागा
Thread (m॰) *dhāgā, tāgā, sūt, tantu* धागा, तागा, सूत, तंतु
Threat (m॰) 1. (danger) *musībat, saṅkaṭ, khatrā* मुसीबत, संकट, खतरा 2. (challenge) *dhamkī, dhaũs* धमकी, धौंस
Threaten (v॰) *dhamkānā* धमकाना*
Three (aj॰) *tīn* तीन
Thresh (v॰) *kūṭnā, pīṭnā* कूटना, पीटना*
Threshold (m॰) *dahlīz* दहलीज़
Thrice (av॰) *tīn bār* तीन बार
Thrill (m॰) *romāñch* रोमांच
Thrilling (aj॰) *romāñchkārī* रोमांचकारी
Throat (m॰) *galā* गला
Throat (m॰) *galā, kaṇṭh* गला, कंठ
Throb (f॰) *dhaḍkan,* (m॰) *spandan* धड़कन, स्पंदन
Throb (v॰) *dhaḍaknā* धड़कना
Throne (m॰) *siṁhāsan* सिंहासन
Throng (f॰) *bhīḍ* भीड़
Throttle (v॰) *galā ghõṭnā* गला घोंटना*
Through (prep॰) *ār-pār, bīch sae* आरपार, बीच से
Throughfare (m॰) *ām rastā* आम रस्ता
Throught (av॰) *sarvatra* सर्वत्र
Throw (v॰) *fẽknā* फेंकना*
Throw up (v॰) *ulṭī karnā* उल्टी करना*
Thrust (m॰) *prahār* प्रहार
Thug (m॰) *ṭhag* ठग
Thumb (m॰) *aṅgūṭhā* अंगुठा
Thump (m॰) *āghāt, dhamākā* आघात, धमाका
Thump (v॰) *ṭhoknā* ठोकना*
Thunder (f॰) *garjan, garjanā* गरजन, गर्जना
Thunder (v॰) *garajnā* गरजना
Thunderstruck (aj॰) *hakkā-bakkā* हक्काबक्का
Thursday (m॰) *guruvār, bṛhaspativār* गुरुवार, बृहस्पतिवार
Thus (av॰) *is prakār se* इस प्रकार से
Tide (f॰) *bāḍh* बाढ़
Tidy (aj॰) *ṭhik-ṭhāk* ठीक-ठाक
Tie (m॰) *fītā* फीता
Tie (v॰) *bāndhanā* बाँधना*
Tiger (m॰) *bāgh, śer* बाघ, शेर
Tight (aj॰) *kasā, taṅg* कसा, तंग
Tighten (v॰) *kasnā, jakaḍnā* कसना, जकड़ना*
Tigings (f॰) *khabar* खबर
Tigress (f॰) *bāghin, śernī* बाघिन, शेरनी
Till, farming (v॰) *jotnā* जोतना*
Tilt (m॰) *jhukāv* झुकाव
Tilt (v॰) *jhuknā, jhukānā** झुकना, झुकाना*
Timber (f॰) *imārtī lakḍī* इमारती लकड़ी
Time (m॰) *samay, kāl* समय, काल
Timely (aj॰) *samayovhit* समयोचित
Timid (aj॰) *kāyar* कायर
Tin, can (m॰) *ḍibba* डिब्बा
Tingle (f॰) *jhuñjhunī* झुनझुनी
Tinkle (f॰) *ṭin-ṭin* टिन-टिन
Tint (f॰) *jhalak* झलक
Tiny (aj॰) *sūkṣma, nanhā* सूक्ष्म, नन्हा
Tip (f॰) *nok̃* नोंक
Tip (v॰) *ulṭānā* उलटाना*
Tire (v॰) *thaknā* थकना
Tit (m॰) *stanāgra* स्तनाग्र
Tit for tat (aj॰) *jaise ko taisā* जैसे को तैसा
Title (m॰) *śīrśak, upādhi, khitāb, padvī* शीर्शक, उपाधि, ख़िताब, पदवी
To (suff॰) *ko* को
Toad (m॰) *meṇḍhak* मेंढ़क
Toadstool (m॰) *kukurmuttā* कुकुरमुत्ता
Toast (v॰) *sẽknā* सेंकना*
Tobacco (m॰) *tambākū* तंबाकू
Today (av॰) *āj* आज
Toe (f॰) *pair kī aṅgulī* पैर की अँगुली
Together (av॰) *ekatra, ek sāth* एकत्र, एक साथ
Together (av॰) *sāth mẽ* साथ में
Token (aj॰) *pratīk* प्रतीक
Tolerate (v॰) *sahnā* सहना
Toll (m॰) *mahasūl, kar* महसूल, कर
Tomato (m॰) *ṭamāṭar* टमाटर
Tomb (m॰) *makbarā, samādhi* मकबरा, समाधि
Tomorrow (av॰) *kal* कल
Tone (m॰) *sūr, lahajā* सूर, लहजा
Tongs (m॰) *chimṭā* चिमटा
Tongue (f॰) *jībh* जीभ
Tonight (f॰) *āj rāt* आज रात
Tonsil (m॰) *galsuā* गलसुआ
Tonsure (m॰) *muṇḍan* मुंडन
Tool (m॰) *auzār* औज़ार

Toot (m॰) *bhõpū*, (f॰) *sīṭī* भोंपू, सीटी
Toot (v॰) *bhõpū bajānā* भोंपू बजाना*
Tooth (m॰) *dā̃t* दाँत
Top (m॰) 1. (tip) *śikhar*, (f॰) *choṭī* शिखर, चोटी; 2. (lid) *ḍhakkan* ढक्कन; 3. (toy) *laṭṭū* लट्टू
Topaz (m॰) *pukhrāj* पुखराज
Topic (m॰) *viṣay* विषय
Topple (v॰) *luḍhaknā, luḍhakānā** लुढ़कना, लुढ़काना*
Topsy-turvey (aj॰) *ulṭā-pulṭā* उलटा–पुलटा
Torch (f॰) *maśāl* मशाल
Torch (v॰) *jalānā, āg lagānā* जलाना, आग लगाना*
Torential (aj॰) *vegvān, muslādhār* वेगवान, मुसलाधार
Torment (v॰) *satānā* सताना*
Torn (aj॰) *phaṭā* फटा
Tornado (m॰) *tūfān* तूफ़ान
Torso (m॰) *dhaḍ* धड़
Tortoise (m॰) *kachhuā* कछुआ
Tortuous (aj॰) *chakkardār, ṭeḍhā-meḍhā* चक्करदार, टेढ़ा-मेढ़ा
Torture (f॰) *pīḍā* पीड़ा
Torture (v॰) *pīḍā denā* पीड़ देना*
Toss (v॰) *uchhālnā* उछालना
Total (aj॰) *kul, pūrṇa* कुल, पूर्ण
Totalitarian (aj॰) *ekādhikārī* एकाधिकारी
Totter (v॰) *laḍkhaḍānā* लड़खड़ाना
Touch (m॰) *sparśa* स्पर्श
Touch (v॰) *chhūnā* छूना*
Touchy (aj॰) *tunak mizāj* तुनक मिज़ाज
Tough (aj॰) *sakht, kaḍā* सख़्त, कड़ा
Tour (m॰) *daurā*, (f॰) *yātrā* दौरा, यात्रा
Tourism (m॰) *paryaṭan* पर्यटन
Tourist (m॰) *yātrī, musāfir* यात्री, मुसाफिर
Tournament (f॰) *pratiyogitā* प्रतियोग्ता
Tow (v॰) *khī̃chnā* खिंचना*
Towards (av॰) *kī or, kī taraf* की ओर, की तरफ
Towel (m॰) *tauliyā* तौलिया
Tower (m॰) *mīnār* मिनार
Town (m॰) *gā̃v, kasbā* गाँव, कसबा
Toxic (aj॰) *zaharīlā* ज़हरीला
Toxin (m॰) *zahar, viṣ* ज़हर, विष
Toy (m॰) *khilaunā* खिलोना
Trace (m॰) *avaśeṣ* अवशेष
Trace (v॰) *ckhojnā* खोजना*
Track (f॰) *paṭrī* पटरी
Tract (m॰) *ilākā, bhūbhāg* इलाका, भूभाग
Traction (m॰) *khī̃chāv* खिंचाव
Trade (m॰) *vyāpār, peśā* व्यापार, पेशा
Trade (v॰) *vyāpār karnā, denā-lenā* व्यापार करना, देना–लेना*
Trader (m॰) *vyāpārī, saudāgar* व्यापारी, सौदागर
Tradition (f॰) *paramparā* परंपरा
Traffic (m॰) *yātāyāt* यातायात
Tragedy (aj॰) *dukhad* दुखद
Tragery (f॰) *durghaṭnā* दुर्घटना
Trail (m॰) *niśān, chihna* निशान, चिह्न
Trail (v॰) *ghasīṭnā* घसीटना*
Train (f॰) *gāḍī* गाड़ी
Train (v॰) *sikhānā* सिखाना*
Trait (f॰) *viśeṣtā* विशेषता
Traitor (m॰) *dorhī, ghatak* द्रोही, घातक
Traitorous (aj॰) *ghātakī* घातकी
Tramp (aj॰) *āvārā, ghumakkaḍ* आवारा, घुमक्कड़
Trample (v॰) *kuchalnā, raundnā* कुचलना, रौंदना*
Trance (f॰) *behośī, supti* बेहोशी, सुप्ति
Tranquil (aj॰) *stabdha, śānt* स्तब्ध, शांत
Transaction (m॰) *kārobār, saudā* कारोबार, सौदा
Transcend (v॰) *pār jānā* पार जाना
Transcribe (v॰) *likhanā* लिखना*
Transcript (m॰) *pratilekh* प्रतिलेख
Transfer (f॰) *badlī* बदली
Transfix (v॰) *hakkā-bakkā honā* हक्का–बक्का होना
Transform (v॰) *badalnā* बदलना
Transformation (m॰) *badal* बदल
Transgression (m॰) *ullaṅghan* उल्लंघन
Transient (aj॰) *kṣaṇik* क्षणिक
Transition (m॰) *saṅkramaṇ* संक्रमण
Transitive (aj॰) *sakarmak* सकर्मक
Translucent (aj॰) *pārabhāsī* पारभासी
Transmission (m॰) *bhejnā* भेजना
Transmit (v॰) *bhejnā* भेजना*
Transperant (m॰) *pārdarśī* पारदर्शी
Transplant (m॰) *pratiropaṇ* प्रतिरोपण
Transport (m॰) *vahna, parivahan* वहन, परिवहन
Transport (v॰) *ḍhonā* ढोना*
Transverse (aj॰) *āḍā, tirchhā* आड़ा, तिरछा
Trap (m॰) *fandā* फंदा
Trap (v॰) *pakaḍnā* पकड़ना*
Trash (m॰) *kūḍā*, (f॰) *raddī* कूड़ा, रद्दी
Trauma (m॰) *sadmā* सदमा
Travel (m॰) *safar*, (f॰) *yātrā* सफर, यात्रा
Travel (v॰) *safar karanā* सफर करना*
Traveler (m॰) *yātrī, musāfir* यात्री, मुसाफिर
Traversity (m॰) *tamāśā* तमाशा
Tray (f॰) *thālī, tastarī* थाली, तस्तरी
Treacherous (aj॰) *khatarnāk, viśvāsghātī* ख़तरनाक, विश्वासघाती
Treason (m॰) *deś-droha* देशद्रोह
Treasure (m॰) *javāhrāt* जवाहरात
Treasurer (m॰) *khajāñchī* ख़ज़ांची
Treasury (m॰) *khazānā, koś* ख़ज़ाना, कोष
Treatment (m॰) 1. (behavior) *bartāv* बरताव; 2. (remedy) *ilāj* इलाज
Treaty (f॰) *sulah, sandhi* सुलह, संधि
Treble (aj॰) *tīn gunā* तीन गुना
Trechery (m॰) *droha, ghāt, dhokhā, khatrā* द्रोह, घात, धोखा, ख़तरा
Tree (m॰) *peḍ* पेड़
Tremble (v॰) *laḍkhaḍānā, thartharānā* लड़खड़ाना, थरथराना
Tremendous (aj॰) *bahut acchhā* बहुत अच्छा

Tremor (m∘) *kamp,* (f∘) *kam̐pkam̐pī* कंप, कँपकँपी

Trench (f∘) *khāī* खाई

Trend (f∘) *pravṛtti* प्रवृत्ति

Trepidation (f∘) *ghabrāhaṭ* घबराहट

Trespass (m∘) *atikramaṇ* अतिक्रमण

Tresses, hair (f∘) *laṭ* लट

Trial, court (m∘) *mukadmā* मुक़दमा

Trial, test (m∘) *oarīkṣaṇ* परीक्षण

Triamphant (aj∘) *vijayī, kāmayāb, safal* विजयी, कामयाब, सफल

Triangle (m∘) *trikoṇa* त्रिकोण

Tribe (f∘) *jāti* जाति

Tribularion (m∘) *musībat* मुसीबत

Tributary (aj∘) *sahāyak* सहायक

Tribute (m∘) *upahār, bheṁṭ* उपहार, भेंट

Trick (f∘) *chāl,* (m∘) *dām̐v* चाल, दाँव

Trickle (v∘) *ṭapaknā* टपकना

Tricky (aj∘) *kapṭī* कपटी

Trident (m∘) *triśūl* त्रिशूल

Trifle (aj∘) *naganya, tucchha* नगण्य, तुच्छ

Trigger (m∘) *ghoḍā* घोड़ा

Trigonometry (f∘) *trikoṇamiti* त्रिकोणमिती

Trillion (aj∘) *ek lākh karoḍ* एक लाख करोड

Trim (f∘) *sajāvaṭ* सजावट

Trim (v∘) *kutarnā* कुतरना*

Trinity (f∘) *trimūrti* त्रिमूर्ति

Trio (m∘) *tigaḍḍā* त्रिगड्डा

Trip (f∘) *sair* सैर

Trip (v∘) *laḍkhaḍānā* लड़खड़ाना

Tripmph (f∘) *vijay, kāmyābī, safaltā,* विजय, कामयाबी, सफलता

Tripod (f∘) *tipāī* तिपाई

Tripple (aj∘) *tigunā* तिगुना

Trivial (aj∘) *naganya* नगण्य

Trombone (f∘) *turahī* तुरही

Trophy (m∘) *padak* पदक

Trouble (m∘) *kaṣṭa, pareṣānī* कष्ट, परेशानी

Trowel (f∘) *karnī, khurpī* करनी, खुरपी

Truce (m∘) *virām* विराम

Truck (m∘) *ṭhelā* ठेला

True (aj∘) *sachchā* सच्चा

Truly (aj∘) *sach-sach* सच-सच

Truly (av∘) *sachmuch* सचमुच

Trumpet (f∘) *turahī* तुरही

Truth (m∘) *satya, sacha* सत्य, सच

Try (m∘) *prayatna, prayās* प्रयत्न, प्रयास

Try (v∘) 1. (make effort) *kośiś karnā* कोशीश करना*, 2. (test) *āzmānā, parakhnā* आज़माना, परखना*

Tube (f∘) *nalī* नली

Tuber (m∘) *kand* कंद

Tuberculosis (m∘) *kṣay* क्षय

Tuck (f∘) *chunaṭ, tah* चुनट, तह

Tuck (v∘) *chunaṭ ḍālnā* चुनट डालना*

Tuesday (m∘) *maṅgalvār* मंगलवार

Tuft (m∘) *guchhā* गुच्छा

Tune (f∘) *dhun* धुन

Tunnel (m∘) *suraṅg* सुरंग

Turban (f∘) *pagaḍī, sāfā* पगड़ी, साफ़ा

Turbulence (m∘) *gaḍbaḍī* गड़बड़ी

Turbulent (aj∘) *ugra* उग्र

Turmoil (f∘) *khalbalī* खलबली

Turn (f∘) *moḍ* मोड़

Turn (v∘) *muḍnā, moḍnā** मुड़ना, मोड़ना*

Turnip (m∘) *śalgam* शलगम

Turquoise (aj∘) *firozī* फ़िरोज़ी

Turquoise (m∘) *firozā* फ़िरोज़ा

Turret (m∘) *kaṅhūrā* कँगूरा

Turtle (m∘) *kachhuā* कछुआ

Tusk, elephant (m∘) *dām̐t* दाँत

Tussel (f∘) *hāthāpāī* हाथापाई

Tutor (m∘) *śikṣak* शिक्षक

TV (m∘) *dūradarśan* दूरदर्शन

Tweak (v∘) *umeṭhnā* उमेठना*

Tweezers (m∘) *chimṭā* चिमटा

Twelve (aj∘) *bārah* बारह

Twenty (aj∘) *bīs* बीस

Twice (av∘) *dobārā* दोबारा

Twiddle (v∘) *ghumānā* घुमाना*

Twig (f∘) *ṭahnī* टहनी

Twilight (m∘) *jhuṭpuṭā* झुटपुटा; *antakāl* अंतकाल

Twin (aj∘) *juḍvām̐* जुड़वाँ

Twine (f∘) *dorī, sutlī* डोरी, सुतली

Twinge (f∘) *ṭīs* टीस

Twinkle (v∘) *ṭimṭmānā* टिमटिमाना

Twirl (v∘) *ghūmnā, ghumānā** घूमना, घुमाना*

Twist (f∘) *maroḍ* मरोड

Twist (v∘) *lapeṭnā, maroḍnā* लपेटना*

Twitch (f∘) *faḍfaḍ* फड़फड़

Twitter (f∘) *chahachahānā* चहचहाना

Two (aj∘) *do* दो

Tycoon (m∘) *pūm̐jīpati* पूँजीपति

Type, kind (m∘) *prakār,* (f∘) *jāti* प्रकार, जाति

Type, printing (m∘) *mudraṇ* मुद्रण

Typhoon (m∘) *tūfān* तूफ़ान

Typical (aj∘) *lākṣaṇik* लाक्षणिक

Tyranny (f∘) *tānāśāhī,* (m∘) *atyāchār* तानाशाही, अत्याचार

Tyrant (m∘) *atyāchārī* अत्याचारी

U

Ugly (aj∘) *badsūrat* बदसूरत

Ulcer (m∘) *foḍā* फोड़ा

Ultimate (aj∘) *antim* अंतिम

Ultimatum (f∘) *dhamkī* धमकी

Umbrella (f∘) *chhatrī,* (m∘) *chhātā* छत्री, छता

Unable (aj∘) *asamartha* असमर्थ

Unacceptable (aj∘) *agrāhya* अग्राह्य

Unanimity (m∘) *ekmat, mataikya* एकमत, मतैक्य

Unanimous (aj∘) *ekmat* एकमत

Unarmed (aj∘) *nihatthā* निहत्था

Unauthorised (aj∘) *avaidh* अवैध

Unaware (aj∘) *añjān* अंजान

Unbalanced (aj∘) *asantulit* असंतुलित

Unbearable (aj∘) *asahnīya* असहनीय

Unbelievable (aj∘) *aviśvasanīya* अविश्वसनीय

Unborn (aj.) *ajanmā* अजन्मा

Unbroken (aj.) *aṭūṭ* अटूट

Uncertain (aj.) *anischit* अनिश्चित

Uncle (m.) *chāchā, tāyā, māmā, mausā, fūfā* चाचा, ताया, मामा, मौसा, फूफा

Unclear (aj.) *aspaṣṭa* अस्पष्ट

Uncomfortable (aj.) *bechain* बेचैन

Uncommon (aj.) *asāmānyā* असामान्य

Uncompromising (aj.) *haṭhī* हठी

Unconcerned (aj.) *chintāhīn* चिंताहीन

Unconscious (aj.) *behoś* बेहोश

Uncountable (aj.) *asaṅkhya* असंख्य

Uncouth (aj.) *asabhya* असभ्य

Uncover (v.) *ughāḍnā* उघाड़ना*

Under (prep.) *nīche* नीचे

Undercover (aj.) *jāsūsī* जासूसी

Underdone (aj.) *adhpakā* अधपका

Undergo (v.) *bhugatnā, sahnā* भुगतना, सहना

Underground (aj.) *bhūmigat* भूमिगत

Underhanced (aj.) *beīmān* बेईमान

Underneath (prep.) *tale, nīche* तले, नीचे

Understand (v.) *samajhanā* समझना*

Unemployed (aj.) *bekār* बेकार

Unending (aj.) *anant* अनंत

Unequal (aj.) *asamāna* असमान

Unequivocal (aj.) *sāf-sāf* साफ़-साफ़

Unerring (aj.) *achūk* अचूक

Unethical (aj.) *anaitik* अनैतिक

Uneven (aj.) 1. (rough) *khurdarā* खुरदरा; 2. (level) *asamatal* असमतल

Unexpected (aj.) *apratyāśit* अप्रत्याशित

Unexplained (aj.) *aspaṣṭa* अस्पष्ट

Unfair (aj.) *anyāypūrṇa* अन्यायपूर्ण

Unfaithful (aj.) *bewafā, namak harām* बेवफ़ा, नमक हराम

Unfamiliar (aj.) *aparichit* अपरिचित

Unfashionable (aj.) *aprachalit* अप्रचलित

Unfasten (v.) *kholnā* खोलना*

Unfavourable (aj.) *apratikūl* अप्रतिकूल

Unfit (aj.) *ayogya, bekār* अयोग्य, बेकार

Unfold (v.) *khulnā, kholnā** खुलना, खोलना*

Unforeseen (aj.) *apratyāśit* अप्रत्याशित

Unforgettable (aj.) *avismaraṇīya* अविस्मरणीय

Unfortunate (aj.) *abhāgā* अभागा

Unfounded (aj.) *nirādhār* निराधार

Ungrateful (aj.) *kṛtaghna* कृतघ्न

Unhappy (aj.) *dukhī* दुखी

Unhealthy (aj.) *asvastha* अस्वस्थ

Unheard (aj.) *abhūtapūrva* अभूतपूर्व

Unification (m.) *ekīkaraṇ* एकीकरण

Uniform (aj.) *sama, ekrūp* सम, एकरूप

Uniform, dress (m.) *pośak*, (f.) *vardī* पोशाक, वरदी

Unify (v.) *joḍnā* जोड़ना*

Unike (aj.) *asamān, bhinna* असमान, भिन्न

Union (f.) *sandhi*, (m.) *saṅgha* संधि, संघ

Unique (aj.) *ananya, advitīya* अनन्य, अद्वितीय

Unit (aj.) *ikāī* इकाई

Unite (v.) *joḍnā* जोड़ना*

Unity (f.) *ektā* एकता

Universal (aj.) *sārvabhaumaik* सार्वभौमिक

Universally (av.) *viśvataḥ* विश्वत:

Universe (aj.) *brahmāṇḍ* ब्रह्मांड

Unjust (aj.) *anyāyī* अन्यायी

Unkind (aj.) *krūr, nirdayī* क्रुर, निर्दयी

Unknown (aj.) *agyāt* अज्ञात

Unlawful (aj.) *avaidh* अवैध

Unlikely (aj.) *asambhavanīya* असंभवनीय

Unlimited (aj.) *asīmit* असीमित

Unlucky (aj.) *abhāgā* अभागा

Unmarried (aj.) *avivāhit*, *chhaḍā* अविवाहित, छड़ा

Unmistakable (aj.) *sāf, spaṣṭa* साफ़, स्पष्ट

Unnecessary (aj.) *anāvaśyak* अनावश्यक

Unnoticed (aj.) *alakṣit* अलक्षित

Unpleasant (aj.) *apriya* अप्रिय

Unpopular (aj.) *apriya* अप्रिय

Unprecedented (aj.) *abhūtpūrva* अभूतपूर्व

Unpreparedness (f.) *gaflat* गफ़लत

Unpretentious (aj.) *vinit* विनित

Unqualified (aj.) *ayogya* अयोग्य

Unquestionable (aj.) *nischit* निश्चित

Unravel (v.) *suljhānā* सुलझाना*

Unreal (aj.) *kṛtrim* कृत्रिम

Unreal (aj.) *naklī, banāvaṭī* नकली, बनावटी

Unreasonable (aj.) *anuchit* अनुचित

Unreliable (aj.) *aviśavsanīya* अविश्वसनीय

Unrest (aj.) *aśānti* अशांति

Unrivalled (aj.) *niṣkanṭak* निष्कंटक

Unsafe (aj.) *asurakṣit, khatarnāk* असुरक्षित, ख़तरनाक

Unsavory (aj.) *apriya* अप्रिय

Unscrupulous (aj.) *kapṭī* कपटी

Unsightly (aj.) *kurūp* कुरूप

Unspeakable (aj.) *akathanīya* अकथनीय

Unstable (aj.) *asthir* अस्थिर

Unsteady (aj.) *asthir* अस्थिर

Unsuccessful (aj.) *asafal* असफल

Unsuitable (aj.) *anupayukta* अनुपयुक्त

Unsure (aj.) *sandigdha* संदिग्ध

Untamed (aj.) *jaṅglī* जंगली

Untangle (v.) *suljhānā* सुलझाना*

Unthinkable (aj.) *lakpanātīt* कल्पनातीत

Untidy (aj.) *avyavasthit* अव्यवस्थित

Untie (v.) *kholnā* खोलना*

Until (prep.) *tak* तक

Untimely (aj.) *asāmayik* असामयिक

Unto (prep.) *tab tak* तब तक

Untold (aj.) *asaṅkhya* असंख्य

Untouchable (aj.) *achhūt* अछूत

Untrue (aj.) *jhūṭhā* झूठा

Untruth (m◦) *jhūṭh* झूठ
Unuguarded (aj◦) *arakṣit* अरक्षित
Unuruly (aj◦) *bekābū* बेक़ाबू
Unused (aj◦) *korā* कोरा
Unusual (aj◦) *anūṭhā* अनूठा
Unveil (v◦) *dikhānā* दिखाना*
Unwanted (aj◦) *anāvaśyak* अनावश्यक
Unwelcome (aj◦) *anchāhā* अनचाहा
Unwell (aj◦) *bīmār* बीमार
Unwilling (aj◦) *anicchhuk* अनिच्छुक
Unwitting (aj◦) *anabhigya* अनभिज्ञ
Unwrap (v◦) *kholnā* खोलना*
Uoroar (m◦) *haṅgāmā* हंगामा
Up (av◦) *ūpar* ऊपर
Upheaval (f◦) *ulath-pulath* उलथ-पुलथ
Uphil (aj◦) *kaṭhin* कठिन
Uphold (v◦) *samarthan karnā* समर्थन करना*
Upkeep (aj◦) *rakh-rakhāv* रख-रखाव
Upper (aj◦) *ūparī* ऊपरी
Uppermost (aj◦) *sarvoccha* सर्वोच्च
Upright (aj◦) *sīdhā* सीधा
Uprising (m◦) *vidroha, bagāvat* विद्रोह, बग़ावत
Uproot (v◦) *ukhāḍnā* उखाड़ना*
Upset (v◦) *gaḍbaḍānā* गड़बड़ाना
Upshot (m◦) *pariṇām* परिणाम
Upside-down (aj◦) *ulṭā-pulṭā* उल्टा-पुल्टा
Uptight (aj◦) *bhay-bhīt* भयभीत
Upward (av◦) *ūpar* ऊपर
Urban (aj◦) *śaharī* शहरी
Urbane (aj◦) *sabhya* सभ्य
Urge (f◦) *lalak* ललक
Urge (v◦) *sujhānā* सुझाना*
Urgency (m◦) *śīghratā* शीघ्रता
Urgent (aj◦) *śīghra* शीघ्र
Urine (m◦) *mūtra*, (f◦) *peśab* मूत्र, पेशाब
Urn (m◦) *asthikalaś* अस्थिकलश
Use (m◦) *istemāl, prayog* इस्तेमाल, प्रयोग
Use (v◦) *istemal karanā* इस्तेमाल करना*
Used to (v◦) *tā thā, tī thī, te the* ता था, ती थी, ते थे
Useful (aj◦) *upayogī* उपयोगी
Useless (aj◦) *bekār* बेकार
Uselessly (av◦) *vṛthā, vyartha* वृथा, व्यर्थ
User (m◦) *upabhoktā* उपभोक्ता
Usual (aj◦) *sāmānya* सामान्य
Utensil (m◦) *bartan* बरतन
Utility (f◦) *upayogitā* उपयोगिता
Utilization (m◦) *prayog, upayog* प्रयोग, उपयोग

V

Vacant (aj◦) *khālī* खाली
Vacate (v◦) *khālī karnā* खाली करना*
Vacation (f◦) *chhuṭṭī* छुट्टी
Vaccination (m◦) *ṭīkā* टीका
Vacuum (m◦) *nirvāt* निर्वात
Vagabond (aj◦) *āvārā* आवारा
Vague (aj◦) *aspaṣṭa* अस्पष्ट
Vainly (av◦) *bekār, fāltū* बेकार, फालतू
Valiant (aj◦) *śūr, vīr* शूर, वीर
Valid (aj◦) *vaidh* वैध
Valour (aj◦) *bahādurī* बहादुरी
Valuable (aj◦) *kīmtī* कीमती
Valuation (m◦) *mūlyāṅkan* मूल्यांकन
Value (f◦) *kīmat* कीमत
Vanished (aj◦) *farār* फरार
Vanity (m◦) *dambh* दंभ
Variety (f◦) *bhinnatā* भिन्नता
Various (aj◦) *vividh* विविध
Variously (av◦) *nānāvidh* नानाविध
Vassal (m◦) *jāgīrdār* जागीरदार
Vast (aj◦) *viśal* विशाल
Vegetable (f◦) *sabzī, tarkārī* सब्ज़ी, तरकारी
Vegetarian (m◦) *śākāhārī* शाकाहारी
Vegetation (f◦) *vanaspati* वनस्पति
Vehicle (m◦) *vāhan* वाहन
Veil (m◦) *pardā* परदा
Vein (f◦) *nas* नस
Velocity (f◦) *gati*, (m◦) *veg* गति, वेग
Velvel (f◦) *makhmal* मख़मल
Vendetta (m◦) *bair* बैर
Venerable (aj◦) *pūjya* पूज्य
Vengeance (m◦) *badlā* बदला
Venom (m◦) *zahar, viṣ* ज़हर, विष
Vent (m◦) *nikās* निकास
Venturesome (m◦) *niḍar, sāhsī* निडर, साहसी
Venus (m◦) *śukra* शुक्र
Veracity (f◦) *sacchāī* सच्चाई
Veranda (m◦) *dālān, barāmdā* दालान, बरामदा
Verb (m◦) *kriyāpad* क्रियापद
Verbal (aj◦) *śābdik* शाब्दिक
Verdict (m◦) *nirṇay* निर्णय
Verification (f◦) *jāँch* जाँच
Verily (av◦) *sachmuch* सचमुच
Vermilion (aj◦) *sindūrī* सिंदूरी
Vermilion (m◦) *sindūr* सिंदूर
Verse (m◦) *padya* पद्य
Versed (aj◦) *anubhavī* अनुभवी
Versus (prep◦) *viruddha* विरुद्ध
Vertical (aj◦) *sīdhā* सीधा
Very (av◦) *ati, bahut* अति, बहुत
Vessel, boat (m◦) *jahāz* जहाज़
Vessel, pot (m◦) *pātra* पात्र
Vestige (m◦) *avaśeṣ* अवशेष
Vet (m◦) *paśuchikitsak* पशुचिकित्सक
Vex (v◦) *chiḍhānā* चिढ़ाना*
Vibrant (aj◦) *chamkīlā* चमकीला
Vibrate (v◦) *kāँpnā* काँपना
Vicar (m◦) *pādrī* पादरी
Vice (m◦) *vyasan* व्यसन
Vice, clamp (m◦) *śikañjā* शिकंजा
Vicinity (f◦) *samīptā* समीपता
Vicious (aj◦) *kaṭu* कटु
Victim (m◦) *śikār* शिकार
Victor (aj◦) *vijetā* विजेता
Victory (m◦) *vijay* विजय
View (f◦) *nazar, dṛṣṭi* नज़र, दृष्टि
Vigil (f◦) *nigrānī* निगरानी
Vigilant (aj◦) *satark* सतर्क
Vigor (m◦) *utsāh* उत्साह
Vile (aj◦) *ghaṭiyā* घटिया

Villa (m◦) *mahal* महल

Village (m◦) *gā̃v* गाँव

Villian (m◦) *khalanāyak* खलनायक

Vine (f◦) *latā* लता

Vinegar (m◦) *sirkā* सिरका

Violation (m◦) *ullaṅghan* उल्लंघन

Violence (f◦) *hiṁsā* हिंसा

Violent (m◦) *ugra, zabardast* उग्र, ज़बरदस्त

Violet (aj◦) *baiṅganī* बैंगनी

Violin (f◦) *belā* बेला

Virgin (aj◦) *kumārī* कुमारी

Virgo (f◦) *kanyā rāśi* कन्या राशि

Virtue (m◦) *sadguṇ* सद्गुण

Virtuous (aj◦) *sadguṇī* सद्गुणी

Virulent (aj◦) *ugra* उग्र

Virus (m◦) *viṣāṇu* विषाणु

Visible (m◦) *dṛṣṭi-gochar* दृष्टिगोचर

Vision (f◦) *dṛṣṭi* दृष्टि, *nazar* नजर

Visitor (m◦) *paryaṭak* पर्यटक

Vivid (aj◦) *chaṭkīlā* चटकीला

Vocabulary (f◦) *śabdabhanḍār* शब्दभंडार

Vocal (aj◦) *maukhik* मौखिक

Vocation (m◦) *peśā* पेशा

Voice (m◦) *āvāz,* (f◦) *vāṇī* आवाज़, वाणी

Void (aj◦) *khālī* खाली

Volatile (aj◦) *chañchal* चंचल

Volcano (m◦) *jwālāmukhī* ज्वालामुखी

Volume (m◦) *āyātan* आयातन

Volunteer (m◦) *svayaṁsevak* स्वयंसेवक

Vomit (f◦) *ulṭī* उल्टी

Voracious (aj◦) *khāū* खाऊ

Vote (m◦) *mata* मत

Vote (v◦) *mata denā* मत देना*

Vow (f◦) *pratigyā, kasam* प्रतिज्ञा, कसम

Voyage (f◦) *yātrā,* (m◦) *safar* यात्रा, सफर

Vulgar (aj◦) *asabhya* असभ्य

Vulnarable (aj◦) *asurakṣit* असुरक्षित

Vulture (m◦) *gidda* गिद्द

W

Wage (f◦) *mazdūrī* मज़दूरी

Wager (f◦) *śart* शर्त

Waist (f◦) *kamar* कमर

Wait (v◦) *rāh dekhanā* राह देखना*

Waiter (m◦) *bairā* बैरा

Wake (v◦) *jagnā, jāgānā** जगना, जगाना*

Walk (m◦) *chalanā* चलना

Wall (f◦) *dīwār* दीवार

Wallet (m◦) *baṭuā* बटुआ

Walnut (m◦) *akhroṭ* अखरोट

Wander (v◦) *bhaṭaknā* भटकना

Want (f◦) *chāh* चाह

Want (v◦) *chāhanā* चाहना*

Wanton (aj◦) *chañchal* चंचल

War (m◦) *yuddha,* (f◦) *laḍāī* युद्ध, लड़ाई

Warble (v◦) *kūjanā, chahchahānā* कुजना, चहचहाना

Ward (m◦) *vibhāg* विभाग

Warm (aj◦) *garam* गरम

Warm (v◦) *garam karnā* गरम करना

Warn (v◦) *chetāvanī denā* चेतावनी देना*

Warning (f◦) *chetāvanī* चेतावनी

Warrior (m◦) *yoddhā, sainik* योद्धा, सैनिक

Wart (m◦) *massā* मस्सा

Wary (aj◦) *sāvadhān* सावधान

Was (v◦) *thā, thī, thī* था, थी, थे

Wash (f◦) *dhulāī* धुलाई

Wash (v◦) *dhonā* धोना*

Washerman (m◦) *dhobī* धोबी

Wasp (f◦) *tataiyā* ततैया

Waste (f◦) *barbādī, kharābī* बरबादी, खराबी

Waste (f◦) *kharābī* खराबी

Waste (v◦) *kharāb karanā* खराब करना*

Watch, Clock (f◦) *ghaḍī* घड़ी

Water (m◦) *pānī, jal* पानी, जल

Watermelon (m◦) *tarbūja* तरबूज

Watery (aj◦) *patlā* पतला

Wave (f◦) *lahar, taraṅg* लहर, तरंग

Wave (v◦) *laharānā* लहराना

Waver (v◦) *ḍagmagānā* डगमगाना

Wax (m◦) *mom* मोम

Way (m◦) *rastā, mārg* मार्ग, रस्ता

We (pron◦) *ham* हम

Weak (aj◦) *kamazor* कमज़ोर

Wear (v◦) *pahananā* पहनना*

Weather (m◦) *mausam, ṛtu* मौसम, ऋतु

Weave (f◦) *bunāī* बुनाई

Weave (v◦) *bunanā* बुनना*

Weaver (m◦) *julāhā* जुलाहा

Web (m◦) *jālā* जाला

Wed (v◦) *śādī karnā* शादी करना*

Wedding (m◦) *vivāh,* (f◦) *śadī* विवाह, शादी

Wedge (f◦) *pachchar* पच्चर

Wednesday (m◦) *budhvār* बुधवार

Week (m◦) *haftā, saptāh* हफ़्ता, सप्ताह

Weekly (aj◦) *sāptāhik* साप्ताहिक

Weep (v◦) *ronā* रोना

Weigh (v◦) *taulnā* तौलना*

Weight (m◦) *vajan, bhār* वजन, भार

Weird (aj◦) *ajībogarīb* अजीबोग़रीब

Welcome (m◦) *svāgatam* स्वागतम्

Welfare (m◦) *kalyāṇ* कल्याण

Well (aj◦) *acchhā* अच्छा

Well (m◦) *kuā̃* कुआँ

Were (pron◦) *the, thī̃* थे, थीं

West (f◦) *paschim* पश्चिम

Western (aj◦) *pāschātyā* पाश्चात्य

Wet (aj◦) *gīlā* गीला

Wharf (m◦) *ghaṭ* घाट

What (pron◦) *kyā, kaun* क्या? कौन?

What else (av◦) *aur kyā* और क्या

Whatever (pron◦) *jo kuchh bhī* जो कुछ भी

Whatsoever (adj◦) *kuchh bhī* कुछ भी

Wheat (m◦) *gehū̃* गेहूँ

Wheel (m◦) *pahiyā, chakkā* पहिया, चक्का

When (av◦) *jab* जब

When? (av◦) *kab* कब?

Whence (av◦) *jahā̃ se* जहाँ से

Whenever (av॰) *jab-jab, jab bhī* जब-जब, जब भी

Where (av॰) *jahā̃* जहाँ

Where? (av॰) *kahā̃, kidhar* कहाँ, किधर

Whereas (conj॰) *jabki, kyõki* जबकि, क्योंकि

Wherefore (m॰) *jisliye* जिसलिये

Whereto (av॰) *jahā̃ tak* जहाँ तक

Wherever (av॰) *jahā̃ kahī̃, jahā̃-jahā̃* जहाँ कहीं, जहाँ-जहाँ

Whether (conj॰) *ki* कि

Which (pron॰) *kaunsā* कौनसा

Whichever (pron॰) *jo koī, jo bhī* जो कोई, जो भी

While (conj॰) *jab* जब

Whim (f॰) *sanak* सनक

Whimper (v॰) *ṭhunaknā, pinpinānā* ठुनकना, पिनपिनाना

Whimsical (aj॰) *sankī, jhakkī* सनकी, झक्की

Whine (v॰) *karāhnā* कराहना

Whip (m॰) *koḍā, chābuk* कोड़ा, चाबुक

Whip (v॰) *chābuk mārnā* चाबुक मारना*

Whirl (v॰) *ghūmnā, ghumānā** घूमना, घुमाना*

Whistle (f॰) *sīṭī* सीटी

Whistle (v॰) *sīṭī mārnā* सीटी मारना*

White (aj॰) *safed* सफेद

Whizz (v॰) *sansanānā* सनसनाना

Who (pron॰) *kaun* कौन

Whoever (pron॰) *jo koī* जो कोई

Whole (aj॰) *pūrā, pūrṇa* पूरा, पूर्ण

Wholesale (aj॰) *thok* थोक

Wholly (av॰) *sarvaśaḥ* सर्वश:

Why (av॰) *kyõ* क्यों

Wicked (aj॰) *dusṭa* दुष्ट

Wide (aj॰) *chauḍā, viśāl* चौड़ा, विशाल

Widely (av॰) *dūr tak* दूर तक

Widow (f॰) *vidhvā* विधवा

Widower (m॰) *vidhur* विधुर

Width (aj॰) *chauḍāī* चौड़ाई

Wife (f॰) *patnī* पत्नी

Wild (aj॰) *jaṅglī* जंगली

Wilily (av॰) *kapaṭ se* कपट से

Will (f॰) *icchhā* इच्छा

Willfully (av॰) *apane āp* अपने आप

Willingly (av॰) *svecchhā se, apane āp* स्वेच्छा से, अपने आप

Willy (aj॰) *chālāk* चालाक

Wilt (v॰) *murjhānā* मुरझाना

Win (v॰) *jītanā* जीतना

Wind (f॰) *havā* हवा

Window (f॰) *khiḍakī* खिड़की

Windy (aj॰) *hvāī* हवाई

Wine (f॰) *madirā* मदिरा; *śarāb* शराब

Wing (m॰) *paṅkh* पंख

Wink (f॰) *palak* पलक

Wink (v॰) *ā̃kh mārnā* आँख मारना*

Winner (aj॰) *vijetā* विजेता

Winning (f॰) *jīt* जीत

Winnow (v॰) *osānā* ओसाना*

Winter (m॰) *śītkāl* शीतकाल

Wintery (aj॰) *ṭhanḍā* ठंडा

Wipe (v॰) *põchhnā* पोंछना*

Wire (f॰) *tār* तार

Wireless (aj॰) *betār* बेतार

Wisdom (m॰) *gyān* ज्ञान

Wise (aj॰) *gyānī* ज्ञानी

Wise man (m॰) *gyānī* ज्ञानी

Wish (f॰) *icchhā, chāh* इच्छा, चाह

Wish (f॰) *ichchhā* इच्छा

Wish (v॰) *chāhanā* चाहना*

Wisper (v॰) *fusfusānā* फुसफुसाना

Witch (f॰) *chuḍail, ḍāin* चुडैल, डाइन

With (prep॰) *se, saha, sāth* से, सह, साथ

Withdraw (v॰) *nikālnā* निकालना*

Wither (v॰) *murjhānā, kumhalānā* मुरझाना, कुम्हलाना

Within (av॰) *bīch, ke andar* बीच, के अंदर

Withold (v॰) *roknā* रोकना*

Without (av॰) *binā, sivāy* बिना, सिवाय

Withstand (v॰) *sahanā* सहना

Witness (f॰) *gavāh* गवाह

Wittingly (av॰) *jānbūjhkar* जानबूझकर

Wizard (m॰) *ustād* उस्ताद

Wobble (v॰) *ḍhulmulānā* ढुलमुलाना

Woe (f॰) *pīḍā* पीड़ा

Wok (f॰) *kaḍāhī* कड़ाही

Wolf (m॰) *bheḍiyā* भेड़ीया

Woman (f॰) *strī, nārī, aurat* स्त्री, नारी, औरत

Womb (f॰) *kokh* कोख

Wonder (m॰) *āścharya* आश्चर्य

Wont (aj॰) *ādī* आदी

Wood (f॰) *lakaḍī* लकड़ी

Woodcutter (m॰) *lakaḍhārā* लकड़हारा

Woodpecker (m॰) *kaṭhphoḍvā* कठफोड़वा

Wool (f॰) *ūn* ऊन

Work (m॰) *kām* काम

Work (v॰) *kām karanā* काम करना*

Worker (m॰) *śramik, majdūr* श्रमिक, मजदूर

World (m॰) *duniyā, jagat* दुनिया, जगत

Worm (m॰) *kīḍā* कीड़ा

Worry (f॰) *chintā, pareśānī* चिंता, परेशानी

Worry (v॰) *chintā karnā* चिंता करना*

Worse (aj॰) *badtar* बदतर

Worship (f॰) *pūjā* पूजा

Worship (v॰) *pūjā karanā* पूजा करना*

Worst (aj॰) *sabase burā* सबसे बुरा

Worthy (aj॰) *yogya* योग्य

Wound (f॰) *jakhm,* (m॰) *ghāv* ज़ख़्म, घाव

Wrangle (m॰) *jhagḍā,* (f॰) *takrār* झगड़ा, तकरार

Wrap (v॰) *lapeṭnā* लपेटना*

Wrath, anger (m॰) *roṣ* रोष

Wreath (m॰) *hār* हार

Wrench (m॰) *pānā* पाना

Wrest (v॰) *chhīnanā* छीनना*

Wrestle (v॰) *laḍnā* लड़ना

Wrestler (m॰) *pahalwān* पहलवान

Wrestling (f॰) *kuśti* कुश्ति

Wretch (aj॰) *abhāgā* अभागा

Wretched (aj॰) *badnasīb* बदनसीब

Wriggle (v॰) *chhaṭpaṭānā* छटपटाना

Wring (v◦) *nichoḍnā* निचोड़ना*
Wrinkle (f◦) *śikan, jhurrī* शिकन, झुर्री
Wrist (f◦) *kalāī* कलाई
Write (v◦) *likhanā* लिखना*
Writer (m◦) *lekhak* लेखक
Writhe (v◦) *chhaṭpaṭānā* छटपटाना
Writing (m◦) *lekh* लेख
Wrong (aj◦) *agalat* ग़लत
Wrongdoing (m◦) *anyāy* अन्याय
Wrought (aj◦) *kṛt, ghaṭit* कृत, घटित

Y

Yam (m◦) *ratālū* रतालू
Yard, 3ft. (m◦) *gaz* गज़
Yard, court (m◦) *āṅgan* आंगन
Yarn (m◦) *dhāgā, sūt* धागा, सूत
Yawn (f◦) *jambhāī* जँभाई
Year (m◦) *sāl, varṣ* साल, वर्ष
Yearn (v◦) *lalaknā* ललकना
Yeast (f◦) *khamīr* खमीर
Yellow (aj◦) *pīlā* पीला
Yelp (v◦) *chīkhanā, chillānā* चीखना, चिल्लाना
Yesterday (m◦) *kal* कल
Yet (av◦) *ab tak* अब तक
Yogurt (m◦) *dahī* दही
Yoke (m◦) *jūā* जूआ
Yolk (f◦) *zardī* ज़रदी
Yonder (av◦) *udhar* उधर
You (pron◦) *tū, tum, āp* तू, तुम, आप
Young (aj◦) *jawān* जवान
Your (pron◦) *terā, tumhārā, āpkā* तेरा, तुम्हारा, आपका
Your honour (m◦) *śrīmān,* (f◦) *śrīmatī* श्रीमान, श्रीमती
Yourself (pron◦) *āp hī* आप ही
Youth (m◦) *yuvak,* (f◦) *yuvatī* युवक, युवती

Z

Zebra (m◦) *gorkhar* गोरखर
Zero (aj◦) *śūnya* शून्य
Zest (m◦) *ras* रस
Zigzag (aj◦) *ṭeḍhā-meḍhā* टेढ़ा-मेढ़ा
Zink (m◦) *jastā* जस्ता
Zone (m◦) *vibhāg* विभाग
Zoo (m◦) *chiḍiyāghar* चिड़ियाघर
Zoology (m◦) *prāṇīśāstra* प्राणीशास्त्र
Zucchini (f◦) *laukī* लौक

www.ingramcontent.com/pod-product-compliance
Lightning Source LLC
Chambersburg PA
CBHW081105080526
44587CB00021B/3451
9781897416754